Contabilidade avançada

O GEN | Grupo Editorial Nacional – maior plataforma editorial brasileira no segmento científico, técnico e profissional – publica conteúdos nas áreas de ciências sociais aplicadas, exatas, humanas, jurídicas e da saúde, além de prover serviços direcionados à educação continuada e à preparação para concursos.

As editoras que integram o GEN, das mais respeitadas no mercado editorial, construíram catálogos inigualáveis, com obras decisivas para a formação acadêmica e o aperfeiçoamento de várias gerações de profissionais e estudantes, tendo se tornado sinônimo de qualidade e seriedade.

A missão do GEN e dos núcleos de conteúdo que o compõem é prover a melhor informação científica e distribuí-la de maneira flexível e conveniente, a preços justos, gerando benefícios e servindo a autores, docentes, livreiros, funcionários, colaboradores e acionistas.

Nosso comportamento ético incondicional e nossa responsabilidade social e ambiental são reforçados pela natureza educacional de nossa atividade e dão sustentabilidade ao crescimento contínuo e à rentabilidade do grupo.

José Hernandez Perez Junior
Luís Martins de Oliveira

Contabilidade avançada

Texto e testes com respostas

9ª edição

Os autores e a editora empenharam-se para citar adequadamente e dar o devido crédito a todos os detentores dos direitos autorais de qualquer material utilizado neste livro, dispondo-se a possíveis acertos caso, inadvertidamente, a identificação de algum deles tenha sido omitida.

Não é responsabilidade da editora nem dos autores a ocorrência de eventuais perdas ou danos a pessoas ou bens que tenham origem no uso desta publicação.

Apesar dos melhores esforços dos autores, do editor e dos revisores, é inevitável que surjam erros no texto. Assim, são bem-vindas as comunicações de usuários sobre correções ou sugestões referentes ao conteúdo ou ao nível pedagógico que auxiliem o aprimoramento de edições futuras. Os comentários dos leitores podem ser encaminhados à **Editora Atlas Ltda.** pelo *e-mail* faleconosco@grupogen.com.br.

Direitos exclusivos para a língua portuguesa
Copyright © 2020 by
Editora Atlas Ltda.
Uma editora integrante do GEN | Grupo Editorial Nacional

Reservados todos os direitos. É proibida a duplicação ou reprodução deste volume, no todo ou em parte, sob quaisquer formas ou por quaisquer meios (eletrônico, mecânico, gravação, fotocópia, distribuição na internet ou outros), sem permissão expressa da editora.

Rua Conselheiro Nébias, 1384
Campos Elísios, São Paulo, SP – CEP 01203-904
Tels.: 21-3543-0770/11-5080-0770
faleconosco@grupogen.com.br
www.grupogen.com.br

Designer de capa: Rejane Megale
Imagem de capa: Macbrian Mun | 123RF
Editoração Eletrônica: LBA Design

CIP-BRASIL. CATALOGAÇÃO NA PUBLICAÇÃO
SINDICATO NACIONAL DOS EDITORES DE LIVROS, RJ

P514c
9. ed.

Perez Junior, José Hernandez
Contabilidade avançada / José Hernandez Perez Junior, Luís Martins de Oliveira. – 9. ed. – São Paulo: Atlas, 2020.

ISBN 978-85-97-02294-0

1. Contabilidade. I. Oliveira, Luís Martins de. II. Título.

19-60939 CDD: 657
CDU: 657

Vanessa Mafra Xavier Salgado – Bibliotecária – CRB-7/6644

Material Suplementar

Este livro conta com o seguinte material suplementar:

- Manual do Mestre (restrito a docentes).

O acesso ao material suplementar é gratuito. Basta que o leitor se cadastre em nosso *site* (www.grupogen.com.br), faça seu *login* e clique em GEN-IO, no menu superior do lado direito.

É rápido e fácil. Caso haja dificuldade de acesso, entre em contato conosco (gendigital@grupogen.com.br).

GEN-IO (GEN | Informação Online) é o ambiente virtual de aprendizagem do GEN | Grupo Editorial Nacional, maior conglomerado brasileiro de editoras do ramo científico-técnico-profissional, composto por Guanabara Koogan, Santos, Roca, AC Farmacêutica, Forense, Método, Atlas, LTC, E.P.U. e Forense Universitária. Os materiais suplementares ficam disponíveis para acesso durante a vigência das edições atuais dos livros a que eles correspondem.

SUMÁRIO

Introdução, 1

1 **Aplicações de recursos em títulos e valores mobiliários – Instrumentos Financeiros, 9**

    1.1 Considerações iniciais, 10

    1.2 Conceitos básicos, 10

          1.2.1 Classificação e avaliação contábil, 11

          1.2.2 Classificação e avaliação dos Títulos e Valores Mobiliários (TVM), 17

    1.3 Avaliação de aplicações financeiras e estoque de ouro, 18

    1.4 Instrumentos financeiros – ações de outras empresas, 22

          1.4.1 Classificação contábil, 22

          1.4.2 Critérios de avaliação – instrumentos financeiros – ações, 22

          1.4.3 Exemplo de contabilização – instrumentos financeiros – ações, 23

          1.4.4 Aspectos fiscais, 24

Testes, 25

2 **Avaliação de investimentos em participações societárias, 29**

    2.1 Regulamentação do Método da Equivalência Patrimonial (MEP), 30

    2.2 Conceitos básicos e definições, 30

          2.2.1 Conceitos básicos gerais, 31

          2.2.2 Definições relativas às participações societárias, 34

    2.3 Classificação das participações societárias, 35

2.3.1 Sociedades controladas, 35
2.3.2 Sociedades coligadas, 37
2.3.3 Classificação de participações societárias conforme legislação societária, 38

2.4 Critérios de avaliação de participações societárias, 39

2.5 Método de custo e método da equivalência patrimonial, 40
2.5.1 Operações básicas envolvendo participações societárias, 40

2.6 Ágio ou deságio na aquisição de participação, 46
2.6.1 Fundamento do ágio ou deságio, 48
2.6.2 Cálculo e contabilização de ágio e *goodwill*, 48
2.6.3 Cálculo e contabilização de ágio e ganho na aquisição, 51
2.6.4 Ajuste do ágio, 52

2.7 Eliminação de resultados não realizados, 52
2.7.1 Lucros não realizados – operações com controladas, 53
2.7.2 Lucros não realizados – operações com coligadas, 57
2.7.3 Procedimentos para apuração de lucros não realizados, 60

2.8 Alteração na porcentagem de participação, 60
2.8.1 Alteração no percentual de participação sem ganho ou perda de capital, 61
2.8.2 Alteração no percentual de participação com ganho ou perda de capital, 63

2.9 Ajuste para perdas devido a passivo a descoberto, 65
2.9.1 Cálculo e contabilização do ajuste, 66

2.10 Aspectos especiais da equivalência patrimonial, 68
2.10.1 Constituição de reserva de lucros a realizar, 68
2.10.2 Recebimento de ações bonificadas, 68
2.10.3 Uniformidade de critérios contábeis, 69
2.10.4 Notas explicativas sobre participações societárias, 70

2.11 Aspectos fiscais do método da equivalência patrimonial, 71
2.11.1 Participações societárias avaliadas pelo método do custo histórico, 71
2.11.2 Participações societárias avaliadas pelo método da equivalência, 72

2.12 Sumário e conceitos básicos do CPC 18, 73

Testes, 76

3 Consolidação das demonstrações contábeis, 91

3.1 Considerações iniciais, 91

3.2 Definições e conceitos básicos e objetivos, 93
  3.2.1 Definições aplicáveis à consolidação, 93
  3.2.2 Conceito e objetivo das demonstrações contábeis consolidadas, 94
  3.2.3 Utilidade das demonstrações contábeis consolidadas para finalidade societária e fiscal, 94
  3.2.4 Utilidade das demonstrações contábeis consolidadas para os investidores ou credores, 94
  3.2.5 Utilidade das demonstrações contábeis consolidadas do ponto de vista administrativo e gerencial, 95

3.3 Aspectos legais, 95

3.4 Lucros não realizados, 98
  3.4.1 Exigência de eliminação de lucros não realizados, 98
  3.4.2 Conceito de Lucros Não Realizados (LNR), 98
  3.4.3 Tributos diferidos sobre lucros não realizados, 103

3.5 Elaboração e integração das demonstrações contábeis, 107
  3.5.1 Consolidação da Demonstração do Resultado do Exercício (DRE), 109
  3.5.2 Consolidação da Demonstração de Lucros ou Prejuízos Acumulados (DLPA), 113
  3.5.3 Consolidação do ativo, 114
  3.5.4 Consolidação do passivo, 117
  3.5.5 Consolidação do Patrimônio Líquido, 118

3.6 Aspectos gerais da consolidação de demonstrações contábeis, 119
  3.6.1 Demonstrações contábeis consolidadas, 120
  3.6.2 Controladas excluídas da consolidação, 120
  3.6.3 Provisões para perdas constituídas, 120
  3.6.4 Notas explicativas, 120
  3.6.5 Consolidação das sociedades controladas em conjunto, 121
  3.6.6 Data-base e período de abrangência das demonstrações contábeis para consolidação, 121
  3.6.7 Grupo de sociedades, 121

3.7 Auditoria do processo de consolidação, 123
  3.7.1 Obrigatoriedade da elaboração e publicação, 123
  3.7.2 Critérios para consolidação, 123

3.7.3 Procedimentos para eliminações de saldos, 124

3.7.4 Publicação das demonstrações contábeis consolidadas, 125

3.7.5 Notas explicativas, 126

3.8 Sumário do Pronunciamento CPC 36 (R3) – Demonstrações Consolidadas, 126

Testes, 129

4 Negócios em conjunto (*joint venture*), 139

4.1 Considerações iniciais, 139

4.2 Conceitos, evolução histórica e definições, 140

    4.2.1 Conceito e evolução histórica, 141

    4.2.2 Definições do CPC 19 (R2), 142

4.3 Processo para formação das *joint ventures*, 143

4.4 Modalidades de *joint ventures* e aspectos contábeis a serem observados na investidora, 144

    4.4.1 Operações controladas em conjunto, 145

    4.4.2 Ativos controlados em conjunto, 147

    4.4.3 Empreendimento controlado em conjunto, 148

4.5 Exemplo de constituição de uma *joint venture*, 148

4.6 Sumário do Pronunciamento Técnico CPC 19 (R2), 151

Testes, 153

5 Investimentos em coligadas e controladas no exterior, 157

5.1 Considerações iniciais, 158

    5.1.1 Definições conforme CPC 02 (R2), 158

5.2 Determinação da moeda funcional e método de conversão, 159

    5.2.1 Definição de moeda funcional, 159

    5.2.2 Métodos de conversão, 161

    5.2.3 Apropriação dos ajustes de tradução, 163

5.3 Aspectos gerais relativos a investimentos no exterior, 164

    5.3.1 Apresentação do problema, 164

    5.3.2 Aplicabilidade do CPC 02 (R2), 165

    5.3.3 Contabilização da conta de investimentos no exterior, 166

    5.3.4 Ajuste ao valor da equivalência patrimonial, 168

5.3.5 Demonstrações contábeis da coligada ou controlada – uniformidade dos critérios contábeis, 168

5.4 Métodos para conversão das demonstrações contábeis em moeda estrangeira para o real, 169

    5.4.1 O método da taxa corrente ou de fechamento, 170

    5.4.2 O método da taxa histórica ou do monetário, não monetário, 172

        5.4.2.1 Técnica de conversão no método da taxa histórica, 175

    5.4.3 Resumo dos métodos de conversão aceitáveis, 177

    5.4.4 Aspectos especiais, 177

5.5 Caso prático – método da taxa histórica ou monetário, não monetário, 178

    5.5.1 Apuração dos saldos em moeda estrangeira (ME$) e em reais (R$), 180

5.6 Sumário do Pronunciamento Técnico, 189

Testes, 193

6 Transações entre partes relacionadas, 201

6.1 Considerações iniciais, 201

    6.1.1 Definições do Pronunciamento CPC 05 (R1), 202

6.2 Principais tipos de sociedades relacionadas, 204

    6.2.1 Sociedades controladoras, 204

    6.2.2 *Holding*, 206

    6.2.3 Consórcio de sociedades, 207

    6.2.4 Grupo de sociedades, 209

    6.2.5 Sociedades controladas em conjunto – *joint ventures*, 209

6.3 Aspectos contábeis, 209

6.4 Pronunciamento Técnico CPC 05 (R1), 211

6.5 Divulgação de políticas de transações com partes relacionadas, 218

6.6 Exemplo de nota explicativa relacionada com transações entre partes relacionadas, 221

Testes, 223

7 Reestruturações societárias – incorporação, fusão e cisão de empresas, 231

7.1 Aspectos legais e contábeis, 231

    7.1.1 Aspectos procedimentais, 232

7.2 Exemplo de protocolo, 234

7.3 Conceitos básicos de reestruturações societárias, 239
    7.3.1 Relação de substituição, 239
    7.3.2 Critério de avaliação, 240
    7.3.3 Data-base da reestruturação societária, 240
    7.3.4 Variações patrimoniais posteriores, 241
    7.3.5 Valor de reembolso das ações dos acionistas dissidentes, 241

7.4 Incorporação, 243
    7.4.1 Exemplo de incorporação, 243
    7.4.2 Operacionalização, 244
    7.4.3 Procedimento de incorporação, 244
    7.4.4 Formação do capital (art. 226), 244
    7.4.5 Incorporação de controlada, 245
    7.4.6 Balanços, 245
    7.4.7 Aspectos contábeis, 246
    7.4.8 Lançamentos contábeis, 246
    7.4.9 Consolidação das contas da incorporadora, 248
    7.4.10 Exemplos de incorporação, 248

7.5 Fusão, 259
    7.5.1 Exemplo de fusão de empresas, 259
    7.5.2 Operacionalização, 260
    7.5.3 Aspectos contábeis, 260
    7.5.4 Procedimento, 260
    7.5.5 Exemplo de fusão, 260

7.6 Cisão, 263
    7.6.1 Exemplos de cisão, 264
    7.6.2 Operacionalização, 265
    7.6.3 Aspectos contábeis da cisão, 265
    7.6.4 Exemplo contábil de cisão parcial de empresa, 265
    7.6.5 Procedimento, 269

7.7 Aspectos especiais das reestruturações, 269
    7.7.1 Direito da retirada, 269
    7.7.2 Direitos dos debenturistas, 270
    7.7.3 Direitos dos credores, 270

7.8 Sumário do Pronunciamento CPC 15 (R1), 271

Testes, 274

8 Contabilização dos tributos sobre o lucro, 281

8.1 Objetivos e definições, 281
    8.1.1 Problemas contábeis quanto ao registro dos tributos sobre lucros, 281
    8.1.2 Definições do CPC 32 e exemplos, 283

8.2 Aspectos gerais, 284
    8.2.1 Objetivo da contabilização dos tributos diferidos, 284
    8.2.2 Diferenças temporárias e permanentes, 285
    8.2.3 Base contábil e base fiscal, 286
    8.2.4 Diferenças temporárias tributáveis, 287
    8.2.5 Diferenças temporárias dedutíveis, 291
    8.2.6 Ativo fiscal diferido sobre prejuízos fiscais, 293
    8.2.7 Tributos correntes e tributos diferidos, 297

8.3 Exemplo prático, 300

8.4 Sumário do Pronunciamento CPC 32, 305

Testes, 309

9 Juros sobre o capital próprio, 317

9.1 Custo de oportunidade do capital próprio, 317

9.2 Juros sobre o capital próprio, 318

9.3 Legislação aplicável e base de cálculo, 319

9.4 Procedimentos para cálculo, 320

9.5 Limites para a dedutibilidade, 321

9.6 Caso prático de cálculo e contabilização dos juros sobre o capital próprio, 322
    9.6.1 Cálculo e contabilização na empresa pagadora, 322
    9.6.2 Cálculo e contabilização na empresa beneficiária, 323

9.7 Contabilização dos juros sobre o capital próprio (JCP), 324

Testes, 327

10 Ajustes de Avaliação Patrimonial, 329

10.1 Conceito, objetivo e dispositivos legais e técnicos, 329

10.2 Aplicações práticas de Ajustes de Avaliação Patrimonial, 331
    10.2.1 Reserva de Reavaliação não estornada, 331
    10.2.2 Variação cambial de investimentos no exterior, 332

10.2.3 Ajuste de instrumentos financeiros avaliados ao Valor Justo por Meio de Outros Resultados Abrangentes (VJORA), 333

10.2.4 Recomposição de custo do imobilizado (*deemed cost*), 336

10.2.5 Avaliação a valor de mercado de ativos e passivos decorrentes de combinação de negócios, 337

Testes, 341

Respostas dos testes, 343

Bibliografia, 345

Índice remissivo, 347

INTRODUÇÃO

Convergência das normas brasileiras de contabilidade para o padrão internacional de contabilidade

As normas brasileiras de contabilidade foram convergidas para o padrão internacional de contabilidade IFRS (International Financial Report Standard), emitido pelo IASB (International Accounting Standards Board –Junta de Padrão Internacional de Contabilidade).

O processo de convergência foi legalizado pelas Leis n°s 11.638/07 e 11.941/09, que alteraram e revogaram dispositivos da Lei nº 6.404/76 (Lei das Sociedades por Ações) e da Lei nº 6.385/76 (CVM – Comissão de Valores Mobiliários) e estenderam às sociedades de grande porte, ainda que não constituídas sob a forma de sociedades por ações, as disposições da Lei nº 6.404/76 sobre escrituração e elaboração de demonstrações financeiras e a obrigatoriedade de auditoria independente, por auditor registrado na Comissão de Valores Mobiliários.

O art. 5º da Lei nº 11.638/07 alterou a Lei nº 6.385/76, acrescentando o art. 10-A, como segue:

> Art. 10-A. *A Comissão de Valores Mobiliários, o Banco Central do Brasil e demais órgãos e agências reguladoras poderão celebrar convênio com entidade que tenha por objeto o estudo e a divulgação de princípios, normas e padrões de contabilidade e de auditoria, podendo, no exercício de suas atribuições regulamentares, adotar, no todo ou em parte, os pronunciamentos e demais orientações técnicas emitidas.*
>
> *Parágrafo único. A entidade referida no* caput *deste artigo deverá ser majoritariamente composta por contadores, dela fazendo parte, paritariamente, representantes de entidades representativas de sociedades submetidas ao regime de elaboração de demonstrações financeiras previstas nesta Lei, de sociedades que auditam e analisam as demonstrações financeiras, do órgão federal de fiscalização do exercício da profissão contábil e de universidade ou instituto de pesquisa com reconhecida atuação na área contábil e de mercado de capitais.*

Para adaptação das normas contábeis brasileiras às normas internacionais de contabilidade em consonância ao disposto no art. 5º da Lei nº 11.638/07, foi criado por meio da Resolução CFC nº 1.055/05 o Comitê de Pronunciamentos Contábeis (CPC), que emite Pronunciamentos, Interpretações e Orientações sempre em convergência com as International Financial Reporting Standards (IFRS ou Normas de Relatórios Financeiros Internacionais – NRFI), emitidas pelo International Accounting Standards Board (IASB).

Para cada documento técnico emitido pelo CPC, os órgãos reguladores emitem seus atos próprios adotando os do CPC e definindo vigência:

- Conselho Federal de Contabilidade (CFC): emite Resoluções transformando os pronunciamentos do CPC em Normas Brasileiras de Contabilidade (NBC).
- Comissão de Valores Mobiliários (CVM): emite Deliberações determinando que as companhias abertas adotem os pronunciamentos emitidos pelo CPC.
- Banco Central/Conselho Monetário Nacional (CMN) – emite Resoluções determinando que as instituições financeiras adotem os pronunciamentos emitidos pelo CPC.
- Superintendência de Seguros Privados (SUSEP), Agência Nacional de Energia Elétrica (ANEEL), Agência Nacional de Saúde Suplementar (ANS) e Agência Nacional de Transportes Terrestres (ANTT) emitem atos próprios determinando que as entidades reguladas por esses órgãos adotem os pronunciamentos emitidos pelo CPC.

Neste livro abordaremos os pronunciamentos do CPC devidamente homologados pelo CFC e demais órgãos reguladores, como segue:

International Accounting Standards Board (IASB) = Junta de Padrão de Contabilidade Internacional Sucessor do International Accounting Standards Committee (IASC) = Comitê de Padrão de Contabilidade Internacional www.ifrs.org	Comitê de Pronunciamentos Contábeis (CPC) (ABRASCA, APIMEC, BM&FBOVESPA, CFC, FIPECAFI e IBRACON) www.cpc.org.br	Conselho Federal de Contabilidade (CFC) www.cfc.org.br
Emite:	Emite:	Para cada documento técnico emitido pelo CPC emite documento correspondente com a mesma numeração do CPC.

International Accounting Standards Board (IASB) = Junta de Padrão de Contabilidade Internacional Sucessor do International Accounting Standards Committee (IASC) = Comitê de Padrão de Contabilidade Internacional www.ifrs.org	Comitê de Pronunciamentos Contábeis (CPC) (ABRASCA, APIMEC, BM&FBOVESPA, CFC, FIPECAFI e IBRACON) www.cpc.org.br	Conselho Federal de Contabilidade (CFC) www.cfc.org.br
IASC – International Accounting Standards (IAS) IASB – International Financial Reporting Standards (IFRS) = Padrão de Relatórios Financeiros Internacionais	CPC = Pronunciamentos Técnicos baseados nos IFRS emitidos pelo IASB que estabelecem conceitos doutrinários, estrutura técnica e procedimentos a serem aplicados.	NBC TG = Normas Brasileiras de Contabilidade convergentes com as normas internacionais emitidas pelo International Accounting Standards Board (IASB); e as Normas Brasileiras de Contabilidade editadas por necessidades locais, sem equivalentes internacionais.
International Financial Reporting Interpretations Committee (IFRIC) IASC: SIC (Standing Interpretations Committee)	ICPC = Interpretações emitidas para esclarecer, de forma mais ampla, os Pronunciamentos Técnicos.	IT = Interpretação Técnica que tem por objetivo esclarecer a aplicação das Normas Brasileiras de Contabilidade, definindo regras e procedimentos a serem aplicados em situações, transações ou atividades específicas, sem alterar a substância dessas normas.
	OCPC = Orientações que possuem caráter transitório e informativo, destinando-se a dar esclarecimentos sobre a adoção dos Pronunciamentos Técnicos e/ou Interpretações.	CT = Comunicado Técnico que tem por objetivo esclarecer assuntos de natureza contábil, com a definição de procedimentos a serem observados, considerando os interesses da profissão e as demandas da sociedade.

Ao longo deste livro, abordaremos diversos pronunciamentos, interpretações e orientações emitidos pelo CPC devidamente homologados pelo CFC, CVM e demais órgãos reguladores por meio da emissão de documentos correspondentes apresentados na tabela, inclusive com a mesma numeração, por exemplo:

CPC	CFC	CVM
CPC 01 Redução ao Valor Recuperável de Ativos correlacionado às Normas Internacionais de Contabilidade – IAS 36.	RESOLUÇÃO CFC Nº 1.292/10 Aprova a NBC TG 01 – Redução ao Valor Recuperável de Ativos que tem por base o Pronunciamento Técnico CPC 01 (R1) (IAS 36 do IASB).	DELIBERAÇÃO CVM Nº 639, DE 7 DE OUTUBRO DE 2010 Aprova o Pronunciamento Técnico CPC 01(R1) do Comitê de Pronunciamentos Contábeis (CPC) sobre redução ao valor recuperável de ativos.

A íntegra de todos os documentos emitidos pode ser obtida no *site* dos correspondentes órgãos técnicos e reguladores, tais como:

CPC: www.cpc.org.br

CFC: www.cfc.org.br

CVM: www.cvm.gov.br

Portanto, neste livro serão abordados os pronunciamentos do CPC para os quais sempre haverá um documento correspondente emitido pelo órgão regulador.

Até 31 de dezembro de 2018 foram emitidos os seguintes documentos:

NBC TG	Nome da Norma	CPC	IASB
NBC TG ESTRUTURA CONCEITUAL	Estrutura Conceitual para a Elaboração e Divulgação de Relatório Contábil-Financeiro	CPC 00 (R1)	Framework
NBC TG 01 (R4)	Redução ao Valor Recuperável de Ativos	CPC 01 (R1)	IAS 36
NBC TG 02 (R3)	Efeitos das Mudanças nas Taxas de Câmbio e Conversão de Demonstrações Contábeis	CPC 02 (R2)	IAS 21
NBC TG 03 (R3)	Demonstração dos Fluxos de Caixa	CPC 03 (R2)	IAS 7
NBC TG 04 (R4)	Ativo Intangível	CPC 04 (R1)	IAS 38
NBC TG 05 (R3)	Divulgação sobre Partes Relacionadas	CPC 05 (R1)	IAS 24
NBC TG 06 (R3)	Operações de Arrendamento Mercantil	CPC 06 (R2)	IFRS 16
NBC TG 07 (R2)	Subvenção e Assistência Governamentais	CPC 07 (R1)	IAS 20
NBC TG 08	Custos de Transação e Prêmios na Emissão de Títulos e Valores Mobiliários	CPC 08 (R1)	IAS 39(part)
NBC TG 09	Demonstração do Valor Adicionado (DVA)	CPC 09	Não há
NBC TG 10 (R3)	Pagamento Baseado em Ações	CPC 10 (R1)	IFRS 2
NBC TG 11 (R2)	Contratos de Seguro	CPC 11	IFRS 4
NBC TG 12	Ajuste a Valor Presente	CPC 12	Não há

NBC TG	Nome da Norma	CPC	IASB
NBC TG 13	Adoção Inicial da Lei nº 11.638/07 e da Medida Provisória nº 449/08	CPC 13	Não há
NBC TG 15 (R4)	Combinação de Negócios	CPC 15 (R1)	IFRS 3
NBC TG 16 (R2)	Estoques	CPC 16 (R1)	IAS 2
NBC TG 18 (R3)	Investimento em Coligada, em Controlada e em Empreendimento Controlado em Conjunto	CPC 18 (R2)	IAS 28
NBC TG 19 (R2)	Negócios em Conjunto	CPC 19 (R2)	IAS 31
NBC TG 20 (R2)	Custos de Empréstimos	CPC 20	IAS 23
NBC TG 21 (R4)	Demonstração Intermediária	CPC 21	IAS 34
NBC TG 22 (R2)	Informações por Segmento	CPC 22	IFRS 8
NBC TG 23 (R2)	Políticas Contábeis, Mudança de Estimativa e Retificação de Erro	CPC 23	IAS 8
NBC TG 24 (R2)	Evento Subsequente	CPC 24	IAS 10
NBC TG 25 (R2)	Provisões, Passivos Contingentes e Ativos Contingentes	CPC 25	IAS 37
NBC TG 26 (R5)	Apresentação das Demonstrações Contábeis	CPC 26 (R1)	IAS 1
NBC TG 27 (R4)	Ativo Imobilizado	CPC 27	IAS 16
NBC TG 28 (R4)	Propriedade para Investimento	CPC 28	IAS 40
NBC TG 29 (R2)	Ativo Biológico e Produto Agrícola	CPC 29	IAS 41
NBC TG 31 (R4)	Ativo Não Circulante Mantido para Venda e Operação Descontinuada	CPC 31	IFRS 5
NBC TG 32 (R4)	Tributos sobre o Lucro	CPC 32	IAS 12
NBC TG 33 (R2)	Benefícios a Empregados	CPC 33 (R1)	IFRS 19
NBC TG 35 (R2)	Demonstrações Separadas	CPC 35 (R2)	IAS 27
NBC TG 36 (R3)	Demonstrações Consolidadas	CPC 36 (R3)	IAS 27
NBC TG 37 (R5)	Adoção Inicial das Normas Internacionais de Contabilidade	CPC 37 (R1)	IFRS 1
NBC TG 39 (R5)	Instrumentos Financeiros: Apresentação	CPC 39	IAS 32
NBC TG 40 (R3)	Instrumentos Financeiros: Evidenciação	CPC 40	IFRS 7
NBC TG 41 (R2)	Resultado por Ação	CPC 41	IAS 33
NBC TG 42	Contabilidade em Economia Hiperinflacionária	CPC 42	IAS 29
NBC TG 43	Adoção Inicial das NBC Ts Convergidas em 2009	CPC 43 (R1)	Não há
NBC TG 44	Demonstrações Combinadas	CPC 44	Não há

NBC TG	Nome da Norma	CPC	IASB
NBC TG 45 (R3)	Divulgação de Participações em Outras Entidades	CPC 45	IFRS 12
NBC TG 46 (R2)	Mensuração do Valor Justo	CPC 46	IFRS 13
NBC TG 47	Receita de Contrato com Cliente	CPC 47	IFRS 15
NBC TG 48	Instrumentos Financeiros	CPC 48	IFRS 9
NBC TG 49	Contabilização e Relatório Contábil de Planos de Benefícios de Aposentadoria	CPC 49	IAS 26
ITG 01 (R1)	Contratos de Concessão	ICPC 01 (R1)	IAS 12
ITG 07 (R1)	Distribuição de Lucros *in Natura*	ICPC 07	IAS 17
ITG 08	Contabilização da Proposta de Pagamento de Dividendos	ICPC 08 (R1)	Não há
ITG 09 (R1)	Demonstrações Contábeis Individuais, Demonstrações Separadas, Demonstrações Consolidadas e Aplicação do Método de Equivalência Patrimonial	ICPC 09	Não há
ITG 10	Interpretação sobre a Aplicação Inicial ao Ativo Imobilizado e à Propriedade para Investimento	ICPC 10	Não há
ITG 12	Mudanças em Passivos por Desativação, Restauração e Outros Passivos Similares	ICPC 12	IAS 1
ITG 13 (R2)	Direitos a Participações Decorrentes de Fundos de Desativação, Restauração e Reabilitação Ambiental	ICPC 13	IAS 5
ITG 15	Passivos Decorrentes de Participação em Mercado Específico – Resíduos de Equipamentos Eletroeletrônicos	ICPC 15	IAS 6
ITG 16 (R2)	Extinção de Passivos Financeiros com Instrumentos Patrimoniais	ICPC 16	IAS 19
ITG 17	Contratos de Concessão: Evidenciação	ICPC 17	SIC 29
ITG 18	Custos de Remoção de Estéril de Mina de Superfície na Fase de Produção	ICPC 18	IFRIC 20
ITG 19	Tributos	ICPC 19	IFRIC 21
ITG 20	Limite de Ativo de Benefício Definido, Requisitos de Custeio (*Funding*) Mínimo e sua Interação	ICPC 20	IFRIC 14
ITG 21	Transação em Moeda Estrangeira e Adiantamento	ICPC 21	IFRIC 22
ITG 22	Incerteza sobre Tratamento de Tributos sobre o Lucro	ICPC 22	IFRIC 23

NBC TG	Nome da Norma	CPC	IASB
ITG 23	Aplicação da Abordagem de Atualização Monetária Prevista na NBCTG 42	ICPC 23	IFRIC 7
CTG 01	Entidades de Incorporação Imobiliária	OCPC 01	Não há
CTG 02	Esclarecimentos sobre as Demonstrações Contábeis de 2008	OCPC 02	Não há
CTG 04	Aplicação da Interpretação Técnica ITG 02 – Contrato de Construção do Setor Imobiliário	OCPC 04	Não há
CTG 05	Contratos de Concessão	OCPC 05	Não há
CTG 06	Apresentação de Informações Financeiras *Pro Forma*	OCPC 06	Não há
CTG 07	Evidenciação na Divulgação dos Relatórios Contábil-Financeiros de Propósito Geral	OCPC 07	Não há
CTG 08	Reconhecimento de Determinados Ativos e Passivos nos Relatórios Contábil-Financeiros de Propósito Geral das Distribuidoras de Energia Elétrica Emitidos de Acordo com as Normas Brasileiras e Internacionais de Contabilidade	OCPC 08	Não há

1

APLICAÇÕES DE RECURSOS EM TÍTULOS E VALORES MOBILIÁRIOS – INSTRUMENTOS FINANCEIROS

Neste capítulo, serão apresentados os conceitos e possibilidades de classificação e avaliação de aplicações de recursos em Títulos e Valores Mobiliários. O primeiro documento técnico relativo ao assunto foi o pronunciamento emitido pelo Comitê de Pronunciamentos Contábeis, CPC 14 – Instrumentos Financeiros: Reconhecimento, Mensuração e Evidenciação – que estava fundamentado nos pronunciamentos do International Accounting Standards Board (IASB) – Normas Internacionais de Contabilidade IAS 39 e IAS 32.

O CPC 14 foi revogado e substituído pelos pronunciamentos CPC 38 – Instrumentos Financeiros: Reconhecimento e Mensuração, CPC 39 – Instrumentos Financeiros: Apresentação para harmonização com a IFRS 9, que cancelou e substituiu a IAS 39, e o CPC 40 – Instrumentos Financeiros: Evidenciação para harmonização com a IFRS 7.

A NBC TG 38 (CPC 38) foi substituída pela NBC TG 48 a partir de 1º-1-2018 para harmonização com a versão atualizada da IFRS 9.

A principal diferença entre a NBC TG 38 e a NBC TG 48 é que a classificação dos instrumentos financeiros e, consequentemente, a avaliação dependiam da intenção da administração quanto à realização ou liquidação dos instrumentos financeiros, enquanto pela NBC TG 48 a classificação passa a depender do modelo de negócio da entidade.

Devido à complexidade do tema, não temos o objetivo de esgotar o assunto, mas apresentar os principais conceitos e critérios de classificação e avaliação, assim como o reconhecimento de resultados decorrentes dessas aplicações.

Lembramos que todos os pronunciamentos emitidos pelo CPC são transformados em Normas Brasileiras de Contabilidade – Técnicas Gerais (NBC TG) pelo Conselho Federal de Contabilidade (CFC) com o mesmo número e conteúdo do CPC.

Sugerimos que os interessados no assunto acessem o *site* do CPC (www.cpc.org.br) ou do CFC (www.cfc.org.br), nos quais encontrarão a íntegra dos pronunciamentos e das NBC e outros documentos técnicos relativos ao tema.

As normas relativas ao tema Instrumentos Financeiros que estão em vigor são as seguintes:

NBC TG	Nome da Norma	CPC	IASB
NBC TG 08	Custos de Transação e Prêmios na Emissão de Títulos e Valores Mobiliários	CPC 08 (R1)	IAS 39(part)
NBC TG 39 (R5)	Instrumentos Financeiros: Apresentação	CPC 39	IAS 32
NBC TG 40 (R3)	Instrumentos Financeiros: Evidenciação	CPC 40	IFRS 7
NBC TG 48	Instrumentos Financeiros	CPC 48	IFRS 9

1.1 CONSIDERAÇÕES INICIAIS

Para otimização de suas atividades, as empresas têm que gerenciar seus recursos financeiros com a maior eficiência e eficácia possível. Normalmente, tais recursos representam o fator de produção mais escasso e, consequentemente, o mais caro, principalmente no Brasil, onde o custo do capital é bastante superior em relação aos padrões mundiais.

Em decorrência dessa realidade, os gestores responsáveis pela administração financeira de uma empresa, ou de um conglomerado, têm a constante preocupação de procurar as melhores alternativas de aplicação. Em geral, os maiores volumes de recursos são aplicados no giro operacional da entidade, no chamado dia a dia da empresa, como em estoques, financiamentos das vendas a prazo, no imobilizado.

Ocorrem, no entanto, as sobras temporárias de capital, ou seja, os excessos de disponibilidades em relação às necessidades do giro das atividades. Uma eficiente administração financeira não vai deixar de aplicar tais recursos, mesmo que por poucos dias; caso contrário, o dinheiro permanecerá depositado em conta bancária, deixando a empresa de auferir os rendimentos correspondentes. Evidentemente, a magnitude dessa perda monetária estará diretamente relacionada com os níveis de inflação e com o montante envolvido.

1.2 CONCEITOS BÁSICOS

Antes de detalharmos os procedimentos contábeis relativos às aplicações de recursos em títulos e valores mobiliários, é necessário definir alguns conceitos básicos:

Ativo: recurso controlado pela entidade como resultado de eventos passados e do qual se espera que fluam benefícios econômicos para a entidade. Todos os conceitos relacionados a Ativos compreendem essa definição.

Títulos de crédito: papéis emitidos por entidades financeiras (letras de câmbio, Certificados de Depósitos Bancários etc.) ou por entidades não financeiras (debêntures) com o objetivo de captação de recursos no mercado financeiro. Esses papéis têm prazo de vencimento e rendem juros pré ou pós-fixados.

Valores mobiliários: papéis emitidos por entidades financeiras ou não, representativos de frações de um patrimônio (ações ou quotas) ou de direitos sobre a participação num patrimônio (bônus de subscrição ou partes beneficiárias).

Aplicações financeiras: aplicações de recursos em papéis de natureza monetária representados por direitos ou títulos de crédito, com prazo de vencimento e taxas de rendimentos pré ou pós-fixadas. O rendimento dessas aplicações está diretamente relacionado às taxas contratadas. Exemplos:

- depósitos a prazo fixo;
- certificados de depósito bancário;
- caderneta de poupança;
- debêntures conversíveis ou não em ações.

Investimentos: aplicações de recursos em bens de natureza não monetária representados por valores mobiliários sem prazo de vencimento ou taxa de rendimento predeterminada. O rendimento desses investimentos está diretamente relacionado às oscilações de cotações de preços de compra e de venda. Exemplos:

- ações adquiridas ou cotadas em bolsas de valores;
- investimento em ouro;
- fundo de ações.

Ativo Circulante: bens e direitos que serão **realizados até** o final do próximo exercício social ou ciclo operacional, dos dois o maior.

Ativo Não Circulante – Realizável a Longo Prazo: bens e direitos que serão **realizados após** o final do próximo exercício social ou ciclo operacional, dos dois o maior.

Ativo Não Circulante – Investimentos: as participações permanentes em outras empresas e os direitos de propriedade de qualquer natureza, não destinados à venda nem ao uso nas atividades operacionais.

1.2.1 Classificação e avaliação contábil

Os instrumentos financeiros podem ser classificados nas seguintes categorias:

(a) Empréstimos e recebíveis normais de transações comuns, como contas a receber de clientes, fornecedores, contas e impostos a pagar etc., que continuam registrados pelos seus valores originais conforme regras anteriores, sujeitos às provisões para perdas e ajuste a valor presente (no caso de esse efeito ser relevante). Não estão destinados à negociação e a entidade fica com eles até seu vencimento. A apropriação de receita ou despesa para esses instrumentos se dá pela taxa efetiva de juros.

(b) Investimentos mantidos até o vencimento, aqueles para os quais a entidade demonstre essa intenção e mostre, objetivamente, que tem condições de manter essa condição, que continuam também como antes: registrados pelo valor original mais os encargos ou rendimentos financeiros (ou seja, ao "custo amortizado", "pela curva"). É importante

visitar o Pronunciamento Técnico CPC 08 (R1) – Custos de Transação e Prêmios na Emissão de Títulos e Valores Mobiliários –, que exige modificação quanto ao tratamento contábil que se vinha utilizando até antes de 2008 para a apropriação dos encargos e dos rendimentos financeiros. A apropriação de receita ou despesa para esses instrumentos se dá pela taxa efetiva de juros.

(c) *Ativo financeiro ou passivo financeiro mensurado ao valor justo por meio do resultado*, composto pelos ativos e passivos financeiros destinados a serem negociados e já colocados nessa condição de negociação, a serem avaliados ao seu valor justo (normalmente valor de mercado), com todas as contrapartidas das variações nesse valor contabilizadas diretamente no resultado. Nesse grupo estão incluídos todos os derivativos.

(d) *Ativos financeiros* disponíveis para venda, constituídos pelos ativos financeiros a serem negociados no futuro, a serem registrados pelo "custo amortizado" e, após isso, ajustados ao valor justo. As contrapartidas do ajuste pela curva (encargos e rendimentos financeiros) vão ao resultado e, após isso, os ajustes ao valor justo ficam na conta de patrimônio líquido Ajustes de Variação Patrimonial até que os ativos e passivos sejam reclassificados para o item anterior ou efetivamente negociados, o que ocorrer primeiro.

Neste capítulo, abordaremos os instrumentos financeiros classificados nas categorias:

- mantidos até o vencimento;
- destinados à negociação;
- disponíveis para venda.

O Pronunciamento NBC TG 48 está alinhado com a Lei nº 6.404/76 – Lei das Sociedades por Ações –, que determina o critério de avaliação desses instrumentos financeiros como segue:

Lei nº 6.404/76 – Critérios de Avaliação do Ativo

Art. 183. No balanço, os elementos do ativo serão avaliados segundo os seguintes critérios:

I – as aplicações em instrumentos financeiros, inclusive derivativos, e em direitos e títulos de créditos, classificados no ativo circulante ou no realizável a longo prazo: (Redação dada pela Lei nº 11.638, de 2007)

a) pelo seu valor justo, quando se tratar de aplicações destinadas à negociação ou disponíveis para venda; e (Redação dada pela Lei nº 11.941, de 2009)

b) pelo valor de custo de aquisição ou valor de emissão, atualizado conforme disposições legais ou contratuais, ajustado ao valor provável de realização, quando este for inferior, no caso das demais aplicações e os direitos e títulos de crédito; (Incluída pela Lei nº 11.638, de 2007)

A Lei nº 6.404/76 também apresenta o conceito de **valor justo** que deve ser aplicado na avaliação dos instrumentos financeiros:

Lei nº 6.404/76 – Artigo 183 – § 1º Para efeitos do disposto neste artigo, considera-se valor justo: (Redação dada pela Lei nº 11.941, de 2009)

[...]

d) dos instrumentos financeiros, o valor que pode se obter em um mercado ativo, decorrente de transação não compulsória realizada entre partes independentes; e, na ausência de um mercado ativo para um determinado instrumento financeiro: (Incluída pela Lei nº 11.638, de 2007)

1. o valor que se pode obter em um mercado ativo com a negociação de outro instrumento financeiro de natureza, prazo e risco similares; (Incluído pela Lei nº 11.638, de 2007)

2. o valor presente líquido dos fluxos de caixa futuros para instrumentos financeiros de natureza, prazo e risco similares; ou (Incluído pela Lei nº 11.638, de 2007)

3. o valor obtido por meio de modelos matemático-estatísticos de precificação de instrumentos financeiros. (Incluído pela Lei nº 11.638, de 2007)

Combinando o texto legal (Lei nº 6.404/76) e o texto técnico (NBC TG 48), temos a seguinte classificação e avaliação:

	TÍTULOS E VALORES MOBILIÁRIOS – Ativos e Passivos financeiros		
	Valor justo por meio do resultado (VJR)	**Valor justo por meio de outros resultados abrangentes (VJORA)**	**Custo amortizado (CA)**
Modelo de Negócios	Objetivo não é manter ativos para receber fluxos de caixa contratuais. Obter fluxos de caixa contratuais é secundário ao objetivo do modelo	• Receber fluxos de caixa contratuais e de venda do instrumento é inerente ao objetivo do modelo de negócios • Vendas mais frequentes e com volume maior fluxos de caixa contratuais	Manter ativos para receber fluxos de caixa contratuais. Vendas são secundárias ao objetivo do modelo. As vendas não são frequentes ou em alto volume
CONCEITO	TVM adquiridos com o propósito de serem negociados	TVM que não se enquadrem como para negociação nem como mantidos até o vencimento	TVM para os quais haja intenção ou obrigatoriedade e capacidade financeira para sua manutenção em carteira até o vencimento
EXEMPLOS	Ações de companhias abertas adquiridas para serem negociadas no curto prazo	Ações de companhias abertas adquiridas para serem negociadas quando o mercado estiver favorável ou surgir necessidade de realização financeira	Aplicações em Certificados de Depósitos Bancários com a intenção de mantê-los até o vencimento
	Valor justo por meio do resultado (VJR)	Valor justo por meio de outros resultados abrangentes (VJORA)	Custo amortizado (CA)
APROPRIAÇÃO DO AJUSTE	Resultado do período – ganho ou perda	PL – Outros Resultados Abrangentes – ganho ou perda	Não há ajuste

A NBCTG 48 determina que os instrumentos financeiros devem ser classificados e avaliados de acordo com o modelo de negócio da entidade, como segue:

Classificação de:

Ativos financeiros avaliados:

- ao custo amortizado (CA);
- ao valor justo por meio de outros resultados abrangentes (VJORA);
- ao valor justo por meio do resultado (VJR).

Passivos financeiros avaliados:

- ao custo amortizado (CA);
- ao valor justo por meio do resultado (VJR).

A avaliação dependerá do modelo de negócio adotado pela entidade.

MODELO DE NEGÓCIOS: maneira pela qual uma entidade administra seu ativo financeiro para gerar fluxos de caixa.

O modelo de negócios determina se os fluxos de caixa resultarão da:

- obtenção dos fluxos de caixa contratados (CA);
- venda do ativo financeiro (VJR); ou
- de ambos (VJORA).

A tabela a seguir apresenta um resumo da classificação e avaliação dos instrumentos financeiros:

Modelo de negócios	Características-chave	Categoria de mensuração
Modelo de negócios cujo objetivo é manter ativos financeiros para receber fluxos de caixa	• Manter ativos para receber fluxos de caixa contratuais • Vendas são secundárias ao objetivo do modelo • As vendas não são frequentes ou em alto volume	CA = Custo amortizado
Mantidos tanto para obtenção de fluxos de caixa contratuais e como pela venda	• Receber fluxos de caixa contratuais e de venda do instrumento é inerente ao objetivo do modelo de negócios • Vendas mais frequentes e com volume maior de fluxos de caixa contratuais	VJORA = Valor Justo por meio de Outros Resultados Abrangentes
Outros modelos de negócio, incluindo: • Negociação • Gestão de ativos com base no valor justo • Maximização dos fluxos de caixa por meio de venda	• Objetivo não é manter ativos para receber fluxos de caixa contratuais • Obter fluxos de caixa contratuais é secundário ao objetivo do modelo	VJR = Valor Justo por meio do Resultado

Para melhor entendimento dos critérios de avaliação e classificação, apresentamos o seguinte exemplo:

Determinada empresa aplicou recursos em três debêntures emitidas por outra empresa com as seguintes condições:

Valor de emissão atualizado na data da negociação	$ 1.000
Rendimento mensal pago anualmente	3%
Data da aplicação	01-01-X1
Data de vencimento	31-12-X5
As debêntures são negociáveis no mercado financeiro	

Classificação contábil

Debênture	Classificação de acordo com o modelo de negócio	Classificação contábil
A	Colocar a debênture na sua carteira de papéis negociáveis	Destinada à negociação VJR = Valor Justo por meio do Resultado
B	Negociar quando o mercado estiver favorável ou necessitar de recursos financeiros	Disponível para venda VJORA = Valor Justo por meio de Outros Resultados Abrangentes
C	Oferecer o instrumento como caução para participar de concorrência pública	Mantido até o vencimento CA = Custo Amortizado

Considerando as informações anteriores, os instrumentos financeiros apresentarão os seguintes resultados:

Data	Debênture	A	B	C
	Classificação	VJR	VJORA	CA
01-01-X1	A = Valor aplicado	10.000	10.000	10.000
31-01-X1	B = Rendimento incorrido	300	300	300
31-01-X1	C = A + B = Valor contábil atualizado	10.300	10.300	10.300
31-01-X1	D = Valor justo (mercado) – Apenas Informação	10.350	10.350	10.350
31-01-X1	E = D – C = Ajuste ao valor justo	50	50	–
31-01-X1	F = C + E = Saldo contábil	10.350	10.350	10.300

Data	Debênture	A	B	C
	Classificação	VJR	VJORA	CA
28-02-X1	G = Rendimento incorrido	309	309	309
28-02-X1	H = F + G = Valor contábil atualizado	10.659	10.659	10.609
28-02-X1	I = Valor justo (mercado) Apenas Informação	10.550	10.550	
28-02-X1	J = I − H = Ajuste ao valor justo	(109)	(109)	
28-02-X1	K = I + J = Saldo contábil	10.550	10.550	10.609
	Resultado do período			
31-01-X1	L = B = Receita financeira	300	300	300
31-01-X1	M = E = Ajuste ao valor justo	50		
31-01-X1	O = L + M = Resultado do período	350	300	300
28-02-X1	P = G = Receita financeira	309	309	309
28-02-X1	Q = J = Ajuste ao valor justo	(109)		
28-02-X1	R = O + P + Q = Resultado do período	550	609	609
	Patrimônio líquido			
	PI − ORA − Outros Resultados Abrangentes			
31-01-X1	S = M = Ajuste ao valor justo		50	
28-02-X1	T = J = Ajuste ao valor justo		(109)	
28-02-X1	U = S + T = Saldo		(59)	
	V = R + U = Resultado Abrangente = PL + DRE	550	550	609

    Os ativos financeiros avaliados ao Custo Amortizado (CA) deverão ser ajustados ao valor recuperável quando houver evidências que indiquem perdas na realização no vencimento. Oscilações de valor de mercado não representam, necessariamente, evidências de perda de valor recuperável.

    O ajuste ao valor justo dos instrumentos financeiros disponíveis para venda será baixado para o resultado do período no momento da realização desses instrumentos ou sua reclassificação para outro grupo.

1.2.2 Classificação e avaliação dos Títulos e Valores Mobiliários (TVM)

Os títulos e valores mobiliários e outros ativos não diretamente ligados às atividades operacionais da empresa podem ser classificados como segue:

Tipo	Liquidez ou intenção de realização	Grupo	Exemplo	Critério de avaliação Depende do Modelo de Negócio da entidade: CA, VJR ou VJORA
Aplicações financeiras	Imediata	Ativo Circulante – Equivalentes de Caixa	Fundos de renda fixa	Custo mais rendimentos incorridos ou valor justo quando classificado como VJR
Aplicações financeiras	Até o final do próximo exercício	Ativo Circulante – Aplicações temporárias – após grupo de estoques	Certificados de Depósitos Bancários –Debêntures	Custo mais rendimentos incorridos ou valor justo quando classificado como VJORA
Aplicações financeiras	Após o final do próximo exercício	Ativo Não Circulante – Realizável a Longo Prazo – Aplicações temporárias	Certificados de Depósitos Bancários – Debêntures	Custo mais rendimentos incorridos menos ajuste por perda de valor recuperável – CA
Estoque de ouro	Imediata ou não	Ativo Circulante – Investimentos temporários	Operações de compra e venda de ouro	Custo menos ajuste para desvalorização quando o valor de mercado for menor, ou valor justo quando classificado como VJR ou VJORA
Ações de outras empresas	Intenção de realização até o final do próximo exercício social	Ativo Circulante – Investimentos temporários	Ações ou quotas de outras empresas	Custo menos ajuste para desvalorização quando o valor de mercado for menor – CA, ou valor justo quando classificado como VJR ou VJORA
Ações de outras empresas	Intenção de realização após o final do próximo exercício social	Ativo Não Circulante – Realizável a Longo Prazo – Investimentos temporários	Ações ou quotas de outras empresas	Custo menos ajuste para desvalorização quando o valor de mercado for menor – CA, ou valor justo quando classificado como VJR ou VJORA
Participações societárias em empresas não controladas nem coligadas	Com intenção de permanência	Ativo Não Circulante – Investimentos	Ações ou quotas de outras empresas	Custo menos ajuste para desvalorização permanente
Participações societárias em empresas controladas ou coligadas	Com intenção de permanência	Ativo Não Circulante – Investimentos	Ações ou quotas de outras empresas	Método da equivalência patrimonial (veja o Capítulo 2)
Outros ativos	Com intenção de permanência	Ativo Não Circulante – Investimentos	Obras de arte – Terrenos para futura expansão	Custo menos ajuste para desvalorização permanente

1.3 AVALIAÇÃO DE APLICAÇÕES FINANCEIRAS E ESTOQUE DE OURO

Os critérios de avaliação desses ativos estão regulados pelo art. 183 da Lei nº 6.404/76. Para facilitar a leitura e a compreensão, reproduz-se tal texto legal, em ***itálico negrito***, acompanhado de comentários, em texto normal. Estão reproduzidos apenas os incisos do art. 183 que se aplicam à avaliação das aplicações temporárias.

> ***CRITÉRIOS DE AVALIAÇÃO DO ATIVO***
>
> ***Lei nº 6.404/76 – Lei das Sociedades por Ações***
>
> ***Critérios de Avaliação do Ativo***
>
> ***Art. 183. No balanço, os elementos do ativo serão avaliados segundo os seguintes critérios:***
>
> ***I – as aplicações em instrumentos financeiros, inclusive derivativos, e em direitos e títulos de créditos, classificados no ativo circulante ou no realizável a longo prazo: (Redação dada pela Lei nº 11.638, de 2007)***
>
> ***a) pelo seu valor justo, quando se tratar de aplicações destinadas à negociação ou disponíveis para venda; e (Redação dada pela Lei nº 11.941, de 2009)***
>
> ***b) pelo valor de custo de aquisição ou valor de emissão, atualizado conforme disposições legais ou contratuais, ajustado ao valor provável de realização, quando este for inferior, no caso das demais aplicações e os direitos e títulos de crédito. (Incluída pela Lei nº 11.638, de 2007)***

Comentários

Com as alterações decorrentes da convergência das normas contábeis brasileiras para as normas internacionais de contabilidade, o texto legal foi adaptado, passando a admitir o ajuste ao valor justo, dependendo da classificação dos instrumentos, conforme apresentado no item anterior. Para as aplicações com rendimento pré ou pós-fixados, deve ser levado em consideração, para registro contábil dos rendimentos, o fato de que os juros são auferidos à medida que o tempo decorre. Pelo Regime da Competência de Exercícios, a receita deve ser registrada proporcionalmente ao tempo decorrido, de preferência *pro rata dia*.

Exemplos de contabilização:

Exemplo 1: Aplicação financeira

A Empresa X aplicou $ 1.000 em Certificados de Depósitos Bancários em 15-11-X1 para resgate em 15-02-X2 com a intenção de manter a aplicação até o vencimento. Até 31-12-X1 os rendimentos totalizaram $ 20. No exercício de X1, seriam efetuados os seguintes lançamentos contábeis:

15-11-X1: Data da aplicação	Débito $	Crédito $
Ativo Circulante		
Aplicações temporárias		
Certificados de Depósitos Bancários	1.000	
Ativo Circulante		
Caixa e equivalentes de caixa		
Bancos – conta movimento		1.000

31-12-X1: Encerramento do exercício social	Débito $	Crédito $
Ativo Circulante		
Aplicações temporárias		
Certificados de Depósitos Bancários	20	
Resultado		
Resultados financeiros		
Rendimentos sobre aplicações temporárias		20

No exemplo, supõe-se que, em 31-12-X1, o valor justo é de $ 1.020, pelo menos. Portanto, não será efetuado qualquer ajuste.

Exemplo 2: Estoque de ouro

Em 10-1-X1, a Empresa Alfa adquiriu a título de investimento temporário determinada quantidade de ouro ao custo de $ 1.000.

A intenção da empresa é comercializar o ouro no mercado e a contabilização foi feita como segue:

10-01-X1: Data da aplicação	Débito $	Crédito $
Ativo Circulante		
Investimentos temporários		
Estoque de ouro	1.000	
Ativo Circulante		
Caixa e equivalentes de caixa		
Bancos – conta movimento		1.000

Em 31-1-X1, o valor de mercado de seu estoque era de $ 1.050. Nesse caso, deve-se aplicar o art. 183 da Lei nº 6.404/76, que determina:

> **Lei nº 6.404/76 – Art. 183 – § 4º *Os estoques de mercadorias fungíveis destinadas à venda poderão ser avaliados pelo valor de mercado, quando esse for o costume mercantil aceito pela técnica contábil.***

Portanto, como o ouro é considerado bem fungível, tem valor de mercado e está destinado à comercialização e não ao uso como matéria-prima, deverá ser ajustado ao valor de mercado como segue:

31-01-X1: Ajuste ao valor de mercado	Débito $	Crédito $
Ativo Circulante		
Investimentos temporários		
Ajuste ao valor de mercado – Estoque de ouro	50	
Resultado		
Resultados financeiros		
Ajuste ao valor de mercado		50

Em 28-2-X1, devido à elevação da taxa de juros, o valor de mercado de seu estoque de ouro caiu para $ 980. Consequentemente, foi efetuado o seguinte lançamento contábil:

28-02-X1: Ajuste ao valor de mercado	Débito $	Crédito $
Ativo Circulante		
Investimentos temporários		
Ajuste ao valor de mercado – Estoque de ouro		70
Resultado		
Resultados financeiros		
Ajuste ao valor de mercado	70	

Em 31-3-X1, foi efetuada a venda de todo estoque de ouro por $ 990. Foram efetuados os seguintes lançamentos:

31-03-X1: Receita da venda	Débito $	Crédito $
Ativo Circulante		
Caixa e equivalentes de caixa		
Bancos – conta movimento	990	
Resultado		
Resultados financeiros		
Receita da venda de ouro		990

31-03-X1: Baixa do custo do ativo vendido	Débito $	Crédito $
Resultado		
Resultados financeiros		
Baixa do custo do ouro vendido	1.000	
Ativo Circulante		
Investimentos temporários		
Estoque de ouro		1.000

31-03-X1: Baixa do ajuste a valor de mercado	Débito $	Crédito $
Ativo Circulante		
Investimentos temporários		
Ajuste ao valor de mercado – Estoque de ouro	20	
Resultado		
Resultados financeiros		
Baixa do ajuste ao valor mercado		20

Demonstração da movimentação das contas:

Data	Histórico	Ativo			Resultado		
		Banco	Investimento Ouro	Investimento Ajuste	Ajuste ao mercado	Resultado na venda	Lucro/Prejuízo
10-01-X1	Aquisição	(1.000)	1.000				
31-01-X1	Ajuste ao mercado			50	50		50
31-01-X1	**Saldo**	**(1.000)**	**1.000**	**50**	**50**		**50**
28-02-X1	Ajuste ao mercado			(70)	(70)		(70)
28-02-X1	**Saldo**	**(1.000)**	**1.000**	**(20)**	**(20)**		**(20)**
31-03-X1	Receita da venda	990				990	990
31-03-X1	Baixa do custo		(1.000)			(1.000)	(1.000)
31-03-X1	Baixa do ajuste			20	20		20
31-03-X1	**Saldo**	**(10)**	**0**	**0**	**0**	**(10)**	**(10)**

Como visto, no resultado, os ganhos e perdas decorrentes de ajustes ao valor de mercado são reconhecidos em regime de competência, e o resultado da venda é obtido pela comparação da receita da venda e o respectivo custo de aquisição do ativo vendido.

1.4 INSTRUMENTOS FINANCEIROS – AÇÕES DE OUTRAS EMPRESAS

Além das modalidades de aplicações financeiras citadas nos itens anteriores, uma empresa com sobra de caixa pode destinar tais disponibilidades para adquirir ações de outra empresa com o objetivo de obter ganhos financeiros. As aplicações realizadas com esse objetivo são classificadas como Instrumentos Financeiros e serão analisadas neste capítulo. As participações societárias classificadas como Investimentos serão analisadas no próximo capítulo.

1.4.1 Classificação contábil

O que irá orientar a correta classificação contábil das ações ou cotas de outras empresas em Instrumentos Financeiros ou Investimentos é a natureza de tais aplicações e a intenção da administração. Basicamente, quando a intenção for a obtenção de ganhos financeiros, as aplicações serão classificadas como Instrumentos Financeiros. Quando a intenção for participar do capital de outras empresas porque as atividades de ambas de alguma forma se complementarão, as participações serão classificadas como Investimentos.

1.4.2 Critérios de avaliação – instrumentos financeiros – ações

Reproduz-se a seguir, em itálico negrito, o texto legal, seguido de comentários em texto normal. Para isso, recorre-se novamente ao art. 183 da Lei nº 6.404/76.

CRITÉRIOS DE AVALIAÇÃO DO ATIVO

Lei nº 6.404/76 – Lei das Sociedades por Ações

Art. 183. No balanço, os elementos do ativo serão avaliados segundo os seguintes critérios:

I – as aplicações em instrumentos financeiros, inclusive derivativos, e em direitos e títulos de créditos, classificados no ativo circulante ou no realizável a longo prazo: (Redação dada pela Lei nº 11.638, de 2007)

a) pelo seu valor justo, quando se tratar de aplicações destinadas à negociação ou disponíveis para venda; e (Redação dada pela Lei nº 11.941, de 2009)

b) pelo valor de custo de aquisição ou valor de emissão, atualizado conforme disposições legais ou contratuais, ajustado ao valor provável de realização, quando este for inferior, no caso das demais aplicações e os direitos e títulos de crédito; (Incluída pela Lei nº 11.638, de 2007)

Comentários

A empresa deve registrar os instrumentos financeiros decorrentes da aquisição de ações de outras empresas com base no valor efetivamente desembolsado, ou seja, pelo custo de aquisição. Periodicamente, esses instrumentos financeiros deverão ser ajustados ao valor justo, e a contrapartida do ajuste será apropriada no Resultado do Exercício ou no Patrimônio Líquido, de acordo com a classificação de tais instrumentos.

1.4.3 Exemplo de contabilização – instrumentos financeiros – ações

A Aplicadora Ltda. adquiriu em 15-03-X1 10.000 ações da Bolsex S.A. A intenção da Aplicadora é destinar 7.000 ações para negociação imediata e manter as demais 3.000 para negociações futuras de acordo com suas necessidades e oportunidades.

Durante o exercício, ocorreram os seguintes eventos:

Data	Histórico
15-03-X1	Aquisição de 10.000 ações da Bolsex S.A. ao custo por ação de $ 35.
31-03-X1	Cotação de mercado das ações da Bolsex S.A. = $ 33. O ajuste ao valor justo será apropriado no PL ou no Resultado de acordo com a classificação dos instrumentos financeiros.
30-04-X1	Bolsex pagou dividendos por ação de $ 3 que serão registrados como diminuição do valor dos instrumentos financeiros devido ao prazo menor que 180 dias entre a data da aquisição e o recebimento dos dividendos, pois se entende que a investidora adquiriu, além da participação, o direito ao dividendo, ou seja, o dividendo já era devido ao tempo da transação ou aquisição do investimento. Assim, na ocasião do recebimento do dividendo, nessas condições, ele não será considerado receita, mas uma redução do próprio investimento.
30-04-X1	Bolsex aumentou o capital com a utilização de reservas e distribuiu aos acionistas ações bonificadas. A Aplicadora recebeu 1.000 ações bonificadas cujo valor nominal era de $ 1. O recebimento das bonificações não vai gerar registro contábil na investidora, pois não há custo de aquisição.
30-04-X1	Cotação de mercado das ações da Bolsex S.A. = $ 32.
31-05-X1	Cotação de mercado das ações da Bolsex S.A. = $ 38.
	Consideramos que no período de junho a dezembro não ocorreram variações significativas no valor justo.
31-12-X1	Bolsex pagou dividendos por ação de $ 2. Nesse caso, os dividendos serão apropriados como receita do período porque o recebimento ocorreu após seis meses da aquisição das ações.
31-12-X1	Cotação de mercado das ações da Bolsex S.A. = $ 35.

Os eventos apresentados na tabela anterior serão registrados na Aplicadora Ltda. Nas seguintes contas:

		Ativo					PL	DRE
		Banco	IF – VJR		IF – VJORA		ORA - AAP	
		$	Ações	$	Ações	$	$	$
15-03-X1	Aquisição das ações = $ 35	(350.000)	7.000	245.000	3.000	105.000		
31-03-X1	Ajuste ao mercado = $ 33 – $ 35 = ($ 2)			(14.000)		(6.000)	(6.000)	(14.000)
31-03-X1	**Saldo**	**(350.000)**	**7.000**	**231.000**	**3.000**	**99.000**	**(6.000)**	**(14.000)**
30-04-X1	Recebimento de dividendos = $ 3	30.000		(21.000)		(9.000)		
30-04-X1	Recebimento de bonificações		700		300			
30-04-X1	Ajuste ao mercado = $ 32			36.400		15.600	15.600	36.400
30-04-X1	**Saldo**	**(320.000)**	**7.700**	**246.400**	**3.300**	**105.600**	**9.600**	**22.400**
31-05-X1	Ajuste ao mercado = $ 38 – $ 32 = $ 6			46.200		19.800	19.800	46.200
31-05-X1	**Saldo**	**(320.000)**	**7.700**	**292.600**	**3.300**	**125.400**	**29.400**	**68.600**
30-06-X1	Recebimento de dividendos = $ 2	22.000						22.000
30-06-X1	Ajuste ao mercado = $ 35 – $ 38 = ($ 3)			(23.100)		**(9.900)**	(9.900)	(23.100)
30-06-X1	**Saldo**	**(298.000)**	**7.700**	**269.500**	**3.300**	**115.500**	**19.500**	**67.500**

Legendas:

IF – VJR = Instrumentos Financeiros – Avaliados pelo Valor Justo por meio do Resultado

IF – VJORA = Instrumentos Financeiros – Negociação Avaliados pelo Valor Justo por meio de Outros Resultados Abrangentes

PL – AAP = Patrimônio Líquido – Outros Resultados Abrangentes – Ajuste de Avaliação Patrimonial

DRE – Demonstração do Resultado do Exercício

As datas e valores utilizados são meramente ilustrativos.

1.4.4 Aspectos fiscais

Recebimentos de dividendos: os dividendos recebidos pela investidora não são tributados pelo Imposto de Renda, devendo, portanto, ser excluídos do lucro contábil para fins de apuração do lucro real.

Ajustes ao valor justo: não são tributados nem dedutíveis os ajustes ao valor justo reconhecidos no resultado contábil, devendo, portanto, ser adicionados ou excluídos ao lucro contábil para fins de apuração do lucro real.

Alienação da participação societária: são tributados os ganhos obtidos na ocasião da alienação de participações societárias em outras empresas. As perdas, por sua vez, são aceitas como dedutíveis. Na alienação os resultados fiscais são apurados com base nos valores de custo de aquisição.

TESTES

1. De acordo com as determinações da Lei nº 6.404/76, com a nova redação dada pelas Leis nº 11.638/07 e nº 11.941/09, as aplicações em instrumentos financeiros, inclusive derivativos, e em direitos e títulos de créditos, classificados no ativo circulante ou no realizável a longo prazo, serão avaliadas:
   a) pelo seu valor justo, quando se tratar de aplicações destinadas à negociação ou disponíveis para venda;
   b) pelo valor provável de realização, no caso de títulos de crédito;
   c) pelo valor de custo de aquisição ou valor provável de realização, quando este for superior, no caso das demais aplicações e títulos de crédito;
   d) pelo seu valor justo, ajustado ao valor provável de realização, quando este for inferior ao custo de aquisição, no caso das demais aplicações, direitos e títulos de crédito;
   e) pelo seu valor justo, quando se tratar de aplicações que não são destinadas à negociação.

2. Teste que constou no concurso público para Auditor Fiscal da Receita Federal (Auditor Fiscal do Tesouro Nacional).
   Critério da avaliação contábil a ser aplicado aos direitos e títulos de créditos, classificados no ativo circulante ou no realizável a longo prazo:
   a) custo histórico como base de valor;
   b) custo corrente ou o de reposição;
   c) pelo seu valor de custo de aquisição ou valor de emissão, ajustado ao valor provável de realização, quando este for inferior;
   d) custo ou mercado dos dois o menor;
   e) custo de realização acrescido dos rendimentos.

3. A obtenção do valor justo é de fundamental importância para a avaliação dos instrumentos financeiros. Nesse sentido, o texto da Lei nº 6.404/76, atualizada pelas Leis nº 11.638/07 e nº 11.941/09, apresenta o conceito de valor justo. Assinale a alternativa que não corresponde a uma das metodologias legais para a obtenção do valor justo dos instrumentos financeiros:
   a) o valor que pode se obter em um mercado ativo, decorrente de transação não compulsória realizada entre partes independentes;
   b) na ausência de um mercado ativo para um determinado instrumento financeiro, o valor que se pode obter em um mercado ativo com a negociação de outro instrumento financeiro de natureza, prazo e risco similares;

c) na ausência de um mercado ativo para um determinado instrumento financeiro, o valor presente líquido dos fluxos de caixa futuros para instrumentos financeiros de natureza, prazo e risco similares;

d) o valor que pode se obter em um mercado ativo, decorrente de transação compulsória realizada entre partes dependentes;

e) na ausência de um mercado ativo para um determinado instrumento financeiro, o valor obtido por meio de modelos matemático-estatísticos de precificação de instrumentos financeiros.

4. **O texto legal (Lei nº 6.404/76, atualizada pelas Leis nº 11.638/07 e nº 11.941/09) e o texto técnico (CPC nº 48) definem os critérios para a classificação, avaliação e apropriação dos ajustes contábeis. Assinale a alternativa verdadeira:**

a) os títulos e valores mobiliários adquiridos com o propósito de serem negociados devem ser avaliados pelo valor justo, sendo que a apropriação de possíveis ajustes deve ser efetuada em contrapartida do Patrimônio Líquido (PL), Ajuste de Avaliação Patrimonial;

b) os títulos e valores mobiliários, para os quais haja intenção ou obrigatoriedade e capacidade financeira para sua manutenção em carteira até o vencimento, devem ser avaliados pelo valor justo, sendo que a apropriação de possíveis ajustes deve ser efetuada em contrapartida do Resultado do período;

c) os títulos e valores mobiliários que não se enquadrem no propósito de negociação, nem como mantidos até o vencimento, devem ser avaliados pelo custo atualizado pelas cláusulas contratuais ou valor justo, dos dois o menor, sendo que a apropriação de possíveis ajustes deve ser efetuada em contrapartida do Resultado do período;

d) os títulos e valores mobiliários que não se enquadrem no propósito de negociação, nem como mantidos até o vencimento, devem ser avaliados pelo valor justo, sendo que a apropriação de possíveis ajustes deve ser efetuada em contrapartida do Resultado do período;

e) os títulos e valores mobiliários adquiridos com o propósito de serem negociados devem ser avaliados pelo valor justo, sendo que a apropriação de possíveis ajustes deve ser efetuada em contrapartida do Resultado do período.

5. **Seguem diversos exemplos de aplicações de recursos em títulos e valores mobiliários. Com base nos atuais textos legais (Lei nº 6.404/76, atualizada pelas Leis nº 11.638/07 e nº 11.941/09) e no CPC nº 48 (Comitê de Pronunciamentos Contábeis), assinale a alternativa incorreta:**

a) as operações de compra e venda de ouro, com intenção imediata de liquidez ou realização, devem ser classificadas no grupo Ativo Circulante – Investimentos Temporários e ser avaliadas pelo custo ajustado por desvalorização, quando o valor de mercado for menor ou pelo valor justo, quando classificado como destinado à negociação ou disponível para venda;

b) as aplicações em participações societárias em empresas não controladas e nem coligadas, com intenção de permanência, devem ser classificadas no grupo Ativo Não Circulante – Investimentos e ser avaliadas pelo custo ajustado por desvalorização permanente;

c) as aplicações financeiras de imediata liquidez ou intenção de realização devem ser classificadas no grupo Ativo Circulante – Equivalentes de Caixa e ser avaliadas pelo custo mais rendimentos incorridos ou valor justo quando classificado como destinado à negociação ou disponível para venda;

d) as aplicações financeiras efetuadas com a intenção de realização após o final do próximo exercício devem ser classificadas no grupo Ativo Circulante – Equivalentes de Caixa e ser avaliadas pelo custo mais rendimentos incorridos ajustado por provisão para desvalorização, quando o valor de mercado for menor;

e) as aplicações em participações societárias em empresas não controladas e nem coligadas, com intenção de permanência, devem ser classificadas no grupo Ativo Não Circulante – Investimentos e ser avaliadas pelo método do custo histórico de aquisição.

6. **Seguem diversos exemplos de aplicações de recursos em títulos e valores mobiliários. Com base nos atuais textos legais (Lei nº 6.404/76, atualizada pelas Leis nº 11.638/07 e nº 11.941/09) e no CPC nº 48 (Comitê de Pronunciamentos Contábeis), assinale a alternativa correta:**

a) uma empresa investidora X adquire participação societária na empresa Y, não controlada e nem coligada, com intenção de permanência. Essa aplicação deve ser classificada, na empresa investidora X, no grupo Ativo Circulante – Investimentos e ser avaliadas pelo equivalente ao valor justo;

b) a Empresa SP aplica em Fundos de Renda Fixa, com liquidez imediata. Essa aplicação deve ser classificada no grupo Ativo Não Circulante – Aplicações Temporárias em Fundo de Renda Fixa e ser avaliada pelo custo ajustado por eventual desvalorização;

c) a Companhia Rio Dourado Ltda. efetua uma grande compra de ouro. Essa compra deve ser deve ser classificada no grupo Ativo Circulante – Equivalentes de Caixa e ser avaliada pelo custo ajustado por desvalorização, quando o valor de mercado for menor, ou pelo valor justo, quando classificado como destinado à negociação ou disponível para venda;

d) a empresa investidora Rio das Ostras S.A. adquire participação societária na empresa Alga, que passa a ser uma empresa controlada, com intenção de permanência. Essa aplicação deve ser classificada, na empresa investidora, no grupo Ativo Não Circulante – Investimentos e ser avaliada pelo equivalente ao valor justo;

e) a empresa B aplica em certificados de depósitos bancários e debêntures, com intenção de realização até o final do próximo exercício. Essa aplicação deve ser classificada no grupo Ativo Circulante – Aplicações Temporárias e ser avaliada pelo custo mais rendimentos incorridos ou valor justo, quando classificado como destinado à negociação ou disponível para venda.

7. **Foi emitido pelo Comitê de Pronunciamentos Contábeis o CPC 48 – Instrumentos Financeiros, que estabelece normas contábeis para reconhecimento, mensuração e evidenciação dos instrumentos financeiros.**

Analise se as afirmações a seguir são verdadeiras ou falsas e assinale a alternativa correta:

I – O que irá orientar a correta classificação contábil das ações ou cotas de outras empresas em Instrumentos Financeiros ou Investimentos é a natureza de tais aplicações e a intenção da administração, sendo que, basicamente, quando a intenção for a obtenção de ganhos financeiros, as aplicações serão classificadas como Instrumentos Financeiros.

II – Quando a intenção for participar do capital de outras empresas porque as atividades de ambas de alguma forma se complementarão, em caráter permanente, as participações serão classificadas no grupo Ativo Circulante – Aplicações de Sobras de Caixa.

III – O CPC 48 tem como pilares o reconhecimento dos instrumentos financeiros de acordo com sua natureza econômica, a sua classificação de acordo com a finalidade para a qual estão sendo utilizados, a mensuração pelo valor justo de todas as operações com derivativos e dos instrumentos financeiros classificados como "mensurados pelo valor justo através do resultado" e "disponíveis para a venda", a contabilidade das operações de *hedge* e ampla evidenciação das operações realizadas.

IV – Um dos pilares do CPC 48 é a mensuração dos derivativos e de outros instrumentos financeiros classificados como "mensurados pelo valor justo através do resultado" e "disponíveis para venda" pelo valor justo. Essa mensuração, de responsabilidade exclusiva do corpo gerencial da empresa, não exigirá, por parte dos profissionais da área contábil, maior conhecimento sobre a realidade operacional dos instrumentos financeiros.

Alternativas
a) todas as afirmações são verdadeiras;
b) as afirmações II e IV são falsas;
c) todas as afirmações são verdadeiras, com exceção da II;
d) as afirmações I, II e IV são verdadeiras;
e) todas as afirmações são falsas.

2
AVALIAÇÃO DE INVESTIMENTOS EM PARTICIPAÇÕES SOCIETÁRIAS

Neste capítulo, serão apresentados os conceitos básicos e os critérios de classificação e avaliação dos investimentos em participações societárias com ênfase no Método da Equivalência Patrimonial. O Pronunciamento Técnico CPC 18 (R2) – Investimentos em Coligada e em Controlada e em Empreendimento Controlada em Conjunto, emitido pelo Comitê de Pronunciamentos Contábeis (CPC) com base na Norma Internacional de Contabilidade – IAS 28, substitui pronunciamentos anteriores que tratavam do tema.

O Pronunciamento CPC 18 (R2) – Investimentos em Coligada e em Controlada e em Empreendimento Controlada em Conjunto, emitido pelo Comitê de Pronunciamentos Contábeis com base na Norma Internacional de Contabilidade – IAS 28, foi aprovado pela Deliberação CVM nº 605/09 e pelo Conselho Federal de Contabilidade (CFC) por meio da Resolução CFC nº 1.241/09, que aprovou a NBC T6 18 – Investimento em Coligada e em Controlada.

Regra geral, as normas da CVM e do CFC relativas a Investimentos em Coligadas e Controladas já estavam adequadas às normas internacionais. Portanto, a convergência das normas brasileiras para as normas internacionais de contabilidade não trouxe alterações significativas.

A CVM aprovou o CPC 18, mas não revogou a Instrução CVM nº 247/96. Entretanto, os procedimentos relativos à classificação e à avaliação dos investimentos em participações societárias não sofrerão alterações, pois os procedimentos vigentes no Brasil já estavam atualizados em relação às normas internacionais de contabilidade.

Neste capítulo, trataremos exclusivamente das participações societárias classificadas no grupo Ativo Não Circulante – Investimentos, pois as aquisições de ações destinadas a comercialização ou disponíveis para venda são classificadas como instrumentos financeiros e apresentadas no capítulo anterior.

Dependendo das circunstâncias, as participações societárias poderão ser avaliadas pelo Método do Custo Histórico (MCH) ou pelo Método da Equivalência Patrimonial (MEP).

As normas em vigor relativas ao tema investimentos em participações societárias são:

NBC TG	Nome da Norma	CPC	IASB
NBC TG 18 (R3)	Investimento em Coligada, em Controlada e em Empreendimento Controlado em Conjunto	CPC 18 (R2)	IAS 28
ITG 09 (R1)	Demonstrações Contábeis Individuais, Demonstrações Separadas, Demonstrações Consolidadas e Aplicação do Método de Equivalência Patrimonial	ICPC 09 (R2)	Não há

2.1 REGULAMENTAÇÃO DO MÉTODO DA EQUIVALÊNCIA PATRIMONIAL (MEP)

O Método da Equivalência Patrimonial foi instituído pela Lei nº 6.404/76 (art. 248) e, posteriormente, regulado pelo Decreto-lei nº 1.598/77 (arts. 20 a 26). O Banco Central do Brasil, por meio das Resoluções nºs 476 e 484, baixou normas aplicáveis às instituições financeiras. A Comissão de Valores Mobiliários, por sua vez, estabeleceu normas para as companhias abertas, por meio da expedição da Instrução CVM nº 1, a qual foi substituída pela Instrução CVM nº 247, de 27-3-1996.

A legislação societária foi atualizada pela Lei nº 11.638, de 28-12-2007, e pela Lei nº 11.941/09, com o objetivo de adaptá-la às normas internacionais de contabilidade.

O Pronunciamento Técnico CPC 18 – Investimento em Coligada e em Controlada, emitido pelo Comitê de Pronunciamentos Contábeis (CPC) com base na Norma Internacional de Contabilidade – IAS 28, define as regras e os procedimentos que deverão ser aplicados para cálculo e contabilização da Equivalência Patrimonial. Entretanto, como a legislação brasileira e a Instrução CVM nº 247/96 já estão adaptadas às normas internacionais, não houve impacto nos procedimentos já adotados no Brasil.

Em decorrência da alteração efetuada no Decreto-lei nº 1.598/77 pelo Decreto-lei nº 1.648/78, foram estendidas expressamente a todas as pessoas jurídicas as normas sobre equivalência patrimonial.

2.2 CONCEITOS BÁSICOS E DEFINIÇÕES

Antes de iniciar o estudo da avaliação das participações societárias, vejamos alguns conceitos básicos importantes.

Este tópico será dividido em duas partes. Na primeira, serão apresentados conceitos básicos gerais e, na segunda, definições extraídas do Pronunciamento CPC 18 – Investimento em Coligada e em Controlada.

2.2.1 Conceitos básicos gerais

Participações societárias: aplicações de recursos que determinada empresa, doravante denominada investidora, efetua na aquisição de ações ou cotas de outra empresa, doravante denominada investida, com objetivo de:

- garantir atividade complementar;
- garantir fornecimento de matéria-prima, tecnologia, serviços;
- aumentar participação no mercado;
- manter cliente estratégico.

Geralmente, as atividades da investidora e da investida, de alguma forma, se complementam. Quando o objetivo da aquisição de participação societária for obtenção de retorno pela venda de tais participações, as mesmas serão classificadas como Instrumentos Financeiros, conforme estudo apresentado no capítulo anterior.

Sociedades de responsabilidade limitada: sócios não respondem pelas obrigações assumidas pela empresa, com algumas exceções legais.

As sociedades empresariais podem ser constituídas na forma de **Sociedade por Cotas (Quotas) de Responsabilidade Limitada (Ltda.) ou Sociedade por Ações (S.A.).**

Sociedade Limitada apresenta as seguintes características:

- capital social dividido em cotas ou quotas;
- sócios entram na sociedade, assumindo obrigação de injetar uma quantidade pecuniária para que a empresa possa exercer a sua atividade;
- é mais importante a figura dos sócios do que a do dinheiro (*affectio societatis*);
- é quase como um casamento entre pessoas, só que, em vez de se ter como objetivo a constituição de uma família, a finalidade é de gerenciar um negócio;
- tem, no mínimo, dois sócios.

Sociedade por Ações apresenta as seguintes características:

- capital social dividido em ações;
- as ações podem ser apenas de participação nos lucros (ações preferenciais), ou também com poder de voto (ações ordinárias);
- o mais importante é o dinheiro aplicado e não os sócios;
- pode ser de capital aberto (com negociação na bolsa de valores) ou de capital fechado;
- pode ter um único acionista.

Ações ordinárias apresentam as seguintes características:

- conferem ao acionista direito de voto na empresa na realização das assembleias de acionistas;
- são menos negociadas no mercado que as preferenciais;
- menor liquidez.

Ações preferenciais apresentam as seguintes características:

- garantem aos acionistas maior participação nos resultados da empresa;
- não dão direito a voto;
- preferência na distribuição dos resultados;
- prioridade no recebimento de proventos e no reembolso de capital em caso de dissolução da sociedade em relação aos demais acionistas;
- são mais negociadas, maior liquidez.

Proporção entre ações ordinárias e preferenciais: a Lei nº 6.404/76, art. 15, § 2º, alterada pela Lei nº 10.303, de 31-10-2001, determina que o número de ações preferenciais sem direito a voto não pode ultrapassar 50% do total das ações emitidas. Antes da alteração, para cada ação ordinária poderiam ser emitidas duas preferenciais. Essa alteração afeta a quantidade mínima de ações necessárias para que se obtenha o controle de uma empresa, como segue:

Situação A: capital formado antes de 2001

Para cada ação ordinária, podiam ser emitidas duas ações preferenciais.

Capital	Até 2001	Controle	%
Ações ordinárias	10.000	5.001	50,01
Ações preferenciais	20.000		
Total	30.000	5.001	16,67

Como pode ser observado, com apenas 16,67% do capital total era possível obter o controle da empresa.

Situação B: capital formado após 2001

Para cada ação ordinária, pode ser emitida apenas uma ação preferencial.

Capital	Após 2001	Controle	%
Ações ordinárias	15.000	7.501	50,01
Ações preferenciais	15.000		
Total	30.000	7.501	25,00

Como pode ser observado, para obter o controle, o investidor deverá ter, no mínimo, 25% do capital total, desde que possua mais que 50% do capital votante.

Situação C: companhia de capital aberto listada no segmento Novo Mercado da Bovespa

Para obter o registro no segmento Novo Mercado (nível máximo de governança corporativa), dentre outras condições, a empresa poderá emitir apenas ações ordinárias.

Capital	Novo Mercado	Controle	%
Ações ordinárias	30.000	15.001	50,01
Ações preferenciais			
Total	30.000	15.001	50,01

Como pode ser observado, para obter o controle, o investidor deverá ter, no mínimo, 50% do capital total. Com isso, haverá maior dificuldade de ocorrer troca de controle da empresa.

Em situações excepcionais, o controle pode decorrer de acordo de sócios ou outros eventos independentes do percentual de participação no capital.

- **Valor nominal da ação ou cota:** valor que consta da escritura da empresa (contrato social, no caso de Limitadas, ou estatuto social, no caso das Sociedades por Ações). Pode ser calculado dividindo-se o valor do capital pela quantidade de ações ou cotas que o compõem. Exemplo: o capital social da empresa é de $ 120.000 dividido em 100.000 cotas ou ações de valor nominal unitário de $ 1,20.

- **Valor patrimonial da ação ou cota:** valor da riqueza da empresa, avaliada de acordo com as práticas contábeis, representada pelo Patrimônio Líquido (PL) contábil dividido pela quantidade de ações ou cotas que compõe o capital social. Exemplo:

	Empresa Investida	
	Capital	PL
$ Capital	$ 100.000	$ 100.000
$ Reservas		$ 15.000
$ Resultados (lucros ou prejuízos)		$ 5.000
$ Total	$ 100.000	$ 120.000
Quantidade de ações ou cotas	Q 20.000	Q 20.000
$ Valor nominal por ação ou cota	$ 5,00	
$ Valor patrimonial por ação ou cota		$ 6,00

- **Valor de subscrição/integralização:** subscrever é o ato em que o sócio ou acionista se compromete a aplicar recursos na empresa. Integralizar é o ato de honrar o compromisso assumido e entregar os recursos, geralmente dinheiro, para a empresa. O valor de subscrição/integralização depende da necessidade de capital da empresa e do interesse dos sócios em aplicar os recursos. O valor de subscrição não pode ser menor que o valor nominal.

- **Valor de mercado:** valor de negociação das ações entre sócios. Depende da oferta e procura.
- **Mercados primário e secundário:** a subscrição e integralização de novas ações é uma operação de mercado primário, pois envolve a empresa emissora das ações ou cotas e seus sócios ou acionistas. A negociação entre sócios ocorre no mercado secundário, sem participação da empresa investida. No mercado primário, quem oferece as ações é a investida, usando os recursos para se financiar. No mercado financeiro, essa operação é chamada de *Initial Public Offering* (IPO ou Oferta Pública Inicial – OPI). No mercado secundário, o vendedor é o investidor que vende as ações para outros investidores.

2.2.2 Definições relativas às participações societárias

As seguintes definições foram extraídas dos Pronunciamentos:

- CPC 18 (R2) – **Investimento em Coligada, em Controlada e em Empreendimento Controlado em Conjunto.**
- CPC 35 (R2) – Demonstrações Separadas.
- CPC 36 (R3) – Demonstrações Consolidadas.
    - *Coligada* é a entidade sobre a qual o investidor tem influência significativa.
    - *Controlada* é a entidade que é controlada por outra entidade.
    - *Controladora* é uma entidade que controla uma ou mais controladas.
    - *Controle conjunto* é o compartilhamento, contratualmente convencionado, do controle de negócio, que existe somente quando decisões sobre as atividades relevantes exigem o consentimento unânime das partes que compartilham o controle.
    - *Controle de investida:* um investidor controla a investida quando está exposto a, ou tem direitos sobre, retornos variáveis decorrentes de seu envolvimento com a investida e tem a capacidade de afetar esses retornos por meio de seu poder sobre a investida.
    - *Demonstrações consolidadas* são as demonstrações contábeis de um grupo econômico, em que ativos, passivos, patrimônio líquido, receitas, despesas e fluxos de caixa da controladora e de suas controladas são apresentados como se fossem uma única entidade econômica.
    - *Demonstrações separadas* são aquelas apresentadas por uma controladora, um investidor em coligada ou um empreendedor em uma entidade controlada em conjunto, nas quais os investimentos são contabilizados com base no valor do interesse direto no patrimônio (*direct equity interest*) das investidas, em vez de nos resultados divulgados e nos valores contábeis dos ativos líquidos das investidas. Não se confundem com as demonstrações contábeis individuais. (Consultar Pronunciamento Técnico CPC 35 – Demonstrações Separadas).

- **Empreendimento controlado em conjunto** (*joint venture*) é um acordo conjunto por meio do qual as partes, que detêm o controle em conjunto do acordo contratual, têm direitos sobre os ativos líquidos desse acordo.
- **Influência significativa** é o poder de participar das decisões sobre políticas financeiras e operacionais de uma investida, mas sem que haja o controle individual ou conjunto dessas políticas.
- **Investidor conjunto** (*joint venturer*) é a parte de um empreendimento controlado em conjunto (*joint venture*) que tem o controle conjunto desse empreendimento.
- **Método da equivalência patrimonial** é o método de contabilização por meio do qual o investimento é inicialmente reconhecido pelo custo e, a partir daí, é ajustado para refletir a alteração pós-aquisição na participação do investidor sobre os ativos líquidos da investida. As receitas ou as despesas do investidor incluem sua participação nos lucros ou prejuízos da investida, e os outros resultados abrangentes do investidor incluem a sua participação em outros resultados abrangentes da investida.
- **Negócio em conjunto** é um negócio do qual duas ou mais partes têm controle conjunto.

2.3 CLASSIFICAÇÃO DAS PARTICIPAÇÕES SOCIETÁRIAS

As participações societárias podem ser classificadas em investimentos em coligadas, em controladas e em empreendimentos controlados em conjunto (*joint ventures*). A classificação das participações depende, basicamente, dos seguintes fatores:

- quantidade e tipo de ações ou cotas que a investidora detém do capital da investida;
- influência da investidora na administração da investida.

2.3.1 Sociedades controladas

Controlada é a entidade na qual a controladora, diretamente ou por meio de outra controlada, tem poder para assegurar, de forma permanente, preponderância em suas deliberações sociais e de eleger a maioria de seus administradores.

Os Pronunciamentos 18 e 36 apresentam as seguintes definições:

- **Controlada** é a entidade que é controlada por outra entidade.
- **Controladora** é uma entidade que controla uma ou mais controladas.
- **Controle de investida**: um investidor controla a investida quando está exposto a, ou tem direitos sobre, retornos variáveis decorrentes de seu envolvimento com a investida e tem a capacidade de afetar esses retornos por meio de seu poder sobre a investida.

- **Controle conjunto** é o compartilhamento, contratualmente convencionado, do controle de negócio, que existe somente quando decisões sobre as atividades relevantes exigem o consentimento unânime das partes que compartilham o controle.

Comentários e exemplos:

Controle isolado

O controle de uma empresa normalmente é exercido pelo investidor ou empresa investidora que detenha mais de 50% do capital votante (cotas de sociedades limitadas ou ações ordinárias de sociedades por ações).

Controle conjunto

É o compartilhamento, contratualmente convencionado, do controle de negócio, que existe somente quando decisões sobre as atividades relevantes exigem o consentimento unânime das partes que compartilham o controle.

Quando dois investidores detêm o mesmo percentual de participação (50%), nenhum tem o poder de isoladamente tomar decisões. Nesses casos, ambos são controladores em conjunto, pois nenhum tem poder de decisão isoladamente.

Grupo controlador

Quando nenhum investidor detém isoladamente mais de 50% do capital votante, é formado um grupo controlador, composto normalmente pelos maiores acionistas, cuja somatória de participações ultrapassará 50% do capital votante. Esses investidores assinarão um acordo de votos estabelecendo que todos investidores integrantes do acordo votarão nas assembleias de acionistas da mesma forma.

Controle integral

Quando a totalidade das ações da empresa investida pertence a um investidor, a controlada é classificada como controlada ou subsidiária integral. Nesse caso, a investida não pode ser constituída como sociedade por cotas de responsabilidade limitada, pois precisaria ter, no mínimo, dois sócios. Portanto, deve ser constituída na forma de sociedade por ações.

Exemplos de controle societário:

Ações	Capital da investida composto por	Controlada		Controlada ou subsidiária integral		Controlada em conjunto	
		Investidor detém no mínimo 50% do capital votante mais uma ação ou cota		Investidor detém 100% do capital		Investidor detém 50% do capital votante	
	Ações	Ações	%	Ações	%	Ações	%
Ordinárias	1.000	501	50,01	1.000	100	500	50
Preferenciais	1.000			1.000	100	500	50
Total	2.000	501	25,10	2.000	100	1.000	50

2.3.2 Sociedades coligadas

Coligada é a entidade sobre a qual a investidora mantém influência significativa, sem chegar a controlá-la. Influência significativa significa existência do poder de participar nas decisões financeiras e operacionais da investida. É presumido que exista influência significativa quando a entidade possui 20% ou mais do poder de voto da investida.

O CPC 18 – Investimentos em Coligada e em Controlada apresenta as seguintes definições:

Coligada é a entidade sobre a qual o investidor tem influência significativa.

5. *Se o investidor mantém, direta ou indiretamente (por exemplo, por meio de controladas), vinte por cento ou mais do poder de voto da investida, presume-se que ele tenha influência significativa, a menos que possa ser claramente demonstrado o contrário. Por outro lado, se o investidor detém, direta ou indiretamente (por meio de controladas, por exemplo), menos de vinte por cento do poder de voto da investida, presume-se que ele não tenha influência significativa, a menos que essa influência possa ser claramente demonstrada. A propriedade substancial ou majoritária da investida por outro investidor não necessariamente impede que o investidor minoritário tenha influência significativa.*

6. *A existência de influência significativa por investidor geralmente é evidenciada por um ou mais das seguintes formas:*

    (a) representação no conselho de administração ou na diretoria da investida;

    (b) participação nos processos de elaboração de políticas, inclusive em decisões sobre dividendos e outras distribuições;

    (c) operações materiais entre o investidor e a investida;

    (d) intercâmbio de diretores ou gerentes; ou

    (e) fornecimento de informação técnica essencial.

Comentários e exemplos:

A definição de coligada do CPC 18 está de acordo com a Lei nº 6.404/76. Não há percentual mínimo para que a investida seja considerada coligada. O importante é a influência na administração conforme item 7 do CPC. Dessa forma, podemos aplicar o seguinte roteiro para classificação dos investimentos em participações societárias:

Roteiro para classificar as participações societárias quanto ao percentual de participação no capital das investidas e influência na administração	
Pergunta: Investidora detém mais de 50% do capital votante da investida?	
Resposta:	
Sim: Investida é controlada porque investidora tem poder de decisão.	**Não:** Não é controlada. **Pergunta:** Investidora detém 20% ou mais do capital votante da investida não controlada?

Roteiro para classificar as participações societárias quanto ao percentual de participação no capital das investidas e influência na administração			
	Resposta:			
	Sim: Investida é coligada porque investidora detém 20% ou mais do capital votante caracterizando influência na administração.	**Não:** Indeterminada **Pergunta:** Investidora tem influência significativa na administração da investida não controlada da qual detém menos de 20% do capital votante?	
		Resposta:	
		Sim: Investida é coligada porque investidora tem influência na administração.	**Não:** Investida não é coligada nem controlada. Será classificada como outras participações.

2.3.3 Classificação de participações societárias conforme legislação societária

Os textos da Lei nº 6.404/76 e da Instrução CVM nº 247/96 estão alinhados com o Pronunciamento CPC 18 – Investimentos em Coligada e em Controlada e em Empreendimento Controlada em Conjunto, como segue:

> *Lei nº 6.404/76, art. 243. O relatório anual da administração deve relacionar os investimentos da companhia em sociedades coligadas e controladas e mencionar as modificações ocorridas durante o exercício.*
>
> *§ 1º São coligadas as sociedades nas quais a investidora tenha influência significativa. (Redação dada pela Lei nº 11.941, de 2009)*
>
> *§ 2º Considera-se controlada a sociedade na qual a controladora, diretamente ou através de outras controladas, é titular de direitos de sócio que lhe assegurem, de modo permanente, preponderância nas deliberações sociais e o poder de eleger a maioria dos administradores.*
>
> *§ 3º A companhia aberta divulgará as informações adicionais, sobre coligadas e controladas, que forem exigidas pela Comissão de Valores Mobiliários.*
>
> *§ 4º Considera-se que há influência significativa quando a investidora detém ou exerce o poder de participar nas decisões das políticas financeira ou operacional da investida, sem controlá-la. (Incluído pela Lei nº 11.941, de 2009)*
>
> *§ 5º É presumida influência significativa quando a investidora for titular de 20% (vinte por cento) ou mais do capital votante da investida, sem controlá-la. (Incluído pela Lei nº 11.941, de 2009)*

A CVM, por meio da Instrução nº 247/96, sugeriu as seguintes evidências de influência na administração da coligada:

a) participação nas suas deliberações sociais, inclusive com a existência de administradores comuns;
b) poder de eleger ou destituir um ou mais de seus administradores;
c) volume relevante de transações, inclusive com o fornecimento de assistência técnica ou informações técnicas essenciais para as atividades da investidora;
d) significativa dependência tecnológica e/ou econômico-financeira;
e) recebimento permanente de informações contábeis detalhadas, bem como de planos de investimento; ou
f) uso comum de recursos materiais, tecnológicos ou humanos.

2.4 CRITÉRIOS DE AVALIAÇÃO DE PARTICIPAÇÕES SOCIETÁRIAS

Os investimentos em participações societárias podem ser avaliados pelo Método do Custo Histórico (MCH) ou Método da Equivalência Patrimonial (MEP).

A adoção do método de equivalência patrimonial é **prerrogativa** e **obrigação** daquelas empresas que se enquadrarem nas condições definidas em lei. Dessa forma, as empresas observarão segundo sua natureza, as normas da Lei das S.A., legislação fiscal, Comissão de Valores Mobiliários (CVM) (companhias abertas), Banco Central do Brasil (instituições financeiras) e pronunciamentos do CPC (Comitê de Procedimentos Contábeis).

A Lei nº 11.941/09 alterou e simplificou as regras para determinar o método de avaliação que deve ser aplicado às participações societárias. O art. 248 da Lei nº 6.404 passou a ter a seguinte redação:

> *Lei nº 6.404, art. 248. No balanço patrimonial da companhia, os investimentos em coligadas ou em controladas e em outras sociedades que façam parte de um mesmo grupo ou estejam sob controle comum serão avaliados pelo método da equivalência patrimonial, de acordo com as seguintes normas: (Redação dada pela Lei nº 11.941, de 2009)*

O CPC 18 determina que:

> *A entidade com o controle individual ou conjunto (compartilhado), ou com influência significativa sobre uma investida, deve contabilizar esse investimento utilizando o método da equivalência patrimonial, a menos que o investimento se enquadre nas exceções previstas nos itens 17 a 19 desta Norma.*

Os itens 17 a 19 se referem a exceções previstas no CPC 36 relacionadas a situações especiais envolvendo controladas no CPC 48, relacionadas a investidora que seja entidade de capital de risco.

Para facilitar o entendimento da determinação da avaliação ou não pela equivalência patrimonial, deverá ser seguido o seguinte roteiro:

A investida é	Resposta	Método de avaliação	Por quê?
Controlada isoladamente ou em conjunto (50% ou mais do capital votante)?	Sim	Equivalência Patrimonial	Sendo **controlada ou controlada em conjunto**, não precisa verificar outros critérios.
	Não	Indeterminado	Precisa verificar se é **coligada**; segue roteiro.
Coligada (20% do capital votante ou influência na administração)?	Sim	Equivalência Patrimonial	Sendo **coligada**, não precisa verificar outros critérios.
	Não	Custo Histórico de Aquisição ou valor justo	**Não sendo** controlada nem coligada, a avaliação será pelo método de custo ou valor justo, dependendo do tipo de investimento.

2.5 MÉTODO DE CUSTO E MÉTODO DA EQUIVALÊNCIA PATRIMONIAL

O método da equivalência patrimonial tem por objetivo avaliar determinadas participações pelo valor correspondente à aplicação do percentual de participação no capital social sobre o valor do patrimônio líquido da investida em determinada data.

Esse método se fundamenta no fato de que o Patrimônio Líquido Contábil representa a riqueza real de uma entidade avaliada de acordo com os princípios contábeis. Logo, se uma entidade possui 30% do capital de outra entidade, caberá a ela, por direito, 30% do Patrimônio Líquido dessa entidade.

O objetivo do método da equivalência é manter o valor contábil do investimento proporcional à participação da investidora no patrimônio líquido da investida. Exemplo: a investidora possui 30% das ações da investida. Independentemente do valor nominal e do custo de aquisição dessas ações, contabilmente, o investimento será avaliado pela aplicação do percentual de 30% sobre o valor do patrimônio líquido da investida como segue:

Investida	100%	Investidora	30%
Capital	10.000 ações	Participação no capital da investida	3.000 ações
Patrimônio Líquido	$ 20.000	Investimento	$ 6.000

Com o método equivalência patrimonial, os resultados das participações societárias seriam registrados no mesmo exercício em que foram gerados (regime de competência).

2.5.1 Operações básicas envolvendo participações societárias

Para melhor ilustrar o funcionamento do método da equivalência patrimonial, examinemos um exemplo elementar avaliando a participação por ambos os métodos, Método da

Equivalência Patrimonial (MEP), aplicável nas participações societárias abrangidas pelo CPC 18, e o Método do Custo Histórico (MCH), aplicável a outras participações societárias, de forma comparativa.

Consideremos que determinada empresa apresentou a seguinte Demonstração das Mutações do Patrimônio Líquido:

Histórico	PL – Patrimônio Líquido da Investida			
	Capital	Reservas	Lucros	Total
A – Inicial do ano de XA	170	30		200
B – Lucro do ano de XA			50	50
C – Reservas constituídas		5	(5)	
D – Dividendos propostos			(40)	(40)
S – Saldo final de XA	**170**	**35**	**5**	**210**
F – Capitalização em XB	18	(18)		–
G – Prejuízo do ano de XB			(20)	(20)
S – Saldo final de XB	**188**	**17**	**(15)**	**190**
E – Em XB ocorreu o pagamento dos dividendos propostos em XA				

A) Aquisição de participação societária

A empresa investidora adquire à vista de outros investidores, por $ 60, determinada quantidade de ações que corresponde a 30% do capital da empresa investida, cujo patrimônio líquido (capital mais reservas) nessa data totaliza $ 200.

Vejamos como ficaria o registro contábil considerando as duas possibilidades de avaliação, ou seja, pelo Método do Custo Histórico (MCH) e pelo Método da Equivalência Patrimonial (MEP):

Contabilidade da investidora		Contabilidade da investida
Método do Custo Histórico (MCH)	Método da Equivalência Patrimonial (MEP)	Patrimônio Líquido
Caixa		Caixa
60 – A	60 – A	
Investimento		Capital e Reservas
A – 60	A – 60	200 – A

Observe que, nesse caso, como o valor da aquisição foi igual ao valor patrimonial, não houve qualquer diferença de registro contábil. Nesse exemplo, o valor patrimonial é igual ao custo de aquisição porque não houve ágio na aquisição. Adiante serão apresentados exemplos de aquisição com ágio.

Na investida, não houve qualquer lançamento, pois se tratou de aquisição de ações de terceiros e não de aumento de capital.

B) Apuração de lucro pela investida

No final do exercício, a empresa investida apurou um lucro de $ 50. Assim sendo, seu patrimônio líquido passará a $ 250. A empresa investidora que avaliar o investimento pelo MEP registrará o aumento patrimonial em contrapartida de conta de resultado mediante o seguinte lançamento contábil:

Contabilidade da investidora		Contabilidade da investida
Método do Custo Histórico (MCH)	**Método da Equivalência Patrimonial (MEP)**	**Patrimônio Líquido**
Caixa	Caixa	Caixa
60 – A	60 – A	
Investimento	**Investimento**	**Capital e Reservas**
A – 60	A – 60	200 – A
	B – 15	50 – B
	S – 75	**250 – S**
	Resultado do exercício	**Resultado do exercício**
	Resultado da Equivalência Patrimonial (REP)	Apuração do Resultado do Exercício
	15 – B	50 – B

Obs.: S = Saldo

No caso de avaliação pelo método de custo, não haverá qualquer lançamento. Entretanto, pelo método da equivalência haverá um lançamento para manter a igualdade entre o investimento da investidora e o patrimônio líquido da investida. Como o aumento do patrimônio líquido da investida decorreu de aumento de Resultado do Exercício, a contrapartida do aumento do investimento também será reconhecida pela investidora como Resultado do Exercício.

A classificação como Resultado Operacional decorre do fato de que, a princípio, o investimento em coligadas ou controladas é decorrente de interesses operacionais, ou seja, é como se a investida fosse uma extensão das operações da investidora.

Caso a investida apurasse prejuízo, a investidora reconheceria um prejuízo operacional em contrapartida de uma diminuição da conta de investimento para manter a igualdade em relação ao Patrimônio Líquido da investida.

C) **Constituição de reservas de lucros**

Como a avaliação dos investimentos permanentes pelo método de equivalência patrimonial está baseada no Patrimônio Líquido das controladas, coligadas e empreendimentos controlados em conjunto, é fácil depreender que os investimentos avaliados por esse método sofrerão mutações simultaneamente com o Patrimônio Líquido das investidas. Como consequência do seu emprego, a movimentação **entre** contas do Patrimônio Líquido das investidas não terá reflexo na investidora. Portanto, qualquer operação que envolva apenas contas de Patrimônio Líquido, como a constituição de Reservas de Lucros, não afetará o investimento da investidora.

D) **Proposta de distribuição de dividendos pela investida**

Imaginemos que a investida propõe a distribuição de dividendos no montante de $ 40. Vejamos como ficariam os lançamentos:

Contabilidade da investidora		Contabilidade da investida
Método do Custo Histórico (MCH)	**Método da Equivalência Patrimonial (MEP)**	**Patrimônio Líquido**
Caixa	Caixa	Caixa
60 – A	60 – A	
Dividendos a receber	Dividendos a receber	Dividendos a pagar
D – 12	D – 12	40 – D
Investimento	Investimento	Capital e Reservas
A – 60	A – 60	200 – A
	B – 15	50 – B
	S – 75	250 – S
	12 – D	D – 40
	S – 63	210 – S
Resultado do exercício	Resultado do exercício	Resultado do exercício
Receita de dividendos	Resultado da Equivalência Patrimonial (REP)	Apuração do Resultado do Exercício
12 – D	15 – B	50 – B

Observe que, no caso de avaliação pelo método de custo, a contrapartida de Dividendos a Receber é registrada como Receita de Dividendos, enquanto que, no caso de avaliação pelo método da equivalência, a contrapartida é registrada como redução do valor do investimento para manter a igualdade em relação ao Patrimônio Líquido da investida.

Podemos concluir que, no caso de avaliação pelo método do custo, o resultado da investida somente é reconhecido na investidora como Receita quando são **propostos dividendos** pela investida, enquanto que na avaliação pelo método da equivalência o reconhecimento ocorre no mesmo período em que os resultados são **realizados** pela investida.

E) Recebimento dos dividendos

Vejamos como ficariam os lançamentos contábeis relativos ao recebimento dos dividendos:

Contabilidade da investidora			Contabilidade da investida	
Método do Custo Histórico (MCH)		**Método da Equivalência Patrimonial (MEP)**		**Patrimônio Líquido**
Caixa		Caixa		Caixa
E – 12	60 – A	E – 12	60 – A	40 – D
Dividendos a receber		Dividendos a receber		Dividendos a pagar
D – 12		D – 12		40 – C
	12 – E		12 – E	D – 40
Investimento		Investimento		Capital e Reservas
A – 60		A – 60		200 – A
		B – 15		50 – B
		S – 75		250 – S
			12 – D	C – 40
		S – 63		210 – S
Resultado do exercício		Resultado do exercício		Resultado do exercício
Receita de dividendos		Resultado da Equivalência Patrimonial (REP)		Apuração do Resultado do Exercício
	12 – D		15 – B	50 – B

As operações de pagamento de dividendos pela investida e de recebimento pela investidora não afetam o Patrimônio Líquido da investida e tampouco o resultado ou investimento da investidora, pois se referem à liquidação de uma conta a pagar da investida e de uma conta a receber da investidora.

F) Capitalização de reservas

Assim como na constituição de Reservas de Lucros, o aumento de capital com a utilização de tais reservas não altera o total do Patrimônio Líquido da investida. Portanto, não gera registro contábil na investidora.

G) Apuração de prejuízo pela investida

No final do exercício, a empresa investida incorreu em prejuízo de $ 20. Assim sendo, seu Patrimônio Líquido diminuirá de $ 210 para $ 190. A empresa investidora registrará a diminuição patrimonial mediante o seguinte lançamento contábil:

Contabilidade da investidora				Contabilidade da investida	
Método do Custo Histórico (MCH)		**Método da Equivalência Patrimonial (MEP)**		**Patrimônio Líquido**	
Caixa		Caixa		Caixa	
E – 12	60 – A	E – 12	60 – A		40 – E
Dividendos a receber		Dividendos a receber		Dividendos a pagar	
D – 12		D – 12			40 – D
	12 – E		12 – E	E – 40	
Investimento		Investimento		Capital e Reservas	
A – 60		A – 60			200 – A
		B – 15			50 – B
		S – 75			250 – S
			12 – D	D – 40	
		S – 63			210 – S
			6 – G	F – 20	
		S – 57			190 – S
Resultado do exercício		**Resultado do exercício**		**Resultado do exercício**	
Receita de dividendos		Resultado da Equivalência Patrimonial (REP)		Apuração do Resultado do Exercício	
	12 – D		15 – B		50 – B
		G – 6		G – 20	

Pelo Método do Custo Histórico, não há qualquer registro, assim como não houve quando a investida apresentou lucro.

Resumo das operações apresentadas nos itens anteriores:

Histórico	PL – Patrimônio Líquido da investida				Investimento da investidora	
	Capital	Reservas	Lucros	Total	MEP	MCH
A – Inicial	170	30		200	60	60
B – Lucros			50	50	15	
C – Reservas		5	(5)			
D – Dividendos			(40)	(40)	(12)	
S – Saldo	170	35	5	210	63	60
F – Capitalização	18	(18)		–	–	
G – Prejuízos			(20)	(20)	(6)	
S – Saldo	188	17	(15)	190	57	60
					Caixa	Caixa
A – Aquisição do investimento					(60)	(60)
E – Recebimento dos dividendos					12	12
					Direitos	Direitos
D – Participação nos dividendos propostos					12	12
E – Recebimento dos dividendos					(12)	(12)
					Resultado	Resultado
					REP	Dividendos
B – Participação nos Lucros					15	
D – Participação nos Dividendos						12
G – Participação nos Prejuízos					(6)	

2.6 ÁGIO OU DESÁGIO NA AQUISIÇÃO DE PARTICIPAÇÃO

Ágio ou deságio na aquisição refere-se à diferença para mais (ágio) ou para menos (deságio) entre o valor patrimonial do investimento e o valor do custo de aquisição.

Exemplos:

	Investida Beta		Investida Gama	
	Capital	PL	Capital	PL
$ Total	50.000	120.000	80.000	140.000
Quantidade de Ações Capital	10.000	10.000	20.000	20.000
$ Nominal por Ação	5		4	
$ Patrimonial por Ação		12		7
	Investidora		Investidora	
$ Custo Unitário da ação	15		15	
$ Patrimonial por ação	12		7	
$ Ágio (Deságio) por Ação	3		8	
Quantidade de Ações adquiridas	2.000		6.000	
$ Custo do Investimento	30.000		90.000	
$ Patrimonial do Investimento	24.000		42.000	
$ Ágio (Deságio) Total	6.000		48.000	

A empresa que avaliar investimento em sociedade coligada ou controlada pelo método de equivalência patrimonial deverá, **na ocasião da aquisição da participação**, desdobrar o custo de aquisição do seguinte modo:

a) em uma conta deverá ser lançado o valor correspondente à participação da investidora no Patrimônio Líquido da coligada ou controlada, Patrimônio Líquido esse obtido com base em balanço ou balancete na data de aquisição ou até 60 dias anteriores, conforme Instrução nº 247/96 da CVM, aplicável às operações envolvendo companhias abertas;

b) em outra conta do grupo de Investimentos, a diferença entre o valor de custo e o valor justo dos ativos identificados;

c) em outra conta do grupo de Investimentos, o valor correspondente ao ágio por expectativa de lucros futuros representado pela diferença para mais entre o valor patrimonial no Investimento mais o ágio sobre ativos identificados e o custo de aquisição;

d) em conta do Resultado, o valor correspondente à diferença para menos (deságio) entre o valor lançado no Investimento e o custo de aquisição.

A utilização de subcontas para registro do ágio não está expressa no CPC 18, mas é um procedimento contábil necessário para controle das operações.

2.6.1 Fundamento do ágio ou deságio

O Pronunciamento CPC 18 determina que a diferença entre o custo de aquisição do investimento e o valor patrimonial contábil deve ser segregado e contabilizado como segue:

a) *o ágio fundamentado em rentabilidade futura (goodwill) relativo a uma coligada, a uma controlada ou a um empreendimento controlado em conjunto (neste caso, no balanço individual da controladora) deve ser incluído no valor contábil do investimento e sua amortização não é permitida;*

b) *qualquer excedente da participação do investidor no valor justo líquido dos ativos e passivos identificáveis da investida sobre o custo do investimento (ganho por compra vantajosa) deve ser incluído como receita na determinação da participação do investidor nos resultados da investida no período em que o investimento for adquirido.*

No balanço individual da sociedade investidora, o ágio, por expectativa de lucratividade futura, deve ser classificado no grupo de Investimentos. Apenas no balanço consolidado esse ágio deve ser reclassificado para o grupo do Intangível na conta de Fundo de Comércio Adquirido.

O lançamento contábil do ágio ou deságio deverá indicar o fundamento econômico que o originou, dentre os itens seguintes:

a) valor de mercado de bens do ativo da coligada ou controlada ou Empreendimento Controlado em Conjunto (*joint venture*) superior ao custo registrado na sua contabilidade;

O ágio decorrente da diferença de valor de mercado de ativos identificados deverá ser classificado em subconta do grupo Investimento e será baixado para o resultado proporcionalmente à realização do ativo que o gerou. Por exemplo, se o ativo que gerou o ágio for estoque, a baixa ocorrerá proporcionalmente à venda do estoque; caso seja Imobilizado, a baixa ocorrerá proporcionalmente à depreciação ou baixa do ativo.

b) ágio por expectativa de lucros futuros;

O ágio decorrente de expectativas de lucros futuros deverá ser classificado no grupo Investimentos e não será amortizado. Anualmente, deverá ser efetuado teste de recuperação.

No balanço consolidado, esse ágio deverá ser reclassificado para o grupo de Intangível na conta Fundo de Comércio Adquirido.

2.6.2 Cálculo e contabilização de ágio e *goodwill*

Apresentaremos a seguir exemplo do cálculo e contabilização do ágio e do fundo de comércio adquirido (*goodwill*) aplicável na aquisição de controle, conforme exigido pelo CPC 15 (R1) – Combinação de Negócios.

Na aquisição de coligada ou empreendimento controlado em conjunto, toda a diferença entre o custo de aquisição e o patrimônio líquido contábil da investida deve ser considerada como ágio por expectativa de rentabilidade futura ou ganho por compra vantajosa (deságio).

A utilização de subcontas é feita apenas para facilitar o controle.

Determinada empresa investidora adquiriu à vista 100% do capital da empresa investida por $ 65.000.

A empresa investida apresentou o seguinte balanço patrimonial:

Balanço Patrimonial da Investida na data da aquisição	Contábil
	$
Ativo	
Caixa	1.000
Recebíveis	5.000
Estoque	10.000
Imobilizado	50.000
Marca	200
Outros ativos	1.800
Total	**68.000**
Passivo	
Fornecedores	4.000
Financiamentos	10.000
Obrigações trabalhistas	500
Obrigações fiscais	1.200
Contas a pagar	2.300
Total	**18.000**
Patrimônio Líquido	**50.000**
Passivo e Patrimônio Líquido	**68.000**

Para registro do investimento na investidora, os ativos identificáveis da investida (estoque e imobilizado) deverão ser ajustados aos valores justos (valor pelo qual poderiam ser vendidos) na mesma data.

Outros ativos e passivos já estão avaliados ao valor justo ou não há como determinar valor de mercado, como, por exemplo, marcas.

Balanço Patrimonial da investida na data da aquisição	Contábil	Ajuste ao valor de mercado	Valor de mercado
	$	$	$
Ativo			
Caixa	1.000		1.000
Recebíveis	5.000		5.000
Estoque	10.000	3.000	13.000
Imobilizado	50.000	7.000	57.000
Marca	200		200
Outros ativos	1.800		1.800
Total	**68.000**	**10.000**	**78.000**
Passivo			
Fornecedores	4.000		4.000
Financiamentos	10.000		10.000
Obrigações trabalhistas	500		500
Obrigações fiscais	1.200		1.200
Contas a pagar	2.300		2.300
Total	**18.000**	–	**18.000**
Patrimônio Líquido	**50.000**	**10.000**	**60.000**

O registro da aquisição do investimento na investidora será efetuado da seguinte forma:

Contabilidade da investidora	$
Ativo	
Circulante	
Caixa – custo de aquisição	(65.000)
Investimento	
Valor patrimonial = 100% do Patrimônio Líquido contábil da investida	50.000
Mais-valia – estoque = diferença entre o valor contábil e o valor justo	3.000
Mais-valia – imobilizado = diferença entre o valor contábil e o valor justo	7.000
Total = Patrimônio Líquido ajustado ao valor justo	**60.000**
Investimento	
Ágio por lucros futuros = diferença entre o custo de aquisição e o valor justo do Patrimônio Líquido adquirido	5.000

A expectativa de lucros futuros decorre da existência de fundo de comércio (*goodwill*) composto por um conjunto de intangíveis formados ao longo do tempo pela investida e de difícil mensuração de valor, pois isoladamente não tem capacidade de gerar benefícios econômicos. Tal conjunto é formado por:

- carteira de clientes;
- ponto comercial;
- capital intelectual;
- capital humano;
- tecnologia própria.

A sinergia dos vários componentes do *goodwill* gera uma expectativa de lucros futuros maior que o custo de aquisição pago pela investidora.

2.6.3 Cálculo e contabilização de ágio e ganho na aquisição

Utilizando os mesmos números do exemplo apresentado no item anterior, caso o custo de aquisição fosse menor que o Patrimônio Líquido ajustado ao valor justo, o registro da aquisição na investidora seria efetuado da seguinte forma:

Balanço Patrimonial da investida na data da aquisição	Contábil	Ajuste ao valor de mercado	Valor de mercado
	$	$	$
Patrimônio Líquido	50.000	10.000	60.000
Custo de aquisição			58.000

Contabilidade da investidora			$
Ativo			
Circulante			
Caixa – custo de aquisição			(58.000)
Investimento			
Valor patrimonial			50.000
Mais-valia – estoque			3.000
Mais-valia – imobilizado			7.000
Total			**60.000**
Resultado			
Ganho por compra vantajosa			2.000

A empresa investidora reconhece um ganho porque obteve um ativo cujo valor justo é maior que o custo de aquisição.

Como o custo da aquisição foi menor que o valor justo do Patrimônio Líquido, não há expectativa de lucros futuros. Nesse caso, não há fundo de comércio adquirido.

2.6.4 Ajuste do ágio

O ajuste do ágio se dará segundo o seu fundamento econômico.

O ágio economicamente fundamentado em bens do ativo da coligada ou controlada cujo valor justo seja superior ao contábil será apropriado no exercício social em que os bens que lhe deram origem forem baixados por alienação ou perecimento, ou nos exercícios sociais em que fossem depreciados, amortizados ou exauridos. Ou seja, a apropriação do ágio por ativo identificado terá vida útil proporcional à vida útil do ativo que o fundamentou.

O ágio pago pelo estoque será apropriado ao resultado proporcionalmente à realização do mesmo pela venda, enquanto que o ágio pelo ativo imobilizado será apropriado proporcionalmente a depreciação ou baixa do mesmo.

O fundo de comércio adquirido deverá ser mantido no ativo da investidora e ajustado quando houver perda de substância econômica da capacidade de geração de lucros na empresa investida, pois sua vida útil estará vinculada à vida útil da empresa investida e sua capacidade de gerar lucros futuros. Anualmente, deverá ser efetuado teste de recuperação conforme determinado no Pronunciamento CPC 01 – Redução ao Valor Recuperável de Ativos.

2.7 ELIMINAÇÃO DE RESULTADOS NÃO REALIZADOS

Entre as empresas de um mesmo grupo econômico ocorrem, com certa frequência, operações de compras e vendas de ativos, tais como: mercadorias, investimentos, bens do ativo imobilizado etc.

As transações mais comuns entre as investidoras e suas investidas, coligadas e controladas, são aquelas decorrentes de compras e vendas de estoques, como matérias-primas, materiais auxiliares, produtos acabados. Normalmente, tais vendas são efetuadas com lucro.

Essa situação ocorre, normalmente, quando uma empresa adquire de suas controladas ou coligadas bens que acabam gerando um resultado para essas investidas.

Esse resultado na investida se torna fictício em termos de "grupo de sociedades", se os bens permanecem estocados ou em uso na investidora à época da avaliação do investimento pelo método da equivalência.

O mesmo efeito ocorre quando a investidora vende bens com lucro para suas investidas controladas ou coligadas.

Os procedimentos de reconhecimento e eliminação de lucros não realizados foram alterados pelo pronunciamento ICPC 09 – Demonstrações Contábeis Individuais, Demonstrações Separadas, Demonstrações Consolidadas e Aplicação do Método de Equivalência Patrimonial.

Lucros não realizados decorrem de negócios da investida com a investidora ou com outras coligadas e controladas, quando:

a) o lucro estiver incluído no resultado de uma coligada ou controlada e correspondido por inclusão no custo de aquisição de ativos (estoques, imobilizado) no balanço patrimonial da investidora;

b) o lucro estiver incluído no resultado de uma coligada ou controlada e correspondido por inclusão no custo de aquisição de ativos (estoques, imobilizado) no balanço patrimonial de outras coligadas e controladas; ou

c) o lucro estiver incluído no resultado de uma investidora e correspondido por inclusão no custo de aquisição de ativos (estoques, imobilizado) no balanço patrimonial de suas coligadas e controladas.

2.7.1 Lucros não realizados – operações com controladas

De acordo com o § 55 do ICPC 09, nas operações com controladas os lucros não realizados são totalmente eliminados tanto nas operações de venda da controladora para a controlada (*downstream*), quanto da controlada para a controladora (*upstream*), ou entre as controladas.

Apresentaremos a seguir exemplos de cálculo e contabilização do resultado da equivalência patrimonial e avaliação de investimento em controladas com lucros não realizados decorrentes de operações comerciais entre controladora e controladas, sendo que a compradora mantém no ativo os bens comercializados:

- controladora vende para controlada;
- controlada vende para controladora;
- controlada vende para outra controlada.

A contabilização do Resultado da Equivalência Patrimonial e dos Lucros Não Realizados será efetuada pela controladora, independentemente se ela vendeu ou comprou, por meio dos seguintes lançamentos:

Participação da controladora no resultado da controlada

Débito: Ativo: Investimento avaliado pela equivalência patrimonial

Crédito: Resultado: Ganhos ou perdas com equivalência patrimonial

Eliminação de lucros não realizados

Débito: Resultado: Ganhos ou perdas com equivalência patrimonial

Crédito: Ativo: Investimento avaliado pela equivalência patrimonial

Quando a compradora revende o ativo para terceiros, o lançamento será efetuado:

Realização de lucros não realizados

Débito: Ativo: Investimento avaliado pela equivalência patrimonial

Crédito: Resultado: Ganhos ou perdas com equivalência patrimonial

Exemplo 1 – Controladora vende para controlada

A controladora possui participação no capital da controlada de	80%
	$
O investimento está avaliado pelo MEP em	8.000
No encerramento do exercício, a controlada apurou lucro de	7.000
Controlada estoca mercadorias adquiridas da controladora por	5.000
Controladora havia adquirido as mercadorias de terceiros por	3.600
Lucro não realizado	1.400
Despesa tributária (IRCS 34% alíquota ilustrativa)	476
Lucro não realizado líquido de imposto	924

Qual o resultado da equivalência e o saldo final do investimento?		
	Lucro	**PL**
	$	$
PL da Cia. Investida antes da apuração do resultado		10.000
Resultado do exercício	7.000	7.000
Patrimônio líquido final		17.000
Percentual de participação da investidora	80%	80%
Valor da participação da investidora	5.600	13.600
Saldo contábil do investimento antes da equivalência		8.000
Resultado da equivalência patrimonial		5.600
Lucros não realizados em operações com controladas (ICPC 09, § 55)		(924)
Resultado ajustado da equivalência patrimonial		4.676
Saldo contábil do investimento após a equivalência		12.676

Nota explicativa		
Conciliação entre o saldo do investimento e a equivalência patrimonial		
	Lucro	**PL**
	$	$
Saldos contábeis na controlada	7.000	17.000
Percentagem de participação da controladora no capital da controlada	80%	80%
Participação da controladora	5.600	13.600
Lucros não realizados	(924)	(924)
Saldos finais na controladora	4.676	12.676

Exemplo 2 – Controlada vende para controladora

A controladora possui participação no capital da controlada de		80%
		$
O investimento está avaliado pelo MEP em		9.000
No encerramento do exercício, a controlada apurou lucro de		6.000
Controladora estoca mercadorias adquiridas da controlada por		10.000
Investida havia adquirido as mercadorias de terceiros por		8.000
Lucro não realizado		2.000
Despesa tributária (IRCS 34% alíquota ilustrativa)		680
Lucro não realizado líquido de imposto		1.320
Qual o resultado da equivalência e o saldo final do investimento?		
	Lucro	PL
	$	$
PL da Cia. Investida antes da apuração do resultado		11.250
Resultado do exercício	6.000	6.000
Patrimônio líquido final		17.250
Percentual de participação da controladora	80%	80%
Valor da participação da investidora	4.800	13.800
Saldo contábil do investimento antes da equivalência		9.000
Resultado da equivalência patrimonial		4.800
Lucros não realizados em operações com controladas (ICPC 09 § 55)		(1.320)
Resultado ajustado da equivalência patrimonial		3.480
Saldo contábil do investimento após a equivalência		12.480

Nota explicativa		
Conciliação entre o saldo do investimento e a equivalência patrimonial		
	Lucro	PL
	$	$
Saldos contábeis na controlada	6.000	17.250
Percentagem de participação da controladora no capital da controlada	80%	80%
Participação da controladora	4.800	13.800
Lucros não realizados	(1.320)	(1.320)
Saldos finais na controladora	3.480	12.480

Exemplo 3 – Controlada vende para outra controlada

A controladora possui participação no capital das controladas:	Alfa	Beta
Percentagem de participação no capital das controladas	80%	90%
	$	$
Os investimentos estão avaliados pelo MEP em:	9.000	4.050
No encerramento do exercício, as investidas apuraram lucro de	7.000	3.000
Alfa mantém em estoque mercadorias adquiridas da Beta por	6.000	6.000
Beta havia adquirido essas mercadorias de terceiros por	4.800	4.800
Lucro não realizado	1.200	1.200
Despesa tributária (IRCS 34% alíquota ilustrativa)	408	408
Lucro não realizado líquido de imposto	792	792
Qual o resultado da equivalência e o saldo final dos investimentos?		
	Alfa	Beta
	$	$
PL da Cia. Investida antes da apuração do resultado	11.250	4.500
Resultado do exercício	7.000	3.000
Patrimônio líquido final	18.250	7.500
Percentual de participação da controladora no capital das controladas	80%	90%
Valor da participação da controladora no PL das controladas	14.600	6.750
Saldo contábil do investimento antes da equivalência	**9.000**	**4.050**
Resultado da equivalência patrimonial	**5.600**	**2.700**
Lucros não realizados em operações com controladas (ICPC 09, § 55)		(792)
Resultado ajustado da equivalência patrimonial	**5.600**	**1.908**
Saldo contábil do investimento após a equivalência	**14.600**	**5.958**

Nota explicativa		
Conciliação entre o saldo do investimento e a equivalência patrimonial		
	\multicolumn{2}{c}{Beta}	
	Lucro	PL
	$	$
Saldos contábeis na controlada	3.000	7.500
Percentagem de participação da controladora no capital da controlada	90%	90%
Participação da controladora	**2.700**	**6.750**
Lucros não realizados	(792)	(792)
Saldos finais na controlada	**1.908**	**5.958**

2.7.2 Lucros não realizados – operações com coligadas

Apresentaremos, a seguir, exemplo de cálculo e contabilização do resultado da equivalência patrimonial e avaliação de investimento em coligada com lucros não realizados decorrentes de operações comerciais entre investidora e investida, sendo que a compradora mantém no ativo os bens comercializados.

A contabilização do Resultado da Equivalência Patrimonial e dos Lucros Não Realizados será efetuada pela investidora, independentemente se ela vendeu ou comprou, por meio dos seguintes lançamentos:

Participação da investidora no resultado da coligada

Débito: Ativo: Investimento avaliado pela equivalência patrimonial

Crédito: Resultado: Ganhos ou perdas com equivalência patrimonial

Eliminação de lucros não realizados

Débito: Resultado: Ganhos ou perdas com equivalência patrimonial

Crédito: Ativo: Investimento avaliado pela equivalência patrimonial

Quando a compradora revende o ativo para terceiros, o lançamento será efetuado:

Realização de lucros não realizados

Débito: Ativo: Investimento avaliado pela equivalência patrimonial

Crédito: Resultado: Ganhos ou perdas com equivalência patrimonial

Exemplo 1 – Investidora vende para coligada

De acordo com ICPC 09, § 49, nas operações de vendas de ativos de uma investidora para uma coligada (*downstream*), são considerados lucros não realizados, na proporção da participação da investidora na coligada, aqueles obtidos em operações de ativos que, à época das demonstrações contábeis, ainda permaneçam na coligada.

Exercício 1 – Investidora vende para coligada

Investidora possui participação no capital da investida de		25%
		$
O investimento está avaliado pelo MEP em		8.000
No encerramento do exercício, a coligada apurou lucro de		7.000
Coligada estoca mercadorias adquiridas da investidora por		5.000
Investidora havia adquirido as mercadorias de terceiros por		3.600
Lucro não realizado		1.400
Despesa tributária (IRCS 34% alíquota ilustrativa)		476
Lucro não realizado líquido de imposto		924
Qual o resultado da equivalência e o saldo final do investimento?		

	Lucro	PL
	$	$
PL da Cia. Coligada antes da apuração do resultado		32.000
Resultado do exercício	7.000	7.000
Patrimônio líquido final		39.000
Percentual de participação da investidora	25%	25%
Valor da participação da investidora	1.750	9.750
Saldo contábil do investimento antes da equivalência		8.000
Resultado da equivalência patrimonial		1.750
Lucros não realizados em operações com coligadas (ICPC 09, § 52) 25% de $ 924		231
Resultado ajustado da equivalência patrimonial		1.981
Saldo contábil do investimento após a equivalência		9.981

Nota explicativa		
Conciliação entre o saldo do investimento e a equivalência patrimonial		
	Lucro	PL
	$	$
Saldos contábeis na coligada	7.000	39.000
Percentagem de participação da investidora no capital da coligada	25%	25%
Participação da investidora	1.750	9.750
Lucros não realizados	231	231
Saldos finais na investidora	1.981	9.981

Exemplo 2 – Coligada vende para investidora

De acordo com ICPC 09, § 53, nas operações de venda da coligada para a investidora (*upstream*), os lucros não realizados por operação de ativos ainda em poder da investidora ou de suas controladas são eliminados da seguinte forma: do valor da equivalência patrimonial calculada sobre o lucro líquido da investida é deduzida a integralidade do lucro considerado como não realizado pela investidora.

Exercício 2 – Coligada vende para investidora

Investidora possui participação no capital da coligada de	30%
	$
O investimento está avaliado pelo MEP em	9.000
No encerramento do exercício, a coligada apurou lucro de	6.000
Investidora estoca mercadorias adquiridas da coligada por	10.000
Coligada havia adquirido as mercadorias de terceiros por	8.000
Lucro não realizado	2.000
Despesa tributária (IRCS 34% alíquota ilustrativa)	680
Lucro não realizado líquido de imposto	1.320

Qual o resultado da equivalência e o saldo final do investimento?	Lucro	PL
	$	$
PL da Cia. Coligada antes da apuração do resultado		**30.000**
Resultado do exercício	6.000	6.000
Patrimônio líquido final		**36.000**
Percentual de participação da investidora	30%	30%
Valor da participação da investidora	**1.800**	**10.800**
Saldo contábil do investimento antes da equivalência		**9.000**
Resultado da equivalência patrimonial		**1.800**
Lucros não realizados em operações com coligadas (ICPC 09, § 53)		(1.320)
Resultado ajustado da equivalência patrimonial		**480**
Saldo contábil do investimento após a equivalência		**9.480**

Nota explicativa
Conciliação entre o saldo do investimento e a equivalência patrimonial

	Lucro	PL
	$	$
Saldos contábeis na coligada	6.000	36.000
Percentagem de participação da investidora no capital da coligada	30%	30%
Participação da investidora	**1.800**	**10.800**
Lucros não realizados	(1.320)	(1.320)
Saldos finais na investidora	**480**	**9.480**

2.7.3 Procedimentos para apuração de lucros não realizados

O resultado não realizado deve ser apurado líquido dos impostos. No caso de estoques de mercadorias, a apuração do valor do resultado não realizado não oferece maiores dificuldades.

O cálculo já oferece maior complexidade nos casos de aquisições de matérias-primas, quando estas estiverem em processo na entidade compradora, ou dentro dos produtos acabados.

A solução para não dificultar e burocratizar muito a sistemática de cálculos é utilizar a margem de rentabilidade da empresa vendedora.

Exemplo:

A Controlada B vendeu à Controladora A, durante o exercício de X1, o total de $ 3.000.000 de matérias-primas, as quais custaram $ 1.700.000. Consequentemente, a Controlada B registrou:

	$
Vendas no exercício	3.000.000
(–) Custo das vendas	(1.700.000)
Lucro – margem de 43,3% das vendas	**1.300.000**
IRCS – 34% Alíquota ilustrativa, pois a empresa deve aplicar sua taxa efetiva de tributação	442.000
Lucro não realizado líquido de impostos	**858.000**

A Controladora A, no encerramento do exercício, constatou que, do total das compras de $ 3.000.000, permanecia em estoque, como matérias-primas, produtos em elaboração ou incorporadas aos produtos acabados, o saldo de $ 400.000. Com base nessas informações, o cálculo do lucro não realizado será efetuado da seguinte maneira:

	$
Saldo das matérias-primas adquiridas da controlada	400.000
Margem de rentabilidade da controlada	43,3%
Lucro não realizado	**173.200**
IRCS – 34% Alíquota ilustrativa, pois a empresa deve aplicar sua taxa efetiva de tributação	58.888
Lucro não realizado líquido de impostos	**114.312**

2.8 ALTERAÇÃO NA PORCENTAGEM DE PARTICIPAÇÃO

É possível, pelas mais variadas razões, que a percentagem de participação no capital de sociedades coligadas ou controladas venha a se modificar.

Ocorrendo tal hipótese, a empresa que avalia seus investimentos pela equivalência patrimonial registrará como ganho ou perda de capital o valor correspondente a esse resultado diretamente no Patrimônio Líquido da empresa controladora quando não houver perda de controle.

2.8.1 Alteração no percentual de participação sem ganho ou perda de capital

Essa situação ocorre quando algum investidor renuncia ao direito de subscrição de capital pelo valor patrimonial contábil, conforme exemplo apresentado a seguir.

Exemplo de alteração no percentual de participação sem ganho ou perda de capital:

- investidora Alfa detém 40% das ações da investida Beta;
- investida Beta aumentou seu capital em 50% emitindo ações pelo valor patrimonial;
- investidora Alfa subscreveu e integralizou apenas parte (40%) das ações a que tinha direito.

A operação de subscrição e integralização de capital afetará a contabilidade da investida e dos investidores da seguinte forma:

Valor nominal unitário das ações da empresa Beta	$	2,00
Valor patrimonial unitário das ações da empresa Beta	$	2,60
Empresa Beta aumentou seu capital em	%	50
Valor de integralização por ação emitida	$	2,60
Ágio cobrado pela investida (Beta) por ação emitida (diferença entre o valor nominal e o valor de subscrição)	$	0,60
Ágio pago pelos investidores (Alfa e outros) por ação integralizada (diferença entre o valor patrimonial e o valor de subscrição das ações)	$	zero

Contabilidade da empresa Beta (investida)

Demonstração das Mutações do Patrimônio Líquido – investida Beta

Data	Histórico	Ações Q	Valor Nominal	Capital $	Reservas $	Total $
31-12-XA	Saldo	10.000	2,00	20.000	6.000	26.000
30-04-XB	Integralização de capital	5.000	2,00	10.000	3.000	13.000
31-03-XB	Saldo	15.000	2,00	30.000	9.000	39.000

Participação dos investidores Alfa e outros no capital da investida Beta

\multicolumn{9}{c	}{Composição do Capital e PL da empresa Beta}
Antes	Capital ações	%	PL $	Aumento ações	Valor por ação	Caixa $	Aumento capital $	Aumento reservas
Beta	10.000	100	26.000	5.000	2,60	13.000	10.000	3.000
Alfa	4.000	40	10.400	800	2,60	(2.080)		
Outros	6.000	60	15.600	4.200	2,60	(10.920)		

O investidor Alfa tinha direito de subscrever 2.000 ações (40% de 5.000). Entretanto, por qualquer motivo, subscreveu apenas 800 (40% de 2.000).

Os demais investidores exerceram seu direito na totalidade (60% de 5.000) e ainda subscreveram e integralizaram aquelas a que o investidor Alfa renunciou, totalizando 4.200 ações.

Consequentemente, dos $ 13.000 (5.000 ações vezes $ 2,60) que Beta recebeu, $ 2.080 (800 ações vezes $ 2,60) vieram de Alfa e $ 10.920 (4.200 ações vezes $ 2,60) vieram dos outros investidores.

Depois da operação, a participação de Alfa diminuiu de 40 para 32% enquanto a participação dos demais investidores aumentou para 68%, conforme demonstrado a seguir:

\multicolumn{8}{c	}{Composição do capital e PL da empresa Beta}
Antes	Capital ações	%	PL $	Aumento ações	Capital ações	%	PL $
Beta	10.000	100	26.000	5.000	15.000	100	39.000
Alfa	4.000	40	10.400	800	4.800	32	12.480
Outros	6.000	60	15.600	4.200	10.200	68	26.520

A operação de integralização de capital é contabilizada da seguinte forma:

Na investida:

Débito: Ativo – Caixa e Equivalentes de Caixa

Crédito: Patrimônio Líquido – Capital Social

Na Investidora:

Débito: Ativo – Investimento em Participação Societária

Crédito: Ativo – Caixa e Equivalentes de Caixa

Contabilidade dos investidores					
	Alfa		Outros	
Histórico	Investimento	Caixa	Investimento	Caixa
	Débito	Crédito	Débito	Crédito
Saldo antes do aumento de capital	10.400		15.600	
Integralização de capital	2.080	(2.080)	10.920	(10.920)
Saldo após o aumento de capital	12.480		26.520	

2.8.2 Alteração no percentual de participação com ganho ou perda de capital

Essa situação ocorre quando algum investidor renuncia ao direito de subscrição de capital por valor superior ao patrimonial contábil, conforme exemplo apresentado a seguir.

Exemplo de alteração no percentual de participação sem ganho ou perda de capital:

- investidora Alfa detém 40% das ações da investida Beta e a empresa Gama os demais 60% sendo, portanto, a controladora;
- investida Beta aumentou seu capital em 50%, emitindo ações pelo valor patrimonial;
- investidora Alfa subscreveu e integralizou apenas parte (40%) das ações a que tinha direito;
- controladora Gama subscreveu as ações a que tinha direito e também as que Alfa renunciou.

A operação de subscrição e integralização de capital afetará a contabilidade da investida e dos investidores da seguinte forma:

Valor nominal unitário das ações da empresa Beta	$	2,00
Valor patrimonial unitário das ações da empresa Beta	$	2,60
Empresa Beta aumentou seu capital em	%	50
Valor de integralização por ação emitida	$	3,50
Ágio cobrado pela investida (Beta) por ação emitida (diferença entre o valor nominal e o valor de subscrição)	$	**1,50**
Ágio pago pelos investidores (Alfa e Gama) por ação integralizada (diferença entre o valor patrimonial e o valor de subscrição das ações)	$	0,90

Contabilidade da empresa Beta (investida):

Demonstração das Mutações do Patrimônio Líquido – investida Beta

Data	Histórico	Ações Q	Valor Nominal	Capital $	Reservas $	Total $
31-12-XA	Saldo	10.000	2,00	20.000	6.000	26.000
30-04-XB	Integralização de capital	5.000	2,00	10.000	7.500	17.500
31-03-XB	Saldo	15.000	2,00	30.000	13.500	43.500

Participação dos investidores Alfa e outros no capital da investida Beta

Composição do Capital e PL da empresa Beta								
Antes	Capital ações	%	PL $	Aumento ações	Valor por ação	Caixa $	Aumento capital $	Aumento reservas
Beta	10.000	100	26.000	5.000	3,50	17.500	10.000	7.500
Alfa	4.000	40	10.400	800	3,50	(2.800)		
Gama	6.000	60	15.600	4.200	3,50	(14.700)		

O investidor Alfa tinha direito de subscrever 2.000 ações (40% de 5.000). Entretanto, por qualquer motivo, subscreveu apenas 800 (40% de 2.000).

Os demais investidores (Gama) exerceram seu direito na totalidade (60% de 5.000) e ainda subscreveram e integralizaram aquelas a que o investidor Alfa renunciou, totalizando 4.200 ações.

Consequentemente, dos $ 17.500 (5.000 ações vezes $ 3,50) que Beta recebeu, $ 2.800 (800 ações vezes $ 3,50) vieram de Alfa e $ 14.700 (4.200 ações vezes $ 3,50) vieram dos investidores Gama.

Depois da operação, a participação de Alfa diminuiu de 40 para 32%, enquanto a participação dos investidores Gama aumentou para 68%, conforme demonstrado a seguir:

Composição do Capital e PL da empresa Beta								
Antes	Capital ações	%	PL $	Aumento ações	Capital ações	%	PL $	
Beta	10.000	100	26.000	5.000	15.000	100	43.500	
Antes	Capital ações	%	PL $	Aumento ações	Capital ações	%	Valor patrimonial $	
Alfa	4.000	40	10.400	800	4.800	32	13.920	
Gama	6.000	60	15.600	4.200	10.200	68	29.580	

Conforme demonstrado no quadro anterior, 4.800 ações representam 32% do total das ações que compõem o capital da empresa Beta e 10.200 representam 68%. Portanto, houve redução no percentual de participação da empresa Alfa e aumento na participação da empresa Gama.

Contabilidade dos investidores				
Histórico	Ativos			
	Alfa		Gama	
	Ativos		Ativos	
	Investimento	Caixa	Investimento	Caixa
Saldo antes do aumento de capital	10.400		15.600	
Integralização de capital	Débito 2.800	Crédito (2.800)	Débito 14.700	Crédito (14.700)
Saldo após o aumento de capital	13.200		30.300	
Ajuste ao valor patrimonial = diferença entre o saldo contábil após a integralização e o valor patrimonial do investimento	Débito 720		Crédito (720)	
Saldo após o ajuste	13.920		29.580	
Contrapartida do ajuste				
Na empresa Gama			PL – ágio	
PL – ágio em transações de capital – item 31 da NBC TG 36			Débito 720	
Contrapartida do ajuste na empresa Alfa		Resultado		
Ganho de capital		Crédito 720		

Alfa obteve um ganho, pois passou a ter um percentual menor de um Patrimônio Líquido maior devido ao ágio cobrado pela investida.

O ágio pago pelos demais investidores deverá ser analisado para identificar como deverá ser classificado (diferença de valor de mercado de ativos identificados ou fundo de comércio adquirido).

2.9 AJUSTE PARA PERDAS DEVIDO A PASSIVO A DESCOBERTO

O ajuste para perdas deve ser reconhecido quando a investida apresentar patrimônio líquido negativo e a investidora tiver obrigação legal ou não formalizada de cobrir esse passivo a descoberto.

2.9.1 Cálculo e contabilização do ajuste

Apresentaremos a seguir exemplo de contabilização de ajuste para perdas prováveis em investimentos avaliados pela equivalência patrimonial.

a) Em 15-1-X1, a investidora A adquire, à vista, 60% de participação da investida B, cujo patrimônio líquido era de $ 10.000.

	Lançamento contábil na investidora, em 15-1-X1	
Débito	Ativo Não Circulante – Investimentos	
	Participações em outras empresas – avaliadas pela equivalência patrimonial – investida B	6.000
Crédito	Ativo Circulante – Disponibilidades	6.000

b) Em 31-12-X1, ao encerrar suas Demonstrações Contábeis, a investida apresentou um prejuízo de $ 12.000, tendo seu patrimônio líquido apresentado um passivo a descoberto de $ 2.000.

Lançamentos contábeis na investidora, em 31-12-X1:

	1. Reconhecimento da participação de 60% no prejuízo de $ 12.000, limitado ao saldo do investimento	
Débito	Resultados operacionais (despesas)	
	Resultado da equivalência patrimonial – investida B	6.000
Crédito	Ativo Não Circulante – investimentos	
	Participações em outras empresas – avaliadas pela equivalência patrimonial – investida B	6.000

	2. Reconhecimento da participação de 60% no passivo a descoberto da investida (a administração da investidora julga que sua responsabilidade está limitada ao seu percentual de participação)	
Débito	Resultados extraordinários (perdas)	
	Perdas prováveis sobre passivo a descoberto da investida	1.200
Crédito	Passivo Não Circulante	
	Provisão para perdas prováveis em investimentos	1.200

Em 31-12-X1, o saldo do Ativo Não Circulante – Participações em outras empresas, na investidora, estaria assim demonstrado:

Ativo Não Circulante	
Participações permanentes em outras empresas – avaliados pela equivalência patrimonial – investida B	–
Passivo Não Circulante	
Provisão para perdas prováveis – investida B	(1.200)

c) Em 31-12-X2, ao encerrar suas Demonstrações Contábeis, a investida apresentou um lucro de $ 5.000, tendo seu patrimônio líquido apresentado saldo positivo de $ 3.000. Lançamentos contábeis na investidora, em 31-12-X1:

	1. Reconhecimento da participação de 60% no lucro de $ 5.000	
Débito	Ativo Não Circulante – investimentos	
	Participações em outras empresas – avaliadas pela equivalência patrimonial – investida B	3.000
Crédito	Resultados operacionais (ganhos)	
	Resultado da equivalência patrimonial – investida B	3.000

	2. Reversão da provisão constituída no período anterior	
Débito	Passivo Não Circulante	
	Provisão para perdas prováveis em investimentos	1.200
Crédito	Ativo Não Circulante – investimentos	
	Participações em outras empresas – avaliadas pela equivalência patrimonial – investida B	1.200

d) Demonstração das Mutações do Patrimônio Líquido da investida

Demonstração das Mutações do Patrimônio Líquido da investida (DMPL)						
Data	Histórico	Nº	Capital	Resultados	Total
01-01-X1	Inicial	1	10.000		10.000
31-12-X1	Prejuízo do exercício	2		(12.000)	(12.000)
31-12-X1	**Saldo final**	5	**10.000**	**(12.000)**	**(2.000)**
31-12-X2	Lucro do exercício	16		5.000	5.000
31-12-X2	**Saldo final**	17	**10.000**	**(7.000)**	**3.000**

e) Contabilidade da investidora

Contabilidade da investidora					
		Ativo		Passivo	Resultado	
Data	Histórico	Investimento	Caixa	Provisão	REP	Perdas
15-01-X1	Aquisição	6.000	(6.000)			
31-12-X1	Prejuízo do exercício	(6.000)			(6.000)	
31-12-X1	Provisão			1.200		(1.200)
31-12-X1	**Saldo final**	**–**		**1.200**	**(6.000)**	**(1.200)**
31-12-X2	Lucro do exercício	3.000			3.000	
31-12-X2	Reversão da provisão	(1.200)		(1.200)		
31-12-X2	**Saldo final**	**1.800**		**0**	**3.000**	

2.10 ASPECTOS ESPECIAIS DA EQUIVALÊNCIA PATRIMONIAL

Além do exposto ao longo deste capítulo, outros aspectos devem ser observados, tais como:

- constituição de reserva de lucros a realizar;
- recebimento de ações bonificadas;
- uniformidade de critérios contábeis;
- notas explicativas.

2.10.1 Constituição de reserva de lucros a realizar

O Resultado Positivo da Equivalência Patrimonial somente gerará caixa para a investidora quando a investida distribuir dividendos. Caso a distribuição de dividendos ocorra em períodos futuros, a investidora poderá constituir Reserva de Lucros a Realizar sobre esse ganho contábil, mas não financeiro, com o objetivo de evitar distribuição de lucros ainda não realizados financeiramente.

2.10.2 Recebimento de ações bonificadas

As bonificações distribuídas, sem custo, pelas coligadas e controladas podem ser decorrentes de aumento de capitalização com capitalização de lucros e reservas.

Exemplo:

A investidora A é proprietária de 80% do capital social da controlada B.

O patrimônio da controlada B em 31-8-X1 estava assim constituído:

	$
Capital social	10.000
Reservas	8.000
	18.000

A quantidade de ações era de 10.000, no valor nominal unitário de $ 1,00.

Em 01-09-X1, a controlada aumentou seu capital social para $ 14.000, com o aproveitamento (incorporação ao capital social) de parte dos saldos das reservas.

O novo capital social da controlada poderia passar a ser representado de duas maneiras:

a) Mantendo o valor nominal unitário, com a emissão de novas ações

Nesse caso, o capital social em 01-09-X1 seria representado por 14.000 ações, no valor nominal unitário de $ 1,00.

b) Mantendo a quantidade de ações, com o aumento do valor nominal unitário

Nesse caso, o capital social em 01-09-X1 seria representado por 10.000 ações, no valor nominal unitário de $ 1,40.

Caso a controlada optasse pela emissão de mais 4.000 ações, a investidora A receberia 3.200 ações bonificadas sem custo, proporcional a sua participação de 80% do capital. Entretanto, não seria alterado o saldo contábil do investimento, pois não houve alteração no total do patrimônio líquido da investida.

Entende-se que, para efeito de controle, poderá ser efetuado um lançamento a débito e a crédito da própria conta de investimento para registro do evento de recebimento de ações bonificadas. Logicamente, tal lançamento não afetará o saldo da conta, pois o débito anulará o crédito, mas o fato ficará registrado contabilmente.

2.10.3 Uniformidade de critérios contábeis

As empresas sujeitas à avaliação de investimentos pelo método de equivalência patrimonial têm ainda que:

a) eliminar as eventuais participações recíprocas entre a companhia e suas coligadas ou controladas, até 17 de fevereiro de 1982, conforme determina o § 3º do art. 295 da Lei nº 6.404;

b) fazer no balanço ou balancete da coligada ou controlada os ajustes necessários para eliminar as diferenças relevantes, decorrentes de diversidade de critérios contábeis em relação aos adotados pela investidora;

c) ajustar o balanço ou balancete da coligada ou controlada, levantado em data anterior à do balanço da investidora (diferença máxima de dois meses), para registrar os efeitos relevantes de **fatos extraordinários** ocorridos no período;

d) reverter para a conta de lucros ou prejuízos acumulados a parcela que tiver sido destinada à reserva de lucros a realizar. Considerar essa parcela no cálculo do dividendo obrigatório, no exercício em que for feita a reversão (se não tiver sido absorvida por prejuízos de anos anteriores), nos termos da Instrução da Comissão de Valores Mobiliários e da Resolução nº 484, do Banco Central do Brasil;

e) considerar como resultado do exercício apenas a diferença entre o valor do investimento e do patrimônio líquido das investidas, que decorrer de lucro ou prejuízo apurado na coligada ou controlada ou que corresponder, **comprovadamente**, a ganhos ou perdas efetivas. Assim, deverá ser observado o tratamento específico **quando as investidas fizerem ajustes ao valor justo de ativos**.

Para registrar em sua contabilidade a aquisição da participação societária em outras empresas, e, posteriormente, registrar as alterações no patrimônio das investidas, a investidora irá, evidentemente, utilizar-se das demonstrações contábeis preparadas pela equipe de profissionais das coligadas e controladas.

É importante, portanto, a observação de certos aspectos no sentido de padronizar, o máximo possível, os procedimentos para apuração das demonstrações contábeis de todas as empresas do grupo.

Dependendo do tamanho do grupo de empresas sob um comando centralizado, torna-se fundamental a assessoria dos executivos contábeis e financeiros da investidora. Sempre que possível, deve haver uma padronização das práticas contábeis, administrativas e financeiras a serem utilizadas por todas as empresas do grupo.

Citam-se os seguintes procedimentos que devem ser padronizados para o grupo:

- relatórios gerenciais contábeis e administrativos;
- manual de procedimentos administrativos, financeiros, contábeis e de controles internos;
- plano de contas;
- sistemas de custeamento da produção etc.

É fundamental a padronização, também, da aplicação práticas contábeis. As empresas do grupo devem pautar-se pela utilização de padrões idênticos, o que possibilitará a apuração de demonstrações contábeis na "mesma linguagem".

Exemplo:

Caso a administração da controladora decida pela recomposição do custo do imobilizado (ICPC 10), tal procedimento deveria abranger todas as empresas do grupo, para não prejudicar a comparabilidade das demonstrações contábeis das diversas sociedades.

Na prática, essa padronização ideal pode ocorrer, sem grandes dificuldades, entre a controladora e suas controladas, devido ao poder de comando exercido pela investidora.

É mais difícil, evidentemente, com relação às coligadas, as quais têm que seguir as instruções de outras investidoras e controladoras.

2.10.4 Notas explicativas sobre participações societárias

A Comissão de Valores Mobiliários (CVM) determinou por meio da Instrução CVM nº 247/96 o conteúdo mínimo das notas explicativas sobre participações societárias, como segue:

> *Instrução CVM nº 247/96, art. 20. As notas explicativas que acompanham as demonstrações contábeis devem conter informações precisas das coligadas e das controladas, indicando, no mínimo:*
>
> *I – denominação da coligada e controlada, o número, espécie e classe de ações ou de cotas de capital possuídas pela investidora, o percentual de participação no capital social e no capital votante e o preço de negociação em bolsa de valores, se houver;*
>
> *II – patrimônio líquido, lucro líquido ou prejuízo do exercício, assim como o montante dos dividendos propostos ou pagos, relativos ao mesmo período;*
>
> *III – créditos e obrigações entre a investidora e as coligadas e controladas especificando prazos, encargos financeiros e garantias;*
>
> *IV – avais, garantias, fianças, hipotecas ou penhor concedidos em favor de coligadas ou controladas;*
>
> *V – receitas e despesas em operações entre a investidora e as coligadas e controladas;*

VI – montante individualizado do ajuste, no resultado e patrimônio líquido, decorrente da avaliação do valor contábil do investimento pelo método da equivalência patrimonial, bem como o saldo contábil de cada investimento no final do período;

VII – memória de cálculo do montante individualizado do ajuste, quando este não decorrer somente da aplicação do percentual de participação no capital social sobre os resultados da investida, se relevante;

VIII – base e fundamento adotados para constituição e amortização do ágio ou deságio e montantes não amortizados, bem como critérios, taxa de desconto e prazos utilizados na projeção de resultados;

IX – condições estabelecidas em acordo de acionistas com respeito a influência na administração e distribuição de lucros, evidenciando os números relativos aos casos em que a proporção do poder de voto for diferente da proporção de participação no capital social votante, direta ou indiretamente;

X – participações recíprocas existentes; e

XI – efeitos no ativo, passivo, patrimônio líquido e resultado decorrentes de investimentos descontinuados (arts. 6º e 7º).

2.11 ASPECTOS FISCAIS DO MÉTODO DA EQUIVALÊNCIA PATRIMONIAL

A avaliação de participações societárias pelo método do custo histórico ou pelo método da equivalência patrimonial gera receitas e despesas contábeis cujo tratamento fiscal é diferenciado dependendo de cada caso.

Apresentamos a seguir os principais resultados contábeis decorrentes dessas participações e os correspondentes efeitos fiscais.

2.11.1 Participações societárias avaliadas pelo método do custo histórico

Essas participações geram os seguintes resultados contábeis e fiscais:

Resultado	Reconhecimento contábil	Reconhecimento fiscal
Receita de dividendos	Reconhecida no período em que a investida paga ou propõe pagar dividendos	Não é tributada. Excluída na parte a do Lalur porque refere-se a rendimento já tributado na investida
Legislação: RIR 2018, art. 418. "Os lucros ou os dividendos calculados com base nos resultados apurados a partir do mês de janeiro de 1996, pagos ou creditados por pessoas jurídicas tributadas pelo regime do lucro real, presumido ou arbitrado não integrarão a base de cálculo do imposto sobre a renda da pessoa jurídica beneficiária" (Lei nº 9.249, de 1995, art. 10, *caput*).		

Resultado	Reconhecimento contábil	Reconhecimento fiscal
Lucro ou prejuízo na alienação dos investimentos	Reconhecida no período em que o investimento for alienado	Lucro tributável ou despesa dedutível

Resultado	Reconhecimento contábil	Reconhecimento fiscal
Perda provisionada	Reconhecida no período em que o valor de realização do investimento seja menor que o custo de aquisição	Dedutível apenas na realização do investimento

2.11.2 Participações societárias avaliadas pelo método da equivalência

Essas participações geram os seguintes resultados contábeis e fiscais:

Resultado	Reconhecimento contábil	Reconhecimento fiscal
Resultado da equivalência patrimonial (receitas ou despesas)	Reconhecida no período em que a investida apura lucro ou prejuízo contábil	Não é tributada (receita) nem dedutível (despesa). Excluída na parte a do Lalur porque refere-se a rendimento já tributado na investida
Legislação: RIR 2018 – **Contrapartida do Ajuste do Valor do Patrimônio Líquido** "Art. 426. A contrapartida do ajuste de que trata o art. 425, por aumento ou redução no valor de patrimônio líquido do investimento, não será computada para fins de determinação do lucro real, observado o disposto no art. 446" (Decreto-Lei nº 1.598, de 1977, art. 23, *caput*).		

Resultado	Reconhecimento contábil	Reconhecimento fiscal
Lucro ou prejuízo na alienação dos investimentos	Reconhecida no período em que o investimento for alienado	Lucro tributável ou despesa dedutível

Resultado	Reconhecimento contábil	Reconhecimento fiscal
Perda provisionada	Reconhecida no período em que o valor de realização do investimento seja menor que o custo de aquisição	Dedutível apenas na realização do investimento

Resultado	Reconhecimento contábil	Reconhecimento fiscal
Apropriação de ágio por ativo identificado – aplicável às combinações de negócios – CPC 15	Reconhecida no período em que o ativo que fundamentou o ágio seja baixado por alienação ou depreciação	Dedutível apenas na realização do investimento
Legislação: RIR 2018 – **Redução da mais ou menos-valia e do** *goodwill* "Art. 422. A contrapartida da redução dos valores de que tratam os incisos II e III do *caput* do art. 421 não será computada para fins de determinação do lucro real, ressalvado o disposto no art. 507" (Decreto-Lei nº 1.598, de 1977, art. 25).		

Resultado	Reconhecimento contábil	Reconhecimento fiscal
Ganho de capital decorrente de alteração do percentual de participação	Reconhecida no período em que ocorrer a alteração no percentual de participação	Reconhecido como receita não tributável no período em que ocorrer
Legislação: RIR 2018, art. 509. "Não será computado, para fins de determinação do lucro real, o acréscimo ou a diminuição do valor de patrimônio líquido de investimento decorrente de ganho ou perda por variação na percentagem de participação do contribuinte no capital social da investida" (Decreto-Lei nº 1.598, de 1977, art. 33, § 2º).		

2.12 SUMÁRIO E CONCEITOS BÁSICOS DO CPC 18

A seguir, serão apresentados o sumário e conceitos básicos do Pronunciamento CPC 18 – Investimentos em Coligada e em Controlada e em Empreendimento Controlada em Conjunto, cuja íntegra encontra-se disponível no *site*: www.cpc.org.br.

CPC 18 – Investimento em Coligada e em Controlada
SUMÁRIO

Objetivo do Pronunciamento

1. *O objetivo do Pronunciamento é especificar como devem ser contabilizados os investimentos em coligadas nas demonstrações contábeis individuais e consolidadas do investidor e em controladas nas demonstrações contábeis da controladora. Ele não se aplica aos investimentos em coligadas e controladas que forem mantidos por organizações de capital de risco, fundos mútuos, trusts e entidades similares; também não se aplica aos investimentos classificados como instrumentos financeiros mantidos para negociação, de acordo com os requisitos do Pronunciamento Técnico CPC 38 – Instrumentos Financeiros: Reconhecimento e Mensuração. Estes últimos são mensurados ao valor justo com as alterações de valor justo reconhecidas no resultado do período em que ocorrerem.*

2. *Coligada é a entidade sobre a qual a investidora mantém influência significativa, sem chegar a controlá-la. Influência significativa significa existência do poder de participar nas decisões financeiras e operacionais da investida. É presumido que exista influência significativa quando a entidade possui 20%, ou mais, das ações ou das cotas com direito a voto da investida.*

3. *Controlada é a entidade na qual a controladora, diretamente ou por meio de outra controlada, tem poder para assegurar, de forma permanente, preponderância em suas deliberações sociais e de eleger a maioria de seus administradores.*

4. *O investimento em controlada obriga à elaboração da demonstração consolidada, com as exceções previstas no Pronunciamento Técnico CPC 36 – Demonstrações Consolidadas.*

Principais características do pronunciamento

5. *O investimento em coligada e em controlada (neste caso, nas demonstrações individuais) deve ser contabilizado pelo método de equivalência patrimonial, exceto quando classificado como mantido para venda, conforme o Pronunciamento Técnico CPC 31 – Ativo Não Circulante Mantido para Venda e Operação Descontinuada e em raríssimas outras situações.*

6. *É exigido que a entidade considere a existência e o efeito dos direitos de voto potencial que forem prontamente exercíveis ou conversíveis para fins de determinar se possui influência significativa ou controle.*

7. *O Pronunciamento não permite ao investidor deixar de aplicar o método de equivalência patrimonial quando sua coligada ou controlada estiver operando sob severas restrições, as quais afetam sua capacidade de transferir fundos ao investidor, caso este continue a ter influência significativa sobre tal coligada ou controle sobre a controlada. A aplicação do método de equivalência patrimonial cessa somente após o investidor perder a influência significativa ou o controle.*

8. *Na aquisição de um investimento em coligada ou controlada, há a segregação da parcela do investimento correspondente à diferença entre o valor pago e a parcela sobre o valor justo dos ativos líquidos adquiridos, que não é classificada como* goodwill *no Ativo Intangível no balanço individual e nem é amortizada sistematicamente, permanecendo no subgrupo de Investimentos e sujeita aos testes de* impairment; *no caso de coligada, esse teste é em conjunto com o restante do valor contábil do investimento. No caso de controlada, o teste de* impairment *é o mesmo daquele aplicado às demonstrações consolidadas e, nestas, esse ágio é classificado como Ativo Intangível.*

9. *É também segregada a parcela referente à diferença entre o valor justo dos ativos líquidos adquiridos e seu valor contábil no balanço individual, para fins de baixa proporcionalmente à sua realização na coligada e na controlada.*

10. *O resultado da equivalência patrimonial corresponde à participação da investidora no resultado da coligada e da controlada. A participação sobre as mutações patrimoniais na investida derivadas de outros resultados abrangentes reconhecidos diretamente no*

patrimônio líquido da investida deve também ser reconhecida diretamente no patrimônio líquido da investidora e, não, no resultado.

11. *Os resultados decorrentes de transações ascendentes (upstream) e descendentes (downstream) entre o investidor (incluindo suas controladas consolidadas) e a coligada devem ser reconhecidos nas demonstrações contábeis do investidor somente na extensão da participação de outros investidores sobre essa coligada que sejam partes independentes do grupo econômico a que pertence a investidora. As transações ascendentes são, por exemplo, vendas de ativos da coligada para o investidor. As transações descendentes são, por exemplo, vendas de ativos do investidor para a coligada. A participação do investidor nos lucros e prejuízos resultantes dessas transações deve ser eliminada.*

12. *Os resultados decorrentes de transações descendentes (downstream) entre a controladora e a controlada não devem ser reconhecidos nas demonstrações contábeis individuais da controladora enquanto os ativos transacionados estiverem no balanço de adquirente pertencente ao mesmo grupo econômico. Aplica-se o disposto neste item inclusive quando a controladora é, por sua vez, controlada de outra entidade do mesmo grupo econômico.*

13. *Os resultados decorrentes de transações ascendentes (upstream) entre a controlada e a controladora e de transações entre as controladas do mesmo grupo econômico devem ser reconhecidos nas demonstrações contábeis da vendedora, mas não devem ser reconhecidos nas demonstrações contábeis individuais da controladora enquanto os ativos transacionados estiverem no balanço de adquirente pertencente ao grupo econômico.*

14. *O disposto nos itens 12 e 13 acima (22A e 22B do Pronunciamento CPC 18 (R1)) deve produzir o mesmo resultado líquido e o mesmo patrimônio líquido para a controladora obtidos a partir das demonstrações contábeis consolidadas dessa controladora e suas controladas. Devem também, para esses mesmos itens, ser observadas as disposições contidas na Interpretação Técnica ICPC 09 (R1) – Demonstrações Contábeis Individuais, Demonstrações Separadas, Demonstrações Consolidadas e Aplicação do Método de Equivalência Patrimonial.*

15. *No caso de o patrimônio líquido da coligada se tornar negativo, o prejuízo só é reconhecido pela investidora na extensão em que a investidora se responsabilize, legalmente ou por obrigação não formalizada, em fazer pagamentos a terceiros por conta da coligada. No caso dessa situação em controlada, a controladora reconhece, em seu balanço individual, provisão por conta desse patrimônio líquido negativo de forma a ter o mesmo resultado líquido e o mesmo patrimônio líquido que forem apresentados pelas demonstrações consolidadas.*

16. *A defasagem máxima entre as datas de encerramento das demonstrações da coligada e do investidor não deve ser superior a dois meses, e devem ser considerados os efeitos de transações relevantes nesse período.*

17. *O Pronunciamento requer que o investidor faça os ajustes necessários nas demonstrações contábeis de suas coligadas para manter a conformidade de políticas contábeis para transações e outros eventos de mesma natureza.*

18. *Divulgações específicas são exigidas pelo Pronunciamento.*

19. A investidora pode também preparar demonstrações separadas para esses investimentos, os quais são avaliados por valor justo ou, se for o caso, pelo custo, nunca pela equivalência patrimonial. As exigências para a preparação das demonstrações separadas de um investidor em coligadas são aquelas estabelecidas pelo Pronunciamento Técnico CPC 35 – Demonstrações Separadas.

20. A Interpretação Técnica CPC 09 (R1) – Demonstrações Contábeis Individuais, Demonstrações Separadas, Demonstrações Consolidadas e Aplicação do Método de Equivalência Patrimonial traz mais detalhes sobre investimentos em coligadas, em controladas e também em entidades controladas em conjunto (joint ventures), bem como sobre demonstrações separadas e demonstrações consolidadas.

TESTES

1. **As empresas podem ser constituídas nas modalidades de sociedades por cotas de responsabilidade limitada ou sociedade por ações. Com relação ao assunto, pode-se afirmar que:**
    a) as sociedades por ações têm o capital dividido em cotas, podendo ser de capital aberto, com negociação na bolsa de valores ou de capital fechado;
    b) as sociedades limitadas podem emitir ações ordinárias, que são menos negociadas, e ações preferenciais, que têm maior liquidez no mercado de capitais;
    c) as ações podem ser apenas de participação nos lucros, que são as preferenciais, ou conferir também o poder de voto, que são as ações ordinárias;
    d) as ações podem possibilitar aos seus detentores apenas a participação nos lucros, que são as ordinárias, ou conferir também o poder de voto, que são as ações preferenciais;
    e) as ações ordinárias são, regra geral, mais negociadas no mercado de capitais, visto possuir uma maior liquidez; ao contrário, as ações preferenciais, que dão direito a voto, são menos negociadas no mercado de capitais, devido possuir uma menor liquidez.

2. **As empresas constituídas nas modalidades de sociedades por ações devem observar as seguintes características:**
    a) emitir apenas ações preferenciais, sem direito a voto;
    b) emitir ações preferenciais que assegurem aos proprietários o direito a voto;
    c) emitir ações ordinárias que assegurem aos proprietários o direito a tão somente a participação nos lucros;
    d) registrar-se nos órgãos competentes, como sendo de capital aberto, negociando suas ações no mercado de capitais;
    e) emitir ações preferenciais, que não dão direito a voto, no máximo a 50% do total das ações emitidas.

3. **O Pronunciamento Técnico CPC 18 – Investimentos em Coligada e em Controlada e em Empreendimento Controlada em Conjunto, emitido pelo Comitê de Pronunciamentos Contábeis (CPC), apresenta vários conceitos básicos relacionados à definição do método de equivalência patrimonial, conceito de coligada e controlada, controle e**

influência significativa. Assinale a alternativa que contem uma exceção aos conceitos ou definições do texto do CPC 18.

a) influência significativa é o poder de participar nas decisões financeiras e operacionais da investida, sem controlar de forma individual ou conjunta essas políticas;

b) método de equivalência patrimonial é o método de contabilização por meio do qual o investimento é inicialmente reconhecido pelo custo e posteriormente ajustado pelo reconhecimento da participação atribuída ao investidor nas alterações dos ativos líquidos da investida;

c) na adoção do método de equivalência patrimonial para registro dos investimentos em participação societária, o resultado do período do investidor deve incluir a parte que lhe cabe nos resultados gerados pela investida;

d) todas as participações permanentes em outras sociedades devem ser avaliadas pelo método da equivalência patrimonial, exceto quando a participação da investidora for suficiente para lhe assegurar o poder de participar nas decisões financeiras e operacionais da investida, sem controlar de forma individual ou conjunta essas políticas;

e) controlada é a entidade, incluindo aquela não constituída sob a forma de sociedade tal como uma parceria, na qual a controladora, diretamente ou por meio de outras controladas, é titular de direitos de sócio que lhe assegurem, de modo permanente, preponderância nas deliberações sociais e o poder de eleger a maioria dos administradores.

4. A legislação societária conceitua como empresas coligadas as sociedades nas quais a investidora tenha influência significativa, sendo que a CVM, por meio da Instrução nº 247/96, sugeriu diversas evidências de influência na administração da coligada. Não se caracteriza como uma evidência de influência significativa na administração de outra empresa o fato de a investidora exercer a atividade de:

a) conceder empréstimos de acordo com as condições usuais de mercado, com a prática de juros e prazos habituais semelhantes às negociações com as demais empresas;

b) participar nas suas deliberações sociais tomadas por outra empresa, inclusive com a existência de administradores comuns;

c) deter o poder de eleger ou destituir um ou mais dos administradores da outra empresa;

d) manter um volume relevante de transações, inclusive com o fornecimento de assistência técnica ou informações técnicas essenciais para as atividades da investidora;

e) recebimento, pela empresa investidora, de informações contábeis detalhadas da investida, bem como dos seus planos de investimento, de uma forma permanente.

5. O método da equivalência patrimonial foi adotado pela atual legislação societária para avaliar e contabilizar as aplicações em determinadas participações no capital de outras empresas. Tal metodologia:

a) não deve ser adotada para avaliação de investidas nas quais a investidora detém, em conjunto com outras investidoras, o controle conjunto, ou seja, o controle é compartilhado;

b) deve ser adotada também para os casos de investimentos em controladas indiretas, que são aquelas investidas nas quais a controladora, através de outras controladas, é titular de direitos de sócio que lhe assegurem, de modo permanente, preponderância nas deliberações sociais e o poder de eleger a maioria dos administradores;

c) deve ser adotada para avaliação de investimentos em todas as coligadas, mesmo que participação seja menos de 10% (dez por cento) e que a investidora não exerça influência significativa;

d) não reconhece a participação da investidora no resultado do exercício das investidas;

e) é utilizado apenas para a avaliação dos investimentos na participação societária nas empresas controladas, direta ou indiretamente.

6. **Na aquisição de participação societária em outras empresas, a investidora deve registrar contabilmente o custo de aquisição da seguinte maneira:**

   a) valor pago dentro do exercício e a pagar no exercício seguinte, debitando o valor correspondente apenas ao custo da aquisição pago, se o investimento for realizado em controladas;

   b) caso a investidora adquira mais de 50% das ações com direito a voto, caracteriza-se como investimento em controlada. Nesse caso, deve debitar o valor correspondente ao custo da aquisição, que corresponde sempre ao resultado da aplicação do percentual de participação sobre o total do patrimônio líquido da investidora;

   c) caso a investidora adquira menos de 20% das ações com direito a voto e não exercer influência significativa na administração da investida, caracteriza-se como investimento em controlada, devendo utilizar o Método da Equivalência Patrimonial. Nesse caso, deve debitar o valor correspondente ao custo da aquisição, que corresponde sempre ao resultado da aplicação do percentual de participação sobre o total do patrimônio líquido da investidora e creditar a Conta de Ágio na Aquisição de Investimentos;

   d) utilizando a metodologia do Custo Histórico, segregando a custo de aquisição entre: valor pago pelo investimento e ágio ou deságio na aquisição, nos casos em que o investimento seja realizado em Coligada na qual a investidora detém mais de 20% do capital votante e tenha influência na administração da investida;

   e) valor de participação societária e de ágio ou deságio na aquisição, nos casos em que o investimento seja realizado em coligada na qual a investidora detém mais de 20% do capital votante, caracterizando influência na administração.

7. A Mineradora Rio das Pedras, empresa de capital aberto, adquiriu, em 31-05-XA, as seguintes participações societárias:

Empresa investida	Participação da Mineradora Rio das Pedras	Custo de aquisição do investimento – $	Patrimônio Líquido contábil em 31-05-XA – $
Pedreira Dureza	80% no capital votante, representando 60% do total do capital social	200.000	300.000
Pedreira Stones 18% no capital votante e 48% no capital não votante, representando 33% no total do capital social. A investidora não exerce qualquer influência significativa 400.000			1.100.000

O ágio foi identificado e fundamentado em bens do ativo imobilizado das investidas.

O contador da Mineradora Rio das Pedras contabilizou as aquisições conforme seu entendimento da atual legislação societária, normas da CVM e pronunciamentos do CPC. Assinale a alternativa que contém o lançamento contábil correto na data da aquisição:

a)

	Dureza	Stones
Investimento em participação societária	180.000	400.000
Ágio fundamento em ativo imobilizado	20.000	

b)

	Dureza	Stones
Investimento em participação societária	180.000	363.000
Ágio fundamento em ativo imobilizado	20.000	37.000

c)

	Dureza	Stones
Investimento em participação societária	200.000	400.000
Ágio fundamento em ativo imobilizado		

d)

	Dureza	Stones
Investimento em participação societária	200.000	363.000
Ágio fundamento em ativo imobilizado		37.000

e)

	Dureza	Stones
Investimento em participação societária	180.000	363.000
Ágio fundamento em ativo imobilizado		

8. **Pode-se afirmar com relação às controladas que estejam sob controle comum, ou cujo controle é compartilhado:**
   a) de acordo com a Lei nº 6.404/76, alterada pela Lei nº 11.638/07, não são avaliadas de acordo com o Método da Equivalência patrimonial (MEP);
   b) trata-se, em resumo, de sociedades nas quais no máximo dois acionistas possuem direitos de sócio que lhe assegure de modo permanente preponderância nas deliberações sociais ou poderes de eleger ou de destituir a maioria dos administradores;
   c) são aquelas empresas nas quais nenhuma das controladoras, individualmente, possuía o controle, ou seja, o controle é compartilhado entre várias investidoras. Em outras palavras, nenhuma das investidoras possui mais de 50% das ações com direito a voto;
   d) a participação dos investidores pode dar-se apenas com a propriedade de um determinado percentual das ações sem direito a voto;
   e) precisam, obrigatoriamente, estarem localizadas em território nacional.

9. A empresa Roma adquiriu, em 02-01-20XA, 30% de participação da Cia. Milan, pagando a vista $ 160.000. Em 02-01-20XA, o Patrimônio Líquido contábil da investida Milan era de $ 500.000. Durante o exercício findo em 31-12-20XA, houve as seguintes movimentações no Patrimônio Líquido da Cia. Milan:
   - lucro líquido do exercício: $ 20.000;
   - pagamento de dividendos: $ 5.000.

   Com base nos dados acima, assinale a alternativa correta:
   a) se a participação fosse avaliada pelo Método da Equivalência Patrimonial, a investidora precisaria reconhecer como receita o resultado de equivalência patrimonial calculado sobre o lucro menos os dividendos recebidos;
   b) se a totalidade da participação fosse efetuada em ações sem direito a voto e se a investidora não exercesse influência na administração da investida, o investimento deveria ser avaliado pelo Método do Custo Histórico (MCH) e não seria registrada a receita decorrente do resultado da equivalência patrimonial;
   c) se fosse adotado o Método do Custo Histórico (MCH) para avaliação do investimento, a investidora deveria registrar o valor de $ 150.000 no seu ativo, que é o resultado da aplicação da participação de 30% no patrimônio da investida, $ 500.000;
   d) se a participação fosse avaliada pelo Método da Equivalência Patrimonial, a investidora precisaria reconhecer como receita os dividendos recebidos;
   e) a investidora não precisaria efetuar qualquer lançamento contábil em decorrência do fato de a investida ter pago o total de $ 5.000 de dividendos, qualquer que fosse o método utilizado para avaliação: Método do Custo Histórico (MCH) ou Método da Equivalência Patrimonial (MEP).

10. As empresas sujeitas à avaliação de investimentos pelo método de equivalência patrimonial têm que manter a uniformidade de critérios contábeis. Assinale a alternativa que não corresponde à uma das obrigações citadas no texto legal:
    a) distribuir nos primeiros meses do exercício subsequente os dividendos apurados e calculados de acordo com as normas legais;
    b) fazer no balanço ou balancete da coligada ou controlada os ajustes necessários para eliminar as diferenças relevantes, decorrentes de diversidade de critérios contábeis em relação aos adotados pela investidora;
    c) ajustar o balanço ou balancete da coligada ou controlada, levantado em data anterior à do balanço da investidora (diferença máxima de dois meses), para registrar os efeitos relevantes de fatos extraordinários ocorridos no período;
    d) avaliar ativos e passivos pelos mesmos critérios;
    e) considerar como resultado do exercício apenas a diferença entre o valor do investimento e do Patrimônio Líquido das investidas, que decorrer de lucro ou prejuízo apurado na coligada ou controlada ou que corresponder, comprovadamente, a ganhos ou perdas efetivas. Assim, deverá ser observado o tratamento específico quando as investidas fizerem ajustes ao valor justo de ativos.

11. A Companhia de Alimentos Sul, para efeito da aplicação do método de equivalência patrimonial em sua controlada Indústria de Laticínios QuiBomBom, procedeu à eliminação do lucro não realizado na controlada de transações efetuadas entre elas. A seguir, encontram-se demonstrados os valores da data de 30-12-XA:

Patrimônio Líquido	$ 9.600
Lucro não realizado	$ 800
Valor contábil do investimento antes da equivalência	$ 6.800
Percentual da participação no capital	80%

Com base nos dados anteriormente mencionados e levando-se em consideração a Instrução CVM nº 247/96, determine o novo valor contábil do investimento da Alimentos Sul após a aplicação do método da equivalência patrimonial:
a) $ 7.680;
b) $ 6.880;
c) $ 7.040;
d) $ 7.168;
e) $ 6.800.

12. **A Cia. Irmãos Santos possui a seguinte participação societária em duas controladas, avaliadas pelo Método da Equivalência Patrimonial:**

Controlada	Participação da controladora – %	Lucro líquido em 31-12-XA – $
Cia. Verdes Mares	80%	200.000
Cia. Olinda	90%	100.000

No exercício de XA, a Cia. Verdes Mares vendeu um lote da mercadoria XR para a investidora, por $ 400.000, auferindo um lucro de $ 50.000 na transação.

Durante o mesmo exercício, a investidora vendeu um lote da mercadoria WT para a Cia. Olinda, por $ 300.000, auferindo um lucro de $ 30.000 na transação. Sabendo-se que, em 31-12-XA, tanto a controladora como a Cia. Olinda mantinham integralmente os referidos lotes de mercadorias em seus estoques, a investidora deve registrar em sua contabilidade a seguinte receita "Resultado da Equivalência Patrimonial", em $:
a) $ 110.000 da Cia. Verdes Mares e $ 90.000 da Cia. Olinda;
b) $ 110.000 da Cia. Verdes Mares e $ 60.000 da Cia. Olinda;
c) $ 160.000 da Cia. Verdes Mares e $ 90.000 da Cia. Olinda;
d) $ 160.000 da Cia. Verdes Mares e $ 60.000 da Cia. Olinda;
e) $ 200.000 da Cia. Verdes Mares e $ 100.000 da Cia. Olinda.

13. **O Pronunciamento CPC 18, entre outros assuntos, determina o procedimento correto a ser dado pela investidora com relação ao lançamento contábil do ágio ou deságio apurado no momento da aquisição do investimento. Com relação ao assunto, analise as afirmações a seguir e assinale a afirmativa correta:**

   I – O lançamento contábil do ágio ou deságio deverá indicar o fundamento econômico que o originou, dentre os itens seguintes: (a) valor de mercado de bens do ativo da coligada ou controlada superior ao custo registrado na sua contabilidade e (b) fundo de comércio adquirido (*goodwill*);

II – O ágio decorrente de Fundo de comércio deverá ser classificado no grupo intangível no balanço consolidado e não será amortizado. Anualmente, deverá ser efetuado teste de recuperação;

III – É também segregada a parcela referente à diferença entre o valor justo dos ativos líquidos adquiridos e seu valor contábil no balanço individual, para fins de baixa proporcionalmente à sua realização na coligada e na controlada.

Identifique a alternativa correta.

a) apenas a primeira afirmação é verdadeira;
b) são verdadeiras apenas as duas primeiras afirmações;
c) são verdadeiras todas as afirmações;
d) apenas a segunda afirmação é verdadeira;
e) são verdadeiras apenas as duas últimas afirmações.

14. **Assinale a alternativa que está em desacordo com a atual legislação societária que disciplina as normas legais dos investimentos efetuados pelas investidoras no capital de outras empresas.**

a) sociedade controlada é aquela em que a investidora, diretamente ou por meio de outras controladas, for titular de direitos de sócios que lhes assegurem, de modo permanente, preponderância nas deliberações sociais e o poder de eleger a maioria doas administradores;
b) coligada é a entidade sobre a qual a investidora mantém influência significativa, sem chegar a controlá-la;
c) influência significativa, no caso das coligadas, significa existência do poder de participar nas decisões financeiras e operacionais da investida. É presumido que exista influência significativa quando a entidade possui 20% ou mais do poder de voto da investida;
d) entende-se por controlada como sendo aquela empresa na qual a investidora detém participação societária que não lhe assegure, de forma permanente, direta ou indiretamente, preponderância em suas deliberações sociais e nem as condições para eleger a maioria de seus administradores;
e) são controladas as sociedades nas quais haja participação da investidora que corresponda a mais de 50% no capital votante da investida.

15. **Com relação à avaliação de investimentos em coligadas e controladas, a Lei nº 11.638/07, nos arts. 243 e 248, deu uma nova redação à Lei nº 6.404/76. Assinale a alternativa incorreta (após a nova redação da Lei nº 11.638/07).**

a) foi alterado o conceito de coligadas;
b) os investimentos em coligadas sobre cuja administração tenha influência significativa, ou de que participe com 20% (vinte por cento) ou mais do capital votante, em controladas e em outras sociedades que façam parte de um mesmo grupo ou estejam sob controle comum não serão avaliados pelo método da equivalência patrimonial;
c) os investimentos relevantes em coligadas sobre cuja administração tenha influência significativa, ou de que participe com 20% (vinte por cento) ou mais do capital social, em controladas e em outras sociedades que façam parte de um mesmo grupo ou estejam sob controle comum serão avaliados pelo método da equivalência patrimonial;
d) não foi alterado o conceito de controlada que esteja sob controle comum ou cujo controle é compartilhado pelas controladoras;
e) para se caracterizar como empresa controlada, a participação da investidora deve ser maior do que 50% no capital votante da investida.

16. O Método da Equivalência Patrimonial reconhece, na investidora, as alterações ocorridas nas empresas investidas quando estas afetarem:
    a) o Ativo Não Circulante das Controladas e Coligadas;
    b) o grupo Ativo Não Circulante – Investimentos das empresas Controladoras;
    c) o Patrimônio Líquido das empresas investidas;
    d) os ativos não circulantes das companhias investidas;
    e) o Passivo Circulante de Longo Prazo das investidas.

17. A respeito das alterações introduzidas pelas Leis nº 11.638/07 e nº 11.941/09 no que tange à aplicação do método da equivalência patrimonial (MEP) em coligadas, com o objetivo de adaptar tal metodologia às normas internacionais de contabilidade, assinale a opção incorreta.
    a) para ser considerada uma coligada, o investimento da investidora precisa representar mais de 20% do capital votante e menor que 50%, caracterizando influência na administração;
    b) no momento da aquisição da participação societária, a investidora deve avaliar e contabilizar o valor do investimento da seguinte maneira: aplicando o percentual de sua participação no capital social da investida sobre o total do Patrimônio Líquido da mesma coligada;
    c) se não houver influência significativa na administração, os investimentos que representam participações inferiores a 20% do capital votante das investidas não podem ser avaliados pelo método da equivalência patrimonial (MEP);
    d) a participação inferior a 20% do capital total representado por ações ordinárias e preferenciais dispensa a influência significativa na administração e, por isso, se aplica o método da equivalência patrimonial (MEP);
    e) a adoção do método da equivalência patrimonial (MEP) é de uso obrigatório pelas empresas investidoras que se enquadrarem nas condições definidas em Lei.

18. São métodos que uma empresa investidora pode utilizar para avaliação dos investimentos em participações societárias em outras empresas:
    a) Método de Custo ou Custo ou Mercado, dos dois o menor;
    b) Método do Valor Presente ou Equivalência Patrimonial;
    c) Método do Valor de Realização ou Valor Presente Equivalência Patrimonial;
    d) Método do Valor de Realização ou Custo Histórico;
    e) Método do Custo Histórico (MCH) ou pelo Método da Equivalência Patrimonial (MEP).

19. A Cia. Tijuana detém 90% do total do capital social da Cia. Brás. Por ocasião do recebimento de dividendos em conta bancária, deverá ser registrada a contrapartida dessa transação pela Cia. Tijuana (lançamento a crédito) na seguinte conta contábil:
    a) Lucros Acumulados;
    b) Investimentos em Participações Societárias – Avaliadas pelo Método da Equivalência Patrimonial;
    c) Receitas não operacionais: Resultado da Equivalência Patrimonial;
    d) Investimentos em Participações Societárias – Avaliadas pelo Método do Custo Histórico;
    e) Dividendos Recebidos.

20. Considerando as disposições da atual legislação societária, Instrução CVM nº 247/96 e Pronunciamento CPC nº 18, assinale a alternativa correta:
    a) dependendo das circunstâncias, os investimentos em participações societárias poderão ser avaliados pelo MCH (Método do Custo Histórico) ou pelo MEP (Método da Equivalência Patrimonial);
    b) o poder de eleger ou de destituir um ou mais administradores não serve como exemplo de evidência de influência na administração da coligada;
    c) na adoção do método de avaliação pelo MCH (Método do Custo Histórico), o lucro anual da investida deve ser ajustado pelo lucro ou prejuízo não realizado;
    d) o método de avaliação pelo MCH (Método do Custo Histórico) deve ser utilizado para avaliação dos investimentos em participações nas controladas em conjunto;
    e) se o investimento não se enquadrar dentro das condições legais para se caracterizar uma controlada, a investida deve ser avaliada pelo Método do Custo Histórico.

21. Considerando as disposições da Lei nº 6.404/76 e alterações posteriores, assinale a opção INCORRETA:
    a) é presumida influência significativa quando a investidora for titular de 20% ou mais do capital votante da investida, sem controlá-la;
    b) considera-se que há influência significativa quando a investidora detém ou exerce o poder de participar nas decisões das políticas, financeira ou operacional da investida, sem controlá-la;
    c) é avaliada pelo Método da Equivalência Patrimonial a participação em sociedade na qual a investidora tenha participação de 30% no capital sem direito a voto e não exerce influência significativa;
    d) na data de encerramento das demonstrações contábeis de 31-12-XA, o valor do Patrimônio Líquido da empresa X era $ 3.000.000. A investidora SP detém a posse de 90% dessas ações, devendo reconhecer em seu Ativo Não Circulante o total de $ 2.700.000;
    e) no exercício de XA, a empresa X apurou um lucro contábil de $ 200.000. A investidora Azul detém a posse de 30% dessas ações. Se o investimento for avaliado pelo método da equivalência patrimonial e não houver lucro não realizado, a investidora Azul deve registrar em XA uma receita de equivalência patrimonial de $ 60.000.

22. O recebimento de dividendos de participações societárias avaliadas pelo Método do Custo Histórico (MCH) deve ser registrado, na escrituração da empresa investidora, a crédito de conta representativa:
    a) Receita de Dividendos, no Resultado do Exercício;
    b) Resultado de Equivalência Patrimonial, no Resultado do Exercício;
    c) a crédito da própria conta de participação societária, no Ativo Não Circulante – Investimentos;
    d) a crédito da própria conta de ágio ou deságio, no Ativo não Circulante;
    e) a crédito da própria conta de Lucros Acumulados, no Patrimônio Líquido.

23. A empresa ABC adquiriu, em 02-01-2009, 80% de participação da Cia. Real, pagando a vista $ 900.000. Em 31-12-2008, o Patrimônio Líquido contábil da investida era

de $ 1.000.000. O ágio de $ 100.000 foi fundamentado na mais-valia de bens do ativo imobilizado. No período pós-aquisição, e até 31-12-XA, houve as seguintes movimentações no Patrimônio Líquido da Cia. Real.

Lucro líquido do exercício: $ 200.000;

Provisão para distribuição de dividendos: $ 80.000;

Com base nos dados acima, qual o valor apurado pela aplicação do método equivalência patrimonial a ser reconhecido no resultado do exercício de XA da empresa ABC, como resultado da equivalência patrimonial, supondo que havia uma parcela de $ 50.000 de lucro não realizado decorrente de vendas de mercadorias da Cia. Real para a empresa ABC?

a) $ 160.000;

b) $ 200.000;

c) $ 120.000;

d) $ 110.000;

e) $ 180.000.

24. Na determinação da equivalência patrimonial, os lucros não realizados, referentes a negócios entre coligada ou controlada com a investidora, deverão ser:

a) incluídos no Resultado da equivalência patrimonial;

b) excluídos no Resultado da equivalência patrimonial;

c) incluídos no Patrimônio Líquido da investidora;

d) incluídos do Patrimônio Líquido da investida e excluídos no Patrimônio Líquido da investidora;

e) excluídos do Patrimônio Líquido da investida e incluídos no Patrimônio Líquido da investidora.

25. A Companhia Rondônia S.A., para efeito da aplicação do método de equivalência patrimonial em sua controlada, procedeu à eliminação do lucro não realizado de transações efetuadas entre a controlada e a controladora.

Demonstram-se a seguir os valores envolvidos na data de 31-12-XA.

- Patrimônio Líquido da controlada: $ 6.000;
- lucro não realizado na controlada: $ 400;
- valor contábil do investimento antes da equivalência: $ 2.000;
- percentual de participação no capital 60%.

Com base nos dados acima, assinale a resposta correta relacionada ao resultado do método de equivalência patrimonial contabilizado em XA considerando que a única operação que afetou o Patrimônio Líquido da controlada foi o lucro do exercício.

a) $ 1.600;

b) $ 1.360;

c) $ 1.840;

d) $ 3.600;

e) $ 1.200.

26. A Cia. Santo Amaro possui 80% das ações com direito a voto de sua controlada, a Cia. Santa Maria, que representam 40% do total do capital social da investida. No exercício de XA, a Cia. Santa Maria vendeu um lote de mercadorias para a investidora, por $ 400.000, auferindo um lucro de $ 100.000 na transação. Sabendo-se que, em 31-12-XA, o Patrimônio Líquido da controlada era de $ 750.000 e que a investidora mantinha integralmente o referido lote de mercadorias em seus estoques, a participação societária avaliada pelo método da equivalência patrimonial na contabilidade da Cia. Santo Amaro corresponderá a:
    a) $ 175.000;
    b) $ 400.000;
    c) $ 260.000;
    d) $ 200.000;
    e) $ 520.000.

27. O ágio decorrente de fundo de comércio, de acordo com o CPC 18:
    a) deve ser reconhecido contabilmente e classificado no grupo intangível e não será amortizado, sendo que anualmente deverá ser submetido ao teste de recuperação;
    b) deve ser reconhecido contabilmente e classificado no grupo intangível, devendo ser amortizado anualmente, na mesma proporção da realização do ativo que gerou o ágio;
    c) não deve ser reconhecido como ativo, a não ser que o investimento seja avaliado pelo Método do Custo Histórico (MCH);
    d) não deve ser reconhecido como ativo, a menos que seja avaliado por peritos e amortizado pelo prazo que vier a ser definido no laudo da avaliação;
    e) deve ser reconhecido como ativo, amortizado periodicamente e submetido ao teste de valor recuperável.

28. Em 05-01-XA, a investidora A adquire, à vista, 90% de participação da investida B, cujo Patrimônio Líquido era de $ 800.000. Em 31-12-XA, ao encerrar suas Demonstrações Contábeis, a investida apresentou um prejuízo de $ 900.000, tendo seu Patrimônio Líquido apresentado um passivo a descoberto de $ 100.000.

    Considerando que a investidora tinha a obrigação legal de cobrir esse passivo a descoberto, assinale a alternativa que contém o lançamento correto em 31-12-XA.

    a)

Débito	Resultados operacionais (despesas)	
	Resultado da equivalência patrimonial – investida B	720.000
Crédito	Ativo Não Circulante – investimentos	
	Participações em outras empresas – avaliadas pela equivalência patrimonial – investida B	720.000

    b)

Débito	Resultados operacionais (despesas)	
	Resultado da equivalência patrimonial – investida B	90.000
Crédito	Ativo Não Circulante – investimentos	
	Participações em outras empresas – avaliadas pela equivalência patrimonial – investida B	90.000

c)

Débito	Resultados operacionais (despesas)	
	Resultado da equivalência patrimonial – investida B	720.000
Crédito	Ativo Não Circulante – investimentos	
	Participações em outras empresas – Avaliadas pela equivalência patrimonial – investida B	720.000

d)

Débito	Resultados extraordinários (perdas)	
	Perdas prováveis sobre passivo a descoberto da investida	90.000
Crédito	Passivo Não Circulante	
	Provisão para perdas prováveis em investimentos	90.000

e)

Débito	Resultados extraordinários (perdas)	
	Perdas prováveis sobre passivo a descoberto da investida	90.000
Crédito	Passivo Não Circulante	
	Provisão para perdas prováveis em investimentos	90.000

f)

Débito	Resultados operacionais (despesas)	
	Resultado da equivalência patrimonial – investida B	900.000
Crédito	Ativo Não Circulante – investimentos	
	Participações em outras empresas – avaliadas pela equivalência patrimonial – investida B	900.000

g)

Débito	Resultados extraordinários (perdas)	
	Perdas prováveis sobre passivo a descoberto da investida	100.000
Crédito	Passivo Não Circulante	
	Provisão para perdas prováveis em investimentos	100.000

29. A Mineradora Rio das Pedras, empresa de capital aberto, adquiriu, em 31-05-20XA, as seguintes participações societárias:

Empresa investida	Participação da Mineradora Rio das Pedras	Valor pago pelo investimento – $
Pedreira Dureza	80% no capital votante, sendo 60% no total do capital social	200.000
Pedreira Stones	18% no capital votante e 48% no capital não votante, sendo 33% no total do capital social. A investidora não exerce qualquer influência significativa	400.000

A evolução em 20XA do Patrimônio Líquido das investidas foi a seguinte:

	Pedreira Dureza	Pedreira Stones
Patrimônio Líquido em 31-05-20XA	300.000	1.100.000
Lucro do exercício	50.000	100.000
Dividendos distribuídos	(20.000)	(30.000)
Patrimônio Líquido em 31-12-20XA	330.000	1.170.000

O ágio foi identificado e fundamentado em bens do ativo da investida e foi realizado em 10% até 31-12-20XA.

Durante o exercício de 20XA, ambas as investidas forneceram mercadorias para a investidora, sendo que, em 31-12-20XA, haviam lucros não realizados nos estoques da investida, como segue:

- lucros não realizados em decorrência de mercadorias fornecidas pela Pedreira Dureza: $ 13.000;
- lucros não realizados em decorrência de mercadorias fornecidas pela Pedreira Stones: $ 20.000.

O contador da Mineradora Rio das Pedras contabilizou todas as transações conforme seu entendimento da atual legislação societária, normas da CVM e pronunciamentos do CPC. Assinale a alternativa que contém a receita contábil correta em 31-12-20XA:

a)

	Dureza	Stones
Receita de equivalência patrimonial	18.000	
Receita de dividendos		9.900

b)

	Dureza	Stones
Receita de equivalência patrimonial	17.000	
Receita de dividendos		9.900

c)

	Dureza	Stones
Receita de equivalência patrimonial	30.000	33.000
Receita de dividendos		

d)

	Dureza	Stones
Receita de equivalência patrimonial	17.000	13.000
Receita de dividendos		

e)

	Dureza	Stones
Receita de equivalência patrimonial	18.000	33.000
Receita de dividendos	12.000	9.900

30. A Mineradora Rio das Pedras, empresa de capital aberto, adquiriu, em 31-05-20XA, as seguintes participações societárias:

Empresa investida	Participação da Mineradora Rio das Pedras	Valor pago pelo investimento – $
Pedreira Dureza	80% no capital votante, sendo 60% no total do capital social	200.000
Pedreira Stones	18% no capital votante e 48% no capital não votante, sendo 33% no total do capital social. A investidora não exerce qualquer influência significativa	400.000

A evolução em 20XA do Patrimônio Líquido das investidas foi a seguinte:

	Pedreira Dureza	Pedreira Stones
Patrimônio Líquido em 31-05-20XA	300.000	1.100.000
Lucro do exercício	50.000	100.000
Dividendos distribuídos	(20.000)	(30.000)
Patrimônio liquido em 31-12-20XA	330.000	1.170.000

O ágio foi identificado e fundamentado em bens do ativo da investida e foi realizado em 10% até 31-12-20XA.

Durante o exercício de 20XA, ambas as investidas forneceram mercadorias para a investidora, sendo que, em 31-12-20XA, havia lucros não realizados nos estoques da investida, como segue:

- lucros não realizados em decorrência de mercadorias fornecidas pela Pedreira Dureza: $ 13.000;
- lucros não realizados em decorrência de mercadorias fornecidas pela Pedreira Stones: $ 20.000.

O contador da Mineradora Rio das Pedras contabilizou todas as transações conforme seu entendimento da atual legislação societária, normas da CVM e pronunciamentos do CPC. Assinale a alternativa que contém o saldo contábil correto dos investimentos em 31-12-20XA:

a)

	Dureza	Stones
Investimentos em participações societárias	198.000	386.100

b)

	Dureza	Stones
Investimentos em participações societárias	203.000	399.400

c)

	Dureza	Stones
Investimentos em participações societárias	206.000	396.300

d)

	Dureza	Stones
Investimentos em participações societárias	203.000	400.000

e)

	Dureza	Stones
Investimentos em participações societárias	216.000	419.400

3
CONSOLIDAÇÃO DAS DEMONSTRAÇÕES CONTÁBEIS

O Pronunciamento CPC 36 (R3) – Demonstrações Consolidadas foi emitido pelo Comitê de Pronunciamentos Contábeis como parte do processo de convergência das normas contábeis brasileiras para as normas internacionais de contabilidade.

No Brasil, esse tema estava regulamentado pela Instrução CVM nº 247/96, já harmonizada com as normas internacionais de contabilidade. Portanto, a convergência das normas brasileiras para normas internacionais não representou alterações significativas nos procedimentos atualmente aplicados ao processo de elaboração de demonstrações contábeis consolidadas.

Neste capítulo, serão apresentados os aspectos legais, técnicos e operacionais relativos à elaboração de demonstrações contábeis consolidadas que atendam as exigências da legislação societária e estejam de acordo com as práticas contábeis aplicadas no Brasil, devidamente harmonizadas com as normas contábeis internacionais.

As normas em vigor relativas ao tema consolidação das demonstrações contábeis são:

NBC TG	Nome da Norma	CPC	IASB
NBC TG 36 (R3)	Demonstrações Consolidadas	CPC 36 (R3)	IFRS 10
ITG 09 (R1)	Demonstrações Contábeis Individuais, Demonstrações Separadas, Demonstrações Consolidadas e Aplicação do Método de Equivalência Patrimonial	ICPC 09 (R2)	Não há

3.1 CONSIDERAÇÕES INICIAIS

Determinados conglomerados empresariais tiveram espantoso crescimento nas últimas décadas. Atualmente, em nível internacional e mesmo no Brasil, é possível a constatação da existência de grupos econômicos constituídos por dezenas de empresas, que exploram inúmeros setores industriais, financeiros e prestação de serviços, em vários países.

Diversas empresas brasileiras possuem subsidiárias no exterior em decorrência dos processos de: aquisição parcial ou total do controle societário de empresas já constituídas e em plena atividade; e/ou formação das chamadas *joint ventures* – empreendimentos controlados em conjunto por dois ou mais investidores.

A contabilidade não permaneceu indiferente a essa tendência de grande concentração de empresas sob comandos centralizados. Sempre preocupados com seus diversos usuários, os pesquisadores e outros profissionais da área contábil sentiram de imediato a necessidade de desenvolver novas técnicas e procedimentos que suprissem a lacuna de informações, dados e relatórios contábeis e financeiros especialmente desenvolvidos para a "entidade" representada pelo conjunto de empresas de um único grupo empresarial.

O posicionamento das diversas entidades internacionais de contabilidade e auditoria é claro no sentido de reconhecer que as demonstrações contábeis consolidadas fornecem maiores e melhores informações de natureza financeira e econômica a respeito da empresa controladora – e/ou de um grupo empresarial – do que as diversas demonstrações individuais.

Esse também é o posicionamento das entidades brasileiras responsáveis pela normatização das práticas contábeis e fiscalização do mercado de capitais.

A Lei nº 6.404, de 1976, conhecida como Lei das Sociedades por Ações, normatizou, em seus arts. 249 e 250, os procedimentos para elaboração e publicação das demonstrações contábeis. A Lei nº 11.638/07 estendeu a aplicação da Lei nº 6.404/76, para fins de elaboração das demonstrações contábeis, às sociedades de grande porte, mesmo que não constituídas sob a forma de sociedades por ações.

Essa lei, em seu art. 249, delegou poderes para a Comissão de Valores Mobiliários (CVM) expedir normas de caráter obrigatório para as companhias de capital aberto.

Usando dessas atribuições conferidas pela lei, a CVM, através de sua Instrução nº 15, de 3-11-1980, atualizada pela Instrução nº 247, de 27-3-1996, veio introduzir significativas mudanças nos procedimentos até então vigentes.

O Pronunciamento CPC 36 (R3) – Demonstrações Consolidadas, emitido pelo Comitê de Pronunciamentos Contábeis com base nas Normas Internacionais de Contabilidade – IFRS 10, foi aprovado pela Deliberação CVM nº 608/09 e pelo Conselho Federal de Contabilidade (CFC) por meio da Resolução CFC nº 1.240/09, que aprovou a NBC T 19.36 – Demonstrações Consolidadas. Posteriormente, o CFC alterou a nomenclatura dessa norma para NBC TG 36 – Demonstrações Consolidadas, que está na versão Revisão 3 (R3).

Regra geral, as normas da CVM e do CFC relativas à consolidação das demonstrações contábeis já estavam adequadas às normas internacionais. Portanto, a convergência das normas brasileiras para as normas internacionais de contabilidade não provocou alterações significativas.

Nas Notas Explicativas que acompanham a citada instrução, a CVM reiterou, por diversas vezes, sua preocupação com a adoção dos mais modernos padrões internacionais de contabilidade.

O objetivo deste capítulo é estudar a mencionada Instrução da CVM, obrigatória para as empresas de capital aberto, aplicando-se às demonstrações contábeis relativas aos exercícios sociais que se encerraram a partir de 1º-12-1996.

Com certeza, também as grandes corporações brasileiras de capital fechado farão uso de tais técnicas para a consolidação de suas demonstrações, devido à importância para o efetivo gerenciamento do grupo e fornecimento de dados consolidados para os proprietários, diretores, credores e demais usuários.

3.2 DEFINIÇÕES E CONCEITOS BÁSICOS E OBJETIVOS

Apresentaremos a seguir as definições aplicáveis às Demonstrações Consolidadas de acordo com o CPC 36 (R3) e os conceitos básicos e objetivos dessas demonstrações.

3.2.1 Definições aplicáveis à consolidação

O Pronunciamento CPC 36 (R3) – Demonstrações Consolidadas apresenta as seguintes definições:

- *Controlada* é a entidade que é controlada por outra entidade.
- *Controladora* é uma entidade que controla uma ou mais controladas.
- *Controle de investida:* um investidor controla a investida quando está exposto a, ou tem direitos sobre, retornos variáveis decorrentes de seu envolvimento com a investida e tem a capacidade de afetar esses retornos por meio de seu poder sobre a investida.
- *Demonstrações consolidadas* são as demonstrações contábeis de grupo econômico, em que os ativos, passivos, patrimônio líquido, receitas, despesas e fluxos de caixa da controladora e de suas controladas são apresentados como se fossem uma única entidade econômica.
- *Direitos de destituição* são direitos de privar o tomador de decisões de sua autoridade de tomada de decisões.
- *Direitos de proteção* são direitos destinados a proteger o interesse da parte que os detém, sem dar a essa parte poder sobre a entidade à qual esses direitos se referem.
- *Entidade de investimento* é a entidade que:
  - obtém recursos de um ou mais investidores com o intuito de prestar a esses investidores serviços de gestão de investimento;
  - se compromete com os seus investidores no sentido de que seu propósito comercial é investir recursos exclusivamente para retornos de valorização do capital, receitas de investimentos ou ambos; e
  - mensura e avalia o desempenho de substancialmente todos os seus investimentos com base no valor justo.
- *Grupo econômico* é a controladora e todas as suas controladas.
- *Participação de não controlador* é a parte do patrimônio líquido da controlada não atribuível, direta ou indiretamente, à controladora.

- *Poder* são direitos existentes que dão a capacidade atual de dirigir as atividades relevantes.
- *Tomador de decisões:* entidade com direitos de tomada de decisões que seja principal ou agente de outras partes.

3.2.2 Conceito e objetivo das demonstrações contábeis consolidadas

Demonstrações contábeis consolidadas, a princípio, são o resultado da somatória das demonstrações contábeis de várias empresas pertencentes a um mesmo grupo econômico, excluídos os saldos e os resultados de operações entre essas empresas.

O objetivo da consolidação de demonstrações contábeis é refletir o resultado das operações e a verdadeira situação econômica, patrimonial e financeira de todo o grupo de empresas sob um único comando, como se fosse uma única empresa e apresentar o resultado das operações do grupo de empresas.

Exemplo:

A Empresa Alfa participa do capital social das Empresas Beta e Ceres, com as quais também mantém operações comerciais. Isoladamente, são três empresas distintas com personalidade jurídica e contábil próprias. Entretanto, formam o Grupo ABC e, para que se tenha ideia da situação econômica, patrimonial e financeira do Grupo ABC, é necessário somar as demonstrações contábeis de cada uma das empresas e eliminar os resultados (receitas e despesas) de operações e saldos patrimoniais (ativos, passivos e patrimônio líquido) entre empresas.

A entidade ABC existe apenas para fins de consolidação. Não há personalidade jurídica ou registros contábeis, apenas papéis de trabalho de consolidação.

3.2.3 Utilidade das demonstrações contábeis consolidadas para finalidade societária e fiscal

Não há influência fiscal ou societária porque o Imposto de Renda e demais tributos são calculados individualmente. Mesmo que uma empresa tenha prejuízo, não poderá compensá-lo com o lucro de outra e os dividendos são calculados sobre o lucro de cada empresa e não sobre o lucro consolidado.

3.2.4 Utilidade das demonstrações contábeis consolidadas para os investidores ou credores

Possibilitam uma apreciação mais criteriosa e transparente com relação às garantias de seus créditos e lucratividade de seus investimentos. Além disso, também oferecem dados adicionais para análise, tais como:

- índices de liquidez e endividamento do grupo;
- índices de lucratividade por empresa e global;

- potencial do grupo de geração de recursos;
- todos os índices aplicáveis à controladora e a cada controlada podem ser analisados e comparados com os índices consolidados.

Uma empresa pertencente a determinado grupo econômico pode estar com situação econômica e financeira debilitada, mas o grupo pode estar sólido. Por outro lado, a empresa isoladamente pode estar bem, mas o grupo pode estar com dificuldades financeiras e operacionais. Portanto, sempre que analisarmos empresa pertencente a determinado grupo, é necessário analisar o consolidado e comparar as avaliações.

3.2.5 Utilidade das demonstrações contábeis consolidadas do ponto de vista administrativo e gerencial

Esta é a principal utilidade das demonstrações contábeis consolidadas, pois elas possibilitam:

- melhor administração e gerenciamento dos recursos financeiros gerados e aplicados pelo grupo de empresas;
- fluxo de caixa global;
- avaliação das necessidades de recursos de terceiros e ou de acionistas;
- reciprocidade bancária;
- melhor avaliação de desempenho isolado e global;
- melhor planejamento tributário;
- evitar pagamento de tributos sobre lucros não realizados decorrentes de operações entre empresas consolidadas.

Lucros não realizados decorrem de operações comerciais entre empresas do mesmo grupo em que os bens comercializados permanecem no ativo da compradora e representam um dos aspectos mais importantes do processo de consolidação. Adiante, serão apresentados conceitos e exemplos desse tema.

3.3 ASPECTOS LEGAIS

A legislação societária (Lei nº 6.404/76) apresenta as seguintes exigências quanto a Demonstrações Consolidadas:

> *Demonstrações Consolidadas*
>
> *Lei nº 6.404/76, art. 249. A companhia aberta que tiver mais de 30% (trinta por cento) do valor do seu patrimônio líquido representado por investimentos em sociedades controladas deverá elaborar e divulgar, juntamente com suas demonstrações financeiras, demonstrações consolidadas nos termos do artigo 250.*

Parágrafo único. A Comissão de Valores Mobiliários poderá expedir normas sobre as sociedades cujas demonstrações devam ser abrangidas na consolidação, e:

a) determinar a inclusão de sociedades que, embora não controladas, sejam financeira ou administrativamente dependentes da companhia;

b) autorizar, em casos especiais, a exclusão de uma ou mais sociedades controladas.

Normas sobre Consolidação

Lei nº 6.404/76, art. 250. Das demonstrações financeiras consolidadas serão excluídas:

I – as participações de uma sociedade em outra;

II – os saldos de quaisquer contas entre as sociedades;

III – as parcelas dos resultados do exercício, dos lucros ou prejuízos acumulados e do custo de estoques ou do ativo não circulante que corresponderem a resultados, ainda não realizados, de negócios entre as sociedades. (Redação dada pela Lei nº 11.941, de 2009)

§ 1º A participação dos acionistas não controladores no patrimônio líquido e no lucro do exercício será destacada, respectivamente, no balanço patrimonial e na demonstração do resultado do exercício. (Redação dada pela Lei nº 9.457, de 1997)

§ 2º A parcela do custo de aquisição do investimento em controlada, que não for absorvida na consolidação, deverá ser mantida no ativo não circulante, com dedução da provisão adequada para perdas já comprovadas, e será objeto de nota explicativa. (Redação dada pela Lei nº 11.941, de 2009)

§ 3º O valor da participação que exceder do custo de aquisição constituirá parcela destacada dos resultados de exercícios futuros até que fique comprovada a existência de ganho efetivo.

§ 4º Para fins deste artigo, as sociedades controladas, cujo exercício social termine mais de 60 (sessenta) dias antes da data do encerramento do exercício da companhia, elaborarão, com observância das normas desta Lei, demonstrações financeiras extraordinárias em data compreendida nesse prazo.

Demonstrações Financeiras

Lei nº 6.404/76, art. 275. O grupo de sociedades publicará, além das demonstrações financeiras referentes a cada uma das companhias que o compõem, demonstrações consolidadas, compreendendo todas as sociedades do grupo, elaboradas com observância do disposto no artigo 250.

§ 1º As demonstrações consolidadas do grupo serão publicadas juntamente com as da sociedade de comando.

§ 2º A sociedade de comando deverá publicar demonstrações financeiras nos termos desta Lei, ainda que não tenha a forma de companhia.

§ 3º As companhias filiadas indicarão, em nota às suas demonstrações financeiras publicadas, o órgão que publicou a última demonstração consolidada do grupo a que pertencer.

§ 4º As demonstrações consolidadas de grupo de sociedades que inclua companhia aberta serão obrigatoriamente auditadas por auditores independentes registrados na Comissão de Valores Mobiliários, e observarão as normas expedidas por essa comissão.

A Lei nº 11.638/07 estendeu às sociedades de grande porte disposições relativas à elaboração e à divulgação de demonstrações financeiras. Considera-se de grande porte, para os fins exclusivos da lei, a sociedade ou conjunto de sociedades sob controle comum que tiver, no exercício social anterior, ativo total superior a R$ 240.000.000,00 (duzentos e quarenta milhões de reais) ou receita bruta anual superior a R$ 300.000.000,00 (trezentos milhões de reais). Portanto, sociedades limitadas ou sociedades por ações de capital fechado enquadradas como "grande porte" devem elaborar demonstrações contábeis consolidadas.

A CVM, por meio da Instrução nº 247/96, consolidou os procedimentos relativos à avaliação de investimentos permanentes pelo método da equivalência patrimonial, conforme vimos no capítulo anterior, com os de consolidação de demonstrações contábeis que estamos analisando neste capítulo.

A CVM estabelece normas sobre a consolidação das demonstrações contábeis da controladora e de suas controladas. Essa é a obrigação legal que deve ser cumprida pelas investidoras de capital aberto que possuírem participações societárias em controladas, como será estudado nos tópicos a seguir.

Nada impede, no entanto, que, apenas para uso gerencial ou para atender a solicitações dos credores, sejam efetuadas consolidações das demonstrações contábeis da investidora com as demonstrações de todas as sociedades nas quais haja participação societária, incluindo também as coligadas, além das controladas.

A CVM exige a consolidação das demonstrações contábeis, para efeito de publicação e divulgação aos usuários externos, apenas ao fim de cada exercício social. Recomenda-se, no entanto, principalmente para fins de gerenciamento do grupo de empresas e utilização do usuário interno, que as demonstrações sejam consolidadas ao final de cada mês.

As demonstrações contábeis consolidadas oficiais abrangem a controladora e suas controladas. Assim sendo, as coligadas e os empreendimentos controlados em conjunto (*joint ventures*) não são consolidadas.

Devido às particularidades, os conceitos de empreendimentos controlados em conjunto (*joint ventures*) serão estudados no Capítulo 4 deste livro.

É possível também, e recomendável, a consolidação das demonstrações contábeis de empresas que, mesmo sem a participação societária das pessoas jurídicas, sejam propriedade de uma mesma pessoa física ou de uma família. Por exemplo, o Sr. Francisco Dantas é acionista majoritário das Empresas A, B e C. Para atender a suas necessidades de maiores e melhores informações com relação, por exemplo, a seu verdadeiro patrimônio, talvez fosse necessária a apresentação das demonstrações contábeis consolidadas das três empresas.

O Pronunciamento CPC 36 (R3) – Demonstrações Consolidadas – emitido pelo Comitê de Pronunciamentos Contábeis com base nas Normas Internacionais de Contabilidade – IFRS 10 foi aprovado pela Deliberação CVM nº 608/09 e pelo Conselho Federal de Contabilidade (CFC), que aprovou a NBC TG 36 – Demonstrações Consolidadas.

Regra geral, as normas da CVM e do CFC relativas à consolidação das demonstrações contábeis já estavam adequadas às normas internacionais. Portanto, a convergência das normas brasileiras para as normas internacionais de contabilidade não provocou alterações significativas.

A seguir serão apresentados os procedimentos de consolidação aplicáveis às peças contábeis por meio de exemplos.

Os procedimentos apresentados a seguir atendem a todas as exigências legais e técnicas.

3.4 LUCROS NÃO REALIZADOS

Devido à importância deste assunto e por abranger todas as peças contábeis sujeitas a consolidação, apresentaremos a seguir conceitos e exemplos.

Lucros não realizados ocorrem quando há operações de compra e venda de bens entre as empresas consolidadas desde que esses bens sejam mantidos no ativo da compradora.

Conforme estudado no capítulo anterior, os lucros não realizados devem ser eliminados do Resultado da Investidora independentemente de ela ter vendido ou adquirido os ativos de suas investidas.

Neste capítulo, estudaremos os efeitos e contabilização dos lucros não realizados no processo de consolidação de demonstrações contábeis.

3.4.1 Exigência de eliminação de lucros não realizados

As normas técnicas e legais exigem a eliminação dos lucros não realizados. Apresentamos a seguir os textos legais e técnicos.

> *Lei nº 6.404/76 – Art. 250. Das demonstrações financeiras consolidadas serão excluídas:*
>
> *III – as parcelas dos resultados do exercício, dos lucros ou prejuízos acumulados e do custo de estoques ou do ativo não circulante que corresponderem a resultados, ainda não realizados, de negócios entre as sociedades. (Redação dada pela Lei nº 11.941, de 2009)*
>
> *CVM 247/96 – Art. 24. Para a elaboração das demonstrações contábeis consolidadas, a investidora deverá observar, além do disposto no art. 10, os seguintes procedimentos:*
>
> *II – eliminar o lucro não realizado que esteja incluído no resultado ou no patrimônio líquido da controladora e correspondido por inclusão no balanço patrimonial da controlada.*
>
> *CPC 36 (R3) – 21. Os saldos de balanços e transações intragrupo, incluindo receitas, despesas e dividendos, são eliminados. Os resultados decorrentes das transações intragrupo que estiverem reconhecidos nos ativos, tais como estoque ou ativo imobilizado, devem ser eliminados.*

3.4.2 Conceito de Lucros Não Realizados (LNR)

Lucros Não Realizados ocorrem quando há operações de compra e venda de bens entre as empresas consolidadas, desde que esses bens sejam mantidos no ativo da compradora. A seguir serão apresentados exemplos de operações com ou sem lucros não realizados.

Exemplo 1 – Operações comerciais sem Lucros Não Realizados

Eliminação de operações de compras e vendas entre sociedades consolidadas sem lucros não realizados:

Operações	$
Controladora (Dora) compra mercadorias de terceiros por	200
Controladora revende mercadoria para Controlada (Lada) por	300
Controlada revende mercadorias para terceiros por	500

Essa operação não afetou nem gerou lançamentos contábeis para a controladora nas suas demonstrações individuais, pois não havia lucros não realizados.

Como a controlada revendeu toda mercadoria para terceiros, não há o que eliminar do ativo, pois não há mais estoques. A eliminação ocorrerá apenas nas contas de resultado:

	Dora	Lada	Dora + Lada	Eliminação	Consolidado
Ativo					
Estoque					
Compra	200	300	500		
Baixa pela venda	(200)	(300)	(500)		
Estoque final	0	0	0		0
Patrimônio Líquido					
Lucro das vendas	100	200	300		300
Resultado				**Vendas e CMV**	
Vendas	300	500	800	(300)	800
Custo das Mercadorias Vendidas (CMV)	(200)	(300)	(500)	300	(500)
Lucro das vendas	100	200	300	0	300

Consolidado representa:

	$
Compras de terceiros por	200
Vendas para terceiros por	500
Lucro de operações com terceiros	300

Observe que o grupo consolidado realmente realizou um lucro de $ 300, pois a mercadoria entrou no grupo pelo custo de $ 200 e saiu pelo preço de $ 500.

Exemplo 2 – Operações comerciais com Lucros Não Realizados (LNR) integrais

Eliminação de operações de compras e vendas entre sociedades consolidadas com lucros não realizados integrais:

Operações	$
Controladora (Dora) compra mercadorias de terceiros por	200
Controladora revende mercadoria para controlada (Lada) por	300
Lucro reconhecido pela controladora	100
Controlada mantém todas as mercadorias no estoque	

Conforme visto no capítulo anterior, os lucros não realizados decorrentes dessa operação devem ser eliminados nas demonstrações individuais da controladora por meio do lançamento contábil:

Eliminação de Lucros Não Realizados

Débito: Resultado: Ganhos ou perdas com equivalência patrimonial $ 100

Crédito: Ativo: Investimento avaliado pela equivalência patrimonial $ 100

Consequentemente, haverá saldo de Lucros Não Realizados no Ativo e no Resultado da controladora que serão eliminados em contrapartida das operações que os geraram.

Como a controlada não revendeu toda mercadoria para terceiros, há que eliminar o lucro que está no ativo da controlada e no resultado da controladora. A eliminação ocorrerá no ativo, patrimônio líquido e nas contas de resultado:

	Dora	Lada	Dora + Lada	Eliminação	Eliminação	Consolidado
Ativo						
Estoque					LNR	
Compra	200	300	500			
Baixa pela venda	(200)		(200)			
Estoque final	0	300	300		(100)	200
Investimento						
Lucro Não Realizado	(100)		(100)		100	0
Patrimônio Líquido						
Lucro do período	0		0		0	0

	Dora	Lada	Dora + Lada	Eliminação	Eliminação	Consolidado
Resultado				Vendas e CMV	LNR	
Vendas	300		300	(300)		0
Custo das Mercadorias Vendidas (CMV)	(200)		(200)	300	(100)	0
Lucro das vendas	100		100	0	(100)	0
Resultado da Equivalência Patrimonial						
Lucros Não Realizados	(100)		(100)		100	0
Lucro do período	0		0	0	0	0

Consolidado representa:	$
Compras de terceiros por	200

Observe que o grupo consolidado não realizou a venda para terceiros. Portanto, não há lucro ou operações comerciais nas demonstrações consolidadas.

Exemplo 3 – Operações comerciais com Lucros Não Realizados (LNR) parciais

Eliminação de operações de compras e vendas entre sociedades consolidadas com lucros não realizados parciais:

Operações	$
Controladora (Dora) compra mercadorias de terceiros por	200
Controladora revende mercadoria para controlada (Lada) por	300
Lucro reconhecido pela controladora	100
Controlada revende metade das mercadorias para terceiros por	190
Lucro não realizado (metade do lucro da controladora que está no estoque da controlada)	50

Conforme visto no capítulo anterior, os lucros não realizados decorrentes dessa operação devem ser eliminados nas demonstrações individuais da controladora por meio do lançamento contábil:

Eliminação de lucros não realizados

Débito: Resultado: Ganhos ou perdas com equivalência patrimonial $ 50

Crédito: Ativo: Investimento avaliado pela equivalência patrimonial $ 50

Como a controlada revendeu metade das mercadorias para terceiros, há que eliminar o lucro que está no ativo da controlada e no resultado da controladora. A eliminação ocorrerá no ativo, patrimônio líquido e nas contas de resultado:

	Dora	Lada	Dora + Lada	Eliminação	Eliminação	Consolidado
Ativo						
Estoque					LNR	
Compra	200	300	500			
Baixa pela venda	(200)	(150)	(350)			
Estoque final	0	150	150		(50)	100
Investimento						
Lucro Não Realizado	(50)		(50)		50	0
Patrimônio Líquido						
Lucro do período	50	40	90			90
Resultado				Vendas e CMV	LNR	
Vendas	300	190	490	(300)		190
Custo das Mercadorias Vendidas (CMV)	(200)	(150)	(350)	300	(50)	(100)
Lucro das vendas	100	40	140	0	(50)	90
Resultado da Equivalência Patrimonial						
Lucros Não Realizados	(50)		(50)		50	0
Lucro do período	50	40	90	0	0	90

Consolidado representa:

	$
Compras de terceiros por	200
Vendas para terceiros	190
Custo das mercadorias vendidas para terceiros	100
Lucro na operação com terceiros	90
Estoque final (metade do que foi comprado de terceiros)	100

Na prática, a identificação desses lucros não realizados pode ser complicada, pois os bens comprados podem ter sido aplicados como material ou componente de produção. Para exemplificar essa situação, apresenta-se o caso de um grupo de empresas fabricante de componentes e produtos eletrônicos que normalmente realizam as seguintes operações:

Operações	Controladora Alfa	Controlada Beta
Produz componentes eletrônicos ao custo de	80	
Controladora vende para Controlada Beta por	95	
Controladora realiza lucro de	15	
Controlada compra de Alfa por		95
Utiliza esse componente na produção de um equipamento eletrônico que é vendido para Alfa por		120
Controlada realiza lucro de		25
Controladora mantém em estoque o produto eletrônico que inclui o componente que foi comprado de Beta por	120	

Como foi visto, o componente eletrônico que custou $ 80 para Alfa permanece em seu estoque pelo valor de $ 120. A diferença é composta do lucro realizado por Alfa na operação de venda para Beta e do lucro realizado por Beta na venda para Alfa. Logicamente, em termos de grupo, esse lucro não existe, pois o estoque deve ser avaliado ao custo de aquisição original de $ 80, devendo ser eliminado o lucro não realizado de $ 40. Para o grupo esse lucro somente será realizado quando o produto for vendido para terceiros.

Há situações ainda mais complexas, que envolvem, por exemplo, operações de compra e venda de ativo imobilizado com lucro. Nesse caso, deverá ser eliminado o lucro realizado pela sociedade vendedora e todos os efeitos provocados por esse lucro na sociedade compradora, tais como valor incorporado ao Ativo Não Circulante, eventuais correção monetária e reavaliação e, ainda, caso tenha havido, o efeito da depreciação desse lucro e sua inclusão como custo de produção ou despesa.

É necessário que os responsáveis pela contabilidade estejam atentos para esse tipo de operações e mantenham controles que facilitem os cálculos.

Nessas situações, deve-se aplicar a característica qualitativa fundamental da materialidade e somente eliminar os efeitos de operações que envolvam valor expressivo.

Lembre-se, mais uma vez, de que todas as eliminações são efetuadas por meio de lançamentos, controle e registros extracontábeis.

3.4.3 Tributos diferidos sobre lucros não realizados

As normas internacionais de contabilidade exigem o diferimento dos tributos incidentes sobre lucros não realizados. Esses impostos serão apropriados no ativo consolidado como ativos fiscais diferidos e serão apropriados no resultado em que tais lucros sejam efetivamente realizados.

As normas técnicas e legais brasileiras estão adaptadas a essa exigência, conforme textos a seguir:

> CPC 36 (R3) – 21. [...] Os impostos e contribuições decorrentes das diferenças temporárias pela eliminação de resultados não realizados nas transações intragrupo devem ser reconhecidos no ativo ou passivo como tributos diferidos (Pronunciamento Técnico CPC 32 – Tributos sobre o Lucro).
>
> CVM 247/96 Art. 24 – III – eliminar do resultado os encargos de tributos correspondentes ao lucro não realizado, apresentando-os no ativo circulante/realizável a longo prazo – tributos diferidos, no balanço patrimonial consolidado.

Como foi visto, a incidência de tributos ocorre em cada sociedade isoladamente, não havendo qualquer interferência do resultado consolidado. Entretanto, no resultado consolidado, para o pleno atendimento do princípio contábil da **confrontação de receitas e despesas**, devem ser reconhecidos como despesa apenas os tributos incidentes sobre os lucros realizados pelo grupo no período. Assim, os tributos incidentes sobre lucros não realizados deverão ser diferidos para apropriação no período em que esses lucros venham a ser realizados pelo grupo. Veja-se um exemplo:

Tome-se por base o lucro não realizado apresentado anteriormente como exemplo de lucros não realizados relativos a operações de compra e venda entre sociedades consolidadas:

	Dora	Lada	Dora + Lada	Eliminação	Eliminação	Consolidado
Ativo						
Estoque				LNR		
Compra	200	300	500			
Baixa pela venda	(200)	(150)	(350)			
Estoque final	0	150	150		(50)	100
Investimento						
Lucro Não Realizado	(50)		(50)		50	0
Patrimônio Líquido						
Lucro do período	50	90	140			140
Resultado				Vendas e CMV	LNR	
Vendas	300	240	540	(300)		240
Custo das Mercadorias Vendidas (CMV)	(200)	(150)	(350)	300	(50)	(100)
Lucro das vendas	100	90	190	0	(50)	140
Resultado da Equivalência Patrimonial						
Lucros Não Realizados	(50)		(50)		50	0
Lucro do período	50	90	190			140

Acrescente-se a esse exemplo o cálculo de impostos que tenham sido apurados por cada sociedade relativamente ao lucro apurado isoladamente. Será utilizada a alíquota de 30% unicamente para fins ilustrativos, pois, na prática, deverá ser utilizada a alíquota efetivamente praticada pela empresa:

	Dora	Lada	Dora + Lada	Eliminação	Eliminação	Eliminação	Consolidado
Ativo							
Estoque				LNR	Tributos diferidos		
Compra	200	300	500				
Baixa pela venda	(200)	(150)	(350)				
Estoque final	0	150	150		(50)		100
Ativo fiscal diferido						15	15
Investimento							
Lucro Não Realizado	(50)		(50)		50		0
Passivo							
Tributos a pagar	30	27	57				57
Patrimônio Líquido							
Lucro do período	20	63	83			15	98
Resultado				Vendas e CMV	LNR		
Vendas	300	240	540	(300)			240
Custo das Mercadorias Vendidas (CMV)	(200)	(150)	(350)	300	(50)		100
Lucro das vendas	100	90	190	0	(50)		140
Tributos sobre lucros	(30)	(27)	(57)			15	(42)
Lucro Líquido	70	63	133	0	(50)	15	98
Resultado da Equivalência Patrimonial							
Lucros Não Realizados	(50)		(50)		50		0
Lucro do período	20	63	83			15	98

Consolidado representa:	$
Impostos devidos pelas duas sociedades	57
Impostos diferidos sobre lucros não realizados (30% sobre $ 15)	(15)
Despesa de impostos relativa ao lucro consolidado	42

Observe-se que:
- não há alteração na obrigação do grupo relativamente aos impostos, pois o valor devido é realmente igual à soma das obrigações isoladas;
- a despesa consolidada de impostos é compatível com o lucro consolidado.

Quando da venda desse estoque para terceiros, o lucro será efetivamente realizado e será efetuada a apropriação dos impostos diferidos conforme se demonstra a seguir.

Considera-se que, no período seguinte, a controlada vendeu o estoque para terceiros por $ 240, apurando um lucro de $ 90 sobre o qual reconhecerá impostos de 30%. Entretanto, no consolidado, o lucro será de $ 140, pois o custo de aquisição é de $ 100. Como a tributação correrá sobre o lucro apurado pela controlada, haverá a diferença entre o que será reconhecido como obrigação e o que será reconhecido como despesa. Essa diferença será compensada com a apropriação dos impostos diferidos no período anterior, conforme demonstrado a seguir:

	Consolidado anterior	Lada		Lada	Realização	Consolidado atual
Ativo						
Estoque					Tributos diferidos	
Estoque final	100	150		150		
Baixa pela venda				(150)		
Estoque final				0		0
Ativo fiscal diferido	15				(15)	0
Passivo						
Tributos a pagar				27		27
Patrimônio Líquido						
Lucro das vendas				63	35	98
Resultado						
Vendas				240		240
Custo das Mercadorias Vendidas (CMV)				(150)	50	100
Lucro das vendas				90	50	140
Tributos sobre lucros				(27)	(15)	(42)
Lucro Líquido				63	35	98

3.5 ELABORAÇÃO E INTEGRAÇÃO DAS DEMONSTRAÇÕES CONTÁBEIS

O processo de elaboração e integração das demonstrações contábeis tem uma sequência lógica que deverá ser observada também no processo de consolidação.

Apresentamos os passos que devem ser seguidos.

> Passo 1 – Encerramento das demonstrações contábeis das controladas

As controladas devem encerrar suas demonstrações contábeis antes da controladora, pois a controladora depende dessas informações para calcular o Resultado da Equivalência Patrimonial (REP) e avaliar seu investimento nas controladas.

> Passo 2 – Encerramento das demonstrações contábeis da controladora

A controladora recebe as demonstrações contábeis das controladas, apura e contabiliza o REP e a avaliação de seus investimentos nas controladas e elabora suas demonstrações contábeis.

> Passo 3 – Identificação das operações entre empresas consolidadas

É importante um controle operacional e contábil que permita a identificação de todas as operações que ocorreram ao longo do período contábil entre as empresas consolidadas e que serão eliminadas no processo de consolidação.

> Passo 4 – Consolidação da Demonstração do Resultado do Exercício (DRE)

Somar as receitas e despesas da controladora e suas controladas e eliminar:

DRE 1 Receitas e despesas decorrentes de operações entre controladora e controladas.

DRE 2 Resultado da Equivalência Patrimonial (REP) – participação da controladora no resultado das controladas.

DRE 3 Participação de Não Controladores (PNC) no resultado das controladas.

DRE 4 Reclassificar os Lucros Não Realizados (LNR) decorrentes de operações entre empresas consolidadas que estejam no resultado da empresa vendedora.

> Passo 5 – Consolidação da Demonstração de Lucros ou Prejuízos Acumulados (DLPA)

Somar as DLPA da controladora e das controladas e eliminar:

DLPA 1 Participação da Controladora (PC) na DLPA das controladas.

DLPA 2 Participação dos Não Controladores (PNC) na DLPA das controladas.

> Passo 6 – Consolidação do Ativo

Somar ativos (bens e direitos) da controladora com os ativos das controladas e eliminar:

A1   Direitos decorrentes de operações entre as empresas consolidadas.

A2   Investimento da controladora nas controladas.

A3   Reclassificar o ágio decorrente de ativos identificados para o grupo correspondente ao tipo de ativo e o ágio por expectativa de lucros futuros para o grupo Intangível como Fundo de Comércio Adquirido.

A4   Reclassificar os Lucros não Realizados (LNR) decorrentes de operações entre empresas consolidadas que estejam no ativo da empresa compradora e correspondente tributo fiscal diferido.

> Passo 7 – Consolidação do Passivo

Somar passivos (obrigações) da controladora com os passivos das controladas e eliminar:

P1   Obrigações decorrentes de operações entre as empresas consolidadas. Esse procedimento é contrapartida da eliminação de direitos conforme item A1.

> Passo 8 – Consolidação do Patrimônio Líquido

Somar o Patrimônio Líquido (capital, reservas e resultados) da controladora e suas controladas e eliminar:

PL1 Participação da controladora (PC) no PL das controladas. Esse procedimento é contrapartida da eliminação do investimento da controladora nas controladas, conforme item A2.

PL2 Reclassificação da Participação de Não Controladores (PNC) no PL das controladas.

A seguir, apresentaremos detalhes e procedimentos relativos à consolidação de cada peça contábil.

Dados para o exemplo:

A controladora detém 100% do capital da controlada.

Quando adquiriu o controle, a controladora registrou no ativo os seguintes valores:

	$
Ágio decorrente da diferença entre o valor contábil dos ativos identificados e o valor justo sobre:	
• Estoques	40
• Imobilizado	95
Fundo de comércio adquirido (*goodwill*)	180

A controladora e a controlada realizaram as seguintes operações durante o exercício:

Controladora	$	Controlada
Vendas de mercadorias	300	Compras de mercadorias
Duplicatas a receber	35	Duplicatas a pagar
Receita de aluguel	70	Despesa de aluguel
Dividendos a receber	16	Dividendos a pagar

As operações acima serão utilizadas na consolidação das respectivas peças contábeis.

3.5.1 Consolidação da Demonstração do Resultado do Exercício (DRE)

Apresentaremos a seguir procedimentos e exemplos relativos a cada eliminação.

DRE 1 Receitas e despesas decorrentes de operações entre controladora e controladas.

Exemplo:

Controladora (Dora) alugou imóvel para controlada (Lada).

Controladora obteve Receita de Aluguel = $ 70.

Controlada apropriou Despesa de Aluguel = $ 70.

DRE	Lada	Dora	Soma Lada Dora	Eliminação Receita Despesa	Consolidado
				DRE 1	
Receitas	480	500	980	(70)	910
CMV	(210)	(290)	(500)		(500)
Lucro bruto	**270**	**210**	**480**	**(70)**	**410**
Despesas	(70)	(60)	(130)	70	(60)
Lucro	**200**	**150**	**350**	**0**	**350**

Obs.: CMV = Custo das Mercadorias Vendidas.

Na DRE consolidada, sobram apenas Receitas e Despesas decorrentes de operações com terceiros.

Essa eliminação não afeta o lucro somado. Portanto, não há efeito de tributos diferidos.

Nos próximos exemplos, repetiremos as eliminações anteriores e acrescentaremos outra até que o exemplo abranja todas possíveis eliminações.

DRE 2 Resultado da Equivalência Patrimonial (REP) – participação da controladora no resultado das controladas.

Exemplo 1 – Eliminação de REP em Subsidiária Integral

Controladora (Dora) participa em 100% do capital da controlada (Lada).

O REP é igual ao lucro realizado pela controlada.

DRE	Lada	Dora	Soma Lada Dora	Eliminações Receita Despesa	REP	Consolidado
				DRE 1	DRE 2	
Receitas	480	500	980	(70)		910
CMV	(210)	(290)	(500)			(500)
Lucro bruto	**270**	**210**	**480**	**(70)**		**410**
Despesas	(70)	(60)	(130)	70		(60)
Lucro antes do REP	**200**	**150**	**350**	**0**		**350**
REP = 100%		140	140		(140)	0
Lucro antes dos tributos	**200**	**290**	**490**		**(140)**	**350**
Tributos sobre lucros	(60)	(45)	(105)			(105)
Lucro	**140**	**245**	**385**	**0**	**(140)**	**245**

Regra geral, o lucro consolidado é igual ao lucro da controladora, porque o mesmo inclui o lucro da controlada por meio da equivalência patrimonial.

Caso a participação da controladora no capital da controlada não fosse integral, haveria Participação de Não Controladores (PNC) que seria eliminada conforme próximo item.

DRE 3   Participação de Não Controladores (PNC) no resultado das controladas

Exemplo 2 – Eliminação de DRE 2 – Resultado de Equivalência Patrimonial (REP) em controladas com DRE 3 – Participação de Não Controladores (PNC).

Controladora (Dora) participa em 80% do capital da controlada (Lada).

O resultado da equivalência é 80% do lucro realizado pela controlada.

PNC é igual a 20% do lucro da controlada.

DRE	Lada	Dora	Soma Lada Dora	Eliminações Receita Despesa	REP	PNC	Consolidado
				DRE 1	DRE 2	DRE 3	
Receitas	480	500	980	(70)			910
CMV	(210)	(290)	(500)				(500)
Lucro bruto	**270**	**210**	**480**	**(70)**			**410**
Despesas	(70)	(60)	(130)	70			(60)
Lucro antes do REP	**200**	**150**	**350**	**0**			**350**
REP = 80%		112	112		(112)		0
Lucro antes dos tributos	**200**	**262**	**462**		**(112)**		**350**
Tributos sobre lucros	(60)	(45)	(105)				(105)

DRE	Lada	Dora	Soma Lada Dora	Eliminações			Consolidado
				Receita Despesa	REP	PNC	
Lucro antes da PNC	140	217	357	0	(112)		245
PNC = 20%						(28)	(28)
Lucro	140	217	357	0	(112)	(28)	217

Regra geral, o lucro consolidado é igual ao lucro da controladora, porque ele inclui o lucro da controlada por meio da equivalência patrimonial.

Exemplo 3 – Consolidação de Resultado com lucros não realizados.

DRE 4 Lucros Não Realizados (LNR) decorrentes de operações entre empresas consolidadas que esteja no resultado da empresa vendedora.

No item 3.4, apresentamos conceitos e exemplos de Lucros Não Realizados (LNR). Agora analisaremos o efeito desses LNR na consolidação.

Utilizaremos o mesmo exemplo numérico apresentado anteriormente:

Operações	$
Controladora (Dora) compra mercadorias de terceiros por	200
Controladora revende mercadoria para controlada (Lada) por	300
Controlada revende metade das mercadorias para terceiros por	240

Como a controlada revendeu metade das mercadorias para terceiros, há que eliminar o lucro que está no ativo da controlada e no resultado da controladora. A eliminação ocorrerá no ativo, patrimônio líquido e nas contas de resultado:

Demonstração do cálculo dos LNR

Resultado	Controladora	Controlada	Soma	Eliminações			LNR líquidos	Consolidado
				Vendas e CMV	LNR	Tributos sobre lucros		
				A	B	C	ABC	
Vendas	300	240	540	(300)			(300)	240
CMV	(200)	(150)	(350)	300	(50)		250	(100)
Lucro das vendas	100	90	190	0	(50)		(50)	140
Tributos sobre lucros	(30)	(27)	(57)			15	15	(42)
Lucro Líquido	70	63	133	0	(50)	15	(35)	98

Conforme visto no capítulo anterior, os lucros não realizados decorrentes de operações entre controladora e suas controladas devem ser integralmente eliminados do Ativo-Investimentos e Resultado da Equivalência Patrimonial nas demonstrações individuais da controladora.

Consideraremos que as operações comerciais utilizadas como exemplo de LNR estejam incluídas no Resultado das operações da controladora e sua controlada apresentado a seguir:

DRE	Lada	Dora	Soma Lada Dora	Eliminações Receita Despesa	REP	PNC	Consolidado
				DRE 1	DRE 2	DRE 3	
Receitas	480	500	980	(70)			910
CMV	(210)	(290)	(500)				(500)
Lucro bruto	270	210	480	(70)			410
Despesas	(70)	(60)	(130)	70			(60)
Lucro antes do REP	200	150	350	0			350
REP = 80%		112	112		(112)		0
LNR – Lucros Não Realizados		(35)	(35)				(35)
Lucro antes dos tributos	200	227	427		(112)		315
Tributos sobre lucros	(60)	(45)	(105)				(105)
Lucro antes da PNC	140	182	322	0	(112)		210
PNC = 20%						(28)	(28)
Lucro	140	182	322	0	(112)	(28)	182

Para fins de consolidação, já eliminamos Receitas e Despesas e participação dos investidores no lucro da controlada.

No quadro apresentado a seguir, daremos prosseguimento ao exemplo:

DRE	Lada	Dora	Soma Lada Dora	Eliminações Receita Despesa	REP	PNC	LNR líquidos ABC	Consolidado
				DRE 1	DRE 2	DRE 3	DRE 4	
Receitas	480	500	980	(70)			(300)	610
CMV	(210)	(290)	(500)				250	(250)
Lucro bruto	270	210	480	(70)			(50)	360
Despesas	(70)	(60)	(130)	70				(60)
Lucro antes do REP	200	150	350	0			(50)	300

DRE	Lada	Dora	Soma Lada Dora	Receita Despesa	REP	PNC	LNR líquidos ABC	Consoli-dado
					\multicolumn{3}{c	}{Eliminações}	
REP = 80%		112	112		(112)			0
LNR – Lucros Não Realizados		(35)	(35)				35	–
Lucro antes dos tributos	200	227	427		(112)		(15)	300
Tributos sobre lucros	(60)	(45)	(105)				15	(90)
Lucro antes da PNC	140	182	322	0	(112)		0	210
PNC = 20%						(28)		(28)
Lucro	140	182	322	0	(112)	(28)	0	182

Conforme demonstrado na tabela anterior, o lucro consolidado ficou igual ao lucro da controladora.

3.5.2 Consolidação da Demonstração de Lucros ou Prejuízos Acumulados (DLPA)

Somar as DLPA da controladora e das controladas e eliminar:

DLPA 1 Participação da Controladora (PC) na DLPA das controladas.

DLPA 2 Participação dos não Controladores (PNC) na DLPA das controladas.

Consideraremos que a controladora e a controlada apresentaram as seguintes DLPA:

DRE	Lada	Dora	Soma Lada Dora	PC 80%	PNC 20%	Consolidado
				\multicolumn{2}{c	}{Eliminações}	
				DLPA 1	DLPA 2	
Saldo inicial	5	0	5	(4)	(1)	0
Lucro do período	140	182	322	(112)	(28)	182
Destinação do lucro						
Reservas	(20)	(37)	(57)	16	4	(37)
Dividendos	(110)	(145)	(255)	88	22	(145)
Saldo final	15	0	15	(12)	(3)	0

Obs.: Nesta demonstração, identificamos a distribuição de lucros proposta pela controlada que vai gerar direito para a controladora e obrigação para a controlada, que serão eliminação na consolidação do balanço.

3.5.3 Consolidação do ativo

Para exemplificar a consolidação do balanço patrimonial, utilizaremos demonstrações contábeis coerentes com as DRE e DLPA apresentadas anteriormente.

A1 – Direitos decorrentes de operações entre as empresas consolidadas.

No balanço consolidado, as empresas consolidadas são apresentadas como se fossem uma única empresa. Assim sendo, caso uma empresa tenha contas a receber de outra empresa, o direito de uma deverá ser eliminado contra a obrigação da outra, pois, se mantidos, seriam apresentados como contas a pagar ou a receber para ela mesma. Vejamos um exemplo:

Do total de suas contas a receber, a Sociedade A tem a receber $ 100 da Sociedade B, logo, do total de suas Contas a Pagar, a Sociedade B tem $ 100 a pagar à Sociedade A. Assim sendo, devem-se eliminar as contas a receber de A contra as contas a pagar de B:

	A	B	A + B	Eliminações	AB
Ativo				**Direitos**	
Direitos	500	400	900	(100)	800
Passivo				**Obrigações**	
Obrigações	200	300	500	(100)	400

Consolidado representa:

Direitos e obrigações das Sociedades A e B em relação a terceiros.

Observe que o lançamento é efetuado extracontabilmente, não afetando a contabilidade e os controles operacionais de ambas as empresas.

É importante que, antes do encerramento das demonstrações contábeis de cada empresa, haja conferência e conciliação de saldos para garantir que sejam iguais, pois, caso haja diferença, ela aparecerá no consolidado.

A2 – Investimento da controladora nas controladas.

Exemplo 1: Eliminação de investimento sem Participação de Não Controladores (PNC)

A Sociedade A participa com 100% do capital da Sociedade B. Como o investimento foi avaliado pelo método da equivalência patrimonial, seu valor é igual ao valor do patrimônio líquido da Sociedade B, assim como o resultado da equivalência é igual ao lucro realizado pela Sociedade B. Assim, a eliminação do investimento da Sociedade A será feita contra o Patrimônio Líquido da Sociedade B.

A eliminação da participação da Sociedade A no lucro da Sociedade B será feita também do resultado para não ficar em duplicidade.

Consolidado representa:
- investimento das Sociedades A e B em outras sociedades não consolidadas;
- patrimônio líquido da controladora (Sociedade A);
- resultado da controladora.

Exemplo 2: Eliminação de investimento com Participação de Não Controladores (PNC) de 20%

A Sociedade A participa com 80% do capital da Sociedade B. Como o investimento foi avaliado pelo método da equivalência patrimonial, seu valor é igual a 80% do valor do patrimônio líquido da Sociedade B, assim como o resultado da equivalência é igual a 80% do lucro realizado pela Sociedade B. Assim, a eliminação do investimento da Sociedade A será feita proporcionalmente contra o Patrimônio Líquido da Sociedade B. Os restantes 20% serão eliminados em contrapartida do item Participação de Não Controladores (PNC).

Adiante, será apresentado exemplo numérico desta eliminação.

A3 – Reclassificar o ágio decorrente de ativos identificados.

A CVM nº 247/96 determina em seu art. 26 que:

> O montante corresponde ao ágio ou deságio proveniente da aquisição/subscrição de sociedade controlada, não excluído nos termos do inciso I do art. 24, deverá:
>
> I – quando decorrente da diferença prevista no § 1º do art. 14, ser divulgado como adição ou retificação da conta utilizada pela sociedade controlada para registro do ativo especificado;

Como visto no Capítulo 2 sobre equivalência patrimonial, o ágio ou deságio computado na ocasião da aquisição ou subscrição do investimento, decorrente de diferença entre o valor de mercado de parte ou de todos os bens do ativo da controlada e o respectivo valor contábil, no patrimonial consolidado deve ser acrescido ou diminuído na correspondente conta de ativo.

Exemplo:

Existe na investidora saldo de ágio no montante de $ 100.000, justificado como sendo a diferença entre o valor de mercado das máquinas e equipamentos da investida, em relação a seus valores contábeis.

No balanço consolidado, ao ser somado o saldo contábil de máquinas e equipamentos da investidora com os saldos das mesmas espécies de ativos da controlada, serão acrescentados $ 100.000, para apuração dos saldos consolidados de máquinas e equipamentos.

O ágio decorrente de expectativa de resultados futuros deve ser divulgado em item destacado no Ativo Intangível no balanço consolidado.

Procedimentos de consolidação do ativo:

Somar ativos (bens e direitos) da controladora com os ativos das controladas e eliminar:

A1 – Direitos decorrentes de operações entre as empresas consolidadas.

Neste caso, consideraremos que a controladora tem os seguintes direitos em relação à controlada:

Duplicatas a receber	$ 35
Dividendos a receber	$ 16

As eliminações serão efetuadas na coluna identificada como A1 no balanço que será apresentado a seguir.

A2 – Investimento da controladora nas controladas.

A controladora detém 80% do capital da controlada. Assim sendo, o investimento foi avaliado como segue:

PL da controlada	$ 375
Percentual de participação da controladora	80%
Valor patrimonial do investimento	$ 300

A3 – Reclassificar o ágio decorrente de ativos identificados e lucros futuros

A controladora mantém no ativo os seguintes valores decorrentes da aquisição do controle da controlada:

	$
Ágio decorrente da diferença entre o valor contábil dos ativos identificados e o valor justo sobre:	
Estoques – será reclassificado para o estoque	40
Imobilizado – será reclassificado para o imobilizado	95
Ágio por expectativa de lucros futuros – será reclassificado para o intangível	180

A4 – Reclassificação dos Lucros Não Realizados (LNR) decorrentes de operações entre empresas consolidadas que esteja no ativo da empresa compradora e correspondente tributo fiscal diferido.

Os LNR eliminados do Resultado serão também eliminados do estoque.

No ativo consolidado, será apropriado o tributo diferido sobre o LNR.

A tabela a seguir demonstra o processo de consolidação dos ativos da controlada e da controladora:

	Lada	Dora	Soma	Direitos	Investimento	Ágio	LNR	Consolidado
				A1	**A2**	**A3**	**A4**	
Ativo								
Caixa e equivalentes	50	75	125					125
Clientes	120	230	350	(35)				315
Estoques	180	250	430			40	(50)	420
Outras contas	35	60	95					95

	Lada	Dora	Soma	Eliminações/reclassificações				Conso-lidado
				Direitos	Investi-mento	Ágio	LNR	
Dividendos a receber		16	16	(16)				–
Tributos diferidos			–				15	15
Ativo Circulante	**385**	**631**	**1.016**	**(51)**		**40**	**(35)**	**970**
Realizável a longo prazo								
Investimentos em controlada		300	300		(300)			–
Ágio – Estoques		40	40			(40)		–
Ágio – Imobilizado		95	95			(95)		–
Ágio – Lucros Futuros	–	180	180			(180)		–
Lucros não Realizados		(35)	(35)				35	0
Outras participações	20	30	50					50
Imobilizado	380	120	500			95		595
Intangível – *Goodwill*						180		180
Ativo não Circulante	**400**	**730**	**1.130**	**–**	**(300)**	**(40)**	**35**	**825**
Total do Ativo	**785**	**1.396**	**2.181**	**(51)**	**(300)**	**–**	**–**	**1.795**

Resumo:

A1 – Necessariamente, haverá eliminação das correspondentes obrigações.

A2 – A investidora da controladora equivale a 80% do PL da controlada.

A3 – O ágio fundamentado por ativos identificados deve ser classificado para o respectivo ativo e será realizado proporcionalmente a realização do correspondente ativo.

A4 – O LNR e o respectivo tributo diferido são reclassificados conforme explicado anteriormente.

O Fundo de Comércio adquirido não é eliminado e anualmente a empresa deve efetuar teste de recuperabilidade conforme CPC 1 (R1) – Redução ao Valor Recuperável de Ativos.

3.5.4 Consolidação do passivo

Procedimentos de consolidação do passivo:

Somar passivos (obrigações) da controladora com os passivos das controladas e eliminar:

P1 – Obrigações decorrentes de operações entre as empresas consolidadas. Esse procedimento é contrapartida da eliminação de direitos, conforme item A1.

As eliminações do passivo são contrapartidas das eliminações de direitos do ativo.

Nesse caso, consideraremos que a controlada tem as seguintes obrigações em relação à controladora:

Duplicatas a pagar	$ 35
Dividendos a pagar – observe que somente serão eliminados os dividendos a pagar para a controladora. Os dividendos a pagar aos não controladores não devem ser eliminados, pois são considerados terceiros em relação ao grupo de empresas.	$ 16

As eliminações serão efetuadas na coluna identificada como P1 no balanço que será apresentado a seguir.

A tabela a seguir demonstra o processo de consolidação dos ativos da controlada e da controladora:

	Lada	Dora	Soma	Eliminações Direitos			Consolidado
Passivo				P1			
Fornecedores	70	288	358	(35)			323
Empréstimos	110	150	260				260
Obrigações trabalhistas	20	136	156				156
Obrigações tributárias	70	30	100				100
Dividendos a pagar	110	145	255	(16)			239
Contas a pagar	30	90	120				120
Passivo circulante	**410**	**839**	**1.249**	**(51)**	–	–	**1.198**

3.5.5 Consolidação do Patrimônio Líquido

Procedimentos de consolidação do Patrimônio Líquido:

Somar o Patrimônio Líquido (capital, reservas e resultados) da controladora e suas controladas e eliminar:

PL1 – Participação da Controladora (PC) no PL das controladas. Esse procedimento é contrapartida da eliminação do investimento da controladora nas controladas, conforme item A2.

As eliminações do Patrimônio Líquido são contrapartidas da eliminação do investimento da controladora no PL da controlada, conforme exemplificado e explicado no item A2 anterior.

PL2 – Reclassificação da Participação de Não Controladores (PNC) no PL das controladas.

A reclassificação da Participação de Não Controladores (PNC) ocorre para demonstrar a parte do Patrimônio Líquido do grupo que não pertence aos controladores.

PL3 – Eliminação de Lucros Não Realizados (LNR) que estejam incluídos nos resultados das empresas vendedoras.

Esse procedimento é contrapartida da eliminação do LNR no ativo, conforme item A4.

A tabela a seguir demonstra o processo de consolidação dos ativos da controlada e da controladora:

	Lada	Dora	Soma	Eliminações/reclassificações		Consoli-dado
				PC	PNC	
Patrimônio Líquido				PL 1	PL2	
Capital	300	400	700	(240)	(60)	400
Reservas de capital	40	85	125	(32)	(8)	85
Reservas de lucros	20	37	57	(16)	(4)	37
Resultados acumulados	15	–	15	(12)	(3)	0
Total da controladora	375	522	897	(300)	(75)	522
Participação dos não controladores					75	75
Patrimônio Líquido	375	522	897	–	(300)	–	597
Passivo mais PL	785	1.361	2.146	(51)	(300)	–	1.795

As normas internacionais de contabilidade exigem que a PNC seja demonstrada como parte integrante do PL, conforme demonstrado na tabela anterior.

O Pronunciamento CPC 36 (R3) está de acordo com a norma internacional, conforme texto a seguir:

> *CPC 36 (R3) – 22. A controladora deve apresentar as participações de não controladores no balanço patrimonial consolidado, dentro do patrimônio líquido, separadamente do patrimônio líquido dos proprietários da controladora.*

3.6 ASPECTOS GERAIS DA CONSOLIDAÇÃO DE DEMONSTRAÇÕES CONTÁBEIS

A Instrução CVM nº 247/96 detalha aspectos relativos às demonstrações que devem ser consolidadas e empresas controladas que podem ser excluídas da consolidação.

3.6.1 Demonstrações contábeis consolidadas

As demonstrações contábeis que devem ser consolidadas ao final de cada exercício social são:

a) balanço patrimonial;
b) demonstração do resultado;
c) demonstração dos fluxos de caixa;
d) notas explicativas e outros quadros analíticos necessários para esclarecimento da situação patrimonial e dos resultados consolidados.

Não há necessidade de consolidação da Demonstração das Mutações do Patrimônio Líquido porque o Patrimônio Líquido consolidado, a princípio, deve ser igual ao da controladora, que será publicado juntamente com as demonstrações consolidadas. Quando houver diferenças entre o Patrimônio Líquido da controladora e o consolidado, deverá ser apresentada em nota explicativa a conciliação dessas diferenças.

3.6.2 Controladas excluídas da consolidação

Não será considerada justificável a exclusão, nas demonstrações contábeis consolidadas, de sociedade controlada cujas operações sejam de natureza diversa das operações da investidora ou das demais controladas. Na Instrução CVM nº 15, havia a possibilidade de exclusão dessas controladas. Com essa mudança, a CVM procura adaptar os procedimentos a serem observados pelas empresas locais aos padrões internacionais, haja vista que a tendência mundial é de diversificação de atividades.

No balanço patrimonial consolidado, o valor contábil do investimento na sociedade excluída da consolidação deverá ser avaliado pelo método da equivalência patrimonial.

3.6.3 Provisões para perdas constituídas

O art. 27 da CVM nº 247/96 determina que:

A parcela correspondente à provisão para perdas constituída na investidora deve ser deduzida do saldo da conta da controlada que tenha dado origem à constituição da provisão, ou apresentada como passivo exigível, quando representar expectativas de conversão em exigibilidade.

3.6.4 Notas explicativas

A CVM, por meio da Instrução CVM nº 247/96, relaciona o conteúdo mínimo das notas explicativas, como segue:

CVM nº 247/96 – art. 31. As notas explicativas que acompanham as demonstrações contábeis consolidadas devem conter informações precisas das controladas, indicando:

I – critérios adotados na consolidação e as razões pelas quais foi realizada a exclusão de determinada controlada;

II – eventos subsequentes à data de encerramento do exercício social que tenham, ou possam vir a ter, efeito relevante sobre a situação financeira e os resultados futuros consolidados;

III – efeitos, nos elementos do patrimônio e resultado consolidados, da aquisição ou venda de sociedade controlada, no transcorrer do exercício social, assim como da inserção de controlada no processo de consolidação, para fins de comparabilidade das demonstrações contábeis; e

IV – eventos que ocasionaram diferença entre os montantes do patrimônio líquido e lucro líquido e ou prejuízo da investidora, em confronto com os correspondentes montantes do patrimônio líquido e do lucro líquido ou prejuízo consolidados.

3.6.5 Consolidação das sociedades controladas em conjunto

Define-se como sociedade controlada em conjunto aquela em que nenhum acionista exerce, individualmente, os poderes de controle e tomada de decisão, principalmente, as denominadas *joint ventures* em que, mediante existência de acordo contratual e de parcelas proporcionais de participação, duas ou mais entidades empreendem uma atividade econômica subordinada a um controle conjunto.

Conforme pronunciamento CPC 36 (R3), os empreendimentos controlados em conjunto não devem ser consolidados, mas mantidos e avaliados conforme procedimento aplicado às coligadas.

3.6.6 Data-base e período de abrangência das demonstrações contábeis para consolidação

A consolidação deve ter como base as demonstrações contábeis da investidora e suas controladas levantadas na mesma data. Caso não seja possível o cumprimento dessa determinação, admite-se a utilização de demonstrações contábeis das controladas levantadas com um período máximo de defasagem de 60 dias da data das demonstrações contábeis da controladora. Nesse caso, deverão ser observados, e divulgados em notas explicativas, os eventos significativos ocorridos no período intermediário.

O período de abrangência das demonstrações contábeis da investidora deve ser idêntico aos das controladas, independentemente das respectivas datas de encerramento. Admite-se a utilização de períodos não idênticos, nos casos em que esse fato representar melhoria na qualidade da informação produzida, desde que haja divulgação, em nota explicativa, dessa mudança.

3.6.7 Grupo de sociedades

Conforme o art. 275 da Lei nº 6.404/76, o grupo de sociedades publicará, além das demonstrações contábeis referentes a cada uma das companhias que o compõem, demonstrações consolidadas, que compreendem todas as sociedades do grupo.

A Instrução nº 247/96 da CVM, por sua vez, exige a publicação de demonstrações consolidadas pela sociedade de comando do grupo de sociedade que inclua companhia de capital aberto.

É oportuno, portanto, o estudo do que seja grupo de sociedades e o conceito legal do que seja sociedade de comando.

A normatização jurídica de grupo de sociedades encontra-se nos arts. 265 a 277 da Lei nº 6.404, de 1976, conhecida como Lei das Sociedades por Ações. Seguem os principais aspectos desta normatização, em itálico.

Lei nº 6.404 de 15 de dezembro de 1976

Dispõe sobre as Sociedades por Ações.

Art. 265. A sociedade controladora e suas controladas podem constituir, nos termos deste Capítulo, grupo de sociedades, mediante convenção pela qual se obriguem a combinar recursos ou esforços para a realização dos respectivos objetos, ou a participar de atividades ou empreendimentos comuns.

§ 1º A sociedade controladora, ou de comando do grupo, deve ser brasileira, e exercer, direta ou indiretamente, e de modo permanente, o controle das sociedades filiadas, como titular de direitos de sócio ou acionista, ou mediante acordo com outros sócios ou acionistas.

§ 2º A participação recíproca das sociedades do grupo obedecerá ao disposto no artigo 244.

Natureza

Lei nº 6.404/76, art. 266. As relações entre as sociedades, a estrutura administrativa do grupo e a coordenação ou subordinação das sociedades filiadas serão estabelecidas na convenção do grupo, mas cada sociedade conservará personalidade e patrimônios distintos.

Constituição

Lei nº 6.404/76, art. 269. O grupo de sociedades será constituído por convenção aprovada pelas sociedades que o componham, a qual deverá conter:

1. *A designação do grupo;*
2. *A indicação da sociedade de comando e das filiadas;*
3. *As condições de participação das diversas sociedades;*
4. *O prazo de duração, se houver, e as condições de extinção;*
5. *As condições para admissão de outras sociedades e para a retirada das que o componham;*
6. *Os órgãos e cargos da administração do grupo, suas atribuições e as relações entre a estrutura administrativa do grupo e as das sociedades que o componham;*
7. *A declaração da nacionalidade do controle do grupo;*
8. *As condições para alteração da convenção.*

Administradores do grupo

Lei nº 6.404/76, art. 272. A convenção deve definir a estrutura administrativa do grupo de sociedades, podendo criar órgãos de deliberação colegiada e cargos de direção geral. A representação das sociedades perante terceiros, salvo disposição expressa na convenção do grupo, arquivada no registro do comércio e publicada, caberá exclusivamente aos administradores de cada sociedade, de acordo com os respectivos estatutos ou contratos sociais.

Demonstrações contábeis

Lei nº 6.404/76, art. 275. O grupo de sociedades publicará, além das demonstrações contábeis referentes a cada uma das companhias que o compõem, demonstrações consolidadas, compreendendo todas as sociedades do grupo, elaboradas com observância dos seguintes aspectos:

1. As demonstrações consolidadas do grupo serão publicadas juntamente com as da sociedade de comando.
2. A sociedade de comando deverá publicar demonstrações contábeis nos termos desta lei, ainda que não tenha a forma de companhia.
3. As companhias filiadas indicarão, em nota às suas demonstrações contábeis publicadas, o órgão que publicou a última demonstração consolidada do grupo a que pertencer.
4. As demonstrações consolidadas de grupo de sociedades que inclua companhia aberta serão obrigatoriamente auditadas por auditores independentes na Comissão de Valores Mobiliários, e observarão as normas expedidas por essa comissão.

3.7 AUDITORIA DO PROCESSO DE CONSOLIDAÇÃO

Será apresentado, a seguir, um roteiro para orientar os trabalhos dos profissionais responsáveis pela elaboração ou auditoria das demonstrações contábeis consolidadas:

3.7.1 Obrigatoriedade da elaboração e publicação

Certifique-se de que a controladora (empresa *holding*) e suas controladas devam preparar demonstrações financeiras consolidadas, conforme mencionado na Instrução nº 247/96 da CVM.

3.7.2 Critérios para consolidação

Na preparação do balanço consolidado, certifique-se de que:

a) foram discutidas as possíveis exclusões de sociedades controladas no balanço a ser consolidado (exemplo: empresas em regime falimentar ou em liquidação);
b) as demonstrações contábeis das sociedades controladas, para fins de consolidação, foram levantadas na mesma data ou até no máximo 60 dias antes da data das demons-

trações contábeis da controladora; as demonstrações contábeis de cada companhia incluída no balanço consolidado estão de acordo com os livros oficiais individuais;

c) foram observados e ajustados os eventos significativos ocorridos após os balanços preparados pelas subsidiárias até a data-base da consolidação (quando a data-base for anterior à data de fechamento);

d) todos os princípios contábeis adotados pela controladora e pelas controladas são efetivamente semelhantes (nota: entende-se que a controladora, no caso, adotou princípios contábeis mais adequados e, dessa forma, as controladas devem seguir esses princípios);

e) caso haja princípios contábeis diferentes, seus efeitos foram eliminados e ajustados antes de incluir a respectiva companhia no balanço combinado;

f) todos os saldos e operações entre as companhias que estão sendo consolidados foram conciliados e ajustados;

g) foram conferidas as somas horizontais e verticais do balanço e resultado combinados.

3.7.3 Procedimentos para eliminações de saldos

Certifique-se de que:

a) foram eliminadas quaisquer participações recíprocas entre as sociedades incluídas na consolidação;

b) o investimento da controladora em suas controladas foi eliminado contra a correspondente proporção no patrimônio líquido dessas controladas incluídas na consolidação;

c) foram destacadas as participações dos acionistas minoritários, não controladores, do patrimônio líquido consolidado;

d) foram eliminados os seguintes lucros não realizados decorrentes de negócios entre a controladora e as sociedades controladas incluídas na consolidação, bem como decorrentes de negócios entre essas controladas:

1. lucro que esteja incluído no resultado ou no patrimônio líquido da controladora e correspondido por inclusão no custo de aquisição de ativos de qualquer natureza no balanço patrimonial da sociedade controlada;

2. lucro que esteja incluído no resultado ou no patrimônio líquido da sociedade controlada e correspondido por inclusão ou exclusão no custo de aquisição de ativo de qualquer natureza no balanço patrimonial da controladora;

3. lucro que esteja incluído no resultado ou no patrimônio líquido de uma sociedade controlada e correspondido por inclusão ou exclusão no custo de aquisição de ativos de qualquer natureza no balanço patrimonial de outra sociedade controlada.

Os principais aspectos a serem observados nesse item são:

1. lucro não realizado na compra e venda de estoques;
2. lucro não realizado na compra e venda de imobilizado;
3. ajustes de avaliação patrimonial.

e) foram eliminados os saldos de contas correntes e contas a pagar e a receber entre as companhias incluídas no consolidado;

f) foram eliminadas as receitas e despesas decorrentes de negócios entre a controladora e as sociedades controladas incluídas na consolidação, assim como as decorrentes de negócios entre as controladas;

g) as participações dos acionistas minoritários no resultado do exercício foram apresentadas como dedução do resultado consolidado;

h) foram demonstrados em controles auxiliares os cálculos das participações dos acionistas minoritários no lucro ou prejuízo e no patrimônio consolidado;

i) foram diferidos os tributos decorrentes da eliminação dos lucros não realizados entre as sociedades incluídas na consolidação;

j) durante o exercício, ocorreu aumento de capital da controladora com lucro não realizado anteriormente eliminado no consolidado;

k) caso a resposta ao item *j* seja positiva, analisar o tratamento dispensado para retificar o patrimônio líquido consolidado;

l) o lucro não realizado, eliminado no exercício anterior, continua sendo eliminado neste exercício ou que foi totalmente realizado no exercício (atentar para a realização por meio da depreciação, quando o lucro não realizado decorrer da venda de imobilizado);

m) existe parcela de ágio incluída no valor contábil do investimento não absorvida na consolidação;

n) se a resposta ao item *n* for positiva e o ágio for resultante de diferença para mais ou para menos entre o valor de mercado de bem ativo e o valor contábil na sociedade controlada incluída na consolidação, o mesmo deve ser demonstrado como correção desta conta específica do ativo;

o) se a resposta ao item *n* for positiva e o ágio for resultante de diferença para mais em decorrência de expectativa de rentabilidade baseada em projeção de resultados, o mesmo deve ser apresentado no ativo intangível.

3.7.4 Publicação das demonstrações contábeis consolidadas

Analise as demonstrações preparadas em forma final e certifique-se de que:

a) estão sendo apresentadas as seguintes demonstrações contábeis consolidadas de forma comparativa:
   1. balanço patrimonial;
   2. resultado do exercício;
   3. movimentação nas contas do patrimônio líquido;
   4. fluxos de caixa.

b) as demonstrações contábeis para publicação estão sendo apresentadas em conjunto com as demonstrações contábeis da controladora.

3.7.5 Notas explicativas

Confira as notas explicativas anexas às demonstrações contábeis consolidadas e verifique se contêm os seguintes detalhes:

a) reconciliação entre patrimônio líquido da controladora e o patrimônio líquido consolidado;
b) reconciliação entre o resultado líquido da controladora e o resultado líquido consolidado;
c) divulgação dos critérios adotados para consolidação;
d) divulgação dos critérios para inclusão ou exclusão de controladas nas demonstrações financeiras consolidadas;
e) divulgação de todos os dados de cada controlada (denominação, capital social, patrimônio líquido, lucro líquido);
f) divulgação do percentual de participação da controladora em cada controlada;
g) divulgação dos eventos subsequentes à data de encerramento do exercício social que tenham, ou possam vir a ter, efeito relevante sobre a situação financeira e os futuros resultados consolidados;
h) divulgação da base e do fundamento para amortização do ágio ou do deságio não absorvidos na consolidação.

3.8 SUMÁRIO DO PRONUNCIAMENTO CPC 36 (R3) – DEMONSTRAÇÕES CONSOLIDADAS

Apresentamos a seguir sumário do pronunciamento CPC 36 (R3) – Demonstrações Consolidadas. A íntegra do pronunciamento pode ser obtida no *site* do CPC (www.cpc.org.br).

Sumário do Pronunciamento Técnico CPC 36 (R3) Demonstrações Consolidadas

Objetivo do Pronunciamento

1. *O objetivo do Pronunciamento é aumentar a relevância, a confiabilidade e a comparabilidade das informações que a controladora fornece em suas demonstrações contábeis, por essas demonstrações integrarem as entidades que estão sob seu controle. O presente Pronunciamento especifica as circunstâncias em que a entidade deve consolidar as demonstrações contábeis de outra entidade (uma controlada), os efeitos contábeis de mudanças na participação relativa da controladora sobre a controlada e da perda do controle sobre a controlada e a informação que deve ser evidenciada para permitir que os usuários das demonstrações contábeis avaliem a natureza da relação entre a entidade e suas controladas.*

Principais Características do Pronunciamento

2. *Uma entidade controla outra quando tem o poder de governar as políticas financeiras e operacionais da outra de forma a obter benefício das suas atividades. Podem*

ocorrer situações em que a controladora não detém a maioria das ações, cotas ou outros instrumentos patrimoniais com direito a voto, mas que seja titular, diretamente ou por meio de outras controladas, de direitos de sócio que lhe assegurem, de modo permanente, preponderância nas deliberações sociais e o poder de eleger a maioria dos administradores.

3. *Ao avaliar se potenciais direitos de voto contribuem para o controle, a entidade deve examinar todos os fatos e circunstâncias (incluindo os termos de exercício dos potenciais direitos de voto e qualquer outro acordo contratual, considerados individualmente ou em conjunto) que possam afetar os potenciais direitos de voto, exceto a intenção da administração e a capacidade financeira para exercê-los ou convertê-los.*

4. *Quando existirem potenciais direitos de voto, a parte atribuível à controladora nos resultados e demais variações do patrimônio líquido da controlada é determinada com base na sua atual participação e não deve refletir o possível exercício ou a conversão dos potenciais direitos de voto.*

5. *A controladora deve consolidar todos os seus investimentos em controladas, independentemente de atuarem em ramos econômicos diferenciados. Essa exigência tem uma limitada exceção, disponível apenas para algumas entidades em raras situações. Se a sociedade apresentar demonstrações contábeis e tiver uma controlada, como regra está obrigada à consolidação, mesmo que seja, por exemplo, uma sociedade limitada, porque as exceções não liberam essas sociedades nem organizações de capital de risco, fundos mútuos, fundos de investimento, unidades fiduciárias e entidades similares, de consolidar suas controladas.*

6. *O grupo econômico de sociedades (controladora e controladas) deve utilizar práticas contábeis uniformes para registrar e apresentar transações e outros eventos em circunstâncias similares. Se houver diferenças de práticas contábeis, cabe à controladora refazer, para fins de consolidação, as demonstrações da(s) controlada(s) antes da consolidação.*

7. *As receitas e as despesas da controlada são incluídas nas demonstrações contábeis consolidadas a partir da data de aquisição e até a data em que a controladora perde o controle sobre essa controlada.*

8. *O efeito e os saldos das transações entre as entidades do grupo devem ser eliminados, tanto nos ativos, nos passivos quanto nas receitas e nas despesas. Os resultados derivados de operações com ativos que ainda estejam com uma entidade do grupo econômico precisam ser totalmente eliminados.*

9. *Ressalte-se que os resultados decorrentes de transações descendentes entre um investidor (incluindo suas controladas) e uma controlada devem ser eliminados totalmente do resultado da controladora (ou sua controlada se ela for a vendedora). Ou seja, se a controladora detém 55% do capital de uma controlada e aliena mercadorias para ela, considera como realizados 0% (zero por cento) do lucro obtido nessa transação; esses resultados são reconhecidos somente quando esses bens forem alienados pela controlada para genuínos terceiros ou, por algum motivo, baixados para o resultado.*

10. Os resultados decorrentes de transações ascendentes entre a controlada e a controladora (ou para outras controladas da controladora) devem também ser totalmente eliminados até a sua realização final pelo grupo econômico como um todo. Nesse caso, a participação dos não controladores é reconhecida mesmo que, do ponto de vista da controladora, o resultado seja considerado não realizado, o que provoca redução do resultado na controladora e no consolidado.

11. A participação dos não controladores deve ser apresentada no balanço patrimonial consolidado dentro do patrimônio líquido, separadamente do patrimônio líquido dos proprietários da controladora. Parte do resultado das controladas deve ser atribuído aos controladores e parte aos não controladores, pela participação efetiva de cada uma e independentemente de esses resultados tornarem negativa a participação dos não controladores. Parte de todos os outros resultados abrangentes também deve ser atribuída aos controladores e parte aos não controladores.

12. As mudanças na relação de propriedade (absoluta ou relativa) da controladora em uma controlada que não impliquem a perda do controle devem ser contabilizadas dentro do patrimônio líquido, sem transitar pelo resultado. Por exemplo, aquisição de participações adicionais no patrimônio da controlada não implica a alteração no resultado e nem a geração de goodwill adicional; modificações no percentual de participação dessa natureza não geram ganhos ou perdas, sendo tais transações tratadas igualmente às transações geradoras de ações ou cotas de capital em tesouraria.

13. Quando a entidade perde o controle sobre uma controlada, ela deixa de reconhecer os ativos e os passivos da ex-controlada, inclusive goodwill, se houver, bem como os componentes de patrimônio líquido relacionados. Qualquer ganho ou perda decorrente deve ser reconhecido no resultado do período. O investimento remanescente na ex-controlada deve ser mensurado pelo seu valor justo na data em que o controle for perdido.

14. A defasagem máxima entre as datas de encerramento das demonstrações da controlada e da controladora não deve ser superior a dois meses, devendo ser considerados os efeitos de transações relevantes nesse período.

15. A entidade deve divulgar informações acerca da natureza da relação entre a controladora e suas controladas, bem como outras exigidas pelo Pronunciamento.

16. A investidora pode também preparar demonstrações separadas para investimentos em controladas. As exigências para a preparação das demonstrações separadas de um investidor são aquelas estabelecidas no Pronunciamento Técnico CPC 35 – Demonstrações Separadas.

17. A Interpretação Técnica CPC 09 – Demonstrações Contábeis Individuais, Demonstrações Separadas, Demonstrações Consolidadas e Aplicação do Método de Equivalência Patrimonial traz mais detalhes sobre investimentos em coligadas, em controladas e também em entidades controladas em conjunto (joint ventures), bem como sobre demonstrações separadas e demonstrações consolidadas.

TESTES

1. O Comitê de Pronunciamentos Contábeis apresenta diversas definições em seu CPC 36 (R3) Demonstrações Consolidadas. Assinale a alternativa que contém uma definição que não faz parte do mencionado CPC 36 (R3):

    a) demonstrações separadas são aquelas apresentadas por controladora, investidor em coligada ou empreendedor em entidade controlada em conjunto, nas quais os investimentos são contabilizados com base no valor do interesse direto no patrimônio (*direct equity interest*) das investidas, em vez de nos resultados divulgados e nos valores contábeis dos ativos líquidos das investidas;

    b) controle é o poder de governar as políticas financeiras e operacionais da entidade de forma a obter benefício das suas atividades e grupo econômico é a controladora e todas as suas controladas;

    c) demonstrações consolidadas são as demonstrações contábeis de um conjunto de entidades (grupo econômico), apresentadas como se fossem as de uma única entidade econômica;

    d) participação do controlador é a parte do Patrimônio Líquido da controladora não atribuível, direta ou indiretamente, à controlada;

    e) controlada é a entidade, incluindo aquela não constituída sob a forma de sociedade tal como uma parceria, na qual a controladora, diretamente ou por meio de outras controladas, é titular de direitos de sócio que lhe assegurem, de modo permanente, preponderância nas deliberações sociais e o poder de eleger a maioria dos administradores.

2. A teoria envolvendo metodologia, aspectos contábeis e relatórios gerenciais relacionados às demonstrações contábeis consolidadas está incorreta no seguinte aspecto:

    a) quanto à utilidade das demonstrações contábeis consolidadas para finalidade fiscal, pode-se afirmar que não há influência fiscal, visto que o Imposto de Renda e demais tributos são calculados individualmente. Em outras palavras, as mencionadas demonstrações não servem para fins fiscais;

    b) as demonstrações contábeis consolidadas da investidora e suas controladas não devem ser utilizadas para as finalidades gerenciais de obtenção de dados adicionais para análise, tais como: índices de liquidez e endividamento do grupo, índices de lucratividade por empresa e global, potencial do grupo de geração de recursos etc.;

    c) demonstrações contábeis consolidadas, a princípio, são o resultado da somatória das demonstrações contábeis da controladora e das várias empresas controladas, pertencentes a um mesmo grupo econômico, excluídos os saldos e os resultados de operações entre essas empresas;

    d) o objetivo da consolidação de demonstrações contábeis é refletir o resultado das operações e a verdadeira situação econômica, patrimonial e financeira de todo o grupo de empresas sob um único comando, como se fosse uma única empresa, e apresentar o resultado das operações do grupo de empresas;

    e) o posicionamento das diversas entidades internacionais de Contabilidade e Auditoria é claro no sentido de reconhecer que as Demonstrações Contábeis Consolidadas fornecem maiores e melhores informações de natureza financeira e econômica a respeito da empresa controladora – e/ou de um grupo empresarial – do que as diversas demonstrações individuais.

3. De acordo com a atual legislação societária e Instruções da CVM, não estão obrigadas a elaborar demonstrações contábeis consolidadas:
   a) sociedade de comando de grupo de sociedades;
   b) sociedades de grande porte, ou seja, aquelas sociedades ou conjunto de sociedades sob controle comum que tiver, no exercício social anterior, ativo total superior a R$ 240.000.000,00 (duzentos e quarenta milhões de reais) ou receita bruta anual superior a R$ 300.000.000,00 (trezentos milhões de reais) que tenham participações em sociedades controladas;
   c) sociedade de capital aberto de grande porte, cujas participações societárias ocorram somente em empresas coligadas;
   d) sociedades limitadas ou sociedades por ações de capital fechado enquadradas como "grande porte" que tenham participações em sociedades controladas;
   e) a companhia aberta que tiver mais de 30% (trinta por cento) do valor do seu Patrimônio Líquido representado por investimentos em sociedades controladas.

4. Com relação à data-base e período de abrangência das demonstrações contábeis para consolidação, assinale a afirmativa que está em desacordo com a legislação societária:
   a) a consolidação deve ter como base as demonstrações contábeis da investidora e suas controladas encerradas na mesma data;
   b) admite-se a utilização de demonstrações contábeis das controladas levantadas com um período máximo de defasagem de 60 dias da data das demonstrações contábeis da controladora;
   c) não há necessidade de divulgar em notas explicativas os eventos significativos ocorridos no período intermediário, caso as demonstrações contábeis da controlada não sejam encerradas na mesma data do encerramento das demonstrações contábeis da controladora;
   d) o período de abrangência das demonstrações contábeis da investidora deve ser idêntico aos das controladas, independentemente das respectivas datas de encerramento;
   e) admite-se a utilização de períodos não idênticos, nos casos em que este fato representar melhoria na qualidade da informação produzida, desde que haja divulgação, em nota explicativa, dessa mudança.

5. No processo de elaboração da consolidação das demonstrações não são excluídos(as) os(as):
   a) lucros não realizados decorrentes de operações de venda de ativos entre a controladora e suas empresas controladas;
   b) receitas de serviços realizadas entre a empresa controladora e as empresas coligadas;
   c) vendas de quaisquer tipos de ativos (estoques, imobilizado etc.) realizadas entre as empresas controladas e sua controladora;
   d) receitas auferidas por conta de juros cobrados em contrato de mútuo realizado entre as empresas controladas do grupo;
   e) receitas de serviços a vista realizadas entre a empresa controladora e suas controladas.

6. A Lei nº 11.638/07 atualizou os dispositivos da Lei nº 6.404/76 – Lei das Sociedades por Ações. De acordo com tais textos legais, a elaboração das demonstrações contábeis:
   a) é obrigatória para as empresas de capital aberto e também às sociedades de grande porte, mesmo que não constituídas sob a forma de sociedades por ações;
   b) é obrigatória apenas para as sociedades de grande porte de capital aberto, ou seja, as que têm ações negociadas em Bolsa de Valores;
   c) é de competência da equipe de auditores e não precisa ser publicada;
   d) tem a finalidade exclusiva de atender à fiscalização da equipe de auditores da CVM e não segue nenhuma metodologia;
   e) tem como único objetivo demonstrar o nível de endividamento das empresas de um determinado grupo, sendo uma ferramenta de grande importância para a concessão de empréstimos bancários.

7. Para que os procedimentos de Consolidação das Demonstrações Contábeis dos conglomerados reflitam tecnicamente a relação do grupo para com terceiros, é importante seja mantida a uniformidade:
   a) de políticas de captação de recursos, de formação dos estoques e mantidos os mesmos credores;
   b) de fornecedores, de estocagem de produtos e utilizem os mesmos órgãos financiadores;
   c) de critérios e procedimentos contábeis entre as empresas consolidadas;
   d) de políticas de compra e venda de produtos, de estocagem de produtos e mantidos os mesmos sistemas de produção e credores;
   e) diretiva em todas as empresas do conglomerado com os mesmos diretores nas empresas.

Os testes a seguir constaram em concursos públicos para Auditores Fiscais Federais, dos Estados e Prefeituras, Fiscais da Previdência Social, Petrobras e outras entidades. Foram adaptados pelos autores às atuais normas legais.

8. Em relação ao processo de consolidação das demonstrações contábeis, considere as afirmações contidas nos textos abaixo:
   I – A consolidação das demonstrações contábeis de um conglomerado é elaborada com base no somatório simples dos saldos das demonstrações de cada uma das empresas do grupo;
   II – A controladora deve consolidar as demonstrações contábeis das entidades controladas a partir da data em que assume seu controle, individual ou em conjunto;
   III – De acordo com a Lei nº 6.404/76, atualizada pela Lei nº 11.638/07, as sociedades controladas, cujo exercício social termine mais de 60 (sessenta) dias antes da data do encerramento do exercício da companhia, elaborarão, com observância das normas desta Lei, demonstrações financeiras extraordinárias em data compreendida nesse prazo;
   IV – O conjunto das demonstrações contábeis consolidadas compreende o balanço patrimonial, a demonstração do resultado do exercício e a demonstração dos fluxos de caixa, complementado por notas explicativas e outros quadros analíticos necessários ao esclarecimento da situação patrimonial e dos resultados consolidados.

De acordo com a legislação societária, comitê de pronunciamentos contábeis e Instruções da CVM, assinale a alternativa correta:

a) estão corretos todos os textos;
b) estão corretos os textos II, III e IV;
c) estão incorretos todos os textos;
d) está correto apenas o texto IV;
e) estão corretos apenas os textos II e IV.

9. **De acordo com o Comitê de Pronunciamentos Contábeis, as participações de acionistas não controladores ou não pertencentes aos controladores, quando da consolidação, deverão ser:**

a) deduzidas do valor do investimento no Ativo Não Circulante – Investimentos;
b) acrescidas ao valor do investimento no Ativo Circulante;
c) deduzidas em conta específica no Passivo Não Circulante;
d) consolidadas sem qualquer referência especial;
e) segregadas em conta específica no balanço patrimonial consolidado dentro do Patrimônio Líquido, separadamente do Patrimônio Líquido dos proprietários da controladora.

10. **A investidora Rede de Drogarias Cruz Azul adquiriu uma participação de 90% no capital social da Farmácia Ribeirão Preto, pagando $ 350.000 na data da aquisição. O Patrimônio Líquido da investida era $ 350.000, sendo que o fundamento para o ágio foi a diferença entre valor de mercado e o valor contábil do prédio onde está localizado o depósito central da Farmácia Ribeirão Preto. Este prédio foi adquirido de terceiros.**

Em 31-12-X9, a controladora preparou as demonstrações contábeis de acordo com a lei, sendo que a Farmácia Ribeirão Preto é a única controlada.

Considerando que o ágio foi realizado em 5% até 31-12-X9, nessa data o saldo consolidado da conta "Imóveis" deve:

a) ser adicionado em $ 14.250, correspondente ao saldo do ágio ainda não realizado pela controladora;
b) ser diminuído em $ 15.000, correspondente ao saldo do ágio pago pela investidora;
c) ser demonstrado pela soma dos imóveis das duas empresas;
d) ser demonstrado pela soma dos imóveis das duas empresas somente se tais imóveis tiverem sido adquiridos à vista;
e) ser adicionado em $ 15.000, correspondente ao saldo do ágio pago pela controladora na aquisição do investimento na controlada.

11. **A controladora do grupo Irmãos Cruz e Santos adquiriu, em 03-01-X9, uma participação de 80% no capital social da empresa Rio Negro de Goiás, pagando $ 480.000. O Patrimônio Líquido da investida era $ 500.000 na data da aquisição, sendo que o fundamento para o ágio foi a expectativa de resultados futuros da controlada.**

Em 31-12-X9, a controladora preparou as demonstrações contábeis de acordo com a lei, sendo que a empresa Rio Negro de Goiás é a única controlada.

No balanço consolidado de 31-12-X9, o saldo do ágio deve:
a) ser adicionado ao saldo de investimentos em controlada, no grupo Investimentos – Ativo Não Circulante;
b) ser divulgado em item destacado no Patrimônio Líquido, no balanço consolidado;
c) ser demonstrado no grupo Resultado de Exercícios Futuros, na conta de Ágio pago na Aquisição de Participação Societária;
d) ser divulgado em item destacado no Ativo Intangível no balanço consolidado;
e) ser deduzido ao total do Ativo Não Permanente, no balanço consolidado.

12. Na Consolidação de Demonstrações Financeiras, o ágio oriundo de investimento de controladora em controlada avaliado pelo método da equivalência patrimonial e justificado como expectativa de resultados futuros deverá ser:
a) eliminado na consolidação não aparecendo na demonstração consolidada;
b) mantido na consolidação e aparecendo na demonstração consolidada em conta específica;
c) eliminado proporcionalmente à participação da controladora na controlada;
d) transferido para conta de receita no resultado da controladora;
e) transferido para os resultados no Balanço consolidado.

13. Determinada companhia investidora, obrigada legalmente a elaborar demonstrações financeiras consolidadas, adquiriu participação em outra entidade, que passa a ser sua controlada. O valor deste investimento é de $ 54.000, correspondente a uma participação de 80% na controlada. Indique a classificação no balanço patrimonial consolidado e o correspondente valor devido aos acionistas não controladores.
a) o valor de $ 13.500 deverá ser destacado como Capital a Pagar aos Acionistas Não Controladores, conta integrante do Patrimônio Líquido;
b) o valor de $ 10.800 deverá ser destacado em conta específica no balanço patrimonial consolidado dentro do patrimônio líquido, separadamente do patrimônio líquido dos proprietários da controladora;
c) o valor de $ 13.500 deverá ser destacado em Obrigação com Participação de Acionistas Não Controladores, conta integrante do Passivo não Circulante;
d) o valor de $ 13.500 deverá ser destacado em conta específica no balanço patrimonial consolidado dentro do Patrimônio Líquido, separadamente do Patrimônio Líquido dos proprietários da controladora;
e) o valor de $ 10.800 deverá ser registrado como Obrigação com Acionistas Não Controladores, conta integrante do grupo: Resultados de Exercícios Futuros.

14. A companhia investidora AB, obrigada legalmente a elaborar demonstrações financeiras consolidadas, possui a seguinte participação societária nas seguintes controladas e coligadas:

Investida	% de participação da Investidora AB	Patrimônio Líquido da investida, em 31-12-X9 – $
Controlada XT	90	500.000
Controlada ZB	80	300.000
Coligada DR	10	400.000

De acordo com o Comitê de Pronunciamentos Contábeis, no balanço consolidado a ser preparado pela companhia investidora AB em 31-12-X9, o montante e a classificação das participações de acionistas não controladores deverão ser:

a) segregados na conta integrante do Patrimônio Líquido: Capital a Pagar a Minoritários, no total de $ 470.000;

b) segregados em conta específica no balanço patrimonial consolidado dentro do Patrimônio Líquido, separadamente do Patrimônio Líquido dos proprietários da controladora, no total de $ 110.000;

c) segregados em conta específica no balanço patrimonial consolidado dentro do Patrimônio Líquido, separadamente do Patrimônio Líquido dos proprietários da controladora, no total de $ 470.000;

d) segregados em conta específica no balanço patrimonial consolidado dentro do grupo Resultado de Exercícios Futuros, separadamente do Patrimônio Líquido dos proprietários da controladora, no total de $ 110.000;

e) segregado em conta específica no balanço patrimonial consolidado, dentro do grupo Passivo Não Circulante, na conta Obrigações com Participação de Minoritários, no total de $ 110.000.

15. Para atender os atuais aspectos legais, técnicos e operacionais, a elaboração de demonstrações contábeis consolidadas deve atender as seguintes exigências:

a) deve ser elaborada pelas empresas controladoras e controladas, com a inclusão de todos os saldos da controladora e suas controladas e coligadas, no Brasil ou no exterior, com a exclusão dos saldos entre as empresas incluídas do processo de consolidação, bem como os saldos de receitas e despesas entre essas empresas;

b) deve ser elaborada pela empresa controladora, com a inclusão de todos os saldos da controladora e suas controladas e coligadas, no Brasil ou no exterior, com o objetivo de refletir o resultado das operações e a verdadeira situação econômica, patrimonial e financeira de todo o grupo de empresas sob um único comando, como se fosse uma única empresa e apresentar o resultado das operações do grupo de empresas;

c) deve ser elaborada pela empresa controladora, com a inclusão de todos os seus saldos contábeis, somados aos saldos das controladas, no Brasil ou no exterior, com a exclusão dos saldos das contas de ativo e passivo entre as empresas incluídas do processo de consolidação, bem como dos saldos de receitas e despesas entre essas empresas. Se houver lucro não realizado decorrente de operações entre as controladas e sua controladora, este deve ser objeto de ajustes;

d) deve ser elaborada apenas pelas empresas controladoras de capital estrangeiro, de acordo com as práticas contábeis internacionais;

e) deve ser elaborada apenas pelas empresas controladoras de grande porte, de capital fechado, e incluir os saldos contábeis de todas as controladas, no Brasil ou no exterior.

16. A empresa de capital aberto Sociedade Alfa participa com mais de 50% do capital social da Empresa Beta, com a qual também mantém operações comerciais, formando o Grupo AB. Em 31 de dezembro de cada ano, a Sociedade Alfa elabora e publica as demonstrações contábeis consolidadas. Essas demonstrações contábeis consolidadas:

a) servem para o cálculo e pagamento do Imposto de Renda e demais tributos, os quais devem ser recolhidos individualmente;

b) não têm personalidade jurídica ou registros contábeis, apenas papéis de trabalho de consolidação;

c) servem para o cálculo e pagamento dos dividendos a serem distribuídos aos sócios de cada empresa;

d) podem ser utilizadas para fins de compensação do lucro de uma empresa com o prejuízo da outra;

e) podem ser utilizadas para a obtenção do lucro consolidado e cálculo do recolhimento do Imposto de Renda e demais tributos do grupo empresarial, sendo que tais tributos devem ser recolhidos individualmente.

17. **Na consolidação dos Balanços de controladora e controlada, todos os itens abaixo deverão ser excluídos, exceto:**
    a) lucro não realizado nas transações de mercadorias entre controladora e controlada;
    b) lucro na venda de Ativos Imobilizados entre controladora e controlada;
    c) investimento permanente da controladora na controlada;
    d) contas a receber que representam contas a pagar na controlada;
    e) participações societárias de empresas não controladas e não pertencentes ao grupo.

18. **Para a elaboração das Demonstrações Contábeis Consolidadas, a investidora deve:**
    a) em nenhuma hipótese utilizar períodos contábeis não idênticos, mesmo que este fato represente melhoria na qualidade da informação produzida;
    b) utilizar demonstrações contábeis e do Patrimônio Líquido das investidas apuradas na mesma data das demonstrações contábeis da investidora;
    c) compensar quaisquer ativos ou passivos pela dedução de outros ativos ou passivos mesmo na inexistência de direito de compensação;
    d) utilizar demonstrações contábeis de coligadas e controladas elaboradas até 90 dias antes da data das demonstrações contábeis da investidora;
    e) eliminar saldos de quaisquer contas de ativas e passivas resultantes de transações das sociedades não incluídas na consolidação.

19. **Dos procedimentos listados a seguir, indique aquele que não corresponde ao processo contábil de elaboração das demonstrações consolidadas.**
    a) eliminar as despesas e receitas de variação cambial efetuadas com instituições financeiras indicadas pela controladora;
    b) excluir os saldos de ativos e passivos em aberto de operações realizadas entre controlada e a controladora;
    c) excluir os valores de despesas e receitas de prestação de serviços realizados entre empresas do grupo, cujas demonstrações estão sendo consolidadas;
    d) excluir do resultado consolidado, os valores dos resultados não realizados existentes nos ativos decorrentes de operações de compra e venda de ativos intercompanhias, cujas demonstrações estão sendo consolidadas;
    e) somar os saldos das contas ativas e passivas em aberto de operações realizadas entre empresas cujas demonstrações não estão sendo consolidadas.

20. **Durante o exercício encerrado em 31-12-X9, a controladora do grupo Souza & Filhos, a empresa Cia. Vértice vendeu mercadorias para a sua controlada, no total de $ 250.000, obtendo um lucro de 25% sobre o custo. No final do exercício, a controlada mantinha em estoque 20% do referido estoque, tendo vendido o restante a terceiros, com lucro de**

$ 150.000. A controladora possui 60% das ações da investida. Na apuração do Balanço Patrimonial consolidado, o montante do lucro não realizado nessas transações, a ser deduzido do valor dos estoques consolidados, desconsiderando os efeitos tributários, corresponde a:

a) $ 20.000;
b) $ 7.500;
c) $ 12.500;
d) $ 100.000;
e) $ 10.000.

21. Por decisão interna do grupo de empresas comandado pela Cia. Toda Cor, as operações de venda de produtos, mercadorias ou serviços, quando realizadas entre empresas do conglomerado, são efetuadas com lucro de 20% do preço de venda. No exercício de X9, ocorreram as seguintes transações entre as empresas do grupo:

A Cia. Azul vendeu a prazo, para a controladora do grupo, estoques de mercadorias faturadas no valor de $ 500.000,00. Sabe-se que, ao final do exercício, permaneceram, nos ativos da compradora, 40% desses estoques.

Outra controlada do grupo, A Cia. Amarela, vendeu a prazo, para a Cia. Azul, estoques de mercadorias faturadas no valor de $ 120.000. No final do exercício, permaneceram, nos ativos da compradora, 10% desses estoques.

Na apuração do Balanço Patrimonial consolidado preparado pela Cia. Toda Cor, o montante do lucro não realizado nessas transações, a ser deduzido do valor dos estoques consolidados, desconsiderando os efeitos tributários, corresponde a:

a) $ 2.400;
b) $ 42.400;
c) $ 124.000;
d) $ 620.000;
e) $ 40.000.

22. O Imposto de Renda oriundo de lucro ainda não realizado, referente às operações efetuadas entre as empresas cujos balanços estejam sendo consolidados, deverá ser:

a) considerado e pago quando for o caso;
b) eliminado para posterior tributação;
c) apresentado no balanço consolidado na conta Tributos Diferidos, no Ativo Circulante ou Realizável a Longo Prazo;
d) deduzido do total dos estoques, no balanço consolidado, quando proveniente de transações de mercadorias que não foram ainda revendidas para terceiros;
e) lançado contra impostos a compensar no Passivo Circulante, se for de curto prazo, ou contra impostos a compensar no Passivo Não Circulante, se for de longo prazo.

23. Considerando os dispositivos da Lei nº 6.404/76, atualizada pela Lei nº 11.638/07, do CPC 36 (R3) – Demonstrações Consolidadas, do Comitê de Pronunciamentos Contábeis e, ainda, com base na Instrução CVM nº 247/96, leia atentamente os textos a seguir:

I – para atender a metodologia da consolidação das demonstrações contábeis, deve-se eliminar do resultado os encargos de tributos correspondentes ao lucro não realizado, apresentando-os no ativo circulante/realizável a longo prazo – tributos diferidos, no balanço patrimonial consolidado;

II – a Lei nº 11.638/07 estendeu a aplicação da Lei nº 6.404/76, para fins de elaboração das demonstrações contábeis, às sociedades de grande porte, mesmo que não constituídas sob a forma de sociedades por ações;

III – a companhia aberta que tiver mais de 30% (trinta por cento) do valor do seu patrimônio líquido representado por investimentos em sociedades controladas deverá elaborar e divulgar, juntamente com suas demonstrações financeiras, demonstrações contábeis consolidadas;

IV – a sociedade de comando deverá publicar demonstrações financeiras consolidadas. As demonstrações consolidadas de grupo de sociedades que inclua companhia aberta serão obrigatoriamente auditadas por auditores independentes registrados na Comissão de Valores Mobiliários, e observarão as normas expedidas por essa comissão.

Assinale a alternativa correta:

a) todos os textos estão corretos;
b) estão corretos somente os textos III e IV;
c) estão incorretos todos os textos;
d) estão corretos somente os textos I e II;
e) estão corretos somente os textos II e IV.

24. As notas explicativas que acompanham as demonstrações contábeis consolidadas devem conter informações precisas das controladas. Não faz parte do elenco de notas explicativas relacionadas na Instrução da CVM:

a) eventos que ocasionaram diferença entre os montantes do Patrimônio Líquido e lucro líquido e ou prejuízo da investidora, em confronto com os correspondentes montantes do Patrimônio Líquido e do lucro líquido ou prejuízo consolidados;

b) planos de investimentos e captação de recursos no Brasil e no exterior, com criteriosas justificativas em caso de pagamentos de taxas anormais no mercado de capitais, que possam descapitalizar o grupo empresarial a curto ou longo prazo;

c) critérios adotados na consolidação e as razões pelas quais foi realizada a exclusão de determinada controlada;

d) efeitos, nos elementos do patrimônio e resultado consolidados, da aquisição ou venda de sociedade controlada, no transcorrer do exercício social, assim como da inserção de controlada no processo de consolidação, para fins de comparabilidade das demonstrações contábeis;

e) eventos subsequentes à data de encerramento do exercício social que tenham, ou possam vir a ter, efeito relevante sobre a situação financeira e os resultados futuros consolidados.

25. Não devem integrar os Demonstrativos Consolidados os patrimônios de empresas controladas nas quais:

a) o controle seja apenas temporário;
b) o controle ocorra de forma integral;
c) ocorra total dependência tecnológica;
d) ocorra dependência financeira integral;
e) o controle seja permanente e total.

26. Seguem os Balanços das Companhias de Capital Aberto Rosa (controladora) e Cravo (controlada), elaborados em 31 de dezembro de X9 – $.

	Controladora Rosa	Controlada Cravo
ATIVO Circulante		
Caixa e Bancos	8.000	5.000
Contas a Receber	27.000	12.000
Estoques de mercadorias	35.000	20.000
Ativo não circulante		
Empréstimos à controlada	15.000	
Investimentos		
Controlada Cravo	67.000	
Ágio – Companhia Cravo	3.000	
Veículos	11.000	16.000
Máquinas	24.000	77.000
Total do Ativo	**190.000**	**130.000**
PASSIVO Circulante		
Fornecedores	21.500	16.000
Impostos a Recolher	22.500	7.000
Salários a Pagar	11.000	8.000
Passivo não circulante		
Empréstimos	30.000	19.000
Patrimônio líquido		
Capital Social	70.000	52.000
Lucros acumulados	35.000	28.000
	105.000	80.000
Total do passivo e PL	**190.000**	**130.000**

Informações adicionais:
- a participação da controladora é de 85%;
- o ágio foi justificado pela diferença de mercado a maior em relação aos respectivos saldos contábeis, das máquinas de propriedade da controlada;
- durante o exercício de X9, a controlada forneceu mercadorias para a investidora, sendo que, em 31-12-X9, havia $ 1.000 de lucros não realizados nessas transações (desconsidere os efeitos tributários);
- em 31-12-X9, a investida tinha $ 4.000 a receber da investidora em decorrência das vendas de mercadorias, registrado no ativo circulante.

Elabore o Balanço Patrimonial Consolidado e assinale a alternativa incorreta:
a) a participação dos acionistas não controladores que deve ser destacada no Patrimônio Líquido Consolidado é de $ 12.000;
b) o estoque de mercadorias "consolidado" é de $ 54.000;
c) o Patrimônio Líquido Consolidado, incluindo a participação dos acionistas não controladores, totaliza $ 116.000;
d) o total do Ativo Circulante Consolidado é $ 102.000;
e) o total de máquinas no Balanço Consolidado é de $ 104.000.

4
NEGÓCIOS EM CONJUNTO (JOINT VENTURE)

O Pronunciamento CPC 19 (R2) – Negócios em Conjunto foi emitido pelo Comitê de Pronunciamentos Contábeis (CPC) como parte do processo de convergência das normas contábeis brasileiras para as normas internacionais de contabilidade.

No Brasil, esse tema estava regulamentado pela Instrução CVM nº 247/96, que já estava harmonizada com as normas internacionais de contabilidade sobre o tema. Portanto, a convergência das normas brasileiras para normas internacionais não representou alterações significativas nos procedimentos atualmente aplicados às várias formas de empreendimentos controlados em conjunto, tais como operações controladas em conjunto; ativos controlados em conjunto; e empreendimento controlado em conjunto.

O CPC deliberou, por meio da edição do Pronunciamento CPC 19 (R2), mudar a prática contábil brasileira que já vinha sendo seguida há diversos anos, que era a da utilização compulsória do método da consolidação proporcional, passando agora a admitir apenas o uso da equivalência patrimonial. Portanto, não é mais permitida a consolidação proporcional.

O IASB mudou sua posição por meio de uma nova norma, IFRS 11, admitindo apenas a alternativa da equivalência patrimonial.

As normas em vigor relativas ao tema Negócios em Conjunto (*Joint Venture*) são:

NBC TG	Nome da Norma	CPC	IASB
NBC TG 18 (R3)	Investimento em Coligada, em Controlada e em Empreendimento Controlado em Conjunto	CPC 18 (R2)	IAS 28
NBC TG 19 (R2)	Negócios em Conjunto	CPC 19 (R2)	IFRS 11

4.1 CONSIDERAÇÕES INICIAIS

A principal missão da Contabilidade de uma empresa, independentemente de sua natureza jurídica, objetivo social e de seu porte, é a de fornecer subsídios aos diversos usuários, para suas tomadas de decisões, assim como para o gerenciamento da atividade.

Com esse propósito, a administração deve organizar abrangente sistema de dados e informações, de natureza econômica e financeira.

Nessas ocasiões, a Contabilidade deve assumir um papel da maior importância, ao ser organizada ou estruturada para:

a) refletir os efeitos das ações dos administradores sobre o patrimônio da entidade;
b) acompanhar e avaliar os programas da entidade; e
c) orientar as análises e avaliações de desempenho dos setores incumbidos da execução daqueles programas e de seus responsáveis.

Dentre as organizações ou entidades que se servem da Contabilidade, podem-se citar as *joint ventures*, cuja tradução literal é "empreendimento controlado em conjunto". Esse tipo de associação de esforços e capital já bastante antigo assumiu nas últimas décadas, no Brasil e no exterior, importância sem precedente.

Tendo como principal característica o fato de o controle societário ser compartilhado por vários investidores, é prática cada vez mais comum a criação de novas empresas dessa categoria, como diariamente noticiado pelos diversos meios de comunicação. Envolvendo aporte de capitais que pode chegar a bilhões de dólares, principalmente nos Estados Unidos e na Europa, nascem constantemente novas *joint ventures*, formadas, algumas vezes, inclusive por companhias que até então eram ferrenhas concorrentes.

Pode-se afirmar que a ampliação dos casos desse tipo de associação é uma das consequências da globalização dos mercados e da qualidade total, filosofia que tem como um dos principais alicerces a parceria entre as empresas para atingir uma meta comum.

Observa-se também no Brasil a criação em quantidade cada vez maior e mais representativa desse tipo de sociedade para a exploração de diversos tipos de negócios, normalmente com objetivos específicos.

O objetivo do presente capítulo é discutir os aspectos conceituais, legais e contábeis dos empreendimentos em forma de *joint ventures*, considerados como estratégicos para o desenvolvimento da empresa nacional na busca de novos mercados regionais e internacionais.

Tendo em vista tais considerações, é de se estranhar a escassez da literatura contábil no Brasil sobre o assunto, lacuna que este capítulo tenta suprir, ainda que de forma bastante modesta. É evidente que o assunto merece maiores e melhores pesquisas acadêmicas nos cursos de mestrado e doutorado e, como consequência natural, obras científicas mais abrangentes do que as pretensões dos autores deste livro.

A Deliberação CVM nº 606/09 aprova o Pronunciamento Técnico CPC 19 (R2) do Comitê de Pronunciamentos Contábeis, que trata de investimento em empreendimento conjunto. Esse pronunciamento adapta as normas contábeis brasileiras às normas internacionais de contabilidade, conforme Pronunciamento IFRS 11.

4.2 CONCEITOS, EVOLUÇÃO HISTÓRICA E DEFINIÇÕES

Antes de iniciar o estudo e a aplicação prática relativa ao tema deste capítulo, apresentaremos um resumo da evolução histórica e definições que serão aplicadas.

4.2.1 Conceito e evolução histórica

O *Vocabulário do mercado dos capitais*, editado pela Comissão Nacional de Bolsas de Valores e pela Rona Editora, dá a seguinte conceituação para o termo *joint venture*:

> *Companhia fundada por duas ou mais existentes, para um empreendimento não concretizável por uma só. Finalidade e duração limitadas.*

Na Nota Explicativa anexa a sua Instrução de nº 247/96, a CVM identifica *joint venture* como o empreendimento controlado em conjunto, *em que, mediante existência de acordo contratual e de parcelas proporcionais de participações, duas ou mais entidades empreendem uma atividade econômica subordinada a um controle em conjunto.*

De acordo com os historiadores, já no século XV havia sociedades constituídas com as características de uma *joint venture*. Algumas das expedições marítimas enviadas por Portugal e Espanha no final daquele século representam bons exemplos desse tipo de atividade: eram constituídas com o capital de vários investidores, incluindo dinheiro dos reis, tinham finalidades específicas e prazo de duração limitado, com regras claras quanto à divisão dos riscos e resultados.

Tendo origem bastante remota, a prática de *joint ventures* vem adquirindo atualmente importância fundamental como estratégica de penetração de mercados e expansão das empresas, em um ambiente mundial cujos aspectos econômicos, tecnológicos, políticos e sociais têm sido marcados por um constante estado de turbulência, crescente incerteza e riscos não previsíveis.

A exploração de uma atividade sob a forma de *joint venture* foi a resposta dos empresários e investidores aos novos desafios. Sem dúvida, esse tipo de "reunião de esforços e capitais" tem servido como excelente instrumento para:

- proporcionar valiosos benefícios decorrentes do conhecimento mais profundo dos mercados locais;
- utilizar práticas gerenciais mais adequadas;
- diluir os riscos representados por novos negócios que exigem volume significativo de capitais; e
- diminuir a defasagem tecnológica em relação às outras empresas.

Por outro lado, tem-se mostrado uma forma hábil de contornar obstáculos de ordem político-governamental, oriundos das políticas de protecionismo e de sentimentos nacionalistas que geram restrições, seja de caráter formal seja informal, nas operações de empresas estrangeiras, bem como nas precauções quanto ao domínio da economia local pelo capital estrangeiro.

Pode, ainda, a *joint venture* consolidar-se como uma estratégia que, entre outras vantagens, servirá para operacionalizar a política de desenvolvimento adotada em muitas nações, resultando em uma nova modalidade de investimento de recursos externos de capital, tecnologia, administração e gerência, sem implicar perda de autonomia da empresa nacional.

Etimologicamente, *joint venture* é anglicismo que significa aventura conjunta ou coventura. Recorrendo mais uma vez aos historiadores, aprende-se que o termo foi inicialmente utilizado na Inglaterra, no Direito de Navegação. No início do século XVII, logo depois da colonização, encontram-se companhias nos Estados Unidos em cujo nome já figuram esses termos, como, por exemplo: (a) The Treasurer and Company of Adventurers and Planters of the City of London, for the First Colony of Virginia, fundada em 1603; e (b) The Governor and Company of Adventurers of England Trading into Hudson's Bay, de 1670.

Define-se ainda *joint venture* como:

- empreendimento comercial ou marítimo, realizado por várias pessoas conjuntamente;
- sociedade de responsabilidade limitada, não limitada no sentido legal, quanto à responsabilidade dos sócios, mas quanto a seu objetivo e quanto a sua duração;
- associação de duas ou mais pessoas para realizar um negócio de empresa para obter lucro, em cuja realização empenha seus bens, dinheiro, energia, habilidade e conhecimentos;
- acordo especial de duas ou mais pessoas, que empreendem um negócio determinado, com objetivo de lucro, sem se caracterizar como sociedade nem companhia.

Pode-se perceber que não há o que se poderia chamar de uma definição universal de *joint venture*. Ao longo dos anos, a prática tem passado por transformações marcantes em que as motivações econômicas e psicológicas, imposição da realidade e até mesmo aspectos políticos contribuem, de algum modo, para delinear o perfil desse tipo de associação.

A motivação para a formação de *joint ventures* decorre, evidentemente, das vantagens conscientes, esperadas e declaradas dos *ventures*, bem como das condições econômicas e comerciais do empreendimento em conjunto.

Como motivos decorrentes de uma política governamental para incentivar a formação desse tipo de sociedade, podem-se citar, entre outros:

- preocupação com o saldo da balança comercial, ao procurar aumentar as exportações e, simultaneamente, substituir as importações;
- melhor treinamento da mão de obra, pela utilização intensiva das novas técnicas produtivas;
- volume maior de ingresso de capitais e bens de produção;
- acesso mais rápido e menos oneroso às fontes produtoras de novas técnicas de pesquisa e tecnologia; e
- finalidades socioeconômicas, como por exemplo a geração de novos empregos.

4.2.2 Definições do CPC 19 (R2)

O Pronunciamento CPC 19 (R2) apresenta as seguintes definições necessárias para estudo deste tema:

- ***Controle*** *é o poder de governar as políticas financeiras e operacionais da entidade de forma a obter benefício das suas atividades.*

- **Método de equivalência patrimonial** é o método de contabilização por meio do qual o investimento é inicialmente reconhecido pelo custo e posteriormente ajustado pelo reconhecimento da participação atribuída ao investidor nas alterações dos ativos líquidos da investida. O resultado do período do investidor deve incluir a parte que lhe cabe nos resultados gerados pela investida.

- **Investidor em empreendimento controlado em conjunto** é um dos participantes desse empreendimento que não compartilha do controle conjunto sobre o empreendimento.

- **Controle conjunto** é o compartilhamento do controle, contratualmente estabelecido, sobre uma atividade econômica e que existe somente quando as decisões estratégicas, financeiras e operacionais relativas à atividade exigirem o consentimento unânime das partes que compartilham o controle (os empreendedores).

- **Empreendimento controlado em conjunto** (joint venture) é o acordo contratual em que duas ou mais partes se comprometem à realização de atividade econômica que está sujeita ao controle conjunto.

- **Consolidação proporcional** é o método de contabilização pelo qual a participação do empreendedor nos ativos, passivos, receitas e despesas da entidade controlada em conjunto é combinada, linha a linha, com itens similares nas demonstrações contábeis do empreendedor, ou em linhas separadas nessas demonstrações contábeis.

- **Demonstrações separadas** são aquelas apresentadas por uma controladora, um investidor em coligada ou um empreendedor em uma entidade controlada em conjunto, nas quais os investimentos são contabilizados com base no valor do interesse direto no patrimônio (direct equity interest), em vez de nos resultados divulgados e nos valores contábeis dos ativos líquidos das investidas. Não se confundem com as demonstrações contábeis individuais. (Consultar Pronunciamento Técnico CPC 35 – Demonstrações Separadas.)

- **Influência significativa** é o poder de participar nas decisões financeiras e operacionais da entidade, sem controlar de forma individual ou conjunta essas políticas.

- **Empreendedor** é um dos participantes em determinado empreendimento controlado em conjunto que detém o controle compartilhado sobre esse empreendimento.

4.3 PROCESSO PARA FORMAÇÃO DAS JOINT VENTURES

O processo de formação da *joint venture* compreende diversas etapas que, apesar de distintas, estão intimamente interligadas e cuja observância poderá contribuir para assegurar o esperado sucesso do empreendimento.

O primeiro passo é da assinatura do acordo, quando são estabelecidas as condições gerais para a criação da *joint venture*, tais como:

a) divisão do poder entre as controladoras;
b) contribuições de cada participante;

c) normas internas;
d) possibilidade de participação de outros investidores, além dos controladores.

É importante ressaltar que a característica marcante de uma *joint venture* é a forma de controle "em conjunto", que deve ser exercido em poder de igualdade por todas as empresas controladoras participantes do empreendimento, independentemente do percentual de suas participações individuais no capital social da nova sociedade. Pode ser incluída, em sua criação, a possibilidade da participação em seu capital social dos chamados investidores que não exerceram qualquer tipo de controle.

Em seguida, devem ser estabelecidos:

1. os direitos e as obrigações dos *venturers*, incluindo a integralização de capital para a formação da nova empresa;
2. as condições comerciais, no sentido de impedir que a *joint venture* seja uma atividade complementar à das controladoras, evitando, dessa maneira, competição entre elas;
3. os critérios para a distribuição e outras utilizações dos lucros;
4. o plano de auditoria, controle, verificações e fiscalizações das contas.

Após transcorrida essa etapa inicial, inicia-se a execução dos propósitos da *joint venture*, geralmente com a constituição de uma sociedade anônima ou limitada, conforme a legislação do país-sede, seus estatutos e contrato social.

Não existe, no aspecto legal, a figura jurídica *joint venture*. O controle efetivo é compartilhado entre as controladoras, o que deve ser contratualmente muito bem estabelecido sob a forma de acordo entre os sócios. Portanto, ratifica-se o entendimento de que, independentemente do percentual de sua participação individual no capital social da investida, todos os sócios participam do controle.

Quando uma das investidoras assume sozinha o controle de uma atividade essencial da investida – poder total para o gerenciamento da parte financeira, por exemplo –, ela controla, na prática, toda a vida do empreendimento, o que descaracteriza a sociedade como *joint venture*.

Uma vez formada a sociedade, as contribuições tangíveis e/ou intangíveis deixam de ser propriedade dos sócios participantes – *venturers*, passando a pertencer ao patrimônio da nova empresa, que terá sua vida própria, com seus ativos, passivos, suas receitas e despesas etc. Em suma, será uma nova entidade para todos os fins: contábeis, fiscais, societários etc.

Os aspectos contábeis específicos de uma "sociedade controlada em conjunto" serão discutidos a seguir. No entanto, a partir do momento em que a investida perder suas características de "sociedade controlada em conjunto", como anteriormente comentado, também deve ser alterada, na investidora, a forma de reconhecimento contábil da sua participação.

4.4 MODALIDADES DE *JOINT VENTURES* E ASPECTOS CONTÁBEIS A SEREM OBSERVADOS NA INVESTIDORA

Os critérios a serem utilizados pelas investidoras para avaliação e contabilização das suas participações societárias nesse tipo de empreendimento vão depender, entre outros fatores, da modalidade da *joint venture* criada.

Como já ressaltado, é escassa a literatura contábil existente sobre esse tipo de sociedade, apesar de ser uma antiga modalidade de formação de parcerias. Somente em 1996 recebeu um tratamento específico pela CVM, com a emissão da sua Instrução nº 247.

Em nível internacional, destaca-se a publicação de um pronunciamento do International Accountant Standards Committee (IASC), de nº 31, denominado *Financial Reporting of Interests in Joint Ventures*, que fundamentou o Pronunciamento CPC 19 (R2) – Negócios em Conjunto (*Joint Venture*).

O texto a seguir foi baseado principalmente no Pronunciamento CPC 19 (R2), bem como na mencionada Instrução da CVM.

A literatura contábil existente menciona como principais as três modalidades a seguir:

a) operações controladas em conjunto;
b) ativos controlados em conjunto; e
c) empreendimento controlado em conjunto.

O CPC 19 (R2) determina apenas dois tipos de negócios em conjunto:

- Operação em conjunto (*joint operation*) é um negócio em conjunto segundo o qual as partes integrantes que detêm o controle conjunto do negócio têm direitos sobre os ativos e têm obrigações pelos passivos relacionados ao negócio. Essas partes são denominadas de operadores em conjunto. Esse tipo engloba as operações controladas em conjunto e os ativos e os ativos controlados em conjunto que serão apresentados e exemplificados a seguir.
- Empreendimento controlado em conjunto (*joint venture*) é um negócio em conjunto segundo o qual as partes que detêm o controle conjunto do negócio têm direitos sobre os ativos líquidos do negócio. Essas partes são denominadas de empreendedores em conjunto.

4.4.1 Operações controladas em conjunto

Nessa modalidade, não há a criação de uma nova empresa. O que ocorre é a assinatura de um acordo entre duas ou mais empresas investidoras para a exploração de um empreendimento temporário, normalmente de vida curta e definida.

Com relação a esse tipo de *joint venture*, o CPC entende que cada *venturer* deve manter e reconhecer em suas próprias demonstrações contábeis:

a) os ativos alocados ao empreendimento;
b) os passivos gerados; e
c) as despesas incorridas e sua parte das receitas auferidas pela *joint venture*.

Para efeito gerencial e de controle do empreendimento, é salutar que tais saldos contábeis sejam registrados pela investidora de forma segregada das demais atividades operacionais da empresa.

Exemplo:

Uma construtora adquire uma fazenda nas imediações da área urbana de uma capital, com o objetivo de desmembrar a área e fazer um condomínio de luxo para 1.000 residências. Na fazenda existe uma imensa quantidade de árvores de madeira nobre, que devem ser retiradas para viabilizar a divisão em lotes.

Uma madeireira da região interessa-se pela exploração comercial desse desmatamento e apresenta uma proposta de parceria para retirada, corte das árvores e comercialização das toras.

Aceita a proposta, são definidos os seguintes principais termos:

a) há necessidade de montar uma pequena serraria dentro da fazenda, para diminuir os custos com o transporte das toras. Os gastos com a infraestrutura para instalação dessa serraria serão de responsabilidade da construtora, sendo que as máquinas e os equipamentos, assim como a mão de obra, serão fornecidos pela madeireira;

b) a construtora fornecerá guindastes, tratores, carretas e demais veículos para arranque e transporte das toras até a serraria;

c) como resultado desse empreendimento, a madeireira terá direito a um percentual da madeira aproveitada. O que exceder desse percentual será vendido para outras empresas do ramo;

d) todas as demais despesas serão abatidas do resultado das vendas, para apuração do resultado final do empreendimento, que será dividido em partes iguais entre as parceiras;

e) o prazo de duração do projeto denominado "Madeira" foi estimado em 12 meses.

Registros contábeis na construtora

Supondo que o conjunto de guindastes, tratores, carretas e outros veículos de propriedade da construtora totalize $ 20.000, dos quais $ 2.000 são destinados ao Projeto Madeira, seus ativos ficariam assim demonstrados:

Ativo Imobilizado	$
Bens do Imobilizado utilizados no Projeto Madeira	2.000
Bens do Imobilizado utilizados nas demais obras	18.000
Total	**20.000**

Portanto, durante a execução do projeto, todos os equipamentos de uso específico seriam segregados dos demais ativos da construtora. Essa providência é necessária, devido:

a) à necessidade de controles sobre os bens; e

b) à necessidade de apurar, separadamente das demais atividades, todos os custos e despesas com tais equipamentos durante o uso no projeto, tais como manutenção, depreciação, combustíveis, transporte, seguro etc. O contrato de parceria assinado com a madeireira estipula que o resultado do empreendimento será dividido em partes iguais. Consequentemente, as sócias devem preparar relatórios apropriados dos gastos imputados ao empreendimento, para posterior prestação de contas.

Da mesma forma que os ativos e passivos devem ser demonstrados separadamente no Balanço Patrimonial, o mesmo critério deve ser adotado para a Demonstração de Resultado. Continuando com o exemplo, no final do projeto foi obtido o seguinte resultado:

Resultado	$
Receitas	15.000
Custos e despesas, incluindo os tributos	(10.000)
Lucro do empreendimento	5.000

A participação da construtora seria assim demonstrada:

Resultado	Atividades Normais	Projeto Madeira	Total
Receitas	50.000	7.500	57.500
Custos e despesas	30.000	5.000	35.000
Resultado líquido	**20.000**	**2.500**	**22.500**

4.4.2 Ativos controlados em conjunto

Nessa segunda modalidade, parte ou total dos ativos necessários à execução do empreendimento pode ser adquirida pelos *ventures* para uso exclusivo da *joint venture*. Em outras palavras, a *joint venture* irá deter o controle, e mesmo a posse, dos ativos alocados para a exploração da atividade em conjunto.

Não ocorrerá, a exemplo da primeira modalidade, a constituição de outra empresa, mas tão somente a assinatura de um acordo de parceria.

A respeito das *joint ventures* de ativos controlados em conjunto, o International Accountant Standards Committee (IASC), através de seu Pronunciamento de nº 31– Financial Reporting of Interests in Joint Ventures, que foi cancelado e substituído pela IFRS 11, que fundamentou o Pronunciamernto CPC 19 (R2) – Negócios em Conjunto (*Joint Venture*), menciona que cada participante deve incluir em seus registros e reconhecer em suas Demonstrações Contábeis separadas e, consequentemente, em suas Demonstrações Consolidadas sua participação:

a) nos ativos adquiridos em conjunto pelos sócios e controlados pela *joint venture*;

b) em quaisquer passivos incorridos em conjunto, relacionados com o empreendimento;

c) nas receitas, custos e despesas resultantes do empreendimento.

Exemplo:

Um grupo comercial paulista assina um contrato de parceria com uma distribuidora sediada em Recife, para comercialização, durante dois anos, de aparelhos eletrônicos produzidos em Manaus.

Para viabilizar o projeto, há necessidade de investir de início $ 5.000 na aquisição dos produtos, bem como $ 100 para instalação de escritórios e depósitos nas principais cidades nordestinas.

Todos esses investimentos serão divididos em partes iguais entre as sócias, bem como as receitas e demais custos e despesas.

Portanto, na contabilidade das parceiras, devem ser demonstrados a parte os saldos dos seus estoques de aparelhos eletrônicos, bem como dos demais ativos adquiridos em conjunto, que estão sendo controlados e utilizados pela *joint venture*.

4.4.3 Empreendimento controlado em conjunto

Esse terceiro tipo de *joint venture* já representa maior complexidade operacional, administrativa e contábil.

Trata-se de associações de investidores, pessoas físicas e/ou jurídicas, para a constituição de uma nova empresa, com sua própria estrutura administrativa, financeira e operacional, seus registros e suas próprias demonstrações contábeis. Como qualquer outra entidade independente, vai ter seus ativos, passivos, receitas e despesas.

Com relação a essa modalidade mais complexa de formação de *joint venture*, o CPC 19 (R2) determina que uma entidade controlada em conjunto deve manter seus próprios registros contábeis, preparar e apresentar suas demonstrações contábeis, da mesma forma que outras empresas, em conformidade com as exigências nacionais e as Normas Internacionais de Contabilidade.

Outros aspectos de interesse para a Contabilidade são:

- critérios para reconhecimento, na investidora, de sua participação societária na nova empresa;
- procedimentos para a elaboração e divulgação de demonstrações contábeis consolidadas da investidora e da *joint venture*;
- tratamento contábil dispensado aos acionistas minoritários, se houver.

4.5 EXEMPLO DE CONSTITUIÇÃO DE UMA *JOINT VENTURE*

As companhias Alfa, Beta, Celta e Delta interessam-se pela exploração de uma jazida de minério no Pará, para exportação ao Japão.

Trata-se de uma excelente oportunidade de aplicação de capital, com excelentes perspectivas de retorno. Engenheiros especializados estimam em 30 anos o potencial da jazida, sendo que os consultores internacionais preveem um bom mercado para o minério nas próximas décadas.

O capital próprio necessário é de $ 400 milhões, além de $ 200 milhões que podem ser financiados por bancos japoneses. Tais recursos são necessários para:

- aquisição dos direitos de exploração da jazida, de propriedade de uma mineradora canadense;

- aquisição de veículos pesados, caminhões, máquinas e demais equipamentos, incluindo a construção de prédios para a administração, almoxarifado etc.;
- outros investimentos com a estrutura, informática, logística etc.

Isoladamente, as companhias interessadas não dispõem da totalidade dos recursos, bem como da estrutura operacional, administrativa e comercial para tocar um empreendimento de tal envergadura, com longo prazo de retorno dos investimentos.

A solução encontrada e esquematizada pelos consultores externos foi a constituição de uma *joint venture* para a exploração em conjunto da atividade.

Após meses de negociação, resolveu-se montar a Empresa Mineradora do Pará S.A. (Emipa), com a seguinte composição do capital social:

Acionista	Participação	
	$ milhões	%
Companhia Alfa	100	25
Companhia Beta	00	25
Companhia Celta	100	25
Companhia Delta	100	25
Total	**400**	**100**

Observa-se que nenhuma das investidoras detém o controle da Emipa, caracterizando, portanto, uma *joint venture*, ou seja, uma sociedade controlada em conjunto.

No caso, a Companhia Alfa e os demais investidores reconhecerão em suas demonstrações 25% do Patrimônio Líquido da Emipa por meio da Equivalência Patrimonial.

Exemplo de demonstrações contábeis da Companhia Alfa com sua participação na *joint venture* Emipa.

a) **Demonstrações contábeis da companhia Alfa**

Em 31-12-X1, a companhia Alfa encerrou suas demonstrações contábeis, apurando os seguintes saldos:

Balanço Patrimonial da Companhia Alfa			
Ativo	$	Passivo e PL	$
Circulante	75	**Circulante**	20
Não Circulante		**Patrimônio líquido**	
Investimentos na *joint venture*		Capital social	420
Emipa (25% do PL)	105	Lucro do exercício	40
Imobilizado	300	Patrimônio Líquido	460
Total do ativo	**480**	**Total do passivo e PL**	**480**

Demonstração do Resultado	$
Vendas	1.000
– Custo das mercadorias vendidas	(800)
Lucro bruto	**200**
– Despesas operacionais	(145)
Resultado da equivalência patrimonial	
Investimento na *joint venture* Emipa (25% do lucro)	5
Lucro antes Imposto de Renda/contribuição social	**60**
– Imposto de Renda/contribuição social	(20)
Lucro líquido do exercício	**40**

b) **Demonstrações contábeis da Emipa**

Na mesma data, as Demonstrações Contábeis da *joint venture* apresentaram os seguintes saldos, com destaque da participação proporcional da companhia Alfa:

Balanço Patrimonial da Emipa	
Ativo	
Circulante	60
Imobilizado	588
Total do ativo	**648**
Passivo e PL	
Circulante	228
Patrimônio líquido	
Capital social	400
Lucro do exercício	20
Patrimônio Líquido	**420**
Total do passivo e PL	**648**

EMIPA Demonstração do Resultado do Exercício	
Vendas	800
Custo das mercadorias vendidas	(600)
Lucro bruto	**200**
Despesas operacionais	(175)
Lucro antes do IR/CS	**25**
Imposto de renda/Contribuição social	(5)
Lucro líquido do exercício	**20**

4.6 SUMÁRIO DO PRONUNCIAMENTO TÉCNICO CPC 19 (R2)

Apresentamos a seguir sumário do Pronunciamento Técnico CPC 19 (R2) Negócios em Conjunto (*Joint Venture*). A íntegra do pronunciamento pode ser obtida no *site* do CPC: www.cpc.org.br.

Sumário do Pronunciamento Técnico

CPC 19 (R2) Negócios em Conjunto

Objetivo e alcance do Pronunciamento

1. O objetivo do Pronunciamento é estabelecer princípios para o reporte financeiro por entidades que tenham interesses em negócios controlados em conjunto (negócios em conjunto). O Pronunciamento define controle conjunto e exige que a entidade que seja parte integrante de negócio em conjunto determine o tipo de negócio em conjunto com o qual está envolvida por meio da avaliação de seus direitos e obrigações e contabilize esses direitos e obrigações conforme esse tipo de negócio em conjunto.

2. O Pronunciamento deve ser aplicado por todas as entidades que sejam partes integrantes de negócio em conjunto.

3. Negócio em conjunto é um negócio do qual duas ou mais partes têm o controle conjunto e nas quais as partes integrantes estão vinculadas por acordo contratual que dá a duas ou mais dessas partes integrantes o controle conjunto do negócio. Pode ser tanto uma operação em conjunto (joint operation) quanto um empreendimento controlado em conjunto (joint venture).

4. Controle conjunto é o compartilhamento, contratualmente convencionado, do controle de negócio, que existe somente quando decisões sobre as atividades relevantes exigem o consentimento unânime das partes que compartilham o controle.

Principais Características do Pronunciamento

5. O Pronunciamento distingue entre partes integrantes que detêm o controle conjunto de negócio em conjunto (operadores em conjunto ou empreendedores em conjunto) e partes que participam de negócio em conjunto, mas não têm o controle conjunto dele.

6. O Pronunciamento descreve diversas modalidades para operadores em conjunto ou empreendedores em conjunto, que não apenas participação no capital social de uma investida. Assim, pode haver operações em conjunto ou empreendimentos controlados em conjunto quando se compartilham ou se tem interesse apenas em determinados ativos ou determinadas operações.

7. A entidade deve determinar o tipo de negócio em conjunto com o qual está envolvida. A classificação de negócio em conjunto como operação em conjunto (joint operation) ou como empreendimento controlado em conjunto (joint venture) depende dos direitos e obrigações das partes integrantes do negócio.

8. *O Pronunciamento descreve uma série de situações que devem ser consideradas para se classificar o tipo de interesse que a entidade detém. Importante notar que se os fatos e as circunstâncias do negócio se modificarem, a entidade deve reavaliar se o tipo de negócio em conjunto com o qual está envolvida se modificou.*

Demonstrações contábeis de partes integrantes de negócio em conjunto

9. *O Pronunciamento faz uma clara distinção quanto ao tratamento contábil das partes integrantes de negócio em conjunto, como segue: a) Operações em conjunto (joint operations); e b) Empreendimentos controlados em conjunto (joint ventures).*

10. *Dessa forma o operador em conjunto deve reconhecer, com relação aos seus interesses em operação em conjunto, seus ativos, seus passivos, sua receita de venda da sua parcela advinda da operação em conjunto, e suas despesas, incluindo sua parcela sobre quaisquer despesas incorridas em conjunto.*

11. *Já o empreendedor em conjunto deve reconhecer seus interesses em empreendimento controlado em conjunto (joint venture) como investimento e deve contabilizar esse investimento utilizando o método da equivalência patrimonial, de acordo com o Pronunciamento Técnico CPC 18 – Investimento em Coligada, em Controlada e em Empreendimento Controlado em Conjunto, a menos que a entidade esteja isenta da aplicação do método da equivalência patrimonial, conforme especificado no Pronunciamento e se permitido legalmente.*

12. *A parte integrante de acordo que participe de empreendimento controlado em conjunto (joint venture), mas não detenha o controle conjunto dele, deve contabilizar os seus interesses no negócio em consonância com o Pronunciamento Técnico CPC 38 – Instrumentos Financeiros: Reconhecimento e Mensuração, a menos que tenha influência significativa sobre o empreendimento controlado em conjunto (joint venture), hipótese em que a contabilização deverá observar o que estabelece o Pronunciamento Técnico CPC 18.*

Demonstrações separadas

13. *Nas demonstrações separadas, que são demonstrações que podem ser apresentadas de maneira voluntária pela entidade, como disciplinado pelo Pronunciamento Técnico CPC 35, o operador em conjunto ou o empreendedor em conjunto deve contabilizar seus interesses em: (a) operação em conjunto (joint operation), de acordo com o sumariado no item 10 acima (itens 20 a 22, do Pronunciamento Técnico CPC 19); e (b) empreendimento controlado em conjunto (joint venture), de acordo com o item 10 do Pronunciamento Técnico CPC 35 – Demonstrações Separadas.*

14. *Em suas demonstrações separadas, a parte integrante de acordo, que participe de negócio em conjunto, mas não detenha o controle conjunto, deve contabilizar seus interesses em: (a) operação em conjunto (joint operation), de acordo com o item 23 do Pronunciamento Técnico CPC 19; e (b) empreendimento controlado em conjunto*

(joint venture), *de acordo com o Pronunciamento Técnico CPC 38 – Instrumentos Financeiros: Reconhecimento e Mensuração, a menos que tenha influência significativa sobre o empreendimento controlado em conjunto* (joint venture), *hipótese em que a contabilização deve observar o item 10 do Pronunciamento Técnico CPC 35 – Demonstrações Separadas.*

Demonstrações contábeis individuais

15. Em suas demonstrações contábeis individuais, somente as entidades com interesses em operações em conjunto (joint operation) *organizadas sem personalidade jurídica própria devem aplicar os itens 20 a 22 ou 23 do Pronunciamento Técnico CPC 19.*

16. A Interpretação Técnica ICPC 09 – Demonstrações Contábeis Individuais, Demonstrações Separadas, Demonstrações Consolidadas e Aplicação do Método de Equivalência Patrimonial traz mais detalhes sobre investimentos em empreendimentos controlados em conjunto (joint ventures), *em coligadas, em controladas e também sobre demonstrações separadas e demonstrações consolidadas.*

17. Anexo ao Pronunciamento (Apêndice B), encontra-se um Guia de Aplicação Prática e também uma série de Exemplos Ilustrativos.

TESTES

1. **Pode-se afirmar sobre as *joint ventures* que:**
   a) trata-se de um tipo de empreendimento societário de criação recente, sendo que as primeiras entidades da categoria foram criadas no século XX, nos Estados Unidos;
   b) trata-se de empresas controladas por um determinado grupo econômico, com objetivos sociais distintos das demais empresas do grupo a que pertencem;
   c) têm como principal característica o fato de o controle societário ser compartilhado por vários investidores;
   d) são associações de capital que quase não ocorrem do Brasil;
   e) trata-se de empresas que não são controladas por um determinado grupo econômico.

2. **São denominadas empreendimento controlado em conjunto:**
   a) as sociedades nas quais nenhum acionista possua direitos de sócio que lhe assegure de modo permanente preponderância nas deliberações sociais ou poderes de eleger ou de destituir a maioria dos administradores;
   b) as associações de empresas constituídas sob a forma de consórcios, com finalidade própria e determinada por estatuto nas quais o valor contábil investido por seus investidores tenha o mesmo percentual;
   c) o conjunto de sociedades desobrigadas da elaboração das demonstrações contábeis consolidadas por não serem companhias abertas mesmo que as participações societárias dos acionistas sejam de idêntico valor;

d) as associações de investidores constituídas na forma de participação recíproca com finalidade própria determinada por estatuto ou contrato social com prazo de vida útil determinado;

e) as associações de investidores constituídas na forma de consórcio cujo Patrimônio Líquido seja respaldado apenas por disponibilidades e possua finalidade própria determinada por estatuto ou contrato social com prazo de vida útil determinado.

3. **As principais modalidades de *joint ventures* são:**
    a) empresas comerciais e industriais;
    b) empreendimento controlado em conjunto, operações controladas em conjunto e ativos controlados em conjunto;
    c) indústrias diversificadas, que operam em diversos países;
    d) sociedades anônimas de capital aberto;
    e) sociedades globalizadas que operam em conjunto em diversas partes do mundo.

4. **Na modalidade de ativos controlados em conjunto:**
    a) os ativos pertencem à *joint venture*, devendo, portanto, ser registrados na contabilidade da investida;
    b) cada investidora irá reconhecer, em sua contabilidade, a participação proporcional na nova empresa;
    c) as investidoras não devem registrar nas suas contabilidades os ativos controlados em conjunto;
    d) parte ou total dos ativos necessários à execução do empreendimento pode ser adquirida pelos investidores para uso exclusivo da *joint venture*;
    e) os ativos são adquiridos pela investida para uso compartilhado nas atividades das investidoras.

5. **O processo de formação da *joint venture* compreende diversas etapas que estão intimamente interligadas e cuja observância é imprescindível para assegurar o esperado sucesso do empreendimento. Entre as diversas etapas, uma das mais importantes é a assinatura do acordo, quando são estabelecidas as condições gerais para a criação da *joint venture*. Assinale a alternativa que contém uma condição geral que não é considerada importante para o sucesso do empreendimento:**
    a) divisão do poder entre as controladoras;
    b) possibilidade de participação de outros investidores, além dos controladores;
    c) contribuições de cada participante;
    d) direitos e as obrigações dos *ventures*, incluindo a integralização de capital para a formação da nova empresa;
    e) os critérios para a distribuição e outras utilizações dos lucros.

6. **Para o perfeito funcionamento das atividades empresariais das sociedades constituídas sob a forma de *joint venture*, os sócios em conjunto precisam definir criteriosamente com bastante antecedência determinados procedimentos do *modus operanti* da investida. Considerando tais aspectos, leia atentamente os textos a seguir e assinale a alternativa incorreta:**

a) mesmo no caso de uma investidora assumir isoladamente o controle de uma atividade essencial da investida – poder total para o gerenciamento da produção ou comercialização, por exemplo –, ela controla, na prática, toda a vida do empreendimento, o que descaracteriza a sociedade como *joint venture;*

b) não se descaracteriza a sociedade como *joint venture* se for dado o comando da empresa investida para apenas a investidora que tiver a maior capacidade de obtenção de recursos necessários, podendo, para isso, nomear a maioria dos diretores responsáveis pelo empreendimento em forma de *joint venture;*

c) o controle efetivo é compartilhado entre as controladoras, o que deve ser contratualmente muito bem estabelecido sob a forma de acordo entre os sócios, não existindo, no aspecto legal, a figura jurídica *joint venture;*

d) a partir do momento em que a investida perder suas características de "sociedade controlada em conjunto" deve ser alterada, na investidora, a forma de reconhecimento contábil da sua participação;

e) independentemente do percentual de sua participação individual no capital social da investida, todos os sócios participam do controle. Uma vez formada a sociedade, as contribuições tangíveis e/ou intangíveis deixam de ser propriedade dos sócios participantes – *venturers*, passando a pertencer ao patrimônio da nova empresa, que terá sua vida própria, com seus ativos, passivos, suas receitas e despesas etc. Em suma, será uma nova entidade para todos os fins: contábeis, fiscais, societários etc.

7. **A Instrução nº 247 da CVM menciona que:**
   a) não há necessidade de incluir, no processo de consolidação das demonstrações contábeis das investidoras de capital aberto, os saldos dos empreendimentos controlados em conjunto, devido não se tratar de uma controlada;
   b) os procedimentos a serem observados para a consolidação das demonstrações contábeis de empreendimento controlado em conjunto são idênticos aos procedimentos a serem observados para a consolidação das demais controladas;
   c) os investimentos societários em empreendimento controlado em conjunto podem ser avaliados pelas investidoras de capital aberto pelo método do custo;
   d) os investimentos societários em empreendimento controlado em conjunto devem ser avaliados pelas investidoras de capital aberto pelo método da equivalência patrimonial, sendo que tais investimentos também são inclusos nos processos de consolidação, na proporção da participação das investidoras no capital social da investida;
   e) os investimentos societários em empreendimento controlado em conjunto devem ser avaliados pelas investidoras de capital aberto pelo método do custo histórico.

8. **Pode-se afirmar, em relação a empreendimento controlado em conjunto, que:**
   a) considera-se controlada em conjunto aquela investida em que nenhuma das empresas investidoras exerce, individualmente, os direitos de sócios (controle acionário);
   b) não haverá alterações nos procedimentos para consolidação das demonstrações contábeis, no caso de alguma das investidoras passar a exercer, direta ou indiretamente, o controle isolado sobre a sociedade antes controlada em conjunto;
   c) nas demonstrações consolidadas da investidora, não há necessidade de qualquer divulgação em notas explicativas dos aspectos relacionados com os investimentos em empreendimento controlado em conjunto;

d) as demonstrações contábeis de empreendimento controlado em conjunto, localizadas no exterior, não devem ser inclusas na consolidação da investidora brasileira de capital aberto.

9. O Pronunciamento CPC 19 (R2) – Negócios em Conjunto (*Joint Venture*) foi emitido pelo Comitê de Pronunciamentos Contábeis como parte do processo de convergência das normas contábeis brasileiras para as normas internacionais de contabilidade. O pronunciamento apresenta diversas definições necessárias para o entendimento desse tema. Assinale a definição que está em desacordo com o CPC:
    a) empreendedores: são os participantes em determinado empreendimento controlado em conjunto, que detêm o controle compartilhado sobre esse empreendimento;
    b) investidor em empreendimento controlado em conjunto: é o participante desse empreendimento que detém o poder de decisão, exercendo, na realidade, o controle sobre o empreendimento criado em forma de *joint venture*;
    c) método de equivalência patrimonial: é o método de contabilização por meio do qual o investimento é inicialmente reconhecido pelo custo e posteriormente ajustado pelo reconhecimento da participação atribuída ao investidor nas alterações dos ativos líquidos da investida. O resultado do período do investidor deve incluir a parte que lhe cabe nos resultados gerados pela investida;
    d) empreendimento controlado em conjunto (*joint venture*): é o acordo contratual em que duas ou mais partes se comprometem à realização de atividade econômica que está sujeita ao controle conjunto;
    e) consolidação proporcional: é o método de contabilização pelo qual a participação do empreendedor nos ativos, passivos, receitas e despesas da entidade controlada em conjunto são combinadas, linha a linha, com itens similares nas demonstrações contábeis do empreendedor, ou em linhas separadas nessas demonstrações contábeis.

10. Leia com atenção os textos a seguir. De acordo com o entendimento do CPC relacionado à modalidade operações controladas em conjunto:
    I – não há a criação de uma nova empresa. O que ocorre é a assinatura de um acordo entre duas ou mais empresas investidoras para a exploração de um empreendimento temporário, normalmente de vida curta e definida;
    II – cada *venturer* deve manter e reconhecer em suas próprias demonstrações contábeis os ativos alocados ao empreendimento, os passivos gerados e as despesas incorridas e sua parte das receitas auferidas pela *joint venture*;
    III – para efeito gerencial e de controle do empreendimento, não há necessidade que tais saldos contábeis sejam registrados pela investidora de forma segregada das demais atividades operacionais da empresa.

    Assinale, de acordo com o Pronunciamento Técnico CPC 19 (R2) do Comitê de Pronunciamentos Contábeis, a alternativa correta:
    a) está correto apenas o texto I;
    b) está correto apenas o texto II;
    c) estão corretos os textos I e II;
    d) todos os textos estão incorretos;
    e) todos os textos estão corretos.

5

INVESTIMENTOS EM COLIGADAS E CONTROLADAS NO EXTERIOR

O Pronunciamento CPC 02 (R2) – Efeitos das Mudanças nas Taxas de Câmbio e Conversão de Demonstrações Contábeis foi emitido pelo Comitê de Pronunciamentos Contábeis (CPC) como parte do processo de convergência das normas contábeis brasileiras para as normas internacionais de contabilidade.

Esse pronunciamento tem o objetivo de definir como registrar transações em moeda estrangeira e operações no exterior nas demonstrações contábeis de uma entidade no Brasil, registrar as variações cambiais dos ativos e passivos em moeda estrangeira e como converter as demonstrações contábeis de uma entidade de uma moeda para outra. O assunto de maior novidade no Brasil está centrado na conversão de demonstrações contábeis em moeda estrangeira para o real brasileiro. O pronunciamento também se aplica às transações e conversões do real para qualquer outra moeda.

A Deliberação CVM nº 534/08 aprovou o Pronunciamento Técnico CPC 02 (R2), que trata dos Efeitos nas Mudanças nas Taxas de Câmbio e Conversão de Demonstrações Contábeis, e revogou a Deliberação CVM nº 28/86, que determinava normas sobre o assunto. Entretanto, os procedimentos exigidos anteriormente, regra geral, estavam de acordo com as normas internacionais de contabilidade. Portanto, não houve alterações significativas nos procedimentos adotados no Brasil.

Neste capítulo, serão apresentados os aspectos legais, técnicos e operacionais relativos à avaliação e consolidação de investimentos no exterior que atendam as exigências da legislação societária e estejam de acordo com as práticas contábeis aplicadas no Brasil, devidamente harmonizadas com as normas contábeis internacionais.

As normas em vigor relativas ao tema Investimentos em Coligadas e Controladas no Exterior são:

NBC TG	Nome da Norma	CPC	IASB
NBC TG 02 (R3)	Efeitos das Mudanças nas Taxas de Câmbio e Conversão de Demonstrações Contábeis	CPC 02 (R2)	IAS 21
NBC TG 18 (R3)	Investimento em Coligada, em Controlada e em Empreendimento Controlado em Conjunto	CPC 18 (R2)	IAS 28
NBC TG 19 (R2)	Negócios em Conjunto	CPC 19 (R2)	IFRS 11
NBC TG 36 (R3)	Demonstrações Consolidadas	CPC 36 (R3)	IFRS 10

5.1 CONSIDERAÇÕES INICIAIS

Nos capítulos anteriores, foram estudados os aspectos relacionados à adoção do método da equivalência patrimonial para a avaliação de investimentos permanentes, bem como as técnicas de consolidação das demonstrações contábeis. Não houve a preocupação, no entanto, em detalhar os procedimentos concernentes e específicos à avaliação e consolidação dos investimentos efetuados em coligadas e controladas situadas no exterior.

É importante, nesta oportunidade, a dedicação deste capítulo para a análise de tais procedimentos, devido aos seguintes fatos:

- já existe uma quantidade razoável de empresas brasileiras que possuem investimentos em outros países, seja na forma de empresas juridicamente constituídas no exterior, seja na forma de filiais, sucursais, dependências ou escritórios de representação;
- essa quantidade deve aumentar consideravelmente, em decorrência dos processos de globalização da economia;
- é bastante escassa a literatura técnica especializada sobre o assunto;
- os profissionais brasileiros ainda não dispõem de muita experiência prática.

5.1.1 Definições conforme CPC 02 (R2)

Os seguintes termos são usados neste Pronunciamento CPC 02 (R2) com os significados abaixo descritos e serão utilizados ao longo deste capítulo:

Taxa de fechamento é a taxa de câmbio à vista vigente ao término do período de reporte.

Variação cambial é a diferença resultante da conversão de um número específico de unidades em uma moeda para outra moeda, a diferentes taxas cambiais.

Taxa de câmbio é a relação de troca entre duas moedas.

Valor justo é o preço que seria recebido pela venda de um ativo ou que seria pago pela transferência de um passivo em uma transação não forçada entre participantes do mercado na data de mensuração (ver NBC TG 46).

Moeda estrangeira é qualquer moeda diferente da moeda funcional da entidade.

Entidade no exterior é uma entidade que pode ser controlada, coligada, empreendimento controlado em conjunto ou filial, sucursal ou agência de uma entidade que reporta informação, por meio da qual são desenvolvidas atividades que estão baseadas ou são conduzidas em um país ou em moeda diferente daquelas da entidade que reporta a informação.

Moeda funcional é a moeda do ambiente econômico principal no qual a entidade opera.

Grupo econômico é uma entidade controladora e todas as suas controladas.

Itens monetários são unidades de moeda mantidas em caixa e ativos e passivos a serem recebidos ou pagos em um número fixo ou determinado de unidades de moeda.

Investimento líquido em entidade no exterior é o montante que representa o interesse (participação na maior parte das vezes) da entidade que reporta a informação nos ativos líquidos dessa entidade.

Moeda de apresentação é a moeda na qual as demonstrações contábeis são apresentadas.

Taxa de câmbio à vista é a taxa de câmbio normalmente utilizada para liquidação imediata das operações de câmbio.

5.2 DETERMINAÇÃO DA MOEDA FUNCIONAL E MÉTODO DE CONVERSÃO

A determinação da moeda funcional da entidade no exterior é o primeiro passo para o processo de conversão das demonstrações contábeis, pois dela dependerá o método de conversão que será aplicado.

5.2.1 Definição de moeda funcional

O CPC 02 (R2) define moeda funcional como:

> *Moeda funcional é a moeda do ambiente econômico principal no qual a entidade opera.*

Para melhor orientar na definição da moeda funcional, o CPC apresenta as seguintes considerações:

9. *O ambiente econômico principal no qual a entidade opera é normalmente aquele em que principalmente ela gera e despende caixa. A entidade deve considerar os seguintes fatores na determinação de sua moeda funcional:*

   (a) a moeda:

   (i) que mais influencia os preços de venda de bens e serviços (geralmente é a moeda na qual os preços de venda para seus bens e serviços estão expressos e são liquidados); e

(ii) do país cujas forças competitivas e regulações mais influenciam na determinação dos preços de venda para seus bens e serviços;

(b) a moeda que mais influencia fatores como mão de obra, matéria-prima e outros custos para o fornecimento de bens ou serviços (geralmente é a moeda na qual tais custos estão expressos e são liquidados).

10. Os seguintes fatores também podem servir como evidências para determinar a moeda funcional da entidade:

(a) a moeda por meio da qual são originados recursos das atividades de financiamento (exemplo: emissão de títulos de dívida ou ações).

(b) a moeda por meio da qual os recursos gerados pelas atividades operacionais são usualmente acumulados.

11. Os seguintes fatores adicionais devem ser considerados na determinação da moeda funcional de entidade no exterior, e também devem sê-lo para avaliar se a moeda funcional dessa entidade no exterior é a mesma daquela utilizada pela entidade que reporta a informação (no caso em tela, a entidade que reporta a informação é aquela que possui uma entidade no exterior por meio de controlada, filial, sucursal, agência, coligada ou empreendimento controlado em conjunto):

(a) se as atividades da entidade no exterior são executadas como extensão da entidade que reporta a informação e, não, nos moldes em que lhe é conferido um grau significativo de autonomia. Um exemplo para ilustrar a primeira figura é quando a entidade no exterior somente vende bens que são importados da entidade que reporta a informação e remete para esta o resultado obtido. Um exemplo para ilustrar a segunda figura é quando a entidade no exterior acumula caixa e outros itens monetários, incorre em despesas, gera receita e angaria empréstimos, tudo substancialmente em sua moeda local;

(b) se as transações com a entidade que reporta a informação ocorrem em uma proporção alta ou baixa das atividades da entidade no exterior;

(c) se os fluxos de caixa advindos das atividades da entidade no exterior afetam diretamente os fluxos de caixa da entidade que reporta a informação e estão prontamente disponíveis para remessa para esta;

(d) se os fluxos de caixa advindos das atividades da entidade no exterior são suficientes para pagamento de juros e demais compromissos, existentes e esperados, normalmente presentes em título de dívida, sem que seja necessário que a entidade que reporta a informação disponibilize recursos para servir a tal propósito.

12. Quando os indicadores acima estão mesclados e a determinação da moeda funcional não é um processo tão óbvio, a administração deve se valer de julgamento para determinar a moeda funcional que representa com maior fidedignidade os efeitos econômicos das transações, eventos e condições subjacentes. Como parte dessa abordagem, a administração deve priorizar os indicadores primários do item 9 antes de levar em consideração os indicadores enumerados nos itens 10 e 11, os quais são fornecidos para servirem como evidência adicional para determinação da moeda funcional da entidade.

13. A moeda funcional da entidade reflete as transações, os eventos e as condições subjacentes que são relevantes para ela. Assim, uma vez determinada, a moeda funcional não deve ser alterada, a menos que tenha ocorrido mudança nas transações, nos eventos e nas condições subjacentes.

14. Se a moeda funcional é a moeda de economia hiperinflacionária, as demonstrações contábeis da entidade devem ser reelaboradas nos moldes da Norma sobre Contabilidade e Evidenciação em Economia Altamente Inflacionária (pelo método da correção integral enquanto não emitida essa Norma). A entidade não pode evitar a reapresentação nos moldes requeridos pela Norma sobre Contabilidade e Evidenciação em Economia Altamente Inflacionária mediante, por exemplo, a eleição de outra moeda que não seja aquela determinada em consonância com esta Norma como sua moeda funcional (tal como a moeda funcional de sua controladora).

Conforme texto do CPC, a definição da moeda funcional, em determinadas circunstâncias, depende de julgamento da administração.

Outro fator a ser considerado é o nível de inflação onde a investida está sediada. Caso a inflação acumulada nos últimos três anos esteja próxima de 100%, o país será considerado de economia altamente inflacionária e será exigida aplicação de correção monetária antes de se efetuar a conversão das demonstrações contábeis.

O Pronunciamento CPC 42 (IAS 29) – Contabilidade em Economia Hiperinflacionária determina as características que devem ser consideradas para classificação da economia de um país como hiperinflacionária.

5.2.2 Métodos de conversão

Dependendo da moeda funcional e das condições inflacionárias, conforme determinações e definições do CPC 42 – Contabilidade em Economia Hiperinflacionária (IAS 29), em que o país esteja instalado, os seguintes métodos de conversão deverão ser aplicados:

Característica do país-sede da coligada e controlada e do sistema contábil	Método de conversão aceitável
País de moeda forte e estável	Método da taxa corrente ou de fechamento
País de moeda fraca e alta inflação, mas que tenha adequado sistema de correção monetária e de ajustes em face da inflação local	Método da taxa corrente ou de fechamento
País de moeda fraca e alta inflação, sem sistema de correção monetária	Método da taxa histórica ou do monetário, não monetário

O quadro apresentado a seguir demonstra as possibilidades de conversão de demonstrações contábeis elaboradas em moeda estrangeira, (por exemplo, ¥ = Yuan = moeda nacional chinesa) de acordo com as normas contábeis do país em que a entidade estiver instalada (por exemplo, China), para R$ (Real) destinadas à empresa investidora brasileira que utilizará essas demonstrações contábeis para avaliação do investimento pela equivalência patrimonial e consolidação das demonstrações contábeis.

Para fins ilustrativos, consideraremos que a empresa brasileira tem investimentos em empresa chinesa.

Legendas das siglas de moedas que serão utilizadas:

R$L = Real Local = moeda nacional brasileira

R$F = Real Funcional = Real é a principal moeda das operações da empresa

R$R = Real de Relatório = Relatório em R$ destinado à empresa investidora brasileira

US$F = Dólar Funcional = Dólar é a principal moeda das operações da empresa

¥L = Yuan Local = Moeda nacional chinesa

¥F = Yuan Funcional = Moeda funcional chinesa

Conversão de demonstrações contábeis de acordo com IAS 21/CPC 02 (R2)					
Moeda	Princípios Contábeis	Situação 1	Situação 2	Situação 3
Moeda local	As demonstrações contábeis em moeda local seguem critérios contábeis do país em que a empresa estiver instalada, por exemplo, China.	¥L = Yuan Local = Moeda nacional chinesa	¥L = Yuan Local = Moeda nacional chinesa	¥L = Yuan Local = Moeda nacional chinesa
⬇	⬇	⬇	⬇	⬇
Remensuração pelo método monetário/não monetário	Ajustes extracontábeis enquanto houver diferenças de critérios contábeis	Remensuração pelo método do monetário/não monetário	Não há remensuração, pois a moeda funcional é o Y$	Remensuração pelo método do monetário/não monetário
⬇	⬇	⬇	⬇	⬇
Moeda funcional	As demonstrações contábeis em moeda funcional seguem critérios contábeis da empresa investidora brasileira	R$F (funcional)	¥F (funcional)	US$F (funcional) ou outra moeda diferente da moeda local e da moeda de relatório
⬇	⬇	⬇	⬇	⬇
Conversão pelo método de câmbio de fechamento	Não há ajustes	Não há conversão, pois a moeda funcional é o R$F	Conversão pelo câmbio de fechamento	Conversão pelo câmbio de fechamento
⬇	⬇	⬇	⬇	⬇
Moeda de relatório	As demonstrações contábeis em moeda de relatório seguem critérios contábeis da empresa investidora brasileira	R$R (relatório)	R$R (relatório)	R$R (relatório)

Observe que os critérios contábeis não dependem da moeda. As demonstrações contábeis em moeda funcional estarão sempre ajustadas para os princípios contábeis brasileiros.

Situação 1 = Moeda funcional igual à moeda de relatório

Nesse caso, há remensuração da moeda local (¥) para a moeda funcional (R$), gerando apropriação de ganhos ou perdas de conversão diretamente no Resultado do Exercício. Não há ajustes no Patrimônio Líquido, pois as moedas de relatório e funcional são as mesmas.

Situação 2 = Moeda local igual à moeda funcional

Nesse caso, haverá ajustes de tradução somente da moeda funcional (¥) para a moeda de relatório. Esse ajuste será apropriado diretamente no Patrimônio Líquido em conta específica. Não há ganhos ou perdas de conversão, pois as moedas local e funcional são as mesmas. A determinação da moeda local como moeda funcional não elimina a necessidade de ajustes das demonstrações contábeis aos critérios contábeis brasileiros.

Situação 3 = Moeda local diferente da moeda funcional, que é diferente da moeda de relatório

Nesse caso, haverá ganhos e perdas decorrentes da remensuração da moeda local para a moeda funcional apropriados no Resultado do Exercício e ajuste decorrente da tradução da moeda funcional para a moeda de relatório apropriado no Patrimônio Líquido.

5.2.3 Apropriação dos ajustes de tradução

Dependendo da moeda funcional e dos métodos de conversão e de remensuração, podemos encontrar as seguintes situações:

Moeda	Situação 1	Situação 2	Situação 3
Moeda local	R$L BRPCGA	R$L BRPCGA	R$L BRPCGA
Remensuração pelo método monetário/não monetário	Ganhos ou perdas de remensuração apropriados no resultado do período (TGL – *Translation Gain or Loss*)	Não há ajustes de remensuração quando as moedas local e funcional forem iguais	Ganhos ou perdas de remensuração apropriados no resultado do período (TGL – *Translation Gain or Loss*)
Moeda funcional	US$F – USGAAP €$F – IFRS	R$F USGAAP R$F IFRS	€$F (exemplo) USGAAP US$F (exemplo) IFRS
Conversão pelo método de câmbio de fechamento	Não há ajustes de conversão quando as moedas de relatório e funcional forem iguais	Ajustes de conversão apropriados no Patrimônio Líquido na conta CTA – *Cumulative Translation Adjustments*	Ajustes de conversão apropriados no Patrimônio Líquido na conta CTA – *Cumulative Translation Adjustments*
Moeda de relatório	US$R USGAAP €$R – IFRS	US$R USGAAP €$R – IFRS	US$R USGAAP €$R – IFRS

A seguir, estudaremos aplicações práticas dos conceitos estudados neste item.

5.3 ASPECTOS GERAIS RELATIVOS A INVESTIMENTOS NO EXTERIOR

O Instituto dos Auditores Independentes do Brasil (Ibracon) emitiu o Pronunciamento nº XXV – Investimentos Societários no Exterior e Critérios de Conversão de Demonstrações Contábeis de Outras Moedas para Reais. Tal pronunciamento foi aprovado pela CVM, através da Deliberação nº 28, de 5 de fevereiro de 1986, tornando obrigatória sua adoção pelas companhias abertas, a qual foi cancelada e substituída pela Deliberação CVM nº 534/08, que aprovou o Pronunciamento Técnico CPC 02 (R2) do Comitê de Pronunciamentos Contábeis, que trata dos Efeitos nas Mudanças nas Taxas de Câmbio e Conversão de Demonstrações Contábeis. Esse pronunciamento havia sido emitido com base na norma internacional IAS 21. Portanto, as normas brasileiras aplicadas ao tema já estavam harmonizadas com as práticas contábeis internacionais.

Com a criação do CPC, o Ibracon deixou de emitir pronunciamentos contábeis, passando a participar como membro do CPC, que tem como responsabilidade a emissão de pronunciamentos contábeis de acordo com as Normas Internacionais de Relatório Financeiro (IFRS). O Ibracon é o órgão responsável pela tradução oficial das IFRS no Brasil.

O texto que apresentaremos a seguir está baseado no pronunciamento CPC 02 (R2).

5.3.1 Apresentação do problema

As empresas que têm investimentos permanentes em outros países, na forma de participação societária, deparam com o problema de como tratar contabilmente tais investimentos, particularmente quanto à:

a) adoção do método da equivalência patrimonial em coligadas ou controladas no exterior;

b) consolidação de demonstrações contábeis que devam incluir as controladas no exterior.

Pela legislação societária e pelos princípios de contabilidade, tais investimentos devem ser ajustados ao valor do Patrimônio Líquido na contabilidade da empresa investidora no Brasil, de forma que se reconheça sua participação nos resultados dessas empresas no exterior à medida que são gerados, no regime de competência, similarmente ao que ocorre com investimentos em outras empresas no próprio país. O grande problema com que se depara é exatamente a necessidade de se dispor das demonstrações contábeis dessas coligadas e controladas no exterior expressas em reais e elaboradas segundo critérios contábeis que guardem uniformidade com os praticados no Brasil.

De fato, tais coligadas e controladas terão sua contabilidade e demonstrações contábeis oficiais desenvolvidas e aplicadas, atendendo às normas e à legislação do país onde operam e, logicamente, expressas na respectiva moeda.

Com o processo de convergência mundial de normas contábeis, caso a investida esteja sediada em país que tenha adotado as normas internacionais de contabilidade, o processo de conversão abrangerá apenas aspectos de moeda, pois as práticas contábeis estarão uniformizadas.

Os contadores das empresas brasileiras que têm participações societárias em coligadas e controladas no exterior, ao efetuar o ajuste pelo método da equivalência patrimonial, ou ao consolidar as demonstrações contábeis dessas investidas com as demonstrações contábeis da investidora, deparam com os seguintes problemas:

a) as demonstrações contábeis das coligadas e controladas estão expressas na moeda do país onde estão localizadas;

b) podem ser diferentes os critérios contábeis adotados naquele país, em relação aos critérios contábeis praticados no Brasil.

Exemplificando, uma investidora brasileira possui participação societária de uma controlada em um país onde os critérios de valorização dos estoques são diferentes dos critérios aceitos no Brasil. Nesse caso, além de receber as demonstrações expressas em moeda diferente do real, os estoques estariam valorizados por critérios distintos dos utilizados pela investidora.

Da mesma forma que não teria sentido consolidar as demonstrações contábeis da investidora, expressas em reais, com as demonstrações contábeis da controlada, expressas em pesos, por exemplo, também não se podem consolidar ativos que estejam avaliados por métodos diferentes.

Tais assuntos serão abordados no presente capítulo. O exemplo acima não justifica que a contabilidade da controlada no exterior deva ser efetuada de acordo com os critérios contábeis praticados no Brasil. Significa, sim, que as demonstrações contábeis da controlada devam ser ajustadas extracontabilmente, de forma a eliminar os eventuais efeitos relevantes decorrentes do uso de critérios divergentes.

Além disso, os princípios de consolidação exigem que as demonstrações contábeis estejam expressas em uma única moeda. Há necessidade, portanto, de converter as demonstrações contábeis da controlada, da moeda estrangeira para o real, utilizando técnicas de conversão que serão estudadas neste capítulo.

5.3.2 Aplicabilidade do CPC 02 (R2)

Neste capítulo, estudaremos a aplicação do pronunciamento CPC 02 (R2) relativamente à avaliação de investimentos e consolidação das demonstrações contábeis.

- avaliação de investimentos: nossa legislação e normas reguladoras definem quais e quando os investimentos devem ser avaliados pelo método de equivalência patrimonial. Tais critérios são, também, aplicáveis aos investimentos em empresas no exterior. Sucintamente, envolvem as participações societárias em coligadas e em controladas.

- consolidação: similarmente, os investimentos em controladas, quer no país, quer no exterior, devem ser incluídos no processo de consolidação.

As filiais, agências, sucursais, dependências e escritórios de representação no exterior que não se caracterizarem como empresas juridicamente constituídas e independentes, mantidos por empresas brasileiras no exterior, devem normalmente ter seus ativos, passivos e resultados integrados à contabilidade da matriz no Brasil, como qualquer outra filial, agência, sucursal, dependência ou escritório de representação mantidos no próprio país.

Quando, todavia, tais filiais, agências, sucursais, dependências ou escritórios de representação se caracterizarem, na essência, como coligada ou controlada e com registros contábeis próprios, a matriz, no Brasil, deve reconhecer os resultados apurados pela aplicação do método da equivalência patrimonial e incluí-los nas suas demonstrações consolidadas, quando for o caso, observando os critérios contábeis de conversão previstos. Essa forma de registro contábil é aceitável e necessária, baseada no conceito de que a essência se sobrepõe à forma, sempre que os ativos, passivos e os resultados de tais filiais, agências, sucursais, dependências e escritórios de representação não estiverem, por algum motivo, sendo reconhecidos na matriz.

A inclusão de tais categorias de coligadas ou controladas abrangidas pela adoção das normas da equivalência patrimonial e da consolidação de balanços é de especial interesse das instituições financeiras.

5.3.3 Contabilização da conta de investimentos no exterior

Os critérios de contabilização das transações devem seguir os mesmos procedimentos de um investimento feito no país, cabendo sumariar ou destacar os pontos contidos nos parágrafos seguintes.

Integralizações de capital

Devem ser registrados pelo custo efetivamente incorrido. Se o investimento foi em moeda estrangeira, o custo a ser registrado em reais é o valor efetivamente incorrido, ou seja, à taxa de câmbio corrente na data da remessa que corresponda, efetivamente, a ações ou cotas subscritas e integralizadas.

Eventuais remessas de recursos efetuadas que não correspondam efetivamente a ações ou cotas caracterizam-se como créditos e, desse modo, não devem integrar o custo do investimento, mas ser tratadas como créditos.

Ações ou cotas bonificadas

As ações ou cotas bonificadas recebidas sem custo pela investidora de sua coligada ou controlada no exterior não devem ter registro equivalente em reais.

Variação cambial de investimentos no exterior

Ao final de cada período contábil, a investidora deverá atualizar o saldo do investimento no exterior de acordo com a taxa de câmbio vigente no final do período e apropriar a variação cambial diretamente no Patrimônio Líquido, no grupo de Ajustes de Avaliação Patrimonial. Exemplo:

As taxas cambiais utilizadas neste capítulo são meramente ilustrativas.

Determinada empresa investidora investiu US$ 100.000 em 10-01-20XA em outra empresa sediada nos Estados Unidos da América (EUA). Na data do investimento, o US$ estava cotado em R$ 1,75. Na data de encerramento do período contábil, 31-01-20XA, o US$ estava cotado em R$ 1,82. A conta Investimento apresentará a seguinte movimentação:

Data	Histórico	US$	Taxa	R$	Contrapartida
10-01-20XA	Investimento no exterior	100.000	1,75	175.000	Caixa, bancos
31-01-20XA	Variação cambial			7.000	Patrimônio Líquido (PL) – Ajuste de Avaliação Patrimonial
31-01-20XA	Saldo final	100.000	1,82	182.000	

Dividendos recebidos

Os dividendos recebidos de investimentos em coligada ou controlada avaliados pela equivalência patrimonial devem ser registrados pela investidora no Brasil como redução da conta de investimentos, observando os aspectos a seguir.

Os dividendos recebidos em reais deverão ser contabilizados pelo valor do seu efetivo ingresso no país, ou seja, à taxa de câmbio vigente nessa data. O valor recebido como dividendos deverá ser segregado, para efeitos contábeis, em duas partes, como segue:

a) parte que será registrada como redução da conta de investimento: pelo valor do dividendo recebido em moeda estrangeira convertido para reais à taxa de câmbio vigente na data da última equivalência patrimonial registrada; e

b) parte que será registrada como ganho ou perda cambial decorrente de investimentos societários no exterior, em conta própria do resultado operacional do exercício.

Na hipótese de os dividendos distribuídos pela coligada ou controlada serem tributados pelo país onde estiverem situadas, a investidora deverá observar os seguintes aspectos:

a) se tais impostos forem recuperáveis no Brasil, constituirão créditos, devendo ser contabilizados como impostos a recuperar, no ativo circulante ou realizável a longo prazo;

b) se, no entanto, não forem recuperáveis, representam um ônus da investidora, devendo, portanto, ser registrados como despesas.

Dever-se-á analisar cada caso em particular quanto à incidência no país de origem de impostos sobre a distribuição e remessa de dividendos para a investidora no Brasil, verificando se tais impostos são ou não recuperáveis.

Nessa análise, deve-se considerar que, pelo regime de competência, tal ônus e consequente despesa estariam mais bem refletidos se registrados no mesmo período em que se reconhece o resultado da equivalência patrimonial relativo aos lucros que derem origem aos dividendos e não ao período em que os dividendos são efetivamente remetidos, gerando tais impostos.

Todavia, há que se analisar que nem todo lucro apurado se converterá em dividendos, não havendo a correspondente incidência do Imposto de Renda na fonte, se for esta a legislação do país.

Assim, tais impostos não devem ser provisionados quando relativos a lucros que se pretendem manter na empresa no exterior, por capitalização através de reinvestimento ou manutenção em reservas. Nessa hipótese, se houver mudança posterior de decisão e forem distribuídos dividendos relativos a tais lucros passados, o imposto deverá ser registrado quando os dividendos forem declarados. Por outro lado, quando houver prévio conhecimento de dividendos futuros relativos a lucros apurados no exercício presente, em face da determinação estatutária legal, ou por deliberação da empresa, o Imposto de Renda correspondente deve ser provisionado no mesmo exercício.

Esses fatores devem ser considerados na determinação do tratamento contábil aplicável a tal encargo, o que deve ser indicado em notas explicativas.

5.3.4 Ajuste ao valor da equivalência patrimonial

A apuração do valor da equivalência patrimonial na data do balanço também deve ser similar à de investimentos realizados no Brasil, aplicando-se a porcentagem de participação no capital da coligada ou controlada no exterior sobre o seu Patrimônio Líquido convertido para reais.

Seguem os demais itens sobre o assunto:

Resultados não realizados

O Patrimônio Líquido da investida no exterior deverá ser ajustado pela investidora quanto aos resultados não realizados, decorrentes de transações dessa investida com a investidora ou com outras investidas, coligadas ou controladas.

O tratamento do ajuste de equivalência patrimonial

O ajuste decorrente da comparação do valor final em relação ao valor contábil do investimento representará um ajuste à conta de investimento, tendo, como contrapartida:

- Resultado do Exercício: parte referente à participação da investidora no resultado do exercício da coligada ou controlada. Esses ganhos ou perdas devem ser registrados pela investidora como resultado operacional.
- Patrimônio Líquido: a parte referente à diferença de avaliação decorrente das variações cambiais deve ser registrada como Ajustes de Avaliação Patrimonial no Patrimônio Líquido (PL) da investidora e será parte integrante dos Outros Resultados Abrangentes.

5.3.5 Demonstrações contábeis da coligada ou controlada – uniformidade dos critérios contábeis

As demonstrações contábeis da coligada ou controlada que serão utilizadas para a apuração do valor da equivalência patrimonial do investimento deverão ser elaboradas e apuradas segundo os procedimentos descritos no tópico seguinte.

A necessidade de uniformidade

É fator fundamental que as demonstrações contábeis da coligada ou controlada que servirão de base aos ajustes da conta de investimentos ou à consolidação sejam elaboradas com uniformidade de critérios em relação aos princípios contábeis do Brasil que são adotados pela investidora. De fato, poderá acontecer de tais empresas no exterior adotarem, em suas demonstrações contábeis oficiais, critérios que atendam a requisitos legais ou fiscais dos respectivos países e apresentarem divergências que provoquem distorções de efeitos relevantes, em relação aos princípios contábeis vigentes no Brasil.

As demonstrações contábeis ajustadas

Dessa forma, partindo-se das demonstrações contábeis oficiais da coligada ou controlada, deverão apurar-se, mediante ajustes extracontábeis, demonstrações contábeis ajustadas elaboradas segundo os princípios de contabilidade vigentes na época no Brasil no que tange à avaliação de ativos e registros de passivos, particularmente quanto ao regime de competência. Cumpre ressaltar que especial consideração deve ser dada ao reflexo no Imposto de Renda sobre tais ajustes, devendo-se efetuar o diferimento, quando aplicável.

No caso de empresas em que se requeira somente a avaliação dos investimentos pelo método da equivalência, mas não a consolidação, o importante é que o Patrimônio Líquido da coligada ou controlada tenha seu valor apurado segundo os critérios acima, não importando, portanto, eventuais divergências de nomenclatura ou de classificação das demais contas do balanço ou da demonstração do resultado.

No caso, todavia, de consolidação de demonstrações contábeis, requer-se, também, a adaptação de nomenclaturas e classificação de contas relativas às demonstrações contábeis, conforme critérios de apresentação adotados no Brasil.

Com o advento da convergência mundial de normas contábeis, da qual o Brasil também participa, a maioria dos países desenvolvidos e em processo de desenvolvimento, a partir de 2010, passaram a apresentar demonstrações contábeis de acordo com as normas internacionais de contabilidade. Portanto, caso a empresa investida esteja sediada em país que tenha aderido às normas internacionais de contabilidade, não haverá necessidade de se efetuarem ajustes de critérios contábeis para fins de avaliação de tais investimentos e consolidação das demonstrações contábeis.

5.4 MÉTODOS PARA CONVERSÃO DAS DEMONSTRAÇÕES CONTÁBEIS EM MOEDA ESTRANGEIRA PARA O REAL

Fundamentação básica

Existem inúmeros métodos que podem ser utilizados no processo de conversão das demonstrações contábeis expressas em uma moeda para a de outro país. O fundamental é que seja utilizado um método que produza a apuração de demonstrações contábeis expressas em reais refletindo adequadamente sua posição patrimonial e financeira e os resultados de suas operações, de acordo com os princípios contábeis em nosso país e aplicados de maneira uniforme entre os exercícios.

A literatura técnica, os pronunciamentos de entidades profissionais de outros países e os estudos feitos por profissionais em nosso país indicam diversas técnicas e formas de conversão de balanços de uma moeda para outra. Para o nosso caso, é recomendável e aplicável nos referirmos particularmente aos seguintes métodos:

- método da taxa corrente ou de fechamento – indicado para quando se tem que transformar informações em moeda funcional para uma outra moeda de apresentação;
- método da taxa histórica ou monetário, não monetário – indicado para quando a moeda local é diferente da moeda funcional da empresa.

A seguir será apresentado e exemplificado cada método.

5.4.1 O método da taxa corrente ou de fechamento

Taxa corrente significa a taxa de câmbio em vigor na data do balanço que se pretenda converter. Esse método é, em princípio, bastante simples quanto à mecânica, pois consiste em converter todos os valores das demonstrações contábeis expressas em moeda estrangeira da seguinte forma:

- Ativos e Passivos pela taxa corrente de câmbio;
- Patrimônio Líquido pelas taxas históricas de cada operação;
- Resultado pela taxa média do período.

Como já visto, essa conversão pela taxa corrente deve ser feita a partir das demonstrações ajustadas da coligada e controlada em outro país, ou seja, após o processo de equalização das práticas contábeis divergentes.

Exemplo de conversão de demonstrações contábeis com base em taxa corrente

Uma investidora brasileira possui participação societária em uma controlada situada no exterior. A controlada encerrou suas demonstrações contábeis em 31-12-X4 na moeda estrangeira (ME). Nessa data, a taxa de câmbio era de ME$ 4,00 para cada R$ 1,00. A taxa de câmbio vigente na data da constituição do capital da empresa era de ME$ 3,00 para cada R$ 1,00, e a taxa média ponderada do período foi de ME$ 3,50 para cada R$ 1,00. Com base nessas informações, as demonstrações contábeis da controlada, apuradas em ME, seriam convertidas para reais da seguinte maneira:

Demonstração do Resultado do Exercício	Saldos em 31-12-X4 em moeda estrangeira ME$	Taxa de câmbio ME$ 1 = R$	Saldos em 31-12-X4 Em R$
Receitas operacionais	35.000	3,5	10.000
Custo das vendas	(21.000)	3,5	(6.000)
Lucro bruto	**14.000**	**3,5**	**4.000**
Despesas operacionais	(10.500)	3,5	(3.000)
Lucro antes IRCS*	**3.500**	**3,5**	**1.000**
Despesa de IRCS	(1.400)	3,5	(400)
Lucro líquido final	**2.100**	**3,5**	**600**

* IRCS = Imposto de Renda e Contribuição Social incidentes sobre o lucro.

Balanço Patrimonial	Saldos em 31-12-X4 em ME$	Taxa de câmbio ME$ 1	Saldos em 31-12-X4 Em R$
ATIVO			
Caixa e equivalentes	600	4,00	150
Contas a receber	1.200	4,00	300
Estoques	4.000	4,00	1000
Imobilizado	9.500	4,00	2375
Intangível	800	4,00	200
Total do ativo	**16.100**		**4.025**
PASSIVO e PL			
Contas a pagar	400	4,00	100
Empréstimos	1.600	4,00	400
Total do passivo	**2.000**		**500**
Capital social	12.000	3,00	4000
Lucros acumulados	2.100	3,50	600
PL antes dos efeitos de conversão	**14.100**		**4.600**
Ajustes acumuladas de conversão*	0		(1.075)
Total do passivo e PL	**16.100**		**4.025**

* Obtido por diferença.

Para a avaliação da validade da adoção desse método, há que se considerar que:

a) em geral, as taxas de câmbio refletem substancialmente a inflação de um país, diminuída do efeito da inflação do outro país; e

b) a maioria dos países não adota, em sua contabilidade e em suas demonstrações contábeis, o reconhecimento dos efeitos da inflação.

A avaliação dos fatores acima leva à conclusão de que, para empresas investidas sediadas em países de elevada inflação, a conversão pelo método da taxa corrente produz demonstrações contábeis convertidas com distorções significativas que irão refletir-se na contabilidade da empresa investidora, através da aplicação do método da equivalência patrimonial ou da consolidação.

Tais distorções, todavia, tendem a se eliminar à medida que a inflação do país onde está sediada a investida seja menor. Similarmente, tais distorções são substancialmente eliminadas se a empresa investida estiver aplicando métodos eficientes de reconhecimento dos efeitos inflacionários na apuração das demonstrações contábeis adotados para a conversão para a outra moeda.

5.4.2 O método da taxa histórica ou do monetário, não monetário

Esse método baseia-se no pressuposto de que a conversão das demonstrações contábeis é feita interpretando-se as transações como se tivessem ocorrido na moeda para a qual se pretende converter.

Esse método tem sido particularmente útil e representativo nos casos de empresas investidoras sediadas em países de "moeda forte" que tenham investimentos em países com elevada inflação e não adotem sistemas de correção monetária. De fato, esse método apura demonstrações contábeis convertidas para a moeda forte, de forma bem mais realista e representativa, pois elimina parcela substancial dos efeitos da inflação, através da técnica de conversão.

Os ativos monetários são aqueles expressos em moeda ou os que serão transformados em moeda cujo valor é dado pelo valor nominal de títulos ou documentos que o suportam, como as disponibilidades em dinheiro ou em bancos, contas a receber representadas por duplicatas, faturas ou outros títulos, empréstimos a receber, depósitos etc.

Os passivos monetários, similarmente, são as contas a pagar a fornecedores, empreiteiros, os impostos a recolher, os salários e encargos, os empréstimos e financiamentos e outros passivos provisionados cujos valores são também representados por faturas, notas, contratos, guias de recolhimento e outros títulos ou documentos que os suportam e serão quitados em moeda cujo valor pode estar ou não sujeito a atualizações.

Os ativos e passivos têm, assim, a característica de itens que estão expostos aos efeitos da inflação, em face da variação do poder aquisitivo da moeda.

Os ativos não monetários são os bens e direitos, na maioria das vezes representados por itens com existência física que têm substância econômica própria, independentemente do valor de custo ou valor original de sua aquisição.

De fato, tais itens, por essas características, têm seu valor econômico regulado basicamente pelo mercado. São exemplos de itens não monetários as contas do imobilizado e suas depreciações, os investimentos, o ativo intangível, os estoques, os adiantamentos a fornecedores e de clientes e os resultados de exercícios futuros.

Foram mencionados os critérios para conversão, para reais, das demonstrações contábeis preparadas em moeda estrangeira pelas coligadas e controladas no exterior. É oportuno, no momento, a apresentação mais detalhada de alguns conceitos e definições, para facilitar o entendimento dos critérios mencionados.

a) Países "moeda forte"

São os países que mantêm a inflação sob controle, em níveis irrelevantes. Em geral, trata-se de países com sistemas políticos e econômicos bastante desenvolvidos, ou seja, economia de primeiro mundo.

Os casos mais representativos são Dinamarca, Suécia, Suíça, Holanda etc. –, onde a inflação é, em média, de 1 ou 2% ao ano.

Outros países desenvolvidos também possuem economia estável, com controle sobre a inflação, apesar de registrarem uma taxa anual mais elevada, em média de 10 a 15% ao ano, que são os casos dos Estados Unidos, Japão, Inglaterra, França etc.

b) Países com hiperinflação

Ao contrário dos citados anteriormente, são aqueles países nos quais a inflação é considerada alta. De acordo com os padrões internacionais de contabilidade, hiperinflação ocorre quando a inflação acumulada nos últimos três anos ultrapassa 100%, o que significa inflação média anual de 26% ou uma média mensal de aproximadamente 2%.

c) Itens monetários

Trata-se dos saldos contábeis que representam os bens, direitos e obrigações de uma empresa, que estão expostos aos efeitos da inflação e, consequentemente, da variação cambial.

Essa "exposição" aos efeitos da inflação e da variação cambial representa, resumidamente, perdas ou ganhos sofridos pela moeda local em relação ao equivalente em reais.

Por exemplo, suponha que uma controlada no exterior possuísse, em 30-9-X1, o saldo de ME (moeda estrangeira) ME$ 5.000 como disponibilidade, em caixa e/ou contas-correntes bancárias. Se, nessa data, a taxa do real era de R$ 1,00 igual a ME$ 2,00, o saldo dessas disponibilidades, medido em reais, equivaleria a R$ 2.500.

Imagine que tais disponibilidades em ME fossem as mesmas em 31-10-X1 e que em outubro a inflação e a variação cambial naquele país fossem de 30%. Nesse caso, a taxa do real em 31-10-X1 seria de ME$ 2,60 para R$ 1,00, ou seja, ME$ 2,00 × 1,30.

Ao converter o saldo em ME das disponibilidades de 31-10-X1, ME 5.000 pelo valor do real em 31-10-X1, ME$ 2,60, seria obtido nessa conversão um saldo em reais de apenas R$ 1.923,08.

A diferença entre a quantidade de reais obtida em 30-9-X1, R$ 2.500,00, e a quantidade de reais obtida em 31-10-X1, R$ 1.923,08, representa uma perda efetiva de R$ 576,92 nas disponibilidades, em decorrência dos efeitos inflacionários.

Evidentemente, essa perda ocorreu porque o saldo das disponibilidades ficou desprotegido contra os efeitos da inflação. Trata-se, no caso, de uma perda efetiva, não "meramente contábil", e, como tal, deve ser demonstrada pela contabilidade em reais.

Fenômeno semelhante ocorre com os demais saldos monetários. Por exemplo, o saldo de contas a receber em 30-9-X1, que era de ME$ 700.000, foi recebido em 15-10-X1, quando a taxa do real era de ME$ 2,26. Nesse caso, a perda em reais, nas contas a receber, foi de R$ 40.265,49, como demonstrado:

Data	Saldo em ME$	Taxa do Real R$ 1,00 = ME$	Saldo em R$
30-9-X1	700.000	2,00	350.000,00
15-10-X1	700.000	2,26	309.734,51
Perda no período			**40.265,49**

Trata-se, também, de uma perda efetiva, que deve ser apresentada nas demonstrações preparadas em reais.

Se ocorrem perdas nos itens monetários ativos, evidentemente ocorrerão ganhos nos saldos monetários passivos.

Por exemplo, uma dívida em ME em 30-9-X1 de ME$ 400.000, equivalente nessa data a R$ 200.000, seria liquidada em 31-10-X1 pelo equivalente a apenas R$ 153.846,15, ou seja, a controlada no exterior obteve um ganho de R$ 46.153,85, em decorrência da inflação e variação cambial de 30% sobre seus passivos monetários.

d) Itens não monetários

São os bens, direitos e obrigações que serão realizados ou exigidos em bens ou serviços e o patrimônio líquido. São itens que não estão expostos aos efeitos da inflação e variação cambial. Os ativos e passivos não monetários têm os seus valores assegurados intrinsecamente.

Os estoques da controlada, por exemplo, valem para a empresa o seu valor como ativo que será utilizado na produção ou na comercialização. Raciocínio idêntico para os itens do imobilizado. As máquinas e equipamentos da empresa terão sempre seu valor assegurado como um ativo econômico gerador de lucros futuros, independentemente de haver ou não uma grande crise da economia do país, com altas taxas de inflação.

e) Perdas e ganhos na conversão

É o somatório de perdas e ganhos em determinado período, com a manutenção dos itens monetários expostos aos efeitos da inflação.

As perdas serão maiores do que os ganhos, se a soma dos ativos monetários for superior à soma dos passivos monetários, nos casos de desvalorização da moeda estrangeira em relação ao real.

Ao contrário, os ganhos serão maiores do que as perdas se a soma dos passivos monetários for superior à soma dos ativos monetários, considerando ainda a desvalorização da moeda estrangeira em relação ao real.

Perdas e ganhos na conversão devem ser destacados, em rubrica apropriada, na demonstração do resultado do exercício da coligada ou controlada, preparada em reais.

f) Taxa corrente

É a taxa de câmbio em vigor na data do encerramento das demonstrações contábeis das coligadas ou controladas no exterior.

Por exemplo, taxa vigente do real em 31-12-X1, data de encerramento das demonstrações contábeis das investidas.

g) Taxa histórica

Taxa de câmbio vigente na data em que ocorreu a movimentação ou transação envolvendo itens não monetários.

Por exemplo, taxa do real vigente na data em que ocorreu a remessa de capital, compra de imobilizado, de estoques etc.

h) Taxa média no período

Média das taxas de câmbio entre dois períodos, que pode ser de um mês, trimestre, anos etc.

Como consequência, há a taxa média mensal, bimestral, semestral etc.

5.4.2.1 Técnica de conversão no método da taxa histórica

Para a conversão dos saldos em moeda estrangeira para o real, devem-se aplicar os seguintes procedimentos:

Balanço patrimonial

- os saldos de ativos e passivos monetários são convertidos pela taxa corrente de câmbio;
- os ativos não monetários são convertidos pela aplicação das taxas históricas de câmbio, vigentes nas datas de aquisição dos itens que formam esses ativos na data do balanço, sobre os valores originais de custo de aquisição das respectivas transações. Em face da utilização de taxas históricas de câmbio, os valores eventualmente constantes dos saldos das contas não monetárias originárias de correções monetárias não são convertidos, ou seja, têm equivalência nula na outra moeda;
- as contas que formam o patrimônio líquido são também de natureza não monetária, sendo que, por esse método de conversão, o valor total do patrimônio convertido é apurado pela equivalência contábil, ou seja, pela diferença entre o ativo total e exigibilidades totais já apurados, conforme comentado anteriormente.

Mutações do patrimônio líquido

- os aumentos do capital são convertidos pela taxa histórica em vigor nas datas das integralizações efetivas;
- os dividendos distribuídos são convertidos pela taxa histórica, ou seja, pela taxa de câmbio em vigor na data de distribuição dos dividendos ou, se forem dividendos contabilizados como proposta na data do balanço, pela taxa em vigor na data do balanço;
- os demais acréscimos ou reduções patrimoniais que representarem ganhos ou perdas patrimoniais efetivos, apesar de não transitarem pelo resultado do exercício, são convertidos às taxas históricas de formação;
- o lucro ou prejuízo acumulado é apurado pela diferença de patrimônio inicial e final, após a consideração dos itens anteriores.

Demonstrações do resultado do exercício

- as receitas e despesas são convertidas pelas taxas em vigor nos períodos respectivos de sua formação, normalmente numa base mensal, utilizando-se da taxa média do mês;
- as depreciações são apuradas pela aplicação das taxas de depreciação sobre os custos dos bens depreciáveis já convertidos;
- o custo das vendas deve levar em conta os estoques iniciais e finais convertidos pelas taxas históricas e os ingressos (compras, por exemplo) pelas taxas de formação.

Aspectos gerais

Nesse método, é aceitável a adoção de técnicas de simplificação de cálculos pelo uso de taxas médias aritméticas ou ponderadas, por períodos, ou pelo agrupamento de subcontas ou de itens que formam cada conta, sempre que não produzam reflexos e distorções relevantes no conjunto das demonstrações contábeis.

Resumo do procedimento

Principais contas contábeis monetárias convertidas para real, com base na utilização da taxa de câmbio corrente:

- disponibilidades (saldos em caixa e/ou em contas correntes bancárias);
- aplicações financeiras;
- contas a receber na moeda do país-sede da coligada ou controlada;
- adiantamentos a funcionários, sócios etc. que serão realizados em moeda do país-sede;
- contas a pagar, fornecedores, impostos, salários, dívidas em geral, exigíveis em moeda do país-sede;
- empréstimos em moeda local;
- empréstimos em moeda estrangeira;
- importações e demais contas a pagar em moeda estrangeira;
- dividendos a serem pagos em moeda estrangeira.

Principais contas contábeis não monetárias convertidas para real, com base na utilização da taxa de câmbio histórica:

- estoques;
- contas a receber em moeda estrangeira;
- despesas pagas antecipadamente;
- adiantamentos a fornecedores que serão realizados em mercadorias ou serviços;
- adiantamentos de fornecedores que serão liquidados com o fornecimento de mercadorias ou serviços;
- investimentos;
- imobilizado;
- intangível;
- capital social.

Principais contas de receitas e despesas convertidas para o real, com base na utilização da taxa média do câmbio:

- receitas com vendas de mercadorias e prestação de serviços;
- custo com a prestação de serviços;
- despesas administrativas, comerciais, financeiras e tributárias.

Principais contas de receitas, custos e despesas que já são apuradas em reais, em decorrência do controle da movimentação pela taxa histórica:

- custo das mercadorias ou produtos vendidos;
- depreciação do imobilizado;
- apropriação das despesas pagas antecipadamente;
- amortização do ativo intangível;
- juros e demais encargos financeiros dos empréstimos em moeda estrangeira;
- resultado da equivalência patrimonial.

5.4.3 Resumo dos métodos de conversão aceitáveis

Em resumo, são os seguintes critérios aceitáveis para conversão, dependendo do nível de inflação no país-sede da coligada e controlada, bem como se tal país adota ou não um sistema de ajustes em face da inflação:

Característica do país-sede da coligada e controlada e do sistema contábil	Método de conversão aceitável
País de moeda forte e estável	Método da taxa corrente ou de fechamento
País de moeda fraca e alta inflação, mas que tenha adequado sistema de correção monetária e de ajustes em face da inflação local	Método da taxa corrente ou de fechamento
País de moeda fraca e alta inflação, sem sistema de correção monetária	Método da taxa histórica ou do monetário, não monetário

Além desses critérios, é aceitável também a conversão em duas etapas, sendo:

- primeira etapa: conversão para moeda forte, utilizando o método da taxa histórica;
- segunda etapa: conversão final da moeda forte para real, utilizando o método da taxa corrente.

5.4.4 Aspectos especiais

a) **Seleção da taxa de câmbio**

Em qualquer método que se vá adotar, deve-se dar adequada consideração para a taxa de câmbio que será utilizada, tendo em vista que cada país pode ter políticas próprias. Em princípio, devem ser adotadas taxas de câmbio oficiais, sempre que representativas e como base das transações e operações internacionais, particularmente no que tange à remessa ou retorno de capital e à remessa de dividendos. Por esse mesmo raciocínio, deve-se usar a taxa de câmbio de venda do banco.

b) Perdas prováveis

Deve-se sempre analisar a legislação do país onde se tem o investimento quanto à remessa de lucros e retorno de capital e considerar a própria estabilidade econômica e política do país para avaliar-se a real possibilidade de realização ou de recuperação do capital e dividendos. Na situação de perdas prováveis, em face de tais fatores, a empresa no Brasil deverá constituir provisão para perdas aplicáveis a tais investimentos.

c) Notas explicativas

Nas notas explicativas de investimentos, deverão constar, também, os dados de cada coligada ou controlada no exterior, conforme prática em nosso país. Deverão ser mencionados, no sumário das práticas contábeis, os critérios de apuração das demonstrações contábeis dessas investidas no exterior e os critérios de conversão para reais.

A eventual mudança no método de conversão ou no critério de avaliação dos investimentos representa uma mudança de prática contábil que deve ser contabilmente tratada como tal, mediante registro de seus efeitos como ajustes de exercícios anteriores e feita a nota explicativa correspondente.

Todavia, uma mudança no método de conversão por mudanças nas condições não se caracteriza como quebra de uniformidade, mas o fato e seus efeitos devem ser divulgados.

5.5 CASO PRÁTICO – MÉTODO DA TAXA HISTÓRICA OU MONETÁRIO, NÃO MONETÁRIO

Para facilitar o entendimento do leitor com relação à aplicação do método da taxa histórica para conversão das demonstrações contábeis, será apresentado um caso prático, com base nas informações a seguir.

A Invest Brasileira S.A., uma multinacional de capital aberto, abriu uma subsidiária no exterior. O capital integralizado pela controladora foi de R$ 90.000, em 01-09-X5. Em 31-12-X5, investidora brasileira solicitou à controlada no exterior que preparasse as demonstrações contábeis em reais, para efeito do cálculo da equivalência patrimonial e de consolidação das demonstrações contábeis da controladora no Brasil.

A controlada efetuou as seguintes transações no período compreendido entre 01-09-X5, data de sua fundação, até 31-12-X5, data de encerramento das demonstrações contábeis:

ATENÇÃO

Todos os valores estão expressos em moeda estrangeira – ME$

1. Aquisição de itens do imobilizado:

Data	Descrição	ME$
05-09	Prédio	400.000
20-09	Máquinas e equipamentos	300.000
23-10	Veículos	100.000

2. Aquisição de mercadorias para revenda:

Data	Quantidade adquirida	ME$
20-09	500 unidades	200.000
05-10	600 unidades	300.000
02-11	800 unidades	520.000
25-11	700 unidades	570.000
15-12	900 unidades	880.000
	Total das compras	**2.470.000**

Do total das compras, o montante de ME$ 2.300.000 foi pago até 31-12-X5. Portanto, o saldo de fornecedores em 31-12-X5 era de ME$ 170.000.

3. Vendas efetuadas no período:

Mês	Unidades vendidas	Valor das receitas ME$
Outubro	900	700.000
Novembro	1.300	1.400.000
Dezembro	1.000	1.500.000
	Total das compras	**3.670.000**

Do total das vendas, o montante de ME$ 3.300.000 foi recebido até 31-12-X5. Portanto, o saldo a receber de clientes em 31-12-X5 era de ME$ 300.000

4. Despesas operacionais no período:

Mês	Total das despesas ME$
Outubro	320.000
Novembro	340.000
Dezembro	370.000
Total das despesas	**1.030.000**

Do total das despesas, o montante de ME$ 1.000.000 foi pago até 31-12-X5. Portanto, o saldo de contas a pagar em 31-12-X5 era de ME$ 30.000.

Outras informações:

5. Em 05-09, a controlada contratou seguro contra incêndio, para proteção de seus ativos. O seguro, válido por 12 meses, custou ME$ 24.000.

6. A taxa de imposto de renda sobre o lucro das pessoas jurídicas é de 30% no país onde está situada a controlada.

7. Taxas de câmbio da Moeda Estrangeira, em relação ao Real, ou seja, quantidade de moeda estrangeira necessária para adquirir um real:

Data	Taxa de câmbio R$ 1,00 = ME$	Data	Taxa de câmbio R$ 1,00 = ME$
01-09	10,00	31-10	17,00
05-09	10,50	02-11	17,30
20-09	12,00	25-11	22,60
30-09	13,00	30-11	24,00
05-10	13,70	15-12	27,50
23-10	16,00	31-12	31,00

Taxa de câmbio média mensal			
Data	Taxa de câmbio R$ 1,00 = ME$	Data	Taxa de câmbio R$ 1,00 = ME$
Setembro	11,50	Novembro	20,50
Outubro	15,00	Dezembro	27,50

5.5.1 Apuração dos saldos em moeda estrangeira (ME$) e em reais (R$)

Passo 1 – Capital social – item não monetário

A controladora enviou o montante de R$ 90.000, equivalente a ME$ 900.000, visto que a remessa ocorreu em 01-09, quando a taxa de câmbio era de R$ 1,00 = ME$ 10,00. A conta de capital social é convertida com base na taxa histórica. Enquanto não houver aumento de capital, o saldo em reais será de R$ 90.000, assim como o saldo em ME será de ME$ 900.000.

Passo 2 – Imobilizado – item não monetário

Também são itens não monetários, convertidos para reais com base na taxa histórica, ou seja, taxa de câmbio vigente na data de aquisição. Os saldos seriam apurados, portanto, como segue:

Quadro 1   Conversão do imobilizado para R$.

Data da aquisição	Descrição	ME$	Taxa R$ 1,00 = ME$	R$
		(1)	(2)	(1) / (2)
05-09	Prédio	400.000	10,50	38.095
20-09	Máquinas e equipamentos	300.000	12,00	25.000
23-10	Veículos	100.000	16,00	6.250
Saldo em 31-12-X5		**800.000**		**69.345**

Passo 3 – Depreciação – item não monetário

Supondo que a controlada adote o critério de iniciar a depreciação a partir do mês seguinte ao da aquisição e que use as mesmas taxas da controladora determinadas com base na vida útil de seus ativos, que são: 4% para prédios, 10% para máquinas e equipamentos e 20% para veículos; a depreciação acumulada em 31-12-X5 seria obtida conforme o Quadro 2.

O valor da depreciação em reais é obtido aplicando-se as taxas diretamente sobre os saldos já convertidos para reais.

Quadro 2   Cálculo da depreciação acumulada em 31-12-X5, em ME$ e em R$.

Descrição do imobilizado	Taxa de depreciação – %			Custo do imobilizado		Depreciação acumulada	
	Anual	Mensal	Acumulada no período	ME$	R$	ME$	R$
			(1)	(2)	(3)	(1) × (2)	(1) × (3)
Prédio	4	0,33	(a) 1,00	400.000	38.095	4.000	381
Máquinas e equipamentos	10	0,83	(a) 2,50	300.000	25.000	7.500	625
Veículos	20	1,67	(b) 3,33	100.000	6.250	3.330	208
Total da depreciação acumulado no período						**14.830**	**1.214**

(a) Equivalente a três meses de depreciação – outubro, novembro e dezembro.
(b) Equivalente a dois meses de depreciação – novembro e dezembro.

Passo 4 – Estoques – item não monetário e fornecedores – item monetário

O critério adotado é o de custo médio de aquisição. Os estoques também são itens não monetários. Consequentemente, o controle da movimentação em reais é efetuado com base na taxa de câmbio histórica vigente da data de aquisição.

Quadro 3 Demonstração da movimentação das mercadorias, em ME$.

Data	Entradas Quantidade	ME$	Saídas CMV (1) Quantidade	ME$	Saldo Quantidade	ME$ (2)	Custo médio
20-09	500	200.000			500	200.000	400,00
05-10	600	300.000			1.100	500.000	454,54
31-10			900	409.091	200	90.909	454,54
02-11	800	520.000			1.000	610.909	610,91
25-11	700	570.000			1.700	1.180.909	694,65
30-11			1.300	903.045	400	277.860	694,65
15-12	900	880.000			1.300	1.157.860	890,66
31-12			1.000	890.665	300	267.199	890,66
31-12	3.500	2.470.000	3.200	2.202.801	300	267.199	890,66

Observações:

1. Quantidade vendida multiplicada pelo custo médio, em ME$. As saídas representam o custo das mercadorias vendidas, que no acumulado foi de ME$ 2.202.801.
2. Saldo em unidades multiplicado pelo custo médio, em ME$.
3. Do total das compras no período, ME$ 2.470.000, o montante de ME$ 170.000 não foi pago até 31-12-X5. Como se trata de um item monetário, a conversão para reais desse saldo a pagar será efetuada com base na taxa de câmbio corrente na data de encerramento das demonstrações contábeis da subsidiária no exterior. Consequentemente, convertendo o saldo de fornecedores em 31-12-X5 pela taxa de câmbio vigente naquela data, que era de ME$ 31,00, obtém-se o valor de R$ 5.484.

Quadro 4 Demonstração da movimentação das mercadorias, em R$.

Data	Entradas Quantidade	ME$	Saídas CMV (1) Quantidade	ME$	Saldo Quantidade	ME$ (2)	Custo médio
20-9	500	16.667			500	16.667	33,33
05-10	600	21.898			1.100	38.565	35,06
31-10			900	31.553	200	7.012	35,06
02-11	800	30.058			1.000	37.070	37,07
25-11	700	25.221			1.700	62.291	36,64
30-11			1.300	47.634	400	14.656	36,64
15-12	900	32.000			1.300	46.656	35,89
31-12			1.000	35.890	300	10.767	35,89
31-12	3.500	125.844	3.200	115.077	300	10.767	35,89

(1) Valores em reais obtidos dividindo-se as compras em ME pela taxa de câmbio histórica, ou seja, a taxa vigente na data de aquisição das mercadorias.
(2) Quantidade vendida multiplicada pelo custo médio, em reais. As saídas representam o custo das mercadorias vendidas, que no acumulado foi de R$ 115.077.

Passo 5 – Vendas e Duplicatas a Receber – Clientes

As receitas em ME$ com as vendas do período podem ser convertidas para reais com base na taxa de câmbio média mensal. A utilização da média não distorce a apuração das receitas equivalentes em reais, desde que tais vendas sejam efetuadas de maneira uniforme no mês, ou seja, as vendas sejam distribuídas durante os diversos dias e não se concentrem em determinados dias do mês.

A utilização da taxa média é uma simplificação, visto que o correto seria apurar diariamente as vendas em reais. Evidentemente, isso daria muito trabalho e, desde que, como já foi dito, as vendas mensais estejam distribuídas entre os diversos dias do mês, o custo para se ter esse cálculo mais detalhado não compensa o benefício de uma informação mais apurada.

Quadro 5   *Conversão das vendas em ME$ para R$.*

Mês	Vendas em ME$	Taxa de câmbio Média no mês	Vendas em R$
Outubro	700.000	15,00	46.667
Novembro	1.400.000	20,50	68.293
Dezembro	1.500.000	27,50	54.545
Total	3.600.000		169.505

Do total das vendas, ME$ 300.000 não foram recebidos até 31-12-X5, conforme informação de nº 3, anterior. Como se trata de um ativo monetário, o saldo a receber em ME$ será convertido para reais com base na taxa de câmbio corrente em 31-12-X5, que era de ME$ 31,00. Consequentemente, o saldo a receber de clientes, em reais, corresponde a R$ 9.677.

Passo 6 – Despesas operacionais e Contas a Pagar

De maneira semelhante às receitas, as despesas operacionais em ME podem ser convertidas para reais com base na taxa de câmbio média do mês. O raciocínio é o mesmo, ou seja, se as despesas fossem realizadas de maneira uniforme durante o mês, não haveria grandes distorções na conversão para reais com a utilização de taxas médias mensais.

Quadro 6   *Conversão das despesas operacionais em ME$ para R$.*

Mês	Despesas em ME$	Taxa de câmbio média no mês	Despesas em R$
Outubro	320.000	15,00	21.333
Novembro	340.000	20,50	16.585
Dezembro	370.000	27,50	13.455
Total	1.030.000		51.373

Do total das despesas operacionais do período, ME$ 1.030.000, o valor de ME$ 30.000 não foi pago até 31-12-X5, conforme informação nº 4, anterior. Como se trata de um passivo monetário, o saldo a pagar em ME$ será convertido para reais com base na taxa de câmbio corrente da data de encerramento das demonstrações contábeis. Teremos, portanto, um saldo de contas a pagar de R$ 968, que é a conversão de ME$ 30.000 pela taxa de câmbio vigente em 31-12-X5, ME$ 31,00.

Passo 7 – Despesas pagas antecipadamente

Em 05-09, a controlada contratou seguro contra incêndio, válido por um ano. Tal gasto foi classificado como despesas pagas antecipadamente, para posterior amortização para despesas durante 12 meses. Trata-se de um ativo não monetário, visto que sua realização não se dará em dinheiro, mas em forma de "serviços" prestados pela seguradora.

Quadro 7   Conversão das despesas pagas antecipadamente em ME para reais.

Data	Gasto ME$	Taxa de câmbio na data do gasto	Gasto R$
05-09	24.000	10,50	2.286

Passo 8 – Apropriação de despesas pagas antecipadamente

Da mesma forma que o cálculo da depreciação e do custo das mercadorias vendidas, o valor da amortização das despesas pagas antecipadamente é apurado em reais tomando como base o saldo a amortizar já calculado em reais.

Dessa maneira, tem-se a seguinte amortização acumulada até 31-12-X5.

Quadro 8   Apropriação das despesas pagas antecipadamente.

	ME$	R$
Apropriação mensal	ME$ 24.000/12 = ME$ 2.000	R$ 2.286/12 = R$ 190,50
Quantidade de meses até 31-12-X5 (set./out./nov./dez.)	4	4
Amortização acumulada	**8.000**	**762**

Passo 9 – Apuração do Resultado

Com base nas informações e quadros anteriores, já se possuem todos os dados para a elaboração, em ME$ e em R$, da Demonstração do Resultado da controlada, em 31-12-X5. Lembre-se de que, caso haja lucro, há necessidade de constituir uma provisão de 30% para o Imposto de Renda (IR).

Quadro 9   *Demonstração de resultado do exercício findo em 31-12-X5.*

Resultado	Passo	ME$	R$
Receitas operacionais – vendas	5	3.600.000	169.505
(–) Custo das mercadorias vendidas	4	(2.202.801)	(115.077)
Lucro bruto		**1.397.199**	**54.428**
(–) Despesas operacionais	6	(1.030.000)	(51.373)
(–) Depreciação	3	(14.830)	(1.214)
(–) Despesas com seguro	8	(8.000)	(762)
Perdas e ganhos na conversão	13		(2) (4.980)
Lucro operacional – antes do IR		**344.369**	**(3.901)**
(–) Despesa tributária		(103.311)	(1) (3.333)
Lucro (prejuízo) líquido final		**241.058**	**(7.234)**

(1) A despesa tributária de Imposto de Renda em reais corresponde a conversão da despesa em ME$ pela taxa corrente de câmbio em 31-12-X5, que era de ME$ 31,00, ou seja, ME$ 103.311/ME$ 31,00 = R$ 3.333. Não corresponde a 30% do lucro em reais antes da provisão, devido aos critérios utilizados para a apuração do custo das mercadorias vendidas, da depreciação e das despesas com seguro, que foram convertidas pela taxa de câmbio histórica e pelos ganhos e perdas na conversão.

(2) Por enquanto, esse valor foi obtido por diferença, para "fechar" com o valor do Patrimônio Líquido da subsidiária em 31-12-X5, conforme Balanço Patrimonial demonstrado no Quadro 11.

A exatidão de tal valor será demonstrada no Quadro 12 – Demonstração da movimentação dos ativos e passivos monetários e comprovação das perdas e ganhos na conversão das demonstrações contábeis. Essa rubrica, conhecida pelos norte-americanos como *gain or loss on translation*, representa a perda ou ganho com a movimentação e manutenção dos saldos de ativos e passivos monetários.

Passo 10 – Apuração dos saldos dos ativos monetários

Após a apuração do resultado do exercício em ME e em reais, o passo a seguir será a apuração dos demais saldos que faltam para a elaboração do balanço patrimonial. Já conhecemos os saldos em ME e em reais dos ativos e passivos não monetários. Falta apenas a apuração dos itens monetários em ME, que, como mencionado, serão convertidos para reais com base na taxa de câmbio corrente na data do encerramento das demonstrações contábeis da controlada, ou seja, taxa de câmbio vigente em 31-12-X5, que era de ME$ 31,00.

Passo 11 – Demonstração do fluxo de caixa

Quadro 10 Movimentação da conta caixa/bancos no período 01-09 a 31-12-X5, em ME$.

Histórico da movimentação	Passos	ME$	ME$
a) Ingressos de recursos			
Capital enviado pela controladora no Brasil em 01-09 R$ 90.000 × ME 10,00 (taxa de câmbio histórica de 01-09)	1		900.000
Vendas recebidas no período 01-10 a 31-12-X5			
Total das vendas no período	5	3.600.000	
(–) Saldo não recebido até 31-12-X5	5	(300.000)	3.300.000
Total de ingressos de recursos			**4.200.000**
b) Saídas de recursos			
Aquisição de imobilizado no período de 05-09 a 23-10	2		800.000
Compras de mercadorias pagas no período			
Total das compras de mercadorias no período	4	2.470.000	
(–) Saldo não pago até 31-12-X5	4	(170.000)	2.300.000
Despesas operacionais pagas no período			
Total das despesas operacionais	6	1.030.000	
(–) Saldo não pago até 31-12-X5	6	(30.000)	1.000.000
Despesas pagas antecipadamente	7		24.000
Total das saídas de recursos			**4.124.000**
Saldo em 31-12-X5 das disponibilidades = Caixa e Bancos (a – b)			**76.000**

Essa disponibilidade de ME$ 76.000 será convertida para reais pela taxa de câmbio corrente da data de encerramento das demonstrações contábeis da subsidiária no exterior, por tratar-se de um ativo monetário. Portanto, o saldo em Reais, com base na taxa de câmbio vigente em 31-12-X5, será de R$ 2.452 (= ME$ 76.000/ME$ 31,00).

Passo 12 – Balanço Patrimonial

Pode-se, finalmente, apurar o Balanço Patrimonial da subsidiária, visto já estarem disponíveis todas as informações necessárias.

Quadro 11   Balanço Patrimonial em 31-12-X5 em ME$ e em R$.

Ativo	Passos	ME$	R$
Disponibilidades – Caixa e Bancos	11	76.000	2.452
Contas a Receber de Clientes	5	300.000	9.677
Estoques	4	267.199	10.767
Despesas pagas antecipadamente	7	24.000	2.286
(–) Apropriações acumuladas	8	(8.000)	(762)
Imobilizado	2	800.000	69.345
(–) Depreciações acumuladas	3	(14.830)	(1.214)
Total do ativo		**1.444.369**	**92.551**
Passivo e PL			
Fornecedores	4	170.000	5.484
Contas a Pagar	6	30.000	968
Imposto de Renda	9	103.311	3.333
Capital Social	1	900.000	90.000
Lucro (prejuízo) do Exercício	9	241.058	(7.234)
Total do passivo e PL		**1.444.369**	**92.551**

Passo 13 – Prova dos ganhos e perdas na conversão

Como visto anteriormente, os ativos e passivos monetários são aqueles saldos que estão expostos aos efeitos da inflação. Em decorrência dessa "exposição aos efeitos inflacionários", ocorrem perdas e ganhos na movimentação e manutenção desses saldos. No caso deste exemplo prático, a subsidiária, ao converter suas demonstrações de ME$ para o R$, apurou uma perda de R$ 4.980, conforme Quadro 9. Trata-se de uma perda efetiva, apesar de não ser registrada contabilmente nas Demonstrações preparadas em ME$. Exatamente para eliminar tais distorções é que, em alguns países, caso do Brasil até 1995, existem critérios contábeis de correção monetária.

Existem várias maneiras para comprovar tais perdas e ganhos. O Quadro 12 é apenas uma destas maneiras.

Quadro 12 *Demonstração da movimentação dos ativos e passivos monetários e comprovação das perdas e ganhos na conversão das demonstrações contábeis.*

Demonstração em milhares de ME$ e milhares de R$

Operações	Disponível ME$ 000	R$	Contas a receber ME$ 000	R$	Fornecedores ME$ 000	R$	Contas a pagar ME$ 000	R$	Ativos (passivos) R$
Ingresso de capital	900	90.000							90.000
Vendas (1)			3.600	169.505					169.505
Vendas recebidas (2)	3.300	150.000	(3.300)	(150.000)					–
Aquisição de imobilizado (3)	(800)	(69.345)							(69.345)
Compras de mercadorias (4)					2.470	125.844			(125.844)
Pagamento de compras (5)	(2.300)	(104.545)			(2.300)	(104.545)			0
Despesas operacionais (6)							1.030	51.373	(51.373)
Despesas pagas (7)	(1.000)	(45.455)					(1.000)	(45.455)	–
Despesas antecipadas (8)	(24)	(2.286)							(2.286)
Saldo das operações (9)	76	18.369	300	19.505	170	21.299	30	5.918	10.657
Ganhos (perdas)		(15.917)		(9.828)		15.815		4.950	(4.980)
Saldo contábil (10)	76	2.452	300	9.677	170	5.484	30	968	5.677

(1) Ver Quadro 4.
(2) Os recebimentos ocorridos no período em ME foram convertidos para Reais pela taxa de câmbio média no mesmo período, ou seja, média entre a taxa de câmbio vigente em 30-09 – ME 13,00 e a de 31-12-X5 – ME 31,00, o que dá uma média de ME 22. Portanto, ME 3.300.000 / ME 22,00 = Reais 150.000. O uso da média não distorce o correspondente valor em Reais, se os recebimentos ocorrerem de maneira uniforme e constante durante o período.
(3) Ver Quadro 1.
(4) Ver Quadro 3. Trata-se do total das aquisições de mercadorias para revenda, demonstrado no mencionado quadro em ME e em Reais.
(5) A conversão dos pagamentos em ME para Reais foi efetuada da mesma maneira que os recebimentos das vendas, conforme observação nº 2.
(6) Ver Quadro 5.
(7) A conversão dos pagamentos em ME para Reais foi efetuada da mesma maneira que os recebimentos das vendas, conforme observação nº 2.
(8) Ver Quadro 6.
(9) Saldos com bases nas taxas utilizadas na data de cada operação.
(10) Saldos convertidos pela taxa corrente.

Demonstraram-se no Quadro 12, conforme a movimentação ocorrida no período, em ME$ e em R$, em cada uma das contas dos ativos e passivos monetários, os saldos que deveriam existir na data de encerramento das Demonstrações Contábeis. Os saldos em ME$ conferem com os saldos constantes no Balanço Patrimonial – ver Quadro 11.

Os saldos em reais, todavia, não conferem com os saldos do Balanço Patrimonial. As diferenças referem-se às perdas e aos ganhos na movimentação e manutenção dos saldos dos ativos e passivos monetários, devido aos efeitos da inflação.

Tais perdas e ganhos podem ser resumidos como segue:

	Saldos em Reais em 31-12-X5			
	Conforme a movimentação – Quadro 12	Conforme Balanço – Quadro 11	(Perdas) e Ganhos
Disponibilidades	18.369	2.452	(15.917)
Contas a receber de clientes	19.505	9.677	(9.828)
Fornecedores	21.299	5.484	15.815
Contas a pagar	5.918	968	4.950
Total das perdas			4.980

Esse total das perdas é o valor que consta da Demonstração do Resultado do Exercício, conforme Quadro 9. Como demonstrado, em regime de inflação, os ativos monetários sofrem perdas de poder aquisitivo da moeda, enquanto a empresa ganha com seus passivos monetários.

5.6   SUMÁRIO DO PRONUNCIAMENTO TÉCNICO

Apresentamos a seguir sumário do CPC 02 (R2) – Efeitos nas Mudanças das Taxas de Câmbio e Conversão de Demonstrações Contábeis –, cujo texto integral pode ser obtido no *site*: www.cpc.org.br.

CPC 02 (R2) – Efeitos nas Mudanças das Taxas de Câmbio e Conversão de Demonstrações Contábeis

Objetivo e alcance

1. *O objetivo do Pronunciamento Técnico CPC 02 – Efeitos das Mudanças nas Taxas de Câmbio e Conversão de Demonstrações Contábeis é como registrar transações em moeda estrangeira e operações no exterior nas demonstrações contábeis de uma entidade no Brasil, registrar as variações cambiais dos ativos e passivos em moeda estrangeira e como converter as demonstrações contábeis de uma entidade de uma moeda para outra.*

2. Uma entidade pode manter atividades em moeda estrangeira de duas formas. Ela pode ter transações em moedas estrangeiras ou pode ter operações no exterior. Adicionalmente, uma entidade pode apresentar suas demonstrações contábeis em uma moeda estrangeira. O objetivo do Pronunciamento Técnico é orientar acerca de como incluir transações em moeda estrangeira e operações no exterior nas demonstrações contábeis de uma entidade e como converter demonstrações contábeis para uma moeda de apresentação.

3. Os principais pontos envolvem qual(is) taxa(s) de câmbio deve(m) ser usada(s) e como reportar os efeitos das mudanças nas taxas de câmbio nas demonstrações contábeis.

4. O Pronunciamento não cuida dos ajustes necessários para que as demonstrações contábeis tenham que se adaptar às normas e aos padrões contábeis de outro país para a aplicação da equivalência patrimonial, da consolidação ou da consolidação proporcional, partindo do princípio de que, antes da conversão, tais ajustes tenham já sido implementados. Essas conversões são normalmente necessárias para que a investidora registre, via equivalência patrimonial, seu investimento em outra empresa no exterior e os resultados dele derivados, bem como para que possa proceder à consolidação, plena ou proporcional, das demonstrações de controlada no exterior.

Resumo da abordagem requerida pelo Pronunciamento

5. Na preparação das demonstrações contábeis, cada entidade seja ela uma entidade única, uma entidade com operações no exterior (como uma controladora) ou uma entidade no exterior (como uma controlada ou filial) deve determinar sua moeda funcional com base nos itens 9 a 14 do Pronunciamento. A entidade deve converter os itens expressos em moeda estrangeira para sua moeda funcional e deve reportar os efeitos de tal conversão em consonância com os itens 20 a 37 e 50.

6. Muitas entidades que reportam a informação são compostas por um número de entidades individuais (ex. um grupo econômico é formado pela controladora e uma ou mais controladas). Variados tipos de entidades, sejam elas membros de um grupo econômico ou não, podem ter investimentos em coligadas ou empreendimentos controlados em conjunto. Elas podem ter também filiais, agências, sucursais ou dependências. É necessário que os resultados e a posição financeira de cada entidade individual incluída na entidade que reporta a informação sejam convertidos para a moeda segundo a qual essa entidade que reporta a informação apresenta suas demonstrações contábeis. O Pronunciamento permite que a moeda de apresentação de uma entidade que reporta a informação seja qualquer moeda (ou moedas). Os resultados e a posição financeira de qualquer entidade individual incluída na entidade que reporta a informação, cuja moeda funcional difira da moeda de apresentação, devem ser convertidos em consonância com os itens 38 a 50.

7. O Pronunciamento também permite que uma entidade, na preparação de suas demonstrações contábeis individuais, ou uma entidade na preparação de suas demonstrações contábeis separadas, conforme previsto no Pronunciamento Técnico CPC 35 – Demonstrações Separadas, apresente essas demonstrações contábeis em qualquer moeda (ou moedas). Caso a moeda de apresentação da entidade que reporta

a informação difira da sua moeda funcional, seus resultados e posição financeira devem ser também convertidos para essa moeda de apresentação, de acordo com os itens 38 a 50.

Entidade no exterior

8. *O Pronunciamento determina que prevaleça a essência dos fatos, e não a forma jurídica, quando da caracterização de uma Entidade no exterior como filial, sucursal ou agência, coligada ou controlada. Assim, a conceituação de Entidade no exterior é relevante para a aplicação do Pronunciamento, incluindo a determinação da Moeda funcional da Entidade que reporta e da Entidade no exterior.*

9. *Entidade no exterior é conceituada no Pronunciamento como "uma entidade que pode ser uma controlada, coligada, empreendimento controlado em conjunto ou filial, sucursal ou agência de uma entidade que reporta informação, por meio da qual são desenvolvidas atividades que estão baseadas ou são conduzidas em um país ou em uma moeda diferente daquelas da entidade que reporta a informação" e Moeda funcional é conceituada como "a moeda do ambiente econômico primário no qual a entidade opera".*

Moeda funcional e investimento líquido

10. *É preciso definir qual a moeda funcional da investidora e qual a de cada investida, antes de se proceder a conversão. Os princípios básicos definidos são a consideração do ambiente econômico onde se insere a empresa, a existência de claras condições que evidenciem que a moeda funcional não é a moeda corrente do país onde está essa empresa e a da consistência, ao longo do tempo, na utilização dessa moeda. Regras são dadas neste Pronunciamento quanto aos casos raros de mudança de moeda funcional.*

11. *No caso de moeda funcional em economia hiperinflacionária é necessária a aplicação da correção monetária integral antes de qualquer conversão para outra moeda.*

12. *Os valores a receber e a pagar que se caracterizem como complemento de investimento ou de desinvestimento devem ser considerados como parte do investimento líquido.*

Impairment

13. *Atenção especial será dada ao tratamento da perda por desvalorização em investimento societário em entidade no exterior, já que o processo de conversão pode levar à necessidade de registro de* impairment *conforme o CPC 01 – Redução no Valor Recuperável de Ativos em função de uma disparidade cambial.*

Variações cambiais de ativos e passivos monetários em moeda estrangeira

14. *O tratamento contábil das variações cambiais de ativos e passivos na forma de itens monetários em moeda estrangeira estipulados neste Pronunciamento são basicamente os que já vinham sendo praticados no Brasil antes da aprovação do CPC 02. Esses valores devem estar atualizados no balanço patrimonial com as variações cambiais reconhecidas pelo Regime de Competência na Demonstração do Resultado.*

Variações cambiais de investimento no exterior e de suas contas de hedge

15. As variações cambiais de investimentos no exterior tratados como Entidade no Exterior deverão ser registradas no patrimônio líquido da empresa investidora, de forma que esses ganhos ou perdas decorrentes da variação cambial não sejam reconhecidos no resultado até que se tenha a baixa total ou parcial do investimento, normalmente via venda ou liquidação da investida.

16. As variações cambiais de investimentos no exterior que sejam extensões da investidora estarão incorporadas às demonstrações contábeis da própria investidora, diretamente em seu resultado.

17. As variações cambiais de empréstimos tomados pela investidora na mesma moeda que o investimento, e destinados formalmente a financiá-los, serão também tratados como parte dessa conta especial de equivalência patrimonial no patrimônio líquido da investidora.

Conversão das demonstrações contábeis

18. As contas de ativo e passivo da sociedade investida serão convertidas pela taxa cambial da data do balanço de fim de período, mantendo-se as contas do patrimônio líquido inicial pelos mesmos valores convertidos no balanço do final do período anterior; as mutações do patrimônio líquido que não o resultado serão convertidas pelas taxas das datas dessas mutações.

19. As contas da demonstração do resultado poderão ser convertidas pela taxa cambial média do período, mas no caso de receitas ou despesas não homogeneamente distribuídas ou no de câmbio com oscilações significativas terá que a conversão ser com base na data da competência de tais receitas e despesas.

20. As diferenças cambiais entre as receitas e despesas convertidas de acordo com o item anterior e os valores obtidos pela sua conversão pela taxa de fechamento do período, bem como as variações entre os valores originais convertidos do patrimônio líquido inicial e seus valores convertidos pela taxa de final de período serão reconhecidas diretamente no patrimônio líquido. As mutações patrimoniais que não o resultado gerarão ganhos ou perdas cambiais entre a data de sua ocorrência e o final do período, se aumentos (como o aumento de capital), e entre a data de fechamento do período anterior e a data de sua ocorrência, se diminuições (como distribuição de dividendos). No caso de presença de sócios minoritários na investida, sua parte proporcional nesses ganhos ou perdas será a eles alocada.

21. No caso de demonstrações em moeda funcional de país com economia hiperinflacionária, primeiramente aplicam-se as técnicas da correção integral para depois se efetuar a conversão. Esta será feita com a aplicação da taxa de encerramento do período a todos os componentes do balanço e do resultado.

Registros na investidora

22. O resultado de equivalência patrimonial da investidora será desdobrado em duas parcelas: uma registrada no resultado, representando o efetivo resultado da investida de-

vidamente convertido, e outra registrada no patrimônio líquido da investidora para alocação ao seu resultado no futuro, correspondente às variações cambiais tratadas em conta especial no patrimônio líquido das demonstrações convertidas da investida.

Realização dos ganhos e perdas cambiais acumulados no patrimônio líquido

23. *As variações cambiais de um investimento líquido no exterior, juntamente com as de contas que lhe sirvam de* hedge, *serão reconhecidas no resultado convertido da investida e no da controladora quando da baixa, parcial ou total, do investimento, por alienação, liquidação etc.*

Divulgação

24. *Deverão ser divulgadas a movimentação da conta especial de patrimônio líquido, a data desde quando esse procedimento está sendo utilizado, a moeda funcional e sua eventual mudança.*

TESTES

1. **O Pronunciamento CPC 02 (R2) apresenta diversas definições necessárias para a compreensão do tema avaliação de investimentos no exterior e conversão de balanços. Assinale a alternativa que contém uma definição que está em desacordo com o CPC 02 (R2):**
   a) variação cambial é a diferença resultante da conversão de um valor em uma moeda para um valor em outra moeda, a diferentes taxas cambiais;
   b) valor justo é o valor pelo qual um ativo pode ser negociado, ou um passivo liquidado, entre partes interessadas, conhecedoras do negócio e independentes entre si, com a ausência de fatores que pressionem para a liquidação da transação ou que caracterizem uma transação compulsória;
   c) itens não monetários são aqueles representados por ativos e passivos que serão recebidos ou liquidados em dinheiro;
   d) moeda funcional é a moeda do ambiente econômico principal no qual a entidade opera;
   e) investimento líquido em uma entidade no exterior é o valor da participação detida pela entidade investidora no patrimônio líquido da entidade investida, adicionado (ou diminuído) de crédito ou (débito) junto a essa investida que tenha natureza de investimento.

2. **Os resultados decorrentes de avaliação de investimento no exterior, pelo método da equivalência patrimonial, terão o seguinte tratamento:**
   a) não serão reconhecidos na apuração do resultado;
   b) se negativos, não serão reconhecidos;
   c) serão reconhecidos até o limite do valor de realização;
   d) serão reconhecidos pelo método do custo;
   e) receberão o mesmo tratamento dado aos investimentos locais, ou seja, Receitas ou Despesas Operacionais, na conta Resultado da Equivalência Patrimonial.

3. O Pronunciamento CPC 02 (R2) apresenta o seguinte conceito para moeda funcional:
   a) é a moeda de curso legal em um país estrangeiro;
   b) é a moeda do ambiente econômico principal no qual a entidade opera;
   c) é a moeda de curso legal em um país estrangeiro na qual devem ser mantidos os registros e as correspondentes demonstrações contábeis;
   d) é a moeda vigente na data do fechamento das demonstrações contábeis da controladora e da controlada que serão objetos de consolidação;
   e) é a moeda vigente na data de aquisição de ativos não monetários.

4. O método da taxa histórica ou do monetário/não monetário é aceitável para conversão do balanço de uma controlada localizada em país de moeda fraca e alta inflação, sem sistema de correção monetária. Com a adoção desse método, os saldos do ativo e passivo são segregados em duas categorias: itens monetários e itens não monetários. Pode-se afirmar que:
   a) itens monetários são aqueles que não expostos aos efeitos da inflação e são representados por dinheiro ou por direitos a serem recebidos e obrigações a serem liquidadas em dinheiro;
   b) itens não monetários são aqueles representados por ativos e passivos que não serão recebidos ou liquidados em dinheiro. São itens que não estão expostos aos efeitos da inflação e variação cambial;
   c) itens monetários são os bens, direitos e obrigações que serão realizados ou exigidos em bens ou serviços;
   d) os ativos e passivos monetários têm os seus valores assegurados intrinsecamente, caso dos estoques e das máquinas;
   e) disponibilidades em caixa e contas a pagar a fornecedores são exemplos de itens não monetários.

5. Leia atentamente os textos a seguir e assinale a alternativa correta:
   I – O método de conversão aceitável para consolidação de balanços de uma controlada que opera em país de moeda forte e estável é o da taxa corrente ou de fechamento;
   II – Na conversão do balanço de uma controlada que opera em país de moeda fraca e alta inflação, sem sistema de correção monetária, os itens não monetários devem ser convertidos pela taxa corrente ou de fechamento;
   III – A determinação da moeda funcional da entidade no exterior é o primeiro passo para o processo de conversão das demonstrações contábeis, pois dela dependerá o método de conversão que será aplicado;
   IV – Para empresas investidas sediadas em países de elevada inflação, a conversão pelo método da taxa corrente produz demonstrações contábeis convertidas com distorções significativas que irão refletir-se na contabilidade da empresa investidora, através da aplicação do método da equivalência patrimonial ou da consolidação.
   a) estão corretos somente os textos III e IV;
   b) todos os textos estão corretos;
   c) está incorreto somente o texto II;
   d) todos os textos estão incorretos;
   e) estão corretos somente os textos II e IV.

6. **A controlada Indústrias Rebolation está situada em um país com altas taxas de inflação. Teve a seguinte movimentação nos seus ativos e passivos em 20X9, em milhares de $:**
    - 05-11-20X9: constituição da empresa com integralização de capital de $ 500.000, depositados em conta bancária;
    - 15-11-20X9: aquisição do prédio da empresa, com pagamento a vista: $ 300.000;
    - 10-12-20X9: aquisição de estoques de mercadorias, para vendas em 2010, no valor de $ 270.000, para pagamento em 30 dias.

    A evolução da moeda estrangeira, em relação ao real, foi a seguinte (supondo que a variação do real no período foi zero):
    - 05-11-20X9: um real = uma moeda estrangeira;
    - 15-11-20X9: um real = 1,03 moeda estrangeira;
    - 10-12-20X9: um real = 1,10 moeda estrangeira;
    - 31-12-20X9: um real = 1,17 moeda estrangeira.

    Utilizando o método da taxa histórica (ou monetário/não monetário) para conversão do balanço, as perdas na conversão das demonstrações contábeis no período até 31-12-20X9 totalizam, em moeda estrangeira:

    a) 25.117,90;
    b) 32.347,38;
    c) 27.402,50;
    d) 15.203,42;
    e) 23.112,38.

7. **Utilize o método da taxa histórica (ou monetário/não monetário) para conversão do balanço e assinale a alternativa correta.**

    A controlada Cruz das Almas está situada em um país com altas taxas de inflação e que não conta com um sistema de correção monetária.

    Durante o ano de 20X9, teve a seguinte movimentação nos seus estoques, em moeda estrangeira:
    - saldo em 31-12-20X8: $ 2.000.000, equivalentes a 4.000 unidades em estoque;
    - adquiriu em 31-05-20X9 mais 1.000 unidades do produto, pelo total de $ 780.000;
    - adquiriu em 30-11-20X9 mais 3.000 unidades do produto, pelo total de $ 3.795.000;
    - vendeu durante o ano 7.700 unidades do produto.

    A evolução da moeda estrangeira, em relação ao real, foi a seguinte (supondo uma variação do real, no período, de zero):
    - 31-12-20X8: um real = 10 moedas estrangeiras;
    - 31-05-20X9: um real = 15 moedas estrangeiras;
    - 30-11-20X9: um real = 23 moedas estrangeiras.

    Assinale a alternativa que corresponde, em moeda estrangeira, à apuração do custo médio e do total do custo das mercadorias vendidas em 20X9 (utilize a metodologia do custo médio, com três casas decimais):

    a) custo médio de $ 52,125 e CMV (total) de $ 417.000,00;
    b) custo médio de $ 52,125 e CMV (total) de $ 401.362,50;

c) custo médio de $ 55,215 e CMV (total) de $ 425.155,50;
d) custo médio de $ 50,00 e CMV (total) de $ 400.000,00;
e) custo médio de $ 55,215 e CMV (total) de $ 425.155,55.

8. **A diferença verificada, ao final de cada período, no valor do investimento avaliado pelo método da equivalência patrimonial, quando relativo à variação cambial de investimento em coligada ou controlada no exterior, deve ser apropriada pela investidora:**
    a) no Patrimônio Líquido, na conta Ajustes de Avaliação Patrimonial;
    b) sempre como conta de despesa não operacional;
    c) como receita ou despesa operacional;
    d) sempre como ganho de capital;
    e) como subconta do ativo permanente diferido.

9. **De acordo com as normas contábeis, deve prevalecer a essência dos fatos, e não a forma jurídica, quando da caracterização de uma entidade no exterior como filial, agência, sucursal, dependência e mesmo uma controlada no exterior. Assinale a alternativa que está em desacordo com as normas contábeis:**
    a) quando de entidades que, na essência, possuem suficiente autonomia para serem tratadas como consolidadas, o reconhecimento na investidora será feito via equivalência patrimonial consolidação e consolidação proporcional;
    b) quando há entidades que, na essência, se caracterizam como filiais ou extensão da investidora, seus ativos, passivos, receitas e despesas serão reconhecidos diretamente nas demonstrações individuais da investidora, não se lhes aplicando a equivalência patrimonial, a consolidação ou a consolidação proporcional;
    c) no caso de existir uma filial que tenha tanta autonomia, a mesma não deverá ser tratada como controlada e, consequentemente, a investidora não pode aplicar o método da equivalência patrimonial;
    d) uma controlada pode ter tantas características de filial que precise ter suas contas incorporadas às da controladora, ao invés de ser reconhecida por equivalência patrimonial;
    e) no caso de existir uma filial que tenha tanta autonomia, a mesma deverá ser tratada como controlada e, consequentemente, reconhecida por equivalência patrimonial.

10. **Os dividendos de investimentos no exterior, reconhecidos pelo _____, devem ser registrados como _____ da conta de investimento pelo valor recebido em moeda _____ convertido para reais à taxa de câmbio vigente na data do _____.**
    Indique a alternativa correta relacionada às palavras que preenchem o texto acima.
    a) "método de equivalência patrimonial", "redução", "estrangeira", "recebimento";
    b) "método de custo", "redução", "estrangeira", "pagamento";
    c) "método de equivalência patrimonial", "acréscimo", "nacional", "recebimento";
    d) "método de custo", "acréscimo", "nacional", "pagamento";
    e) "método de equivalência patrimonial", "acréscimo", "nacional", "ingresso".

11. O Pronunciamento Técnico CPC 02 (R2) apresenta diversas normas relacionadas à técnica de conversão das demonstrações contábeis. Assinale a alternativa que está de acordo com essas normas:

    a) o método da taxa corrente ou de fechamento é o mais indicado para a conversão das demonstrações contábeis das controladas sediadas em países com altas taxas de inflação;

    b) na utilização do método da taxa corrente ou de fechamento, os itens dos ativos e passivos monetários são convertidos com base na taxa histórica vigente na data da contabilização;

    c) os itens dos ativos e passivos não monetários são os que permanecem expostos aos efeitos da inflação, em face da variação do poder aquisitivo da moeda;

    d) os ativos não monetários têm substância econômica própria, com existência física, não estando, portanto, sujeitos aos efeitos da inflação. É o caso das máquinas e estoques;

    e) o adiantamento feito para a empreiteira responsável pela futura construção da fábrica da controlada no exterior deve ser considerado como um item monetário e convertido, por ocasião da conversão de balanço, pela taxa de câmbio.

12. Com base nas normas contábeis, indique a resposta correta, com relação à moeda funcional de uma entidade.

    a) não reflete as transações, os eventos e as condições relevantes relacionados a ela. Portanto, uma vez determinada, a moeda funcional pode ser alterada ou não, sempre que haja mudança nas transações, nos eventos e nas condições correspondentes. Por exemplo, uma mudança na moeda que influencia o ambiente econômico do país onde a empresa está instalada poderá causar uma alteração na moeda funcional da entidade;

    b) reflete não somente as transações, os eventos e as condições relevantes relacionados a ela, como também o ambiente inflacionário ou não de um país. Portanto, uma vez determinada, a moeda funcional não deve ser alterada a não ser que haja mudança no ambiente monetário. Por exemplo, uma mudança na moeda que influencia os custos e financiamentos poderá causar uma alteração na moeda funcional da entidade;

    c) reflete as transações, os eventos e as condições relevantes relacionados a ela. Portanto, uma vez determinada, a moeda funcional pode ser alterada sempre que haja mudança nas transações, nos eventos e nas condições correspondentes. Por exemplo, uma mudança na moeda que influencia o ambiente econômico do país onde a empresa está instalada poderá causar uma alteração na moeda funcional da entidade;

    d) reflete as transações, os eventos e as condições relevantes relacionados a ela. Portanto, uma vez determinada, a moeda funcional não deve ser alterada a não ser que haja mudança nas transações, nos eventos e nas condições correspondentes. Por exemplo, uma mudança na moeda que influencia fortemente os preços de venda de bens e serviços poderá causar uma alteração na moeda funcional da entidade;

    e) reflete conjuntamente todas as transações, os eventos e as condições financeiras relevantes relacionados a ela. Portanto, uma vez determinada, a moeda funcional pode ser alterada sempre que haja mudança nas transações, nos eventos e nas condições financeiras correspondentes. Por exemplo, uma mudança na moeda que influencia fortemente os ativos não monetários poderá causar uma alteração na moeda funcional da entidade.

13. De acordo com o Pronunciamento Técnico CPC 02 (R2) do Comitê de Pronunciamentos Contábeis, indique a alternativa incorreta.
    a) os dividendos de investimentos no exterior reconhecidos pelo método de equivalência patrimonial devem ser registrados como redução da conta de investimento pelo valor recebido em moeda estrangeira convertido para reais à taxa de câmbio vigente na data do recebimento;
    b) se o registro do dividendo se der antes do recebimento por declaração de dividendo pela entidade no exterior, a taxa de câmbio será, inicialmente, a da data do registro, com as atualizações periódicas necessárias até o seu recebimento reconhecidas tão somente na conta relativa ao valor a receber utilizada e na conta de equivalência patrimonial, não podendo ser reconhecidas no resultado ou diretamente no patrimônio líquido;
    c) o valor recebido como dividendos deverá ser segregado, para efeitos contábeis em duas partes: 1ª pelo valor do dividendo recebido em moeda estrangeira convertido para reais à taxa de câmbio vigente na data da última equivalência patrimonial, que será registrada como redução da conta de investimento, e 2ª pela diferença entre o valor em reais efetivamente recebido e o valor apurado, que será registrada como ganho ou perda cambial decorrente de investimentos societários no exterior, em conta própria do resultado operacional do exercício;
    d) na hipótese de os dividendos distribuídos pela coligada ou controlada serem tributados pelo país onde estiverem situadas, a investidora não poderá contabilizar como impostos a recuperar, no ativo circulante ou realizável a longo prazo, se tais impostos forem recuperáveis;
    e) na hipótese de os dividendos estarem sujeitos à tributação por impostos no país de origem, a contabilização deve ser a seguinte: (i) se tais impostos forem recuperáveis, constituirão créditos; (ii) se tais impostos não forem recuperáveis, representarão um ônus da entidade investidora, devendo ser registrados como despesas.

14. Entende-se por perdas e ganhos na conversão das demonstrações contábeis:
    a) uma perda meramente contábil, que não exige qualquer preocupação dos gestores das empresas do grupo;
    b) o somatório de perdas e ganhos efetivos, em determinado período, devido a movimentação durante o período de itens monetários, que são expostos aos efeitos da inflação;
    c) o resultado de perdas com a utilização dos ativos e passivos não monetários;
    d) lucro ou prejuízo obtido pelas controladas no exterior, que deve ser registrado como resultado operacional, Resultado da Equivalência Patrimonial;
    e) o somatório de perdas e ganhos efetivos, em determinado período, devido a movimentação durante o período de itens não monetários, que não estão expostos aos efeitos da inflação.

15. Analise os textos a seguir, de acordo com o Pronunciamento Técnico CPC 02 (R2) do Comitê de Pronunciamentos Contábeis, e assinale a alternativa correta:
    I – a investidora brasileira X possui participação societária em uma controlada situada em um país com as seguintes características: inflação acumulada nos últimos três anos é superior a 100%, não possui sistema de correção monetária e sua moeda é fraca. Essa investidora deve usar, para conversão do balanço da investida, o método da taxa corrente ou de fechamento;

II – a investidora brasileira Y possui participação societária em uma controladora situada em um país com as seguintes características: não existem diferenças entre os princípios contábeis dos dois países, a inflação acumulada nos últimos três anos é inferior a 100% e sua moeda é forte. Essa investidora deve usar, para conversão do balanço da investida, o método da taxa corrente ou de fechamento, devendo aplicar a taxa de câmbio no dia do balanço para calcular, em reais, os saldos patrimoniais dos itens não monetários;

III – a investidora brasileira Z possui participação societária em uma controlada situada em um país com as seguintes características: inflação acumulada nos últimos três anos é superior a 100%, não possui sistema de correção monetária e sua moeda é fraca. Essa investidora deve usar, para conversão do balanço da investida, o método da taxa histórica, ou do monetário/não monetário, devendo aplicar a taxa de câmbio do dia da aquisição ou construção, para calcular em reais os saldos patrimoniais das contas que registram o ativo imobilizado, tais como terrenos, máquinas e prédio.

a) está correto apenas o texto III;
b) estão corretos todos os textos;
c) estão corretos os textos II e III;
d) estão incorretos todos os textos;
e) está correto apenas o texto II.

6
TRANSAÇÕES ENTRE PARTES RELACIONADAS

Neste capítulo, serão apresentados os conceitos de Partes Relacionadas e os objetivos e exigências de divulgação de transações e eventos entre elas. O CPC emitiu o Pronunciamento Técnico CPC 05 (R1) – Divulgação sobre Partes Relacionadas correlacionado às Normas Internacionais de Contabilidade IAS 24. Esse pronunciamento foi homologado pelo Conselho Federal de Contabilidade (CFC), que aprovou a NBC TG 05 (R3) – Divulgação sobre Partes Relacionadas. As normas em vigor relativas ao tema Transações entre Partes Relacionadas são:

NBC TG 05 (R3)	Divulgação sobre Partes Relacionadas	CPC 05 (R1)	IAS 24

6.1 CONSIDERAÇÕES INICIAIS

Como já afirmado em outras partes deste livro, uma das principais preocupações dos pesquisadores e profissionais da Contabilidade no Brasil está voltada para a tentativa de harmonizar nossas práticas contábeis aos padrões vigentes nos principais mercados financeiros mundiais. Em decorrência dessa preocupação, deve-se estar atento aos mais recentes pronunciamentos emitidos pelas diversas entidades internacionais, para o necessário acompanhamento da evolução havida em nível mundial dos Princípios Fundamentais de Contabilidade.

Um dos aspectos que têm merecido bastante atenção nas últimas décadas, principalmente com o constante e acelerado desenvolvimento dos mercados de capitais na maioria dos países, é o relacionado com a política de divulgação (*disclosure*) das diversas transações entre as partes relacionadas. Sem sombra de dúvidas, a correta e transparente divulgação das transações ocorridas em determinado período, entre as chamadas partes relacionadas, reveste-se de importância fundamental para a Contabilidade, visto que uma de suas finalidades é fornecer subsídios para quem toma decisões com base na análise dos relatórios e demonstrações por ela gerados.

Dentre esses usuários da Contabilidade para tomadas de decisões, destacam-se, entre outros:

- os acionistas não controladores;
- o analista de investimentos; e
- o investidor no mercado de capitais.

Para tais usuários, principalmente, que normalmente encontram dificuldades para o acesso às informações internas às empresas, os efeitos das transações entre as partes relacionadas, se não forem corretamente divulgadas, podem afetar significativamente suas decisões, dependendo das condições de negociação entre as partes. Os efeitos podem ser mais representativos quando ocorre a efetiva imposição de determinadas condições por parte de alguma empresa detentora do controle societário.

Dessa maneira, pode-se afirmar que a preocupação da Contabilidade acerca do assunto é, primordialmente, servir como instrumento de acesso dos acionistas minoritários, clientes, credores e demais usuários externos, a um substancial conjunto de informações sobre determinada entidade, de modo que, lidas em conjunto com suas demonstrações contábeis, sirvam para refletir a correta situação patrimonial, financeira e econômica.

6.1.1 Definições do Pronunciamento CPC 05 (R1)

Apresentamos a seguir as definições aplicáveis ao assunto em estudo conforme Pronunciamento 5 do CPC:

Definições

1. *Os seguintes termos são usados neste Pronunciamento com os significados abaixo descritos*

    Parte relacionada é a pessoa ou a entidade que está relacionada com a entidade que está elaborando suas demonstrações contábeis (nesta Norma, tratada como "entidade que reporta a informação").

(a) Uma pessoa, ou um membro próximo de sua família, está relacionada com a entidade que reporta a informação se:

   (i) tiver o controle pleno ou compartilhado da entidade que reporta a informação;

   (ii) tiver influência significativa sobre a entidade que reporta a informação; ou

   (iii) for membro do pessoal-chave da administração da entidade que reporta a informação ou da controladora da entidade que reporta a informação.

(b) Uma entidade está relacionada com a entidade que reporta a informação se qualquer das condições abaixo for observada:

   (i) a entidade e a entidade que reporta a informação são membros do mesmo grupo econômico (o que significa dizer que a controladora e cada controlada são inter-relacionadas, bem como as entidades sob controle comum são relacionadas entre si);

(ii) a entidade é coligada ou controlada em conjunto (*joint venture*) de outra entidade (ou coligada ou controlada em conjunto de entidade membro de grupo econômico do qual a outra entidade é membro);

(iii) ambas as entidades estão sob o controle conjunto (*joint ventures*) de uma terceira entidade;

(iv) uma entidade está sob o controle conjunto (*joint venture*) de uma terceira entidade e a outra entidade for coligada dessa terceira entidade;

(v) a entidade é um plano de benefício pós-emprego cujos beneficiários são os empregados de ambas as entidades, a que reporta a informação e a que está relacionada com a que reporta a informação. Se a entidade que reporta a informação for ela própria um plano de benefício pós-emprego, os empregados que contribuem com a mesma serão também considerados partes relacionadas com a entidade que reporta a informação;

(vi) a entidade é controlada, de modo pleno ou sob controle conjunto, por uma pessoa identificada na letra (a);

(vii) uma pessoa identificada na letra (a)(i) tem influência significativa sobre a entidade, ou for membro do pessoal-chave da administração da entidade (ou de controladora da entidade);

(viii) a entidade, ou qualquer membro de grupo do qual ela faz parte, fornece serviços de pessoal-chave da administração da entidade que reporta ou à controladora da entidade que reporta. (Inciso incluído pela NBC TG 05 (R3))

Transação com parte relacionada é a transferência de recursos, serviços ou obrigações entre uma entidade que reporta a informação e uma parte relacionada, independentemente de ser cobrado um preço em contrapartida.

Membros próximos da família *de uma pessoa* são aqueles membros da família dos quais se pode esperar que exerçam influência ou sejam influenciados pela pessoa nos negócios desses membros com a entidade e incluem:

(a) os filhos da pessoa, cônjuge ou companheiro(a);

(b) os filhos do cônjuge da pessoa ou de companheiro(a); e

(c) dependentes da pessoa, de seu cônjuge ou companheiro(a).

Remuneração inclui todos os benefícios a empregados e administradores (conforme definido na NBC TG 33 – Benefícios a Empregados), inclusive os benefícios dentro do alcance da NBC TG 10 – Pagamento Baseado em Ações. Os benefícios a empregados são todas as formas de contrapartida paga, a pagar, ou proporcionada pela entidade, ou em nome dela, em troca de serviços que lhes são prestados. Também inclui a contrapartida paga em nome da controladora da entidade em relação à entidade. A remuneração inclui:

(a) benefícios de curto prazo a empregados e administradores, tais como ordenados, salários e contribuições para a seguridade social, licença remunerada e auxílio-doença pago, participação nos lucros e bônus (se pagáveis dentro do período de doze meses após o encerramento do exercício social) e benefícios não monetários (tais como assistência médica, habitação, automóveis e bens ou serviços gratuitos ou subsidiados) para os atuais empregados e administradores;

(b) benefícios pós-emprego, tais como pensões, outros benefícios de aposentadoria, seguro de vida pós-emprego e assistência médica pós-emprego;

(c) outros benefícios de longo prazo, incluindo licença por anos de serviço ou licenças sabáticas, jubileu ou outros benefícios por anos de serviço, benefícios de invalidez de longo prazo e, se não forem pagáveis na totalidade no período de doze meses após o encerramento do exercício social, participação nos lucros, bônus e remunerações diferidas;

(d) benefícios de rescisão de contrato de trabalho; e

(e) remuneração baseada em ações.

Pessoal-chave da administração são as pessoas que têm autoridade e responsabilidade pelo planejamento, direção e controle das atividades da entidade, direta ou indiretamente, incluindo qualquer administrador (executivo ou outro) dessa entidade.

Estado refere-se ao governo no seu sentido lato, agências de governo e organizações similares, sejam elas municipais, estaduais, federais, nacionais ou internacionais.

Entidade relacionada com o Estado é a entidade que é controlada, de modo pleno ou em conjunto, ou sofre influência significativa do Estado.

Os termos definidos neste tópico serão aplicados nos tópicos seguintes.

6.2 PRINCIPAIS TIPOS DE SOCIEDADES RELACIONADAS

O principal objetivo deste capítulo é discutir os aspectos conceituais inerentes à necessidade da divulgação das transações entre as partes relacionadas. Para facilitar o entendimento das diversas implicações legais, financeiras e econômicas envolvendo as mencionadas transações, é oportuna a apresentação, previamente à discussão do assunto principal em si, dos principais tipos de empresas, ou grupo de empresas, que podem se caracterizar como parte relacionada.

6.2.1 Sociedades controladoras

O art. 2º da Lei nº 6.404/76 permite a possibilidade de uma empresa participar em outra, ao mencionar que a companhia pode ter como objeto social a participação de outras sociedades. Ainda que não prevista no estatuto, a participação é facultada como meio de realizar o objeto social, ou para beneficiar-se de incentivos fiscais.

De forma resumida, uma sociedade controladora é aquela investidora que detém o controle sobre a investida, ou seja, a controladora de uma ou mais empresas. Preocupada com a normatização das funções e responsabilidades das sociedades controladoras, a Lei nº 6.404/76 dedicou os arts. 116 e 117 para conceituar o acionista controlador e elencar seus deveres e responsabilidades, como reproduzido a seguir, em *itálico negrito*.

Pela leitura do texto legal, percebe-se a preocupação com a proteção dos direitos dos acionistas minoritários, assim como dos investidores no mercado de ações e outros títulos mobiliários.

Deveres

Lei nº 6.404/76 – art. 116. Entende-se por acionista controlador a pessoa, natural ou jurídica, ou o grupo de pessoas vinculadas por acordo de voto, ou sob controle comum, que:

É titular de direito de sócio que lhe assegurem, de modo permanente, a maioria dos votos nas deliberações da assembleia geral e o poder de eleger a maioria dos administradores da companhia; e

Usa efetivamente seu poder para dirigir as atividades sociais e orientar o funcionamento dos órgãos da companhia.

Parágrafo único. O acionista controlador deve usar o poder com o fim de fazer a companhia realizar o seu objeto e cumprir sua função social, e tem deveres e responsabilidades para com os demais acionistas da empresa, os que nela trabalham e para com a comunidade em que atua, cujos direitos e interesses deve lealmente respeitar e atender.

Responsabilidades

Art. 117. O acionista controlador responde pelos danos causados por atos praticados com abuso de poder.

São modalidades de exercício abusivo de poder:

(a) orientar a companhia para fim estranho ao objeto social ou lesivo ao interesse nacional, ou levá-la a favorecer outra sociedade, brasileira ou estrangeira, em prejuízo da participação dos acionistas minoritários nos lucros ou no acervo da companhia, ou na economia nacional;

(b) promover a liquidação de companhia próspera, ou a transformação, incorporação, fusão ou a cisão da companhia, com o fim de obter, para si ou para outrem, vantagem indevida, em prejuízo dos demais acionistas, dos que trabalham na empresa ou dos investidores em valores mobiliários emitidos pela companhia;

(c) promover alteração estatutária, emissão de valores mobiliários ou adoção de políticas ou decisões que não tenham por fim o interesse da companhia e visem a causar prejuízo a acionistas minoritários, aos que trabalham na empresa ou aos investidores em valores mobiliários emitidos pela companhia;

(d) eleger administrador ou fiscal que sabe inapto, moral ou tecnicamente;

(e) induzir, ou tentar induzir, administrador ou fiscal a praticar ato ilegal, ou, descumprindo seus deveres definidos nesta Lei e no estatuto, promover, contra o interesse da companhia, sua ratificação pela assembleia geral;

(f) contratar com a companhia, diretamente ou através de outrem, ou de sociedade na qual tenha interesse, em condições de favorecimento ou não equitativas;

(g) aprovar ou fazer aprovar contas irregulares de administradores, por favorecimento pessoal, ou deixar de apurar denúncia que saiba ou devesse saber procedente, ou que justifique fundada suspeita de irregularidade.

O administrador ou fiscal que praticar o ato ilegal responde solidariamente com o acionista controlador.

O acionista controlador que exerce cargo de administrador ou fiscal tem também os deveres e responsabilidades próprios do cargo.

6.2.2 Holding

O desenvolvimento da economia, do mercado financeiro e de capitais possibilitou um rápido crescimento de alguns grupos empresariais brasileiros, com destaque para aqueles ligados ao setor financeiro. Atualmente, existem no Brasil diversos grupos econômicos compostos por dezenas de empresas, explorando variados tipos de atividades.

Essa expansão e simultânea diversificação de atividades teve como consequência, entre outras, a criação de sociedades cujo principal – ou único – objetivo social é o de participar no capital de outras empresas. São as chamadas *holdings*, que se estudarão a seguir.

O *Vocabulário do mercado de capitais* da Comissão Nacional de Bolsas de Valores conceitua *holding* como aquela empresa que possui, como atividade principal, participação acionária de uma ou mais empresas.

O termo inglês *holding* é derivado do verbo *to hold*, cujos significados são, entre outros: controlar, guardar, manter, segurar e conservar. Entende-se, portanto, por sociedade *holding* aquela que participa do capital social de outras companhias, em percentuais suficientes para exercer o controle das investidas.

É oportuno ressaltar que não existe – legal, contábil e juridicamente falando – um tipo de sociedade constituída especificamente como *holding*. O uso da expressão apenas identifica a sociedade que tem por objeto social a participação em outras empresas. Sendo esse seu objeto social, os lucros ou prejuízos de uma *holding* serão decorrentes dos resultados obtidos pelas investidas.

Uma empresa constituída com as características de *holding* pode ter a forma de sociedade por ações, sociedade por quotas de responsabilidade limitada ou de outros tipos societários.

As empresas *holding* podem ter a seguinte classificação:

a) *holding* pura: seu objetivo social é unicamente a participação societária em outras empresas;

b) *holding* mista: pode ter diversos objetivos sociais, tais como a industrialização e comercialização de equipamentos pesados, prestação de serviços de assistência técnica, bem como a participação no capital social de outras empresas;

c) *holding* familiar: muito conhecida e utilizada para resolver problemas de sucessão hereditária ou para afastar os herdeiros inexperientes do comando e gerenciamento das atividades do dia a dia da empresa.

Vantagens da constituição de uma *holding*

Destacam-se como as principais vantagens para a criação de uma empresa *holding*:

- consolidação em uma "única entidade" do poder econômico, financeiro e político do grupo de empresas;

- centralização do comando e gerenciamento das empresas do grupo;
- centralização da administração ocorre, geralmente, nas atividades essenciais, tais como:
  - **atividades financeiras:** a obtenção e a aplicação de recursos financeiros em cada uma das empresas do grupo são gerenciadas como se fosse um "caixa único", o que aumenta o poder de negociação com os fornecedores, com os clientes e, principalmente, com as instituições financeiras, permitindo uma melhor reciprocidade bancária;
  - **atividades operacionais:** o comando único e centralizado na *holding*, com independência e afastado dos possíveis conflitos políticos internos às controladas, facilita a constatação de desvios com relação às metas originalmente traçadas;
- simplificação da estrutura administrativa e operacional;

A criação de uma eficiente estrutura administrativa e operacional na *holding* elimina a necessidade de cada controlada ter suas próprias equipes. Exemplificando, atividades tais como auditoria interna, organização e métodos, recursos humanos, treinamento e seleção de pessoal, marketing etc. podem ser executadas com eficiência pelas equipes da *holding*. Nos grupos menores, até mesmo a contabilidade é efetuada de maneira centralizada na chamada "empresa-mãe".

- aprimoramento das técnicas de gestão.

Normalmente, ocorre uma sensível melhoria nas atividades gerenciais das empresas do grupo, devido aspectos tais como:

- centralização dos processos decisórios e execução dos planos táticos e operacionais;
- centralização da análise e decisão quanto aos projetos de expansão;
- maior profissionalização dos executivos;
- maiores facilidades para treinamento das equipes de trabalho.

6.2.3 Consórcio de sociedades

Este tipo de entidade é disciplinado pelos arts. 278 e 279 da Lei nº 6.404/76.

Um consórcio de sociedades é constituído, geralmente, por diversas companhias já existentes, que destinam parte de seus recursos para a exploração conjunta de determinado empreendimento.

As principais características de um consórcio de empresas são:

- seus membros participam do empreendimento, geralmente, em igualdade de condições;
- sua existência, ou período de atividades, é essencialmente temporário, com prazo de vida delimitado à execução do empreendimento para o qual foi criado;
- sua finalidade é bem definida no ato de constituição.

Para facilitar a leitura e o entendimento, são reproduzidos, em ***itálico negrito***, os mencionados artigos da Lei nº 6.404/76, seguidos de comentários em texto normal.

CONSÓRCIO

Art. 278. As companhias e quaisquer outras sociedades, sob o mesmo controle ou não, podem constituir consórcio para executar determinado empreendimento, observado o disposto neste capítulo.

1º O consórcio não tem personalidade jurídica e as consorciadas somente se obrigam nas condições previstas no respectivo contrato, respondendo cada uma por suas obrigações, sem presunção de solidariedade.

2º A falência de uma consorciada não se estende às demais, subsistindo o consórcio com as outras contratantes; os créditos que porventura tiver a falida serão apurados e pagos na forma prevista no contrato de consórcio.

Art. 279. O consórcio será constituído mediante contrato aprovado pelo órgão da sociedade competente para autorizar a alienação de bens do ativo não circulante, do qual constarão: (Redação dada pela Lei nº 11.941, de 2009)

I – a designação do consórcio se houver;

II – o empreendimento que constitua o objeto do consórcio;

III – a duração, endereço e foro;

IV – a definição das obrigações e responsabilidade de cada sociedade consorciada, e das prestações específicas;

V – normas sobre recebimento de receitas e partilha de resultados;

VI – normas sobre administração do consórcio, contabilização, representação das sociedades consorciadas e taxa de administração, se houver;

VII – forma de deliberação sobre assuntos de interesse comum, com o número de votos que cabe a cada consorciado;

VIII – contribuição de cada consorciado para as despesas comuns, se houver.

Parágrafo único. O contrato de consórcio e suas alterações serão arquivados no registro do comércio do lugar da sua sede, devendo a certidão do arquivamento ser publicada.

COMENTÁRIOS

A Lei das Sociedades por Ações – Lei nº 6.404/76 – regula o consórcio como entidade sem personalidade jurídica própria. Em outras palavras, a sobrevivência do consórcio depende diretamente das consorciadas.

A lei menciona que a falência de uma das consorciadas não se estende às demais, subsistindo o consórcio com as outras participantes. Evidentemente que, na prática, a falência ou mesmo a dificuldade financeira de um dos participantes tendem a afetar o desempenho e a rentabilidade do consórcio, a não ser que o consorciado falido ou em dificuldades possa ser substituído.

O contrato de constituição deve definir com clareza o empreendimento objeto do consórcio, especificando e delimitando sua atividade, assim como o prazo. A Junta Comercial de São Paulo indeferiu, por exemplo, o registro de contratos que mencionavam, como objetivo do consórcio, o termo genérico "construção de estradas". No entender da Procuradoria desta Junta, havia a necessidade da atividade restringir-se "a construção de uma estrada específica".

A maioria dos consórcios de sociedades é constituída pelas empreiteiras, para execução de grandes obras públicas e outros grandes projetos de investimentos. Nessa atividade, além da necessária parceria de capitais, devido aos altos volumes de investimentos exigidos para tocar projetos de longa maturação, também há necessidade de concentração de tecnologia de produção que podem estar espalhadas entre várias sociedades.

Por exemplo, a Empreiteira X detém os conhecimentos de engenharia para construção sob túneis, enquanto a Empreiteira Y é especializada em construção de pontes e viadutos. Para tais empreiteiras, pode ser mais viável a formação de um consórcio entre elas para a construção, por exemplo, de uma estrada de ferro que irá passar por túneis e rios do que investir na formação de engenheiros e técnicos para o domínio de tecnologia até então desconhecida.

No Brasil, o exemplo mais representativo desse tipo de entidade foi a constituição do consórcio entre quatro grandes empreiteiras para a construção e a exploração comercial da Usina Hidroelétrica de Itaipu, na fronteira com o Paraguai e a Argentina.

6.2.4 Grupo de sociedades

Entidade regulada pelos arts. 265 a 277 da Lei nº 6.404/76, o estudo do "Grupo de Sociedades" encontra-se inserido no Capítulo 3 – Consolidação das Demonstrações Contábeis.

6.2.5 Sociedades controladas em conjunto – *joint ventures*

Devido à extensão e complexidade do tema, todo o Capítulo 4 é dedicado ao estudo de tal tipo de entidade.

6.3 ASPECTOS CONTÁBEIS

Os critérios para classificação e apresentação das transações entre as partes relacionadas foram objetos de deliberação da CVM, que aprovou pronunciamentos de órgãos técnicos conforme será apresentado a seguir.

a) **Determinação legal – Lei nº 6.404/76**

O art. 179 da Lei nº 6.404/76 estabelece o critério de classificação de direitos relativos a partes relacionadas:

Lei nº 6.404/76 – Art. 179. As contas serão classificadas do seguinte modo:

I – no ativo circulante: as disponibilidades, os direitos realizáveis no curso do exercício social subsequente e as aplicações de recursos em despesas do exercício seguinte;

> *II - no ativo realizável a longo prazo: os direitos realizáveis após o término do exercício seguinte, assim como os derivados de vendas, adiantamentos ou empréstimos a sociedades coligadas ou controladas (artigo 243), diretores, acionistas ou participantes no lucro da companhia, que não constituírem negócios usuais na exploração do objeto da companhia.*

Conforme texto legal, direitos decorrentes de negócios não usuais com partes relacionadas, tais como contratos de mútuo, devem ser classificados no Ativo Realizável a Longo Prazo, mesmo que o vencimento ocorra a curto prazo. O objetivo dessa determinação é evitar que a empresa apresente indicadores de liquidez que levem em consideração direitos que, não necessariamente, serão liquidados nas datas de vencimentos.

Os créditos contra empresas controladas ou coligadas, se representados por duplicatas emitidas em decorrência de transações regulares, podem ser classificados de acordo com o prazo de vencimento. Entretanto, os adiantamentos e financiamentos concedidos a essas empresas, a não ser que haja clara evidência de sua realização em curto prazo, devem ser apresentados em conta específica no ativo realizável a longo prazo.

A Comissão de Valores Mobiliários (CVM) aprovou, através da Deliberação nº 26, de 5-12-1986, o Pronunciamento de nº XXIII do Instituto Brasileiro de Contadores, atual Instituto dos Auditores Independentes do Brasil (Ibracon), denominado Transações entre Partes Relacionadas.

b) Créditos de empresas coligadas ou controladas e de acionistas e diretores

Os créditos oriundos de determinadas transações entre empresas controladoras e investidoras e suas coligadas e controladas são normalmente apresentados em contas específicas, a fim de que fique evidenciado no balanço o volume de recursos financeiros aplicados a curto ou longo prazo entre as empresas vinculadas a um mesmo grupo econômico.

As transações realizadas com acionistas e diretores também devem ser consignadas em destaque no balanço, quando por sua natureza e volume os créditos pendentes de liquidação representarem parcela significativa do ativo circulante ou do realizável a longo prazo. Os créditos junto a acionistas, por subscrição de capital ainda não integralizados, devem ser mostrados como elemento redutor do capital social.

Conquanto os créditos de empresas coligadas e/ou controladas, acionistas e diretores não estejam normalmente sujeitos aos riscos de realização, tal como ocorre com os créditos resultantes de operações com terceiros, nem por isso estão isentos de avaliação, a fim de que, se necessário, seja constituída uma provisão para atender às perdas que possam concretizar-se em períodos futuros.

c) Passivo de controladas ou de subsidiárias da controladora

Os adiantamentos ou empréstimos de controladas ou de subsidiárias da controladora serão classificados no passivo circulante se inexistir fixação de vencimento em instrumento próprio, como por exemplo contas correntes e adiantamentos sem data de vencimento específica. Existindo data de vencimento específica, a classificação obedecerá à correspondente data.

d) Receitas e despesas

As transações com empresas coligadas e controladas, se significativas, devem ser segregadas nas demonstrações contábeis e divulgadas em nota explicativa.

6.4 PRONUNCIAMENTO TÉCNICO CPC 05 (R1)

A Comissão de Valores Mobiliários (CVM) aprovou o Pronunciamento Técnico CPC 05 (R1) do Comitê de Pronunciamentos Contábeis, que trata das Divulgações sobre Partes Relacionadas.

Apresentaremos a seguir os principais parágrafos do CPC 05 (R1). Para facilitar a leitura e o entendimento, é reproduzido o texto do mencionado Pronunciamento em *itálico*. Ao texto do CPC, serão acrescentados, sempre que julgado necessário, comentários e exemplos, em tipo normal.

> ***Pronunciamento Técnico CPC 05 (R1) Divulgação sobre Partes Relacionadas***
>
> *10. Ao considerar cada um dos possíveis relacionamentos, a atenção deve ser dirigida para a substância e não, meramente, para sua forma legal.*

Comentários

Conforme Pronunciamento Estrutura Conceitual para Elaboração das Demonstrações Contábeis, os fatos devem ser considerados de acordo com a substância econômica e não apenas conforme forma legal. Assim sendo, as partes relacionadas também devem ser identificadas analisando-se a substância das relações entre essas entidades. Destaca-se a importância do controle societário e/ou a influência significativa nas atividades operacionais de uma das pessoas físicas ou jurídicas sobre a outra, de modo que uma delas fique impossibilitada de decidir em favor dos interesses de seus próprios acionistas ou cotistas.

A conceituação de partes relacionadas é bastante abrangente, de modo a envolver todas as entidades, sejam elas pessoas físicas ou jurídicas. Para isso, é suficiente a existência de qualquer tipo de vínculo entre as partes, desde que o mesmo resulte em uma relação de dependência ou uma significativa influência, a partir da qual não se permite a chance de as transações se realizarem como se fossem praticadas com terceiros alheios ao grupo de interesse.

Torna-se oportuno ressaltar que o fato de duas ou mais entidades serem partes relacionadas não implica necessariamente que as negociações entre elas provoquem qualquer condição de favorecimento aos acionistas majoritários ou outros grupos de interesse, em detrimento dos acionistas minoritários. É importante, no entanto, destacar que o fato de serem relacionadas implica a necessidade da divulgação discutida neste capítulo.

Além daquelas situações mais evidentes, nas quais está perfeitamente caracterizado o controle societário, por exemplo, a detenção da maioria do capital votante, o conceito de partes relacionadas deve abranger:

- empresas que, direta ou indiretamente, detêm o controle da empresa que apresenta suas Demonstrações Contábeis, ou são por ela controladas. Ou, ainda, as empresas que estão sob o mesmo controle (inclusive as *holdings*, subsidiárias e associadas);

- pessoas que possuem, direta ou indiretamente, o poder de voto na empresa, exercendo, dessa maneira, influência significativa sobre ela e os componentes mais próximos da família;
- altos executivos ou elementos-chave do comando administrativo, financeiro ou operacional (aqueles responsáveis pelas atividades de planejamento, direção e controle da empresa);
- grupos de empresas com gestores e administradores comuns ou com poderes suficientes para influenciar e/ou tirar proveito de determinadas decisões nas empresas do grupo;
- empresas controladas por diretores ou acionistas majoritários;
- bancos, clientes ou fornecedores dos quais haja uma estreita relação de dependência econômica, financeira ou tecnológica.

11. No contexto desta Norma, não são partes relacionadas:

(a) duas entidades simplesmente por terem administrador ou outro membro do pessoal-chave da administração em comum, ou porque um membro do pessoal-chave da administração da entidade exerce influência significativa sobre a outra entidade;

(b) dois empreendedores em conjunto simplesmente por compartilharem o controle conjunto sobre um empreendimento controlado em conjunto (joint venture);

   (i) entidades que proporcionam financiamentos;

   (ii) sindicatos;

   (iii) entidades prestadoras de serviços públicos; e

   (iv) departamentos e agências de Estado que não controlam, de modo pleno ou em conjunto, ou exercem influência significativa sobre a entidade que reporta a informação, simplesmente em virtude dos seus negócios normais com a entidade (mesmo que possam afetar a liberdade de ação da entidade ou participar no seu processo de tomada de decisões);

(c) cliente, fornecedor, franqueador, concessionário, distribuidor ou agente geral com quem a entidade mantém volume significativo de negócios, meramente em razão da resultante dependência econômica.

Comentários

As seguintes situações não caracterizam partes relacionadas:

a) duas companhias, simplesmente porque têm um diretor em comum. Mas é necessário considerar a possibilidade, e avaliar a probabilidade, de que o diretor possa ser capaz de afetar as políticas de ambas as companhias nas transações entre si;

b) os financiadores;

c) os sindicatos;

d) companhias de utilidade pública;

e) os órgãos governamentais, no curso de suas transações normais com uma empresa, embora possam circunscrever a liberdade de ação de uma empresa ou participar de seu processo decisório; e

f) um único cliente, fornecedor, outorgante de um contrato de exclusividade de distribuição, distribuidor ou agente geral com quem a empresa mantém um volume significativo de negócio, meramente em razão de resultante dependência econômica.

Propósito da divulgação sobre partes relacionadas

5. *Os relacionamentos com partes relacionadas são uma característica normal do comércio e dos negócios. Por exemplo, as entidades realizam frequentemente parte das suas atividades por meio de controladas, empreendimentos controlados em conjunto (joint ventures) e coligadas. Nessas circunstâncias, a entidade tem a capacidade de afetar as políticas financeiras e operacionais da investida por meio de controle pleno, controle compartilhado ou influência significativa.*

6. *O relacionamento com partes relacionadas pode ter efeito na demonstração do resultado e no balanço patrimonial da entidade. As partes relacionadas podem levar a efeito transações que partes não relacionadas não realizariam. Por exemplo, a entidade que venda bens à sua controladora pelo custo pode não vender nessas condições a outro cliente. Além disso, as transações entre partes relacionadas podem não ser feitas pelos mesmos montantes que seriam entre partes não relacionadas.*

7. *A demonstração do resultado e o balanço patrimonial da entidade podem ser afetados por um relacionamento com partes relacionadas mesmo que não ocorram transações com essas partes relacionadas. A mera existência do relacionamento pode ser suficiente para afetar as transações da entidade com outras partes. Por exemplo, uma controlada pode cessar relações com um parceiro comercial quando da aquisição pela controladora de outra controlada dedicada à mesma atividade do parceiro comercial anterior. Alternativamente, uma parte pode abster-se de agir por causa da influência significativa de outra. Por exemplo, uma controlada pode ser orientada pela sua controladora a não se envolver em atividades de pesquisa e desenvolvimento.*

8. *Por essas razões, o conhecimento das transações, dos saldos existentes, incluindo compromissos, e dos relacionamentos da entidade com partes relacionadas pode afetar as avaliações de suas operações por parte dos usuários das demonstrações contábeis, inclusive as avaliações dos riscos e das oportunidades com os quais a entidade se depara.*

Comentários

Uma das evidentes intenções do legislador, ao regulamentar as atividades das sociedades por ações e as responsabilidades do seu acionista controlador e dos seus administradores (Lei nº 6.404, art. 117), foi a da proteção do acionista não controlador. É nesse contexto que se inserem dispositivos tais como: as penalidades ao desvio de poder dos administradores, a figura do conflito de interesses, o direito de dissidência e, sem dúvida alguma, a divulgação (embora definida em forma incompleta) das transações entre partes relacionadas.

Para permitir uma adequada interpretação das demonstrações financeiras por parte de seus usuários e de quem com base nelas tomará decisões de caráter econômico-financeiro, é necessário que as transações entre partes relacionadas sejam divulgadas de modo a fornecer ao leitor, e principalmente aos acionistas minoritários, elementos informativos suficientes para compreender a magnitude, as características e os efeitos desse tipo de transações sobre a situação financeira e sobre os resultados da companhia.

Divulgação

Todas as entidades

13. *Os relacionamentos entre controladora e suas controladas devem ser divulgados independentemente de ter havido ou não transações entre essas partes relacionadas. A entidade deve divulgar o nome da sua controladora direta e, se for diferente, da controladora final. Se nem a controladora direta tampouco a controladora final elaborarem demonstrações contábeis consolidadas disponíveis para o público, o nome da controladora do nível seguinte da estrutura societária que proceder à elaboração de ditas demonstrações também deve ser divulgado.*

14. *Para possibilitar que os usuários de demonstrações contábeis formem uma visão acerca dos efeitos dos relacionamentos entre partes relacionadas na entidade, é apropriado divulgar o relacionamento entre partes relacionadas quando existir controle, tendo havido ou não transações entre as partes relacionadas.*

15. *A obrigatoriedade de divulgação de relacionamentos de partes relacionadas entre controladoras e suas controladas é uma exigência adicional ao já requerido na NBC TG 35 e NBC TG 45 – Divulgação de Participações em Outras Entidades. (Alterado pela NBC TG 05 (R1))*

16. *O item 13 desta Norma refere-se à controladora do nível seguinte da estrutura societária. A controladora do nível seguinte da estrutura societária é a primeira controladora do grupo, acima da controladora direta imediata, que produza demonstrações contábeis consolidadas disponíveis para o público.*

17. *A entidade deve divulgar a remuneração do pessoal-chave da administração no total e para cada uma das seguintes categorias:*
    (a) benefícios de curto prazo a empregados e administradores;
    (b) benefícios pós-emprego;
    (c) outros benefícios de longo prazo;
    (d) benefícios de rescisão de contrato de trabalho; e
    (e) remuneração baseada em ações.

17A. *Se a entidade obtém serviços de pessoal-chave da administração de outra entidade (entidade administradora), a entidade não é obrigada a aplicar os requisitos do item 17 na remuneração paga ou a pagar pela entidade administradora aos empregados ou diretores da entidade administradora. (Incluído pela NBC TG 05 (R3))*

18. Se a entidade tiver realizado transações entre partes relacionadas durante os períodos cobertos pelas demonstrações contábeis, a entidade deve divulgar a natureza do relacionamento entre as partes relacionadas, assim como as informações sobre as transações e saldos existentes, incluindo compromissos, necessárias para a compreensão dos usuários do potencial efeito desse relacionamento nas demonstrações contábeis. Esses requisitos de divulgação são adicionais aos referidos no item 17. No mínimo, as divulgações devem incluir:

    (a) montante das transações;

    (b) montante dos saldos existentes, incluindo compromissos, e:

       (i) seus prazos e condições, incluindo eventuais garantias, e a natureza da contrapartida a ser utilizada na liquidação; e

       (ii) detalhes de quaisquer garantias dadas ou recebidas;

    (c) provisão para créditos de liquidação duvidosa relacionada com o montante dos saldos existentes; e

    (d) despesa reconhecida durante o período relacionada a dívidas incobráveis ou de liquidação duvidosa de partes relacionadas.

18A. Valores incorridos pela entidade para a prestação de serviços de pessoal-chave da administração, que são fornecidos por entidade administradora separada, devem ser divulgados. (Incluído pela NBC TG 05 (R3))

19. As divulgações requeridas no item 18 devem ser feitas separadamente para cada uma das seguintes categorias:

    (a) controladora;

    (b) controladas;

    (c) coligadas;

    (d) pessoal-chave da administração da entidade ou de sua controladora; e

    (e) outras partes relacionadas.

20. A classificação de montantes a pagar e a receber de partes relacionadas em diferentes categorias conforme requerido no item 19 é uma extensão dos requerimentos de divulgação da NBC TG 26 – Apresentação das Demonstrações Contábeis, para informações a serem prestadas no balanço patrimonial ou nas notas explicativas que o acompanham. As categorias de partes relacionadas são ampliadas para proporcionar uma análise mais abrangente dos saldos entre partes relacionadas, aplicando-a a transações com essas partes.

21. Seguem exemplos de transações que devem ser divulgadas, se feitas com parte relacionada:

    (a) compras ou vendas de bens (acabados ou não acabados);

    (b) compras ou vendas de propriedades e outros ativos;

    (c) prestação ou recebimento de serviços;

    (d) arrendamentos;

(e) transferências de pesquisa e desenvolvimento;

(f) transferências mediante acordos de licença;

(g) transferências de natureza financeira (incluindo empréstimos e contribuições para capital em dinheiro ou equivalente);

(h) fornecimento de garantias, avais ou fianças;

(i) assunção de compromissos para fazer alguma coisa para o caso de um evento particular ocorrer ou não no futuro, incluindo contratos a executar (*) (reconhecidos ou não); e

(j) liquidação de passivos em nome da entidade ou pela entidade em nome de parte relacionada.

(*) A NBC TG 25 – Provisões, Passivos Contingentes e Ativos Contingentes define contratos a executar como sendo contratos por meio dos quais nenhuma parte cumpriu qualquer das suas obrigações ou ambas as partes só tenham parcialmente cumprido as suas obrigações em igual extensão.

Comentários

Devem ser entendidas como transações entre as partes relacionadas todas as transferências de ativos, demais recursos ou obrigações entre as pessoas físicas e jurídicas envolvidas, mesmo que gratuitamente. Exemplos: compra, venda, empréstimos de recursos financeiros ou de ativos, prestação de serviços, operações de consignação, transferência de tecnologia, aportes de capital, exercício de opções, distribuição de lucros etc.

Para a decisão quanto à necessidade de divulgação ou não de tais transações ocorridas em determinado período, um aspecto relevante a ser considerado é o relacionado à relevância dos valores e/ou volumes envolvidos, proporcionalmente ao contexto geral das empresas. Afinal, um dos pressupostos básicos é o de que toda e qualquer informação tem validade para o usuário somente se for útil para efeito de tomadas de decisões. Se os valores e/ou volumes forem irrelevantes, não há necessidade da divulgação, visto que pode até atrapalhar o processo de decisão do usuário.

Recomenda-se, para facilitar a análise dessas transações, o agrupamento das informações por tipo e natureza da operação, principalmente quando forem várias as partes relacionadas. Exemplos: total de compras e vendas entre as empresas relacionadas, total de contas a receber e a pagar etc. Todavia, a divulgação para casos individuais e específicos pode ser mais informativa e útil nas situações de existência de transações representativas com partes relacionadas. Os seguintes aspectos devem ser considerados na Identificação das transações entre partes relacionadas:

Maior ou menor destaque na divulgação das transações deverá ser dado, considerando os seguintes fatos:

- se a transação foi efetuada em condições semelhantes às que seriam aplicadas entre partes não relacionadas (quanto a preços, prazos, encargos, qualidade etc.) que contratassem com base em sua livre vontade e em seu melhor interesse; e

- se as transações por si ou por seus efeitos afetam ou possam vir a afetar, de forma significativa, a situação financeira e/ou os resultados e sua correspondente demonstração, das empresas intervenientes na operação.

A relação seguinte é uma relação meramente exemplificativa, logo, não exaustiva, de transações entre partes relacionadas, que devem ser divulgadas:

- compra ou venda de produtos e/ou serviços que constituem o objeto social da empresa;
- alienação ou transferência de bens do ativo;
- alienação ou transferência de direitos de propriedade industrial;
- saldos decorrentes de operações e quaisquer outros saldos a receber ou a pagar;
- novação, perdão ou outras formas pouco usuais de cancelamento de dívidas;
- prestação de serviços administrativos e/ou qualquer forma de utilização da estrutura física ou de pessoal de uma empresa pela outra ou outras, com ou sem contraprestação;
- avais, fianças, hipotecas, depósitos, penhores ou quaisquer outras formas de garantias;
- aquisição de direitos ou opções de compra ou qualquer outro tipo de benefício e seu respectivo exercício;
- quaisquer transferências não remuneradas;
- direitos de preferência à subscrição de valores mobiliários;
- empréstimos e adiantamentos, com ou sem encargos financeiros, ou a taxas favorecidas;
- recebimentos ou pagamentos pela locação ou comodato de bens imóveis ou móveis de qualquer natureza;
- manutenção de quaisquer benefícios para funcionários de partes relacionadas, tais como: planos de suplementares de previdência social, plano de assistência médica, refeitório, centros de recreação etc.;
- limitações mercadológicas e tecnológicas.

22. *A participação de controladora ou controlada em plano de benefícios definidos que compartilha riscos entre entidades de grupo econômico é considerada uma transação entre partes relacionadas (ver item 34B da NBC TG 33).*

22A. *Para quaisquer transações entre partes relacionadas, faz-se necessária a divulgação das condições em que as mesmas transações foram efetuadas. Transações atípicas com partes relacionadas após o encerramento do exercício ou período também devem ser divulgadas.*

23. *As divulgações de que as transações com partes relacionadas foram realizadas em termos equivalentes aos que prevalecem nas transações com partes independentes são feitas apenas se esses termos puderem ser efetivamente comprovados.*

24. *Os itens de natureza similar podem ser divulgados de forma agregada, exceto quando a divulgação em separado for necessária para a compreensão dos efeitos das transações com partes relacionadas nas demonstrações contábeis da entidade.*

Comentários

A divulgação de transações entre partes relacionadas deve observar os seguintes critérios:

Os saldos existentes à data do balanço e as transações ocorridas que mereçam divulgação devem ser destacados nas demonstrações financeiras como segue:

- saldos e transações inseridos no contexto operacional habitual das empresas devem ser classificados em conjunto com os saldos e transações da mesma natureza;
- saldos e transações não inseridos no contexto operacional devem ser classificados em itens separados.

A referida divulgação pode ser feita no corpo das demonstrações financeiras ou em notas explicativas, qual seja o mais prático, respeitada a condição de fornecer detalhes suficientes para identificação das partes relacionadas e de quaisquer condições essenciais ou não estritamente comutativas inerentes às transações em pauta. Deve ser indicado, em todos os casos, se as transações foram feitas a valores e prazos usuais no mercado ou de negociações anteriores que representam condições comutativas.

No caso de transações com fornecedores, clientes ou financiadores com os quais a empresa mantém uma relação de dependência econômica, financeira ou tecnológica, os saldos ou os montantes das operações efetuadas durante o exercício deverão ser divulgados como uma explicação sucinta da natureza do relacionamento ou da dependência. Essa divulgação poderá ser incluída na nota explicativa referente às operações ou saldos normais do mesmo tipo (por exemplo: clientes, financiamentos etc.) ou em nota específica.

Por fim, deve-se ressaltar que o conceito de apresentação adequada das demonstrações financeiras pressupõe um fator importante no processo de tomada de decisão quanto à divulgação ou não das transações com partes relacionadas, que é a relevância dos mesmos. Deve-se medir convenientemente a relevância de quaisquer discrepâncias ou variações em relação às práticas aceitas decorrentes daquelas transações, antes de se decidir pela sua divulgação.

Nas demonstrações financeiras consolidadas que incluam as partes relacionadas, como regra geral não será necessária a divulgação da maioria dos saldos e transações com partes relacionadas, já que eles são eliminados no processo de consolidação. Entretanto, tanto as transações com a pessoa física dos administradores e/ou controladores, como as operações que revelam dependência econômica e/ou financeira, não são eliminadas no referido processo; portanto, esses montantes devem ser revistos, desta vez em relação com a significância dos saldos consolidados.

6.5 DIVULGAÇÃO DE POLÍTICAS DE TRANSAÇÕES COM PARTES RELACIONADAS

Devido à importância do controle e divulgação de informações sobre operações com partes relacionadas, empresas de capital aberto devem divulgar suas políticas sobre o assunto.

Para fins ilustrativos, apresentamos a seguir a Política de Transações com Partes Relacionadas divulgada pela TOTVS S.A.

POLÍTICA PARA TRANSAÇÕES COM PARTES RELACIONADAS DA TOTVS S.A.

Sumário

I – Introdução

II – Definições

III – Procedimentos, Princípios e Aprovações

IV – Critérios para a aprovação de Transações com Partes Relacionadas

V – Transações com Partes Relacionadas que não tenham sido submetidas aos procedimentos desta Política

VI – Transações com Partes Relacionadas isentas dos procedimentos desta Política

VII – Descumprimento das regras desta Política

VIII – Divulgação de transações com partes relacionadas

Apresentaremos a seguir a íntegra dos tópicos I e II. A íntegra dos demais tópicos pode ser obtida no *site*: https://ri.totvs.com.br/.

I – Introdução

1. O Conselho de Administração da TOTVS S.A. ("TOTVS") decidiu estabelecer por meio desta Política procedimentos que contribuam para assegurar que Transações entre Partes Relacionadas e a TOTVS ou suas controladas sejam realizadas no melhor interesse da TOTVS ou de suas controladas, conforme o caso, e sejam fundamentadas em princípios de transparência e comutatividade. Da mesma forma, a presente Política visa prevenir e administrar situações de potencial conflito de interesses quando da realização de Transações envolvendo tais Partes Relacionadas.

II – Definições

COMPANHIA   É a TOTVS S.A. ou suas controladas, diretas ou indiretas.

Parte Relacionada

Nos termos da regulamentação aplicável e do Estatuto Social da TOTVS, é considerada Parte Relacionada, para fins da presente Política, a pessoa ou a entidade que está relacionada com a COMPANHIA, conforme indicado a seguir:

(a) Uma pessoa, ou um membro próximo de sua família, está relacionada com a COMPANHIA se:

(i) tiver o controle pleno ou compartilhado da COMPANHIA;

(ii) tiver influência significativa sobre a COMPANHIA; ou

(iii) for membro do pessoal-chave da administração da COMPANHIA ou da controladora da COMPANHIA.

(b) Uma entidade está relacionada com a COMPANHIA se qualquer das condições abaixo for observada:

(i) a entidade e a COMPANHIA são membros do mesmo grupo econômico (o que significa dizer que a controladora e cada controlada são inter-relacionadas, bem como as entidades sob controle comum são relacionadas entre si);

(ii) a entidade é coligada ou controlada em conjunto (*joint venture*) da COMPANHIA (ou coligada ou controlada em conjunto de entidade membro de grupo econômico do qual a COMPANHIA é membro);

(iii) a entidade e a COMPANHIA estão sob o controle conjunto (*joint venture*) de uma terceira entidade;

(iv) a entidade está sob o controle conjunto (*joint venture*) de uma terceira entidade e a COMPANHIA for coligada dessa terceira entidade;

(v) a entidade é um plano de benefício pós-emprego cujos beneficiários são os empregados de ambas as entidades, a COMPANHIA e a que está relacionada com ela;

(vi) a entidade é controlada, de modo pleno ou sob controle conjunto, por uma pessoa identificada na letra (a); ou

(vii) uma pessoa identificada na letra (a)(i) tem influência significativa sobre a entidade, ou é membro do pessoal-chave da administração da entidade (ou de controladora da entidade).

(viii) a entidade, ou qualquer membro de grupo no qual ela faz parte, fornece serviços de pessoal-chave da administração da COMPANHIA ou à controladora da COMPANHIA.

3. No contexto desta Política e do Estatuto Social da TOTVS, não são Partes Relacionadas da COMPANHIA (i) entidades que apenas tenham administrador ou outro membro do pessoal-chave da administração em comum com a COMPANHIA, ou simplesmente porque um membro do pessoal-chave da administração da COMPANHIA exerça influência significativa sobre a outra entidade, (ii) entidades que sejam controladas integrais da COMPANHIA.

Membros próximos da família de uma pessoa

4. Membros próximos da família de uma pessoa são aqueles membros da família dos quais se pode esperar que exerçam influência ou sejam influenciados pela pessoa nos negócios desses membros com a COMPANHIA e incluem:

(a) os filhos da pessoa, cônjuge ou companheiro(a);

(b) os filhos do cônjuge da pessoa ou de companheiro(a);

(c) dependentes da pessoa, de seu cônjuge ou companheiro(a);

(d) demais parentes de 1º grau; ou

(e) qualquer pessoa que coabite com a pessoa ou dependa economicamente da pessoa;

Pessoal-chave da administração

5. Pessoal-chave da administração são as pessoas que têm autoridade e responsabilidade pelo planejamento, direção e controle das atividades da COMPANHIA, direta ou indiretamente, incluindo qualquer administrador (executivo ou outro).

Influência significativa

6. Influência significativa é o poder de participar nas decisões financeiras e operacionais de uma entidade, mas sem que haja o controle individual ou conjunto dessas políticas.

Transação com Parte Relacionada

7. Transação com Parte Relacionada é a transferência de bens, direitos, recursos, serviços ou obrigações, direta ou indiretamente, entre a COMPANHIA e uma Parte Relacionada, independentemente de ser cobrado um preço em contrapartida.

III – Procedimentos, Princípios e Aprovações

- **Formalização**
- **Aprovação**
- **Revisão Anual**
- **Aprovação de Transações com Partes Relacionadas que devam ser submetidas à assembleia geral de acionistas por determinação legal**
- **Impedimento**

IV – Critérios para a aprovação de Transações com Partes Relacionadas

V – Transações com Partes Relacionadas que não tenham sido submetidas aos procedimentos desta Política

VI – Transações com Partes Relacionadas isentas dos procedimentos desta Política

VII – Descumprimento das regras desta Política

VIII – Divulgação de transações com partes relacionadas

6.6 EXEMPLO DE NOTA EXPLICATIVA RELACIONADA COM TRANSAÇÕES ENTRE PARTES RELACIONADAS

Com o objetivo de facilitar o entendimento do assunto abordado neste capítulo, será apresentado a seguir exemplo de evidenciação em Nota Explicativa, obtido das Demonstrações Contábeis da TOTVS S.A. relativas ao exercício encerrado em 31 de dezembro de 2018.

TOTVS S.A.

11. Saldos e transações com partes relacionadas

As transações com partes relacionadas são realizadas em condições e preços de mercado estabelecidos entre as partes, dos quais os saldos entre Controladora e controladas são eliminados para fins de consolidação.

11.1 Créditos e obrigações com controladas e coligadas

Em 31 de dezembro de 2018 e de 2017, os principais saldos de ativos e passivos com partes relacionadas que não influenciaram o resultado dos exercícios, são assim demonstrados:

	Controladora			
	2018		2017	
	Ativo	Passivo	Ativo	Passivo
Ciashop	2.484	–	2.284	–
TQTVD	-	–	4.139	–
TOTVS Serviços	1.472	–	–	7.332
TOTVS Ventures	–	–	–	5.760
Outros	–	24	298	336
Total	**3.956**	**24**	**6.721**	**13.428**

Os valores de contas a pagar e receber entre empresas controladas referem-se às operações de conta corrente de curto prazo, sem remuneração. Não ocorreram operações relevantes que transitaram no resultado entre as empresas do grupo.

11.2 Transações ou relacionamentos com acionistas e pessoal-chave da administração

A Companhia mantém contratos de locação de imóveis com empresas, em que parte dos sócios também compõem o quadro acionário da TOTVS, de forma direta ou indireta.

O valor da despesa de aluguel e condomínios com partes relacionadas, incluindo a nova sede, reconhecido no exercício findo em 31 de dezembro de 2018 foi de R$ 25.328 (R$ 16.543 em 31 de dezembro de 2017 que contempla somente 7 meses de aluguel da nova sede). Todos os contratos de aluguéis com partes relacionadas são reajustados pelo IGP-M, a cada 12 meses.

Esses acionistas e administradores da Companhia possuem, de forma direta ou indireta, 17,6% das ações da Companhia em 31 de dezembro de 2018 (17,6% em 31 de dezembro de 2017), sendo a participação indireta realizada por meio da LC-EH Empreendimentos e Participações S.A.

A Companhia ainda incorreu com despesas e receitas de pequeno valor ao longo do ano com partes relacionadas onde o montante total de dispêndios de R$ 471 e recebimentos no valor de R$ 265.

11.3 Remuneração dos administradores

As despesas com remuneração dos administradores da Companhia e suas controladas, são resumidas como segue:

	Controladora		Consolidado	
	2018	2017	2018	2017
Benefícios de curto prazo a administradores				
Salários, honorários e encargos sociais	14.106	13.902	16.495	16.660
Previdência privada	147	448	173	474
Bônus variáveis	3.161	1.349	3.202	1.278
	17.414	15.699	19.870	18.412
Benefícios indiretos	880	979	880	979
Pagamentos com base em ações	3.725	3.549	3.726	3.549
	22.019	20.227	24.476	22.940

Os administradores também têm direito à veículos que são substituídos a cada 3 anos. O valor residual de veículos concedidos aos administradores em 31 de dezembro de 2018 é de R$ 1.511 (R$ 733 em 31 de dezembro de 2017). A Companhia não oferece outros benefícios de longo prazo, tais como licença por tempo de serviço e outros benefícios por tempo de serviço.

TESTES

1. **O CPC emitiu o Pronunciamento Técnico CPC 05 (R1) – Divulgação sobre Partes Relacionadas, no qual apresentou diversas definições. Leia os textos a seguir e assinale a alternativa correta:**
   - I – caracteriza-se como parte relacionada de uma controladora, entre outras: as controladas, direta ou indiretamente por meio de outras controladas; as coligadas e as *joint venture*, que são os empreendimentos conjuntos em que a entidade seja um investidor;
   - II – pessoal-chave da administração são as pessoas que têm autoridade e responsabilidade pelo planejamento, direção e controle das atividades da entidade, direta ou indiretamente, não incluindo o administrador ou executivo dessa entidade;
   - III – influência significativa é o poder de participar nas decisões financeiras e operacionais da entidade, mesmo não tendo o controle sobre essas políticas;
   - IV – não pode ser obtida influência significativa por meio de participação acionária, disposições estatutárias ou acordo de acionistas;

V – há influência significativa no caso de sociedades nas quais a entidade exerça influência sobre as decisões da administração, embora não tenha participação direta ou indireta, mas dela usufrui benefícios ou assume riscos.

a) estão corretos somente os textos I, III e V;
b) todos os textos estão corretos;
c) estão corretos somente os textos I e V;
d) todos os textos estão incorretos;
e) estão corretos somente os textos II e IV.

2. O Pronunciamento Técnico CPC 05 – Divulgação sobre Partes Relacionadas, apresenta duas condições que precisam ocorrer simultaneamente para caracterizar uma transação com partes relacionadas, que são: (a) transação com partes relacionadas é a transferência de recursos, serviços ou obrigações entre empresas com essas características, independentemente de haver ou não um valor alocado à transação; e (b) partes relacionadas são aquelas entidades que mantêm estreitos vínculos entre si, tais como o controle direto ou indireto, coligadas da entidade, se fizer parte de um empreendimento controlado em conjunto, se for membro do pessoal-chave da administração da entidade ou de sua controladora, se for membro próximo da família etc.

Com base nessas definições, cite a alternativa que não corresponde a uma transação com partes relacionadas:

a) os produtos acabados comercializados pela controladora Raio de Sol ficam estocados na linha de produção da controlada Rio Verde, sendo que ambos os estoques são controlados e administrados pela mesma equipe de profissionais, que são funcionários da controladora. Anualmente, os custos dessa equipe são cobrados da controlada, proporcionalmente à parte que lhe pertence;

b) a Editora América S.A. possui todos os direitos autorais dos livros que são publicados pela Editora Nova Geração, sendo que foram assinados contratos por dez anos, apesar de não haver qualquer vínculo societário entre as duas entidades. Tais livros constituem parte significativa da receita anual da Editora Nova Geração;

c) o processo produtivo do produto Y, comercializado pela empresa Razio, constitui-se de três fases, sendo cada fase executada em uma entidade diferente. As duas primeiras fases são produzidas pelas controladas em conjunto da empresa Razio, sendo que a terceira fase da produção é atribuída às Indústrias Moinho do Sul, que não têm qualquer vínculo com as demais empresas do grupo Razio. Os presidentes das empresas Razio e Indústrias Moinho do Sul são irmãos;

d) a Mineradora Irmãos Santos é a única fornecedora de uma matéria-prima essencial para a produção de duas empresas industriais, as Indústrias Mooca e a Com. Ind. Pari. Não há qualquer vínculo societário entre as três empresas, cujos administradores são diferentes e mantêm contratos de fornecimento respaldados em lei;

e) o grupo empresarial Daina detém os direitos de aquisição de todas as essências vegetais produzidas em determinada região do país, respaldada em contratos de longo prazo que lhe asseguram condições para determinar os preços e quantidade de fornecimento. Há atualmente quatro indústrias interessadas na aquisição dessas essências vegetais para a produção para o mercado exterior.

3. Os dispositivos da Lei nº 6.404/76, atualizada pela Lei nº 11.638/07, mencionam que o acionista controlador responde pelos danos causados por atos praticados com abuso de poder. Destaque a alternativa que não faz parte das justificativas da lei:
   a) a proteção do acionista minoritário foi um dos principais objetivos do legislador, ao regulamentar e disciplinar as atividades das sociedades por ações e as responsabilidades do seu acionista controlador e dos seus administradores;
   b) os dispositivos legais são necessários para evitar o abuso de poder, tais como: as penalidades ao excesso de poder dos administradores, as situações que configuram conflito de interesses, o direito de dissidência e de retirada;
   c) a obtenção do lucro em todas as atividades das empresas do grupo é de fundamental importância para a remuneração dos acionistas e fortalecimento do mercado de capitais, podendo, no entanto, o acionista controlador impor o uso de práticas financeiras prejudiciais às vendas a prazo;
   d) a correta divulgação e a adequada transparência nas transações entre partes relacionadas é de extrema importância para se alcançar os plenos objetivos da lei e diminuir os casos de abuso de poder por parte dos controladores;
   e) ocorre uma modalidade de exercício abusivo de poder se o acionista contratar com a companhia, diretamente ou através de outrem, ou de sociedade na qual tenha interesse, em condições de favorecimento.

4. A Lei nº 6.404/76, atualizada pela Lei nº 11.638/07, apresenta diversas modalidades de exercício abusivo de poder, pelas quais o acionista controlador pode responder pelos danos causados por atos praticados contra os interesses da empresa. São exemplos de modalidades de exercício abusivo de poder, com exceção de:
   a) adotar políticas ou decisões que não tenham por fim o interesse da companhia e que possam causar prejuízos aos acionistas não controladores ou aos investidores em valores mobiliários emitidos pela companhia;
   b) autorizar e aprovar aquisições de bens do imobilizado de valores relevantes, sem ter o necessário dinheiro em caixa, obrigando a empresa a assumir dívidas financeiras com os bancos;
   c) obrigar a companhia a adotar práticas fiscais ilícitas ou antiéticas na comercialização de seus produtos;
   d) nomear pessoas, em cargo de diretoria executiva, de reconhecida incompetência ou despreparo para o cargo e aprovar a prestação de contas irregulares de administradores;
   e) incentivar a incorporação ao grupo de outra empresa reconhecidamente deficitária, com o fim de obter favorecimento financeiro pessoal.

5. Leia atentamente os exemplos de atos que possam ser praticados pelo acionista controlador:
   I – dificultar a auditoria interna para a correta e criteriosa apuração de uma grave denúncia envolvendo o diretor-presidente, proibir e recusar-se a divulgar suas conclusões;
   II – contratar com a companhia, diretamente ou através de outrem, ou de sociedade na qual não tenha interesse, em condições normais de fornecimento, a aquisição de um grande volume de matérias-primas estratégicas;
   III – subscrever ações de empresas controladas de capital aberto, em condições normais de negociação, com a aprovação da Comissão de Valores Mobiliários;

IV – direcionar a administração da empresa controlada para realizar negócios e atividades que estão fora do seu objeto social, na qual não o grupo empresarial não tem a necessária experiência.

De acordo com a Lei nº 6.404/76, atualizada pela Lei nº 11.638/07, quais desses exemplos de atos praticados pelo acionista controlador podem ser caracterizados como exercício abusivo de poder:

a) apenas os exemplos citados em IV;
b) todos os exemplos citados;
c) apenas os exemplos citados em I e II;
d) apenas os exemplos citados em II e IV;
e) nenhum dos exemplos citados.

6. **Com relação à política de divulgação** – *disclosure* – **das empresas, relacionamento com as partes relacionadas e proteção dos acionistas não controladores, assinale a alternativa falsa:**

a) a política de divulgação – *disclosure* – de uma empresa, ou grupo de empresas, deve integrar o conjunto de procedimentos para um bom relacionamento com os investidores no mercado de capitais;
b) somente as empresas de capital aberto devem se preocupar com sua política de *disclosure*, devido às transações com as partes relacionadas não interessar a outros tipos de usuários das demonstrações contábeis;
c) entende-se por partes relacionadas as empresas que compõem determinado grupo econômico, compreendendo a *holding* ou controladora, as controladas, coligadas, equiparadas às coligadas, *joint ventures*, entre outras;
d) a proteção do acionista minoritário nunca foi um dos objetivos do legislador, ao regulamentar e disciplinar as atividades das sociedades por ações e as responsabilidades do seu acionista controlador e dos seus administradores;
e) a Lei nº 6.404/76, atualizada pela Lei nº 11.638/07, classifica como modalidade de exercício abusivo de poder se o acionista contratar com a companhia, diretamente ou através de outrem, ou de sociedade na qual tenha interesse, em condições de favorecimento ou não equitativas.

7. **As contas a receber de empresas controladas e coligadas:**

a) devem ser sempre classificadas no realizável a longo prazo, independentemente na natureza do crédito;
b) devem ser sempre classificadas no realizável a longo prazo, caso sejam decorrentes de adiantamentos e financiamentos, independentemente do fato de haver ou não evidência da realização a curto prazo;
c) não devem ser objeto de divulgação detalhada, se forem decorrentes de vendas efetuadas por valor acima das práticas de mercado;
d) não devem fazer parte da constituição para o ajuste para créditos de liquidação duvidosa;
e) devem ser classificadas no ativo circulante, no grupo de contas a receber, se forem decorrentes de vendas normais de mercadorias, a vencer no curto prazo.

8. **Os adiantamentos ou empréstimos a receber de sociedades coligadas ou controladas, diretores e acionistas, que não constituírem negócios usuais na exploração do objeto da companhia:**
   a) devem ser registrados no ativo realizável a longo prazo;
   b) devem ser classificados no passivo circulante, se não houver um prazo fixado em instrumento próprio;
   c) serão sempre classificados no exigível a longo prazo, independentemente da existência de prazo para liquidação fixado em contrato;
   d) serão sempre classificados no passivo circulante, independentemente da existência de prazo para liquidação fixado em contrato;
   e) serão sempre classificados no ativo circulante, independentemente da existência de prazo para liquidação fixado em contrato.

9. **A legislação societária teve como uma das suas principais preocupações a proteção dos agentes do mercado de capitais que não têm acesso às informações detalhadas da empresa. Assinale a premissa falsa em relação aos atuais dispositivos legais e pronunciamentos do CPC:**
   a) a Lei nº 6.404/76, conhecida como Lei das Sociedades por Ações, teve como uma de suas preocupações a proteção dos interesses dos acionistas não controladores;
   b) as receitas e despesas entre as partes relacionadas devem ser segregadas nas demonstrações contábeis e divulgadas em notas explicativas, se os valores foram significativos;
   c) as receitas e despesas entre as partes relacionadas devem ser segregadas nas demonstrações contábeis e divulgadas em notas explicativas somente se houver a consolidação das demonstrações contábeis;
   d) se os valores envolvidos não forem significativos, não há necessidade de divulgar em notas explicativas as receitas e despesas entre as partes relacionadas;
   e) os créditos junto a acionistas, por subscrição de capital ainda não integralizados, devem ser mostrados como elemento redutor do capital social.

10. **A evidenciação de operações realizadas entre partes relacionadas é necessária para atender:**
    a) um item da legislação fiscal, o controlador e os financistas;
    b) principalmente o acionista não controlador e o usuário externo;
    c) o acionista majoritário, os credores atuais e o usuário interno;
    d) o mercado consumidor, o acionista não controlador e o usuário interno;
    e) o usuário externo e os atuais acionistas da empresa.

11. **Identifique, nas opções a seguir, aquela na qual não se caracteriza o conceito de partes relacionadas:**
    a) empresas que, direta ou indiretamente, através de uma ou mais empresas intermediárias, controlam a empresa que apresenta suas Demonstrações Financeiras;
    b) pessoas que possuem, direta ou indiretamente, algum interesse no poder de voto da empresa que emite as Demonstrações Financeiras;
    c) pessoas-chave da administração, inclusive diretores e executivos de companhias e membros mais próximos de suas famílias;

d) empresas com administradores comuns ou que possam influenciar e/ou beneficiarem-se de determinadas decisões nas referidas empresas, tomadas em conjunto ou individualmente;

e) empresas possuídas por diretores ou acionistas não controladores, nas quais os acionistas não tenham voto majoritário.

12. Cia. Itamaracá tem como atividade o transporte de cargas e foi constituída apenas para prestar esse tipo de serviço às empresas do grupo. Nesse caso, a divulgação desse fato em notas explicativas:

a) não é necessária se as empresas do grupo estiverem obrigadas a consolidar suas demonstrações;

b) é obrigatória por ferir possíveis interesses de acionistas não controladores e afetar a tributação do Imposto de renda;

c) é facultativa desde que esta decisão não afete o fato gerador para o cálculo do ICMS e do Imposto sobre a Renda;

d) não é necessária por eventualmente vir a gerar transferências não remuneradas entre as partes relacionadas;

e) é indispensável por se tratar de operação entre partes relacionadas e afetar a tributação.

13. Dos itens abaixo, indique aquele que não representa exemplo de transações entre partes relacionadas.

a) recebimento ou pagamento pela locação ou comodato de bens imóveis ou móveis de qualquer natureza entre coligadas e controladas;

b) direitos de preferência de uma empresa na subscrição de ações de outra que não seja coligada ou controlada, que não tenha sócios em comum com a companhia, quando for realizada a preço normal de mercado;

c) contrato de prestação de serviços entre coligadas com preço estipulado através de cotações no mercado;

d) transações com clientes, fornecedores ou financiadores, dos quais a empresa seja dependente do ponto de vista econômico, tecnológico ou financeiro;

e) empréstimo de longo prazo concedido ao controlador à taxa de mercado.

14. Todas as opções abaixo descritas são transações entre partes relacionadas, exceto:

a) compras ou vendas de produtos/serviços, realizadas pela controladora, que constituem o objeto social da empresa controlada;

b) avais, fianças e hipotecas, depósitos e outras garantias concedidas a empresas de acionistas controladores;

c) direitos de preferência à subscrição de valores mobiliários de empresas coligadas em condições favorecidas;

d) quaisquer transferências não remuneradas efetuadas com empresas pertencentes ao mesmo grupo econômico;

e) alienação ou transferência de direitos de propriedade industrial realizada se qualquer tipo de benefício ou dependência.

15. **A exigência de divulgação das transações entre partes relacionadas é dispensável quando:**
    a) as operações entre as partes relacionadas tenham ocorrido nas mesmas condições das operações realizadas com terceiros;
    b) da existência de empresas relacionadas não incluídas no processo de consolidação;
    c) essas transações ocorrerem entre empresas obrigadas a publicar demonstrações contábeis consolidadas;
    d) na ocorrência de transferências não remuneradas entre as partes relacionadas;
    e) verificada a dependência mercadológica e financeira entre as empresas relacionadas.

16. **Qual das afirmações abaixo não é considerada como elemento que deve ser revelado, nas demonstrações contábeis, quando da divulgação das transações entre partes relacionadas:**
    a) a natureza do relacionamento; eventualmente, o nome da parte relacionada, se for essencial para o entendimento do relacionamento;
    b) saldos de contas a receber entre empresas controladas, após a consolidação das demonstrações contábeis;
    c) efeitos de quaisquer mudanças em relação a acordos, contratos entre dois exercícios, cujo valor seja relevante;
    d) descrição das transações, inclusive valores ou proporções e outras informações necessárias;
    e) política de preços de produtos/serviços e de remuneração por transferência de recursos financeiros.

17. **A divulgação de transações e/ou fatos relevantes realizadas entre partes relacionadas torna-se dispensável quando:**
    a) ocorrer dependência tecnológica ou financeira entre as companhias relacionadas;
    b) referir-se a operações de mútuo ocorridas entre controladas e controladoras sendo ambas as companhias abertas;
    c) se tratar de acordo entre empresas estabelecendo preço de transferência diferenciado do normalmente praticado no mercado;
    d) da saída de sócio que mantenha, com a companhia, contrato de colaboração operacional ou tecnológico;
    e) da existência de empresa com alto grau de dependência tecnológica de outra empresa localizada em outro país.

18. **A divulgação de transações com partes relacionadas deixa de ser imprescindível em situações envolvendo:**
    a) saldos eliminados em demonstrações consolidadas;
    b) transferência de direitos de propriedade industrial;
    c) fianças e hipotecas concedidas em favor de controladas;
    d) avais e fianças concedidos em favor de coligadas;
    e) limitações mercadológicas ou tecnológicas.

7

REESTRUTURAÇÕES SOCIETÁRIAS – INCORPORAÇÃO, FUSÃO E CISÃO DE EMPRESAS

A negociação de empresas é uma excelente oportunidade para grandes ganhos de capital. Os especialistas nesse setor afirmam que, nas últimas décadas, alguns investidores fizeram fortunas da noite para o dia com a chamada compra alavancada de empresas.

Movimento que tem, historicamente, suas fases ascendentes e descendentes nos mercados financeiros internacionais, os processos de aquisição e fusão de empresas podem envolver valores elevados. Esse fato, aliado à complexidade dos aspectos operacionais, fiscais e legais da maioria dos processos de negociação para aquisição ou fusões de empresas, justifica a contratação de advogados, auditores, consultores e contadores especializados.

É importante, portanto, para tais profissionais, o estudo do assunto, para o melhor preparo técnico que possibilite a adequada prestação de serviços.

Em consonância ao processo de convergência das normas contábeis às normas internacionais de contabilidade, o Comitê de Pronunciamentos Contábeis (CPC) emitiu o Pronunciamento Técnico CPC 15 (R1) – Combinação de Negócios correlacionado às Normas Internacionais de Contabilidade – IFRS 3.

Neste capítulo, apresentaremos os procedimentos aplicáveis às reestruturações societárias que atendam às exigências do CPC 15 (R1).

As normas em vigor relativas ao tema Reestruturações Societárias são:

NBC TG	Nome da Norma	CPC	IASB
NBC TG 15 (R4)	Combinação de Negócios	CPC 15 (R1)	IFRS 3

7.1 ASPECTOS LEGAIS E CONTÁBEIS

As citações legais desse texto referem-se às Leis n°s 6.404/76 e 9.457/97, sempre que informações diversas não sejam expressas.

A Lei nº 6.404/76 menciona, em seu art. 223, que a incorporação, fusão ou cisão podem ser efetuadas entre sociedades de tipos iguais ou diferentes e deverão ser deliberadas na forma prevista para a alteração dos respectivos estatutos ou contratos sociais e acrescenta:

> § 1º Nas operações em que houver criação de sociedades, serão observadas as normas reguladoras da constituição das sociedades do seu tipo, e
>
> § 2º Os sócios ou acionistas das sociedades incorporadas, fundidas ou cindidas receberão, diretamente da companhia emissora, as ações que lhes couberem.
>
> § 3º (acrescido pela Lei nº 9.457/97) Se a incorporação, fusão ou cisão envolverem companhia aberta, as sociedades que a sucederem serão também abertas, devendo obter o respectivo registro e, se for o caso, promover a admissão de negociação das novas ações no mercado secundário, no prazo máximo de 120 (cento e vinte) dias, contados da data da assembleia geral que aprovou a operação, observando as normas pertinentes baixadas pela Comissão de Valores Mobiliários.
>
> § 4º: (acrescido pela Lei nº 9.457/97) O descumprimento do previsto no parágrafo anterior dará ao acionista direito de retirar-se da companhia, mediante reembolso do valor das suas ações (art. 45), nos 30 (trinta) dias seguintes ao término do prazo nele referido, observado o disposto nos §§ 1º e 4º do art. 137.

Portanto, em todas as operações, a decisão quanto à sua realização deve ser tomada, em cada sociedade, pela forma prevista para a alteração do estatuto ou contrato social. Assim, por exemplo, em se tratando de sociedades por ações, a decisão deverá ser tomada em assembleia geral extraordinária, obedecidas as regras legais e estatutárias pertinentes; na sociedade limitada, pelo modo definido no contrato, que deve ser verificado em cada caso.

Havendo criação de sociedade, como pode ocorrer na cisão, devem ser observadas as normas reguladoras da constituição do respectivo tipo societário. Assim, na cisão de que resulte nova companhia, esta deverá ser criada em consonância com as formalidades previstas na Lei das Sociedades por Ações (arts. 80 e 93).

7.1.1 Aspectos procedimentais

A Lei nº 6.404/76 prevê, em seu art. 224, procedimentos complexos para concretização das operações de incorporação, fusão e cisão consistentes na realização de diferentes atos, comuns a todas. Esses procedimentos complexos pretendem segregar, em atos específicos, os passos lógicos que a operação requer. Tais passos são:

a) acordo para a realização;
b) exposição de motivos ao órgão deliberativo; e
c) deliberação propriamente dita.

Assim, partindo do pressuposto de conjugação dos interesses das sociedades envolvidas, os respectivos administradores assinam um documento (protocolo), que, com a respectiva gama de motivação (justificação), é apresentado à deliberação do órgão competente (Assembleia Geral Extraordinária, na sociedade por ações).

Examinaremos, isoladamente, cada um desses atos:

a) **Protocolo (art. 224)**

É o documento que consubstancia o acordo pelo qual os representantes ou os próprios acionistas das sociedades fixam e estipulam as condições da operação. O art. 224 apresenta os principais itens que devem constar no protocolo, como segue:

> I – o número, espécie e classe das ações que serão atribuídas em substituição dos direitos de sócios que se extinguirão e os critérios utilizados para determinar as relações de substituição;
>
> II – os elementos ativos e passivos que formarão cada parcela do patrimônio, no caso de cisão;
>
> III – os critérios de avaliação do patrimônio líquido, a data a que será referida a avaliação, e o tratamento das variações patrimoniais posteriores;
>
> IV – a solução a ser adotada quanto às ações ou quotas do capital de uma das sociedades possuídas por outra;
>
> V – o valor do capital das sociedades a serem criadas ou do aumento ou redução do capital das sociedades que forem parte da operação;
>
> VI – o projeto ou projetos de estatuto ou alterações estatutárias, que deverão ser aprovados para efetivar a operação;
>
> VII – todas as demais condições a que estiver sujeita a operação.
>
> Obs.: Os valores sujeitos à determinação serão indicados por estimativa.

b) **Justificação (art. 225)**

É o documento em que se evidencia o interesse das sociedades na concretização do negócio, no qual serão expostos:

> I – os motivos ou fins da operação, e o interesse da companhia em sua realização;
>
> II – as ações que os acionistas preferenciais receberão e as razões para a modificação de seus direitos, se prevista;
>
> III – a composição, após a operação, segundo espécies e classes das ações, do capital das companhias que deverão emitir ações em substituição às que se deverão extinguir;
>
> IV – o valor de reembolso das ações a que terão direito os acionistas dissidentes.

c) **Formação do capital (art. 226)**

> Art. 226. As operações de incorporação, fusão e cisão somente poderão ser efetivadas nas condições aprovadas se os peritos nomeados determinarem que o valor do patrimônio ou patrimônios líquidos a serem vertidos para a formação de capital social é, ao menos, igual ao montante do capital a realizar.
>
> § 1º As ações ou quotas do capital da sociedade a ser incorporada que forem de propriedade da companhia incorporadora poderão, conforme dispuser o protocolo de in-

corporação, ser extintas, ou substituídas por ações em tesouraria da incorporadora, até o limite dos lucros acumulados e reservas, exceto a legal.

§ 2º O disposto no § 1º aplicar-se-á aos casos de fusão, quando uma das sociedades fundidas for proprietária de ações ou quotas de outra, e de cisão com incorporação, quando a companhia que incorporar parcela do patrimônio da cindida for proprietária de ações ou quotas do capital desta.

§ 3º A Comissão de Valores Mobiliários estabelecerá normas especiais de avaliação e contabilização aplicáveis às operações de fusão, incorporação e cisão que envolvam companhia aberta. (Parágrafo acrescido pela Lei nº 11.638, de 28-12-2007 e com nova redação dada pela Lei nº 11.941, de 27-5-2009.)

7.2　EXEMPLO DE PROTOCOLO

Para fins ilustrativos, apresentamos a seguir um exemplo de protocolo de cisão seguido de incorporação:

PROTOCOLO DE JUSTIFICAÇÃO DA CISÃO PARCIAL DA FREVO SERVIÇOS S/C LTDA. SEGUIDA DE INCORPORAÇÃO PELA PORTO – PARTICIPAÇÕES S/C LTDA.

Protocolo de justificação de cisão seguida de incorporação que entre si fazem:

1. FREVO – SERVIÇOS S/C LTDA., com sede na cidade de São Paulo, Estado de São Paulo, na Rua Bons Olhos nº 314, 5º andar, com seus atos constitutivos datados de 10-11-1981, registrados no 2º Cartório de Registro de Títulos e Documentos sob o nº 7.698, inscrito no CGC (MF) sob o nº 12.345.678/0001-22, representada por seus sócios-gerentes CASTO PORTO JUNIOR, brasileiro, casado, administrador de empresas, portador da Cédula de Identidade RG nº 1.234.567 (SP) e FELINA PORTO, brasileira, casada, advogada, portadora da Cédula de Identidade RG nº 3.933.046 (SP), doravante designada simplesmente FREVO; e

2. PORTO – PARTICIPAÇÕES S/C LTDA., com sede na cidade de São Paulo, Estado de São Paulo, na Rua Boa Vida nº 314, 2º andar, com seus atos constitutivos datados de 24-10-1975, registrados no 4º Cartório de Registro de Títulos e Documentos desta capital, em 28-10-1975, e última alteração contratual datada de 1º-6-1981, registrada sob o nº 47.888/81 em 22-10-1981, no mesmo cartório, inscrito no CGC (MF) sob o nº 47.191.986/0001-98, representada por seus sócios-gerentes, Srs. CASTO PORTO JUNIOR, brasileiro, casado, administrador de empresas, portador da Cédula de Identidade RG nº 3.302.503 (SP), e CIRO FERNANDES PORTO, brasileiro, casado, administrador de empresas, portador da Cédula de Identidade RG nº 4.105.346 (SP) e do CPF nº 384.296.248/72, doravante designada simplesmente PORTO.

Resolvem, por esse instrumento particular, firmar o presente "Protocolo", em que se determinarão as condições, justificativas e forma pela qual se realizará a cisão da FREVO, com versão parcial de seu patrimônio a ser incorporado pela PORTO.

I – MOTIVO E FINALIDADE DA OPERAÇÃO

Visando dimensionar de forma mais adequada o capital da FREVO, compatibilizando a situação patrimonial com sua necessidade financeira, a administração das sociedades envolvidas resolveu excluir de seu patrimônio, mediante processo de cisão, parcela dos bens e direitos. A operação de cisão objetiva a versão parcial do patrimônio da FREVO para a PORTO.

II – INTERESSE DAS SOCIEDADES

O dimensionamento do capital das pessoas jurídicas envolvidas nesse processo permitirá que os esforços da administração sejam dirigidos para a consecução dos respectivos objetivos sociais.

III – DATA-BASE DA AVALIAÇÃO

A data-base da avaliação patrimonial será o dia 31-8-XX.

IV – CRITÉRIO DE AVALIAÇÃO DO PATRIMÔNIO LÍQUIDO A SER VERTIDO DA FREVO

O critério adotado é o contábil, com base no balanço da FREVO na data-base da avaliação patrimonial.

V – COMPOSIÇÃO ATUAL DO CAPITAL DAS SOCIEDADES

O capital social da FREVO após a capitalização das reservas e da incorporação da parcela do patrimônio da PORTO PARTICIPAÇÕES S/C LTDA. vertida na cisão daquela sociedade passou a ser de $ 14.325.164 (quatorze milhões, trezentos e vinte e cinco mil, cento e sessenta e quatro dinheiros), representado por 14.325.164 quotas no valor nominal de $ 1,00 cada uma, assim distribuídas:

a) CASTO PORTO JUNIOR 3.581.291 (três milhões, quinhentos e oitenta e um mil, duzentos e noventa e um) quotas;
b) CIRO F. PORTO 3.581.291 (três milhões, quinhentos e oitenta e um mil, duzentos e noventa e um) quotas;
c) CECÍLIA PORTO JUNQUEIRA 3.581.291 (três milhões, quinhentos e oitenta e um mil, duzentos e noventa e um) quotas; e
d) FELINA P. P. BARRETO 3.581.291 (três milhões, quinhentos e oitenta e um mil, duzentos e noventa e um) quotas.

O capital social da PORTO que após a capitalização das reservas e da redução do capital em virtude de cisão parcial daquela sociedade será de $ 1.000.000 (um milhão de dinheiros), representado por 1.000.000 (um milhão) de quotas de valor nominal de $ 1,00 (um dinheiro) cada uma, assim distribuídas:

a) CASTO PORTO JUNIOR 250.000 (duzentos e cinquenta mil) quotas;
b) CIRO F. PORTO 250.000 (duzentos e cinquenta mil) quotas;
c) CECÍLIA PORTO JUNQUEIRA 250.000 (duzentos e cinquenta mil) quotas;
d) FELINA P. P. BARRETO 250.000 (duzentos e cinquenta mil) quotas.

VI – COMPOSIÇÃO DO CAPITAL APÓS A CISÃO

A operação acarretará divisão do capital da empresa cindida FREVO, equivalente a 13.325.164 (treze milhões, trezentos e vinte e cinco mil, cento e sessenta e quatro) quotas, mantida a proporcionalidade da participação de cada sócio.

Em decorrência da cisão o capital social da FREVO que era de $ 14.325.164,00 (quatorze milhões, trezentos e vinte e cinco mil, cento e sessenta e quatro dinheiros), na data da efetivação da cisão, dividido em 14.325.164 (quatorze milhões, trezentos e vinte e cinco mil, cento e sessenta e quatro) quotas no valor de $ 1,00 (um dinheiro) cada uma, se dividirá em parcela a ser vertida para a PORTO, no valor de $ 13.325.164 (treze milhões, trezentos e vinte e cinco mil, cento e sessenta e quatro dinheiros) representada por 13.325.164 (treze milhões, trezentos e vinte e cinco mil, cento e sessenta e quatro) quotas da sociedade cindida que serão extintas, e parcela remanescente no valor de $ 1.000.000 (um milhão de dinheiros), correspondente a 1.000.000 (um milhão) quotas, todas no valor de $ 1,00 (um dinheiro) cada uma.

VII – ELEMENTOS QUE FORMARÃO A PARCELA DO PATRIMÔNIO A SER VERTIDA DA FREVO PARA A PORTO

A FREVO subsistirá com todos os elementos patrimoniais, exceto quanto a parcela do ATIVO PERMANENTE – IMOBILIZADO, relativa a bens e direitos no valor total de $ 13.325.164 (treze milhões, trezentos e vinte e cinco mil, cento e sessenta e quatro dinheiros), e a do PATRIMÔNIO LÍQUIDO, relativa ao Capital social no valor total de $ 13.325.164 (treze milhões, trezentos e vinte e cinco mil, cento e sessenta e quatro dinheiros).

Consequentemente, será vertida para a PORTO parcela correspondente ao valor de $ 13.325.164 (treze milhões, trezentos e vinte e cinco mil, cento e sessenta e quatro dinheiros), a ser contabilizada nas contas a seguir relacionadas, da sociedade PORTO:

DO ATIVO:

1. Assim descritos:

(a) CAIXA: importância em dinheiro $ 381.752,75 (trezentos e oitenta e um mil, setecentos e cinquenta e dois dinheiros e setenta e cinco centavos);

(b) BANCOS CONTA MOVIMENTO: saldo contábil correspondente à importância em dinheiro, existente nas seguintes instituições financeiras:

1. Banco Bradesco S.A., Agência 419 – c/c 39.460-2, $ 1.724,96 (mil, setecentos e vinte e quatro dinheiros e noventa e seis centavos);

2. Banco Bamerindus do Brasil S.A., Agência 0343 – c/c 37.937-02, $ 3.163,98 (três mil, cento e sessenta e três dinheiros e noventa e oito centavos);

(c) APLICAÇÕES FINANCEIRAS: saldo contábil relativo à aplicação no Banco Bradesco S.A., Agência 419, $ 287.065,70 (duzentos e oitenta e sete mil, sessenta e cinco dinheiros e setenta centavos);

(d) Veículos: valor residual contábil dos seguintes veículos:

1. Chevrolet Monza SLE 2.0, fabricado em 1987, cor preta, chassis 9BGJKIIYH-HB039781, licenciado em São Paulo – SP sob placa RS 2393 $ 147.965,70 (cento e quarenta e sete mil, novecentos e sessenta e cinco dinheiros e setenta centavos);

2. Chevrolet Monza SLE 2.0, fabricado em 1988 – modelo 1989, cor preta, chassis 9BGJK69YKJBO233227, licenciado em São Paulo – SP sob placa VR 7999 – $ 746.626,91 (setecentos e quarenta e seis mil, seiscentos e vinte e seis dinheiros e noventa e um centavos).

(e) DIREITOS DE CRÉDITOS EM CONTRATOS DE MÚTUO contra:

PORTO PARTICIPAÇÕES S/C LTDA.: $ 2.550.349,14 (dois milhões, quinhentos e cinquenta mil, trezentos e quarenta e nove dinheiros e quatorze centavos);

IMOBILIÁRIA CEPO S/C LTDA.: $ 68.467,77 (sessenta e oito mil, quatrocentos e sessenta e sete dinheiros e setenta e sete centavos);

AGROPECUÁRIA JABORANDI: $ 9.138.047,09 (nove milhões, cento e trinta e oito mil, quarenta e sete dinheiros e nove centavos).

DO PATRIMÔNIO LÍQUIDO:

1. CAPITAL SOCIAL, no valor de $ 13.325.164,00 (treze milhões, trezentos e vinte e cinco mil, cento e sessenta e quatro dinheiros).

VIII – CAPITAL DAS SOCIEDADES

Como consequência da cisão parcial, o capital da FREVO que é de $ 14.325.164,00 (quatorze milhões, trezentos e vinte e cinco mil, cento e sessenta e quatro dinheiros), na data da efetivação da cisão, representado por 14.325.164 (quatorze milhões, trezentos e vinte cinco mil, cento e sessenta e quatro) quotas, no valor de $ 1,00 (um dinheiro) cada uma, será cindido parcialmente mediante versão para a PORTO de parcela correspondente a $ 13.325.164,00 (treze milhões, trezentos e vinte e cinco mil, cento e sessenta e quatro dinheiros). Dessa forma, na FREVO subsistirá capital no montante de $ 1.000.000 (um milhão de dinheiros), equivalente a 1.000.000 (um milhão) de quotas no valor de $ 1,00 (um dinheiro) cada uma.

Os quotistas da FREVO receberão quotas da sociedade incorporadora PORTO em substituição as quotas ora extintas que possuíam na sociedade cindida FREVO, na proporção de suas participações na mesma.

O capital social da sociedade incorporadora PORTO, em decorrência, será aumentado em $ 13.325.164 (treze milhões, trezentos e vinte e cinco mil, cento e sessenta e quatro dinheiros) equivalente a 13.325.164 (treze milhões, trezentos e vinte e cinco mil, cento e sessenta e quatro) quotas no valor de $ 1,00 (um dinheiro) cada uma, que serão distribuídas aos quotistas da sociedade cindida FREVO, na seguinte proporção:

a) CASTO PORTO JUNIOR: 3.331.291 quotas, equivalentes a $ 3.331.291.

b) CIRO F. PORTO: 3.331.291 quotas, equivalentes a $ 3.331.291.

c) CECÍLIA PORTO JUNQUEIRA: 3.331.291 quotas, equivalentes a $ 3.331.291.

d) FELINA P. P. BARRETO: 3.331.291 quotas, equivalentes a $ 3.331.291.

IX – DIREITOS E OBRIGAÇÕES

A sociedade incorporadora PORTO será solidariamente responsável perante os credores da FREVO, na proporção do patrimônio líquido que lhe foi vertido, nos termos do art. 233 da Lei nº 6.404/76.

X – VARIAÇÕES PATRIMONIAIS

As variações patrimoniais ocorridas entre a data-base da avaliação (31-8-XX) e da data da efetivação da cisão, vinculadas às parcelas a serem vertidas, serão assumidas pela sociedade incorporadora PORTO.

XI – REEMBOLSO ATRIBUÍVEL ÀS QUOTAS DE DISSIDENTES

Consoante o que dispõe o art. 225, inciso IV, da Lei nº 6.404/76, fica estabelecido como valor de reembolso atribuível às quotas de eventuais quotistas dissidentes, o valor patrimonial contábil apurado com base no balanço levantado em 31-8-XX.

XII – DISPOSIÇÕES FINAIS

O presente instrumento será arquivado no Cartório de Registro de Pessoas Jurídicas e deverá ser submetido a apreciação dos sócios quotistas da FREVO e da PORTO, em data oportuna, e o trabalho de avaliação patrimonial será efetuado por Hernandez & Associados Auditores e Consultores, sociedade civil estabelecida na cidade de São Paulo, a Rua dos Auditores nº 966, registrada no Conselho Regional de Contabilidade do Estado de São Paulo sob o nº 213.670 e no Cadastro Geral de Contribuintes do Ministério da Fazenda sob o nº 12.345.678/0001-00, com seu contrato social e alterações posteriores registrados no 2º Cartório de Registro de Títulos e Documentos de São Paulo – SP, sendo a última delas registrada em microfilme sob o nº 29.322 em 14-7-XX.

Representada por seu sócio infra-assinado ALBERTO ROBERTO, brasileiro, casado, contador, portador da Cédula de Identidade RG nº 3.456.523, inscrito no CPF sob o nº 010.987.698-04 e no Conselho Regional de Contabilidade do Estado de São Paulo sob o nº 33.333, residente e domiciliado nesta capital do Estado de São Paulo na Rua Barnabé nº 94.

A indicação do perito supraqualificado feita *ad referendum* da reunião dos quotistas das empresas envolvidas, que se manifestarão sobre a operação objeto deste "Protocolo".

Na certeza de que o presente "Protocolo e justificação da Cisão parcial da FREVO seguida de incorporação pela PORTO" encontrará plena aceitação dos quotistas das sociedades e, esperando haver justificado os propósitos da operação de cisão seguida de incorporação proposta, os abaixo-assinados firmam o presente em 3 (três) vias de igual teor e forma e aguardam sua deliberação.

São Paulo, 30 de setembro de XX.

POR FREVO SERVIÇOS S/C LTDA.   POR PORTO PARTICIPAÇÕES S/C LTDA.

7.3 CONCEITOS BÁSICOS DE REESTRUTURAÇÕES SOCIETÁRIAS

Do protocolo devem constar, como visto, informações que constituem o substrato econômico da operação. Nesse aspecto há alguns conceitos que devem ficar esclarecidos desde já, que são:

- relação de substituição;
- critérios de avaliação;
- data-base da reestruturação societária;
- variações patrimoniais posteriores;
- valor de reembolso das ações dos acionistas dissidentes.

O correto entendimento desses conceitos é fundamental para execução da operação.

7.3.1 Relação de substituição

É a relação entre os **direitos de sócio** existentes antes e depois da operação. Em geral, busca-se o equilíbrio patrimonial dessa relação, ou seja, os sócios devem manter o mesmo patrimônio que tinham antes da operação.

Os direitos do sócio transcendem o âmbito patrimonial, pois estendem-se ao poder político. Assim, $ 1 milhão de patrimônio tem significado econômico diverso se estiver ou não agregado ao poder de decisão. Esse poder poderá gerar uma relação de substituição vantajosa do ponto de vista patrimonial para compensar perdas de poder decorrentes da operação. Por exemplo, o controlador de uma empresa que será incorporada por outra poderá passar a ser não controlador da empresa incorporadora.

A relação de substituição deve estar definida no protocolo. As alternativas mais comuns são valor patrimonial contábil, valor patrimonial de mercado ou valor de cotação em bolsa.

Exemplo de relação de substituição:

Informações básicas		Cia. Alfa incorporada	Cia. Beta incorporadora
Patrimônio Líquido (PL) Contábil			
Capital Social	A	100.000	500.000
Reservas	B	20.000	50.000
Total do PL a valor contábil	C = A + B	120.000	550.000
Diferença de ativos a valor de mercado conforme laudo dos peritos nomeados em assembleia	D	24.000	220.000
Total do PL a valor de mercado	E = C + D	144.000	770.000
Quantidade de ações	F	50.000	500.000
Valor nominal	G = A / F	2,000	1,000
Valor patrimonial contábil	H = C / F	2,400	1,100
Valor patrimonial de mercado	I = E / F	2,880	1,540
Média das cotações em bolsa	J	4,320	1,925

Relação de substituição pelo:		Cia. Alfa incorporada	Cia. Beta incorporadora
Valor patrimonial contábil	H	2,40	1,10
Cada ação de Alfa será trocada por:		1,00 ação	2,18182 ações
Valor patrimonial de mercado	I	2,88	1,540
Cada ação de Alfa será trocada por:		1,00 ação	1,87013 ações
Média das cotações em bolsa	J	4,32	1,925
Cada ação de Alfa será trocada por:		1,00 ação	2,24416 ações

A quantidade de ações da incorporadora que será emitida em substituição às ações da incorporada é obtida por cálculo proporcional entre os valores de cada ação.

Como pode ser observado, dependendo do critério estabelecido no protocolo poderemos encontrar relações diferentes. É importante que o critério adotado preserve o valor real dos patrimônios envolvidos para que não ocorram ganhos ou perdas entre os acionistas envolvidos.

7.3.2 Critério de avaliação

A avaliação de um bem é esforço, nem sempre bem-sucedido, de se tornar técnica uma questão inexoravelmente subjetiva. Esse esforço técnico não pode escapar à subjetividade da questão: há diversas formas técnicas de avaliar conforme apresentado no item anterior. É importante fixar que a lei não exige nenhum critério específico de avaliação. Entretanto, da escolha do critério resultarão efeitos diversos. Por essa razão, podem ocorrer situações em que o critério negocial não é o que consta do protocolo. Em outras palavras, o negócio é realizado por valor de mercado e a formalização obedece ao valor contábil.

7.3.3 Data-base da reestruturação societária

A avaliação deve ser feita tendo em vista a posição do patrimônio em determinada data. Isso indica que, nos processos de incorporação, fusão e cisão, dois momentos são de importância fundamental:

1. a data em que é feita a avaliação do patrimônio líquido a ser vertido (data-base para avaliação); e
2. a data em que a assembleia aprova a incorporação.

Na prática, entre a "data-base para avaliação" e a data em que é aprovada a incorporação, transcorre inevitavelmente o período de tempo necessário ao levantamento do balanço, à avaliação do patrimônio e à elaboração do laudo, período esse que identificaremos como "período de avaliação do patrimônio".

Até 1986, não havia limite temporal para a distância entre a data-base e a data de efetivação da operação. A legislação fiscal, porém, visando reduzir as eventuais vantagens fiscais desse tipo de operação, estabeleceu um limite máximo de 30 dias de defasagem entre essas duas datas (Instrução Normativa SRF nº 77, de 17-6-1986).

Embora essa restrição fiscal não tenha força de proibir negócios com prazos maiores entre a data-base e a data de efetivação da operação, as repercussões práticas de natureza fiscal forçarão os contribuintes a respeitar esse prazo. Repita-se, porém, que é perfeitamente viável a adoção de prazo maior.

7.3.4 Variações patrimoniais posteriores

A operação consuma-se, para todos os efeitos, na data em que é aprovada em assembleia dos acionistas. Acontece, porém, que as operações da sociedade que é objeto do negócio continuam ocorrendo normalmente. Em vista disso, durante o período compreendido entre a "data-base" e a data em que é aprovada a operação, haverá um acréscimo patrimonial (lucro) ou decréscimo (prejuízo) resultante das atividades sociais.

É a esse resultado que a lei denomina de "variações patrimoniais posteriores". O protocolo deverá determinar a quem ele pertence, sendo livre sua destinação (quer aos sócios novos, quer aos antigos, quer para capitalização, quer para distribuição obrigatória de dividendos na proporção determinada etc.).

7.3.5 Valor de reembolso das ações dos acionistas dissidentes

Os acionistas que não concordarem com os termos da negociação terão o direito de retirar-se da sociedade e receber o valor de suas ações de acordo com o estabelecido no estatuto ou no protocolo.

O art. 45 da Lei nº 6.404/76 foi alterado pela Lei nº 9.457/97, cujo texto reproduzimos a seguir:

> *Reembolso*
>
> *Art. 45. O reembolso é a operação pela qual, nos casos previstos em lei, a companhia paga aos acionistas dissidentes de deliberação da assembleia geral o valor de suas ações.*
>
> *§ 1º O estatuto pode estabelecer normas para a determinação do valor de reembolso, que, entretanto, somente poderá ser inferior ao valor de patrimônio líquido constante do último balanço aprovado pela assembleia geral, observado o disposto no § 2º, se estipulado com base no valor econômico da companhia, a ser apurado em avaliação (§§ 3º e 4º) (§ 1º com redação dada pela Lei nº 9.457/97).*
>
> *§ 2º Se a deliberação da assembleia geral ocorrer mais de sessenta dias depois da data do último balanço aprovado, será facultado ao acionista dissidente pedir, juntamente com o reembolso, levantamento de balanço especial em data que atenda àquele prazo. Nesse caso, a companhia pagará imediatamente oitenta por cento do valor de reembolso calculado com base no último balanço e, levantado o balanço especial, pagará o saldo no prazo de cento e vinte dias, a contar da data da deliberação da assembleia geral.*

§ 3º Se o estatuto determinar a avaliação da ação para efeito de reembolso, o valor será o determinado por três peritos ou empresa especializada, mediante laudo que satisfaça os requisitos do § 1º do art. 8º e com a responsabilidade prevista no § 6º do mesmo artigo (§ 3º com redação dada pela Lei nº 9.457/97).

§ 4º Os peritos ou empresa especializada serão indicados em lista sêxtupla ou tríplice, respectivamente, pelo Conselho de Administração ou, se não houver, pela diretoria, e escolhidos pela Assembleia Geral em deliberação tomada por maioria absoluta de votos, não se computando os votos em branco, cabendo a cada ação, independentemente de sua espécie ou classe, o direito a um voto (§ 4º com redação dada pela Lei nº 9.457/97).

§ 5º O valor de reembolso poderá ser pago à conta de lucros ou reservas, exceto a legal, e nesse caso as ações reembolsadas ficarão em tesouraria (§ 5º com redação dada pela Lei nº 9.457/97).

§ 6º Se, no prazo de 120 (cento e vinte) dias, a contar da data da publicação da ata da assembleia, não forem substituídos os acionistas cujas ações tenham sido reembolsadas à conta do capital social, este considerar-se-á reduzido no montante correspondente, cumprindo aos órgãos da administração convocar a assembleia geral, dentro de 5 (cinco) dias, para tomar conhecimento daquela redução (§ 6º com redação dada pela Lei nº 9.457/97).

§ 7º Se sobrevier a falência da sociedade, os acionistas dissidentes, credores pelo reembolso de suas ações, serão classificados como quirografários em quadro separado, e os rateios que lhes couberem serão imputados no pagamento dos créditos constituídos anteriormente à data da publicação da ata da assembleia. As quantias assim atribuídas aos créditos mais antigos não se deduzirão dos créditos dos ex-acionistas, que subsistirão integralmente para serem satisfeitos pelos bens da massa, depois de pagos os primeiros (§ 7º acrescido pela Lei nº 9.457/97).

§ 8º Se, quando ocorrer a falência, já se houver efetuado, à conta do capital social, o reembolso dos ex-acionistas, estes não tiverem sido substituídos, e a massa não bastar para o pagamento dos créditos mais antigos, caberá ação revocatória para restituição do reembolso pago com redução do capital social, até a concorrência do que remanescer dessa parte do passivo. A restituição será havida, na mesma proporção, de todos os acionistas cujas ações tenham sido reembolsadas (§ 8º acrescido pela Lei nº 9.457/97).

Conforme o texto legal, o valor de reembolso somente poderá ser inferior ao valor patrimonial contábil caso esteja previsto no estatuto a possibilidade de reembolso pelo valor econômico.

Como o valor econômico envolve aspectos subjetivos e sujeitos à avaliação, ele, quando previsto no estatuto, deverá ser determinado por peritos independentes.

Utilizando as informações do exemplo apresentado anteriormente sobre a relação de substituição de ações, o valor de reembolso aos dissidentes poderia ser determinado com base nas alternativas apresentadas a seguir, além do valor econômico já citado.

Informações básicas		Cia. Alfa incorporada
Patrimônio Líquido (PL) contábil		
Capital Social	A	100.000
Reservas	B	20.000
Total do PL a valor contábil	C = A + B	120.000
Diferença de ativos a valor de mercado conforme laudo dos peritos nomeados em assembleia	D	24.000
Total do PL a valor de mercado	E = C + D	144.000
Quantidade de ações	F	50.000
Valor nominal	G = A / F	2,000
Valor patrimonial contábil	H = C / F	2,400
Valor patrimonial de mercado	I = E / F	2,880
Média das cotações em bolsa	J	4,320

7.4 INCORPORAÇÃO

É a operação pela qual uma ou mais sociedades são absorvidas por outra, que lhes sucede em todos os direitos e obrigações (Lei nº 6.404, art. 227), devendo sua realização obedecer às formalidades gerais já expostas (arts. 223 a 226) e às específicas do instituto, que adiante serão discutidas.

Na incorporação, as sociedades incorporadas deixam de existir, mas a empresa incorporadora será a sucessora de suas personalidades jurídicas, assim como de seus direitos e obrigações.

7.4.1 Exemplo de incorporação

A Empresa Alfa industrializa produtos de alumínio. Como parte de seu plano de expansão de suas atividades, adquire, em sua totalidade, a Empresa Beta, uma concorrente de pequeno porte.

Adquire também, como garantia de fornecimento de matérias-primas, a totalidade da Empresa Ceres, uma de suas fornecedoras de alumínio.

As Empresas Beta e Ceres são extintas com a incorporação, sendo que seus Ativos e Passivos são assumidos (incorporados) pela Empresa A, como demonstrado pelo quadro a seguir:

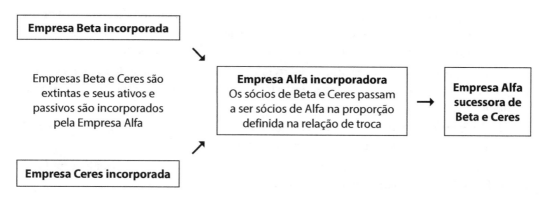

7.4.2 Operacionalização

A operacionalização da incorporação produz reflexos, interna e externamente, nos planos societário, tributário e contábil, cujos principais aspectos são apresentados a seguir.

A operação de incorporação poderá ser feita pelo valor contábil. Entretanto, a Lei das Sociedades por Ações exige um laudo de avaliação com a finalidade de defender os acionistas e terceiros credores, impedindo que os bens sejam incorporados ao patrimônio da empresa por valor superior ao de mercado. Evidentemente, a lei não impede que os bens sejam incorporados pelo valor inferior ao de mercado.

7.4.3 Procedimento de incorporação

Para efetivação da incorporação, normalmente são realizadas três Assembleias Gerais das sociedades interessadas, sendo uma na incorporada e duas na incorporadora (ou, quando possível, apenas uma, em que se concentrarão todos os atos, desde que previamente a incorporada já tenha aprovado a operação e os laudos da avaliação estejam prontos).

Alguns aspectos merecem destaque, tais como:

- aprovado o protocolo, a Assembleia Geral da incorporadora deverá autorizar o aumento de capital a ser subscrito e realizado pelos atuais sócios da incorporada mediante versão de seu patrimônio líquido e nomear os peritos que o avaliarão (art. 227, § 1º);
- a sociedade incorporada, na Assembleia que aprovar o protocolo, deverá autorizar seus administradores a praticar os atos necessários à incorporação, inclusive a subscrição do aumento de capital da incorporada (§ 2º);
- a incorporada extinguir-se-á com a aprovação, pela Assembleia Geral da incorporada, do laudo de avaliação e da incorporação, cabendo à incorporada promover o arquivamento e a publicação dos atos da incorporação (§ 3º).

7.4.4 Formação do capital (art. 226)

O aumento de capital na sociedade incorporadora será decorrente da versão do patrimônio líquido da sociedade incorporada e sua consequente extinção.

A incorporação envolverá somente sociedades que tenham patrimônio positivo. Por isso, não há incorporação de sociedade de patrimônio negativo, pois essa operação representaria uma assunção de dívidas com consequente extinção da sociedade devedora.

Assim, a princípio, a incorporação acarreta um aumento de capital da sociedade incorporadora, regulado pelo art. 226 e que, de certa forma, segue a regra geral sobre a formação e aumento de capital.

Isso ocorre para que os acionistas (ou sócios) da incorporada recebam a contrapartida no capital da incorporadora, salvo o caso particular da subsidiária integral.

O acionista ou sócio da incorporadora terá seu investimento afetado pela incorporação, na medida do valor do patrimônio incorporado.

O sócio ou acionista da sociedade incorporada substituirá o investimento que nela mantinha pelo investimento na incorporadora. Não sendo o caso excepcional de subsidiária integral, a posição do acionista ou sócio da incorporadora corresponde, na incorporação, à situação de acionista que integraria aumento de capital com bens. Os bens, nesse caso, serão representados pela parcela do patrimônio da incorporada a que têm direito seus acionistas ou sócios.

Ressalte-se que o § 1º do art. 226 permite opção entre a baixa do investimento ou a respectiva substituição por ações em tesouraria da própria incorporadora, quando essa participa do capital da incorporada.

7.4.5 Incorporação de controlada

Na incorporação de controlada, a justificação deve conter também o cálculo das relações da substituição, com base no valor do patrimônio líquido da controladora e da controlada, avaliados ambos, segundo os mesmos critérios e na mesma data, a preços de mercado (art. 264, § 4º).

Observa-se, pois, o método de equivalência patrimonial, devendo, nas companhias abertas, ser seguidas as normas sobre a matéria expedida pela Comissão de Valores Mobiliários – CVM (Instrução nº 247, de 27-3-1996).

7.4.6 Balanços

Na data-base da incorporação, a sociedade incorporada deve levantar um balanço. A incorporadora também poderá levantar balanço, se for o caso, para fins de determinação da relação de substituição de ações.

O balanço da incorporadora servirá de base para os lançamentos contábeis, quando a incorporação processar-se pelos respectivos valores de livros, além de se caracterizar como Balanço Fiscal levantando-se até, no máximo, em 30 dias antes da data da deliberação.

O balanço levantado pela incorporadora servirá de base para os lançamentos contábeis da incorporação, apuração de lucro tributável e cálculo da relação de substituição de ações, quando o critério de avaliação for o contábil.

Note-se que o efeito fiscal do balanço da incorporadora, levantado na data-base, só prevalece se a incorporação concretizar-se nos 30 dias subsequentes.

Cumpre ressaltar que o balanço em questão deve ser elaborado de modo a atender todas as formalidades exigidas pelas legislações comercial e fiscal em vigor. Assim, deverão ser observados os procedimentos relativos a:

- avaliação de investimentos pelo método de equivalência patrimonial;
- atualização para Imposto de Renda;
- efeitos previstos na Lei nº 6.404/76 (art. 185).

A sociedade incorporadora, independentemente de levantar ou não balanço, procederá à avaliação dos investimentos relevantes em capital da incorporada, que obedecerá ao método da equivalência patrimonial.

7.4.7 Aspectos contábeis

Em decorrência de uma incorporação, a incorporadora registrará contabilmente ou um aumento de capital, ou um ganho ou perda patrimonial nas contas de apuração de resultado.

A situação de aumento de capital ocorre sempre que a incorporadora não participa do capital da incorporada. Ocorrendo tal participação, deve-se apurar o respectivo resultado contábil, em conta diferencial, mediante a comparação entre o valor da participação que será baixada e o valor do correspondente patrimônio incorporado. Dessa comparação resultará ganho ou perda de capital.

7.4.8 Lançamentos contábeis

Diversos lançamentos devem ser feitos para o registro da operação nos livros da incorporadora.

Na data da incorporação e com base nos valores constantes dos balanços levantados na data-base (se for contábil o critério de avaliação) ou no laudo de avaliação (se for outro o critério), adotar-se-á o seguinte procedimento:

a) abrir conta denominada "X – conta incorporação";

b) debitar a conta referida em *a*, pelo valor das contas passivas da sociedade incorporada (exceto as contas do patrimônio líquido), e creditar as respectivas contas passivas na sociedade incorporadora;

c) creditar as contas referidas em *a*, pelo valor das contas ativas da sociedade incorporada, e debitar as respectivas contas ativas na sociedade incorporadora.

Quando o patrimônio líquido da sociedade incorporada for avaliado a preços de mercado, e esse for diferente do valor do patrimônio líquido contábil da sociedade incorporada, o registro contábil da incorporação com base nos valores do laudo terá como consequência fiscal:

- o acréscimo patrimonial registrado pela incorporadora será tributado pelo Imposto de Renda, se o valor do patrimônio a preços de mercado for superior ao patrimônio líquido contábil, ou
- a redução patrimonial registrada pela incorporadora será admitida como dedutível para fins de Imposto de Renda, se o valor do patrimônio a preços de mercado for inferior ao patrimônio líquido contábil.

Os demais lançamentos da incorporação serão determinados em função da existência ou não de participação da incorporadora no capital social da incorporada, e, em caso afirmativo, de ser ou não relevante tal participação. A seguir, destacam-se algumas hipóteses seguidas do respectivo esquema contábil.

Hipótese 1

A incorporada é subsidiária integral da incorporadora:

debitar: "X – conta incorporação" – pelo valor do "Investimento – X";

creditar: "Investimento – X" – pelo mesmo valor.

Hipótese 2

A incorporada é controlada ou coligada da incorporadora:

debitar: "X – conta incorporação" – pelo valor de "Investimento X";

creditar: "Investimento – X" pelo mesmo valor acima;

creditar: "Capital Social" – pelo valor do patrimônio incorporado pertencente a terceiros.

Hipótese 3

A incorporadora, no ato da incorporação e conforme previsto no respectivo protocolo, adquire a participação de terceiros no capital da incorporada:

debitar: "X – conta incorporação" – pelo valor de "Investimento – X";

creditar: "Investimento – X" – pelo mesmo valor acima;

creditar: "Bancos ou Contas a Pagar" – pelo valor da aquisição.

Após esses lançamentos, caso permaneça saldo na conta Incorporação, a mesma será debitada ou creditada com contrapartida na conta de Lucros e Perdas para registro do ganho ou perda relativo à operação.

Resta, ainda, apresentar os lançamentos contábeis relativos às operações realizadas pela sociedade incorporadora entre a data-base e a data da efetiva incorporação.

Foi mencionado que as operações da sociedade incorporada não sofrem solução de continuidade em virtude da incorporação. Os resultados auferidos pela incorporada entre a data-base e a data da efetiva incorporação serão distribuídos na forma determinada pelo protocolo. Na prática, os protocolos costumam atribuir esse resultado à sociedade incorporadora.

Para o registro contábil dessas operações, nos livros da sociedade incorporadora, sugerem-se:

a) debitar ou creditar as contas ativas e passivas na sociedade incorporadora pelas variações dos saldos das contas patrimoniais da incorporada, ocorrida no período compreendido entre a data-base e a data da efetiva incorporação;

b) debitar as contas de despesas e creditar as contas de receitas na sociedade incorporadora, pelas receitas e despesas efetivamente ocorridas na sociedade incorporada no período indicado em (a).

O lançamento contábil seria o seguinte:

Contas de Ativo:

Débito – Contas de despesas

Crédito – Contas de passivo

Crédito – Contas de receitas

Histórico:

Registro das operações ocorridas entre a data do balanço em ...., que serviu de base à incorporação da empresa ...., e a data em que essa mesma empresa foi declarada extinta (..............), conforme lançamentos escriturados detalhadamente em seu livro Diário Geral nº ...., às folhas nº ....

Os procedimentos a serem seguidos nos livros da incorporada são:

- copiar o balanço que serviu de base à avaliação do patrimônio líquido. Os saldos desse balanço servirão de base aos lançamentos contábeis da incorporação de resultados a serem registrados nos livros da incorporadora;
- prosseguir escriturando normalmente as operações, até a data em que se efetivar a incorporação;
- levantar e copiar um balancete, na data da incorporação, abrangendo as operações realizadas no período compreendido entre a data-base e a data da incorporação. As mutações patrimoniais refletidas nesses balancetes, relativas ao período compreendido entre a data da avaliação do patrimônio líquido e a data em que for efetivada a incorporação, serão registradas nos livros da incorporadora;
- após copiados os balancetes mencionados, transcrever no livro Diário um termo de Esclarecimento, dando por encerrada a respectiva escrituração.

7.4.9 Consolidação das contas da incorporadora

A incorporadora consolida as contas de balanço da incorporada. Embora não haja referência expressa a respeito, entende-se que, antes de proceder à avaliação do patrimônio líquido da incorporada, essa deve levantar balanço com todas as características de balanço anual, especialmente se o critério escolhido para a avaliação for o contábil.

Se for esse o caso, a incorporadora consolidará todas as contas do balanço de avaliação, com exceção das contas do patrimônio líquido, que serão contabilizadas como contrapartida da conta de Resultado da Incorporação, assim como o valor do respectivo investimento, apurando-se, então, o ganho ou perda de capital.

O aumento ou o ganho (ou perda) de capital decorrente do processo de incorporação deve ser determinado em função da "data-base para avaliação". O momento do "período de avaliação do patrimônio" deve ser consolidado nas contas da incorporadora, assumindo essa a responsabilidade das operações desse período.

7.4.10 Exemplos de incorporação

São apresentados a seguir alguns exemplos de incorporação envolvendo as operações mais comumente encontradas.

Exemplo 1 – Incorporação de empresa com relação de troca de ações pelo valor contábil

Informações básicas:

Sociedade Beta incorpora Sociedade Alfa.

Não há participação de Beta em Alfa.

A relação de troca de ações de Alfa por ações de Beta será determinada pelo valor patrimonial contábil que é inferior ao valor de mercado.

Balanços patrimoniais antes da incorporação

	Alfa	Beta		Alfa	Beta
Ativo			**Passivo**		
Circulante	1.700	6.720	Circulante	2.300	3.300
Imobilizado	1.800	2.880	**Patrimônio Líquido**		
			Capital	900	5.000
			Reservas	300	1.300
				1.200	6.300
Total do ativo	3.500	9.600	Total do passivo e PL	3.500	9.600

Com a incorporação dos ativos e exigibilidades de Alfa, haverá um aumento do patrimônio líquido de Beta, que será totalmente destinado a aumento de capital, com a consequente emissão de ações que serão entregues aos sócios de Alfa em troca de suas ações de Alfa, que serão extintas.

Patrimônio líquido	Alfa	Beta antes da incorporação	Aumento de capital	Beta após a incorporação
Capital	900	5.000	1.200	6.200
Reservas	300	1.300		1.300
	1.200	6.300	1.200	7.500

Balanços patrimoniais após a incorporação

	Alfa	Beta antes da incorporação	Beta após a incorporação
Ativo			
Circulante	1.700	6.720	8.420
Imobilizado	1.800	2.880	4.680
Total do ativo	3.500	9.600	13.100
Passivo			
Circulante	2.300	3.300	5.600
Patrimônio líquido			
Capital	900	5.000	6.200
Reservas	300	1.300	1.300
	1.200	6.300	7.500
Total do passivo e PL	3.500	9.600	13.100

Exemplo 2 – Incorporação de empresa com relação de troca de ações pelo valor do patrimônio líquido avaliado a valor de mercado

Informações básicas:

Sociedade Beta incorpora Sociedade Alfa.

Não há participação de Beta em Alfa.

A relação de troca de ações de Alfa por ações de Beta será determinada pelo valor patrimonial contábil avaliado a valor de mercado.

Balanços patrimoniais antes da incorporação

	Alfa	Beta	Passivo	Alfa	Beta
Ativo					
Circulante	1.700	6.720	Circulante	2.300	3.300
Imobilizado	1.800	2.880	**Patrimônio líquido**		
			Capital	900	5.000
			Reservas	300	1.300
				1.200	6.300
Total do ativo	3.500	9.600	Total do passivo e PL	3.500	9.600

O valor a ser incorporado ao capital de Beta pela incorporação de Alfa será determinado com base no valor de mercado do patrimônio líquido de ambas as empresas, conforme laudo de peritos nomeados em assembleia que aprovar o protocolo de incorporação.

Para simplificar, consideramos que apenas o imobilizado apresentou diferença entre o valor de custo e o valor de mercado.

Balanços patrimoniais avaliados a valor de mercado

	Alfa valor contábil	Ajuste ao valor de mercado	Alfa valor de mercado	Beta valor contábil	Ajuste ao valor de mercado	Beta valor de mercado	Alfa e Beta valor de mercado
Ativo							
Circulante	1.700		1.700	6.720		6.720	8.420
Imobilizado	1.800	510	2.310	2.880	1.490	4.370	6.680
Total do ativo	3.500	510	4.010	9.600	1.490	11.090	15.100
Passivo							
Circulante	2.300		2.300	3.300		3.300	5.600
Patrimônio líquido	1.200	510	1.710	6.300	1.490	7.790	9.500

Determinação dos percentuais de participação no patrimônio líquido de Beta após a incorporação de Alfa:

Patrimônio líquido	Alfa	Beta	Alfa e Beta
• Valor contábil	1.200	6.300	7.500
% de participação pelo valor contábil	16	84	100
• Valor de mercado	1.710	7.790	9.500
% de participação pelo valor de mercado	18	82	100

Determinação do aumento de capital que ocorrerá em Beta com a consequente emissão de ações que serão entregues aos sócios de Alfa em troca de suas ações de Alfa que serão extintas:

Capital de Beta		%	$
Capital dos atuais sócios de Beta		82	5.000
Aumento de capital dos sócios de Alfa		18	1.098
Total		**100**	**6.098**

O patrimônio líquido de Alfa que será incorporado ao patrimônio líquido de Beta terá a seguinte distribuição:

Aumento de capital de Beta	$
Patrimônio líquido incorporado	1.200
Parcela destinada a aumento de capital	1.098
Parcela destinada à constituição de reserva de ágio	102

A parcela destinada a aumento de capital deve ser, no máximo, igual ao patrimônio líquido incorporado.

Balanço patrimonial de Beta após a incorporação

	Alfa	Beta antes da incorporação	Beta após a incorporação
Ativo			
Circulante	1.700	6.720	8.420
Imobilizado	1.800	2.880	4.680
Total do ativo	3.500	9.600	13.100
Passivo			
Circulante	2.300	3.300	5.600

	Alfa	Beta antes da incorporação	Beta após a incorporação
Patrimônio líquido			
• Capital	900	5.000	6.098
• Reservas	300	1.300	1.300
• Reserva de ágio			102
	1.200	6.300	7.500
Total do passivo e PL	3.500	9.600	13.100

O Pronunciamento CPC 15 (R1) – Constituição de Negócios e a CVM determinam que na incorporação de empresa não controlada os ativos e passivos devem ser avaliados e incorporados a valor de mercado:

CPC 15 (R1) Mensuração

18. O adquirente deve mensurar os ativos identificáveis adquiridos e os passivos assumidos pelos respectivos valores justos da data da aquisição.

Para atendimento às normas contábeis, o ativo imobilizado de Alfa seria incorporado pelo valor de mercado. Nesse caso, haveria a constituição de Ajuste de Avaliação Patrimonial no Patrimônio Líquido da empresa incorporadora.

A constituição do Ajuste de Avaliação Patrimonial não afetaria o cálculo do aumento de capital.

O balanço patrimonial da incorporadora ficaria composto dos seguintes itens:

	Alfa	Beta antes da incorporação	Beta após a incorporação
Ativo			
Circulante	1.700	6.720	8.420
Imobilizado (custo $ 1.800)	2.310	2.880	5.190
Total do ativo	4.010	9.600	13.610
Passivo			
Circulante	2.300	3.300	5.600
Patrimônio líquido			
• Capital	900	5.000	6.098
• Reservas	300	1.300	1.300
• Reserva de ágio			102
Ajuste de avaliação patrimonial			510
	1.200	6.300	8.010
Total do passivo e PL	3.500	9.600	13.610

O ajuste de avaliação patrimonial será transferido para resultados acumulados à medida que o imobilizado incorporado seja realizado por depreciação, baixa ou alienação.

Exemplo 3 – Incorporação de empresa em que a incorporadora tem participação avaliada pelo Método da Equivalência Patrimonial

Informações básicas:

Sociedade Beta incorpora Sociedade Alfa.

Sociedade Beta participa em 60% do capital da sociedade Alfa. O investimento é avaliado pelo método da equivalência patrimonial.

A relação de troca de ações de Alfa por ações de Beta será determinada pelo valor patrimonial contábil avaliado a valor de mercado.

Balanços patrimoniais antes da incorporação

	Alfa	Beta		Alfa	Beta
Ativo			**Passivo**		
Circulante	1.700	6.720	Circulante	2.300	3.300
Investimento em Alfa – 60%		720			
Imobilizado	1.800	2.160	**Patrimônio líquido**		
			Capital	900	5.000
			Reservas	300	1.300
				1.200	**6.300**
Total do ativo	**3.500**	**9.600**	**Total do passivo**	**3.500**	**9.600**

O valor a ser incorporado ao capital de Beta pela incorporação de Alfa será determinado com base no valor de mercado do patrimônio líquido de ambas as empresas, conforme laudo de peritos nomeados em assembleia que aprovar o protocolo de incorporação.

Para simplificar, consideramos que apenas o imobilizado apresentou diferença entre o valor de custo e o valor de mercado.

Balanços patrimoniais avaliados a valor de mercado

	Alfa a valor contábil	Ajuste a valor de mercado	Alfa a valor de mercado
Ativo			
Circulante	1.700		1.700
Imobilizado	1.800	(1) 300	2.100
Total do ativo	**3.500**	**300**	**3.800**

	Alfa a valor contábil	Ajuste a valor de mercado	Alfa a valor de mercado
Passivo			
Circulante	2.300		2.300
Patrimônio líquido			
• Capital	900		
• Reservas	300		
	1.200	**300**	**1.500**
Total do Passivo e PL	**3.500**	**300**	**3.800**

	Beta a valor contábil	Ajuste a valor de mercado	Beta a valor de mercado
Ativo			
Circulante	6.720		6.720
Investimento em Alfa – 60%	720	(1) 180	900
Imobilizado	2.160	(2) 800	2.960
Total do ativo	**9.600**	**980**	**10.580**
Passivo			
Circulante	3.300		3.300
Patrimônio líquido			
• Capital	5.000		
• Reservas	1.300		
	6.300	**980**	**7.280**
Total do Passivo e PL	**9.600**	**980**	**10.580**

(1) Ajuste da participação em Alfa sobre a mais-valia de mercado = 60% de $ 300.
(2) Diferença de valor de mercado conforme laudo de avaliação.

Determinação dos percentuais de participação no patrimônio líquido de Beta após a incorporação de Alfa:

Patrimônio líquido	Alfa % de Outros	Alfa % de Beta	Beta	Alfa e Beta
• Valor contábil	1.200	1.200	6.300	
% de participação em Alfa	40	60	100	
• Valor da participação	480	720	6.300	6.780
% de participação no total	7,080	10,61	92,920	100,00
• Valor de mercado	1.500	1.500	7.280	
% de participação em Alfa	40	60	100	
• Participação a valor de mercado	600	900	7.280	7.880
% de participação no total	7,614	11,42	92,386	100,00

A participação de Beta em Alfa já está no patrimônio de Beta. Portanto, o PL de Beta será acrescido apenas da participação dos outros sócios de Alfa.

Determinação do aumento de capital que ocorrerá em Beta com a consequente emissão de ações que serão entregues aos sócios de Alfa em troca de suas ações de Alfa que serão extintas:

Capital de Beta	%	$	Ações
Capital dos atuais sócios de Beta	92,386	5.000,00	5.000,00
Aumento de capital dos sócios de Alfa	7,614	412,09	412,09
Total	100,000	5.580,11	5.580,11

O patrimônio líquido de Alfa que será incorporado ao patrimônio líquido de Beta terá a seguinte distribuição:

Aumento de Capital de Beta	$
Patrimônio líquido incorporado	480,00
Parcela destinada a aumento de capital	412,09
Parcela destinada à constituição de reserva de ágio	67,91

Balanço Patrimonial de Beta após a incorporação

	Alfa	Beta antes da incorporação	Eliminação do investimento, incorporação de ativos e obrigações e aumento de capital	Beta após a incorporação
Ativo				
Circulante	1.700	6.720	1.700	8.420
Investimento em Alfa		720	(720)	
Imobilizado	1.800	2.160	1.800	3.960
Total do ativo	3.500	9.600	2.780	12.380
Passivo				
Circulante	2.300	3.300	2.300	5.600
Patrimônio líquido				
• Capital	900	5.000	412	5.412
• Reservas	300	1.300		1.300
• Reserva de ágio			68	68
	1.200	6.300	480	6.780
Total do passivo e PL	3.500	9.600	2.780	12.380

O Imobilizado de Alfa foi incorporado pelo valor contábil porque não ocorreu transferência de controle.

Exemplo 4 – Exemplo de incorporação com *goodwill*

Em 31-01-200X, ocorre a combinação de negócios pela modalidade em que a entidade Alfa incorpora a entidade Beta. No processo de negociação, os acionistas de Alfa e Beta acordam que o percentual de participação de cada sócio no capital da companhia resultante da combinação será determinado com base na avaliação econômica do patrimônio de ambas as empresas.

A entidade Beta é identificada como companhia adquirida para fins de adoção do método da compra. Os balanços antes da combinação são os que seguem:

	Alfa	Beta
Ativo		
Circulante		
Caixa e equivalentes de caixa	42.000	55.000
Contas a receber	20.000	160.000
Estoque	65.000	745.000
	127.000	960.000
Não circulante		
Imobilizado	1.550.000	150.000
Total do Ativo	**1.677.000**	**1.110.000**
Passivo e Patrimônio Líquido		
Circulante		
Contas a pagar	5.000	350.000
Não circulante		
Financiamentos	1.000.000	
Patrimônio Líquido		
Capital Social	665.000	675.000
Reservas de lucros	7.000	85.000
Total do Patrimônio Líquido	672.000	760.000
Total do Passivo e Patrimônio Líquido	**1.677.000**	**1.110.000**

O capital das empresas é dividido em ações ordinárias sem valor nominal, como segue:

	Alfa	Beta
	Quantidade	Quantidade
Ações ordinárias sem valor nominal	100.000	80.000

Peritos independentes contratados apresentaram o seguinte laudo de avaliação do patrimônio econômica das empresas:

	Alfa	Beta	Alfa + Beta
	%	%	%
Relação com base no PL contábil	46,93	53,07	100
	$	$	$
PL Contábil	672.000	760.000	1.432.000
"mais-valia" estoques	12.000	40.000	52.000
"mais-valia" imobilizado	350.000	30.000	380.000
Goodwill – estimado	364.000	102.000	466.000
PL Econômico	1.398.000	932.000	2.330.000
	%	%	%
Relação com base no PL econômico	60,00	40,00	100

Com base no laudo dos peritos, os sócios acordaram que os atuais sócios da entidade Alfa terão 60% do capital da empresa resultante da incorporação e os sócios da entidade Beta terão os restantes 40%.

A relação de troca das ações da entidade Beta que será extinta por ações da entidade Alfa foi determinada como segue:

	Alfa	Beta	Relação Beta/Alfa
Patrimônio Líquido econômico	1.398.000	932.000	2.330.000
Quantidade de ações que compõem o capital	100.000	80.000	
Valor econômico por ação	13,98	11,65	0,83
Alfa + Beta	166.619	2.331.000	14
Relação de troca Beta/Alfa + Beta:			
Ações de "A + B" por ação de "B"		80.000	66.667

Para que os sócios de Beta mantenham seu patrimônio econômico correspondente a 40% da entidade resultante da incorporação, serão emitidas 66.667 ações para serem trocadas pelas 80.000 ações que atualmente possuem (80.000 × 0,83).

O aumento de capital da entidade Alfa em função da incorporação será calculado da seguinte forma:

Entidade Alfa	Contábil	Ajuste	Incorporado
Ativo			
Circulante			
Caixa e equivalentes de caixa	55.000		55.000
Contas a receber	160.000		160.000
Estoque	745.000	30.000	775.000
	960.000	30.000	990.000
Não circulante			
Imobilizado	150.000	40.000	190.000
Goodwill		102.000	102.000
Total do Ativo	1.110.000	172.000	1.282.000
Passivo e Patrimônio Líquido			
Circulante			
Contas a pagar	350.000		350.000
Patrimônio Líquido	760.000	172.000	932.000
Capital Social	760.000	102.000	862.000
Ajuste de Avaliação Patrimonial		70.000	70.000

Após a incorporação, a entidade Beta apresentará o seguinte balanço patrimonial:

	Alfa	Beta	Ajustes de Combinação Débito	Ajustes de Combinação Crédito	Alfa Final
Ativo					
Circulante					
Caixa e equivalentes de caixa	42.000	55.000	–		97.000
Contas a receber	20.000	160.000	–		180.000
Estoque	65.000	745.000	40.000		850.000
	127.000	960.000	40.000	–	1.127.000
Não circulante					–
Imobilizado	1.550.000	150.000	30.000		1.730.000
Goodwill incorporado			102.000		102.000
Total do Ativo	1.677.000	1.110.000	172.000	–	2.959.000

	Alfa	Beta	Ajustes de Combinação		Alfa Final
			Débito	Crédito	
Passivo e Patrimônio Líquido					
Circulante					
Contas a pagar	5.000	350.000			355.000
Não circulante					
Financiamentos	1.000.000	–			1.000.000
Patrimônio Líquido					
Capital social	665.000	675.000	675.000	862.000	1.527.000
Reservas de lucros	7.000	85.000	85.000		7.000
Ajustes de avaliação patrimonial				70.000	70.000
Total do Patrimônio Líquido	672.000	760.000	760.000	932.000	1.604.000
Total do Passivo e Patrimônio Líquido	1.677.000	1.110.000	760.000	932.000	2.959.000
			932.000	932.000	

Após a incorporação, o capital social da entidade Beta teria a seguinte composição:

Acionistas	Quantidade de ações sem valor nominal	%
Originais da entidade Alfa	100.000	60
Oriundos da entidade Beta	66.667	40
	166.667	100

7.5 FUSÃO

É a operação pela qual se unem duas ou mais sociedades para formar sociedade nova, que lhes sucederá em todos os direitos e obrigações (Lei nº 6.404/76, art. 228).

7.5.1 Exemplo de fusão de empresas

As Empresas A, B e C pertencem à família Siqueira, tradicionais empresários do Sul do Brasil. Com base em um trabalho de consultoria, os proprietários resolvem unificar as empresas, visando principalmente à redução de custos administrativos com um único comando e aumentar a competitividade com a sinergia resultante.

Como demonstrado pelo esquema a seguir, as Empresas A, B e C são extintas, sendo criada a Empresa D, que assumirá todos os Ativos e Passivos das três empresas.

| EMPRESA A | + | EMPRESA B | + | EMPRESA C | = | EMPRESA D |

7.5.2 Operacionalização

Apresentam-se, a seguir, os principais efeitos produzidos, interna e externamente, nas sociedades envolvidas em uma operação de fusão.

Na fusão, o patrimônio da nova sociedade será determinado com base na avaliação procedida em cada uma das envolvidas, que, por comparação, evidenciará a respectiva relação. Resultará a nova empresa da união dos patrimônios fundidos, observando-se, no procedimento da operação, as regras expostas quanto à incorporação, mas sob a premissa de que, na fusão, todas as sociedades interessadas desaparecerão, dando origem a outra, nova, sucessora dos direitos e obrigações existentes.

Ressalte-se que, na fusão, há a criação de nova empresa, cujo estatuto deve, pois, ser preparado e aprovado na Assembleia final do procedimento da operação.

7.5.3 Aspectos contábeis

Presentes os pressupostos enunciados, cabem, para a fusão, no que se lhe aplica (avaliação, balanços e registros), as observações feitas sobre os aspectos contábeis da incorporação.

7.5.4 Procedimento

No procedimento da fusão, merecem destaque as Assembleias Gerais que, normalmente, são três: duas preliminares (uma em cada sociedade) e uma, definitiva, para a constituição da nova sociedade.

Respeitadas as providências comuns (já expostas), cada sociedade convocará Assembleia Geral para aprovação do protocolo de fusão e nomeação dos peritos que avaliarão os patrimônios líquidos das sociedades envolvidas (art. 228, § 10, da mesma lei).

Apresentados os laudos, os administradores convocarão os acionistas (ou sócios) para uma Assembleia Geral, que deles tomará conhecimento e resolverá sobre a constituição definitiva da nova sociedade, ficando vedado aos acionistas (ou sócios) votar o laudo de avaliação do patrimônio da empresa de que fazem parte (§ 2º).

Constituída a nova empresa, incumbirá aos primeiros administradores promover o arquivamento e a publicação dos atos da fusão (§ 3º).

7.5.5 Exemplo de fusão

Fusão das Empresas Alfa e Beta com constituição da Empresa Ceres

Informações básicas:

Sociedade Beta participa em 60% do capital da sociedade Alfa. O investimento é avaliado pelo método da equivalência patrimonial.

Cap. 7 • REESTRUTURAÇÕES SOCIETÁRIAS – INCORPORAÇÃO, FUSÃO E CISÃO DE EMPRESAS

A relação de troca de ações de Alfa e de Beta por ações de Ceres será determinada pelo valor patrimonial contábil avaliado a valor de mercado.

A constituição de Ceres será feita pelo valor de mercado do ativo imobilizado.

Balanços patrimoniais antes da fusão

	Alfa	Beta		Alfa	Beta
Ativo			**Passivo**		
Circulante	1.700	6.720	Circulante	2.300	3.300
Investimento em Alfa – 60%		720			
Imobilizado	1.800	2.160	**Patrimônio Líquido**		
			Capital	900	5.000
			Reservas	300	1.300
				1.200	6.300
Total do Ativo	3.500	9.600	**Total do passivo e PL**	3.500	9.600

Os ativos de Alfa e Beta serão transferidos para Ceres com base no valor de mercado conforme laudo de peritos nomeados em assembleia que aprovar o protocolo de fusão.

Para simplificar, consideramos que apenas o imobilizado apresentou diferença entre o valor de custo e o valor de mercado.

Balanços patrimoniais avaliados a valor de mercado

	Alfa a valor contábil	Ajuste a valor de mercado	Alfa a valor de mercado
Ativo			
Circulante	1.700		1.700
Imobilizado	1.800	(1) 300	2.100
Total do ativo	3.500	300	3.800
Passivo			
Circulante	2.300		2.300
Patrimônio Líquido			
Capital	900		
Reservas	300		
	1.200	300	1.500
Total do Passivo e PL	3.500	300	3.800

	Beta a valor contábil	Ajuste a valor de mercado	Beta a valor de mercado
Ativo			
Circulante	6.720		6.720
Investimento em Alfa – 60%	720	(2) 180	900
Imobilizado	2.160	(1) 800	2.960
Total do Ativo	**9.600**	**980**	**10.580**
Passivo			
Circulante	3.300		3.300
Patrimônio Líquido			
Capital	5.000		
Reservas	1.300		
	6.300	980	7.280
Total do Passivo e PL	**9.600**	**980**	**10.580**

(1) Diferença de valor de mercado conforme laudo de avaliação.
(2) Ajuste da participação em Alfa sobre a mais-valia de mercado = 60% de $ 900.

Determinação dos percentuais de participação no patrimônio líquido de Ceres após a fusão de Alfa e Beta:

Patrimônio Líquido	Alfa % de Outros	Alfa % de Beta	Beta	Alfa e Beta
Valor contábil	1.200	1.200	6.300	
% de participação em Alfa	40	60	100	
Valor da participação	480	720	6.300	6.780
% de participação no total	7,080	10,61	92,920	100,00
Valor de mercado	1.500	1.500	7.280	
% de participação em Alfa	40	60	100	
Participação a valor de mercado	600	900	7.280	7.880
% de participação no total	7,614	11,42	92,386	100,00

A participação de Beta em Alfa já está no patrimônio de Beta.

Determinação do capital de Ceres com a consequente emissão de ações que serão entregues aos sócios de Alfa e Beta em troca de suas ações que serão extintas:

Capital de Ceres	%	$	Ações
Capital dos sócios de Beta	92,386	6.263,76	6.263,76
Capital dos sócios de Alfa	7,614	516,24	516,24
Total	**100,000**	**6.780,00**	**6.780,00**

O Patrimônio Líquido de Alfa que será incorporado ao Patrimônio Líquido de Beta terá a seguinte distribuição:

Aumento de capital de Beta	$
Patrimônio Líquido incorporado a valor de mercado	7.880,00
Parcela destinada a aumento de capital = PL a valor contábil	6.780,00
Parcela destinada à constituição de Ajuste de Avaliação Patrimonial	1.100,00

Balanço Patrimonial de Ceres

	Alfa	Beta	Eliminação do investimento e ajuste a valor de mercado	Ceres
Ativo				
Circulante	1.700	6.720		8.420
Investimento em Alfa		720	(720)	–
Imobilizado	1.800	2.160		3.960
Ajuste a valor justo			1.100	1.100
Total do Ativo	**3.500**	**9.600**	**380**	**13.480**
Passivo				
Circulante	2.300	3.300		5.600
Patrimônio Líquido				
• Capital	900	5.000	880	6.780
• Reservas	300	1.300	(1.600)	
• Ajuste de Avaliação Patrimonial			1.100	1.100
	1.200	6.300	380	7.880
Total do Passivo e PL	**3.500**	**9.600**		**13.480**

A realização do Ajuste de Avaliação Patrimonial deve ser efetuada de acordo com a realização dos ativos que o gerou.

7.6 CISÃO

De acordo com o art. 229 da Lei nº 6.404/76, é a operação pela qual a sociedade transfere parcelas do patrimônio para uma ou mais sociedades, constituídas para esse fim ou já existentes, extinguindo-se a companhia cindida, se houver versão de todo o seu patrimônio (cisão total), ou dividindo-se seu capital, no caso de cisão parcial.

Admitem-se, pois, duas formas de cisão: total e parcial, ou seja, com a versão de todo o patrimônio da sociedade cindida ou apenas com sua divisão. No primeiro caso, a sociedade extingue-se e, no outro, subsiste, com redução do capital, importando, pois, em reforma estatutária.

7.6.1 Exemplos de cisão

CISÃO TOTAL

Os grupos empresariais Mar e Liete são os proprietários da Empresa A, uma rede de supermercados com lojas e depósitos em São Paulo e Rio de Janeiro.

Em decorrência de um sério desentendimento, os sócios resolvem separar-se.

Após a fase de negociação, decidem extinguir a empresa, e as lojas e depósitos de São Paulo, representando 40% do patrimônio, são transferidos para a Empresa B, já existente, de propriedade do Grupo Mar.

As lojas do Rio de Janeiro, representando os demais 60% do patrimônio da Empresa A, ficam com o Grupo Liete, que constituem uma nova sociedade, a Empresa C.

O esquema a seguir representa a cisão total da Empresa A, com transferência de seu patrimônio para as Empresas B e C.

CISÃO PARCIAL

A Empresa A explora as atividades de transportes marítimo e terrestre de cargas.

Em decorrência de dificuldades financeiras, resolve abandonar o transporte marítimo, negociando a carteira de clientes, embarcações, equipamentos e demais ativos dessa atividade, que representa 30% de seu patrimônio.

O comprador assume tais ativos e constitui a Empresa B.

A Empresa A continua operando após a cisão parcial, somente com o transporte terrestre.

A realização da cisão obedece às formalidades gerais já expostas (arts. 223 a 226) e às específicas do instituto, que adiante serão discutidas.

7.6.2 Operacionalização

A operacionalização da cisão, em suas duas modalidades, apresenta reflexos nos campos societários, tributário e contábil, sobre os quais versaremos a seguir.

Na cisão, operam-se modificações em todas as sociedades envolvidas, salvo no caso de criação de empresa (sociedade nova). Na cisão parcial, a sociedade cindida perde parcelas de seu patrimônio, com reflexos correspondentes em sua estrutura (reforma estatutária) e em sua contabilidade, enquanto as receptoras dessas parcelas têm-nos acrescido, com o consequente aumento de capital.

No total, extingue-se a cindida, passando seu patrimônio a agregar-se ao da(s) receptora(s). Há, portanto, acréscimo patrimonial nas receptoras que, em se tratando de sociedades existentes, deverão promover reforma estatutária.

Assim, na cisão, quanto à formação do capital e avaliação, aplicam-se as regras já discutidas sobre incorporação, pois, em essência, nela existe, basicamente, a integração (vale dizer: incorporação) de um ou mais patrimônios em outro(s).

Na constituição de sociedade nova, devem ser observadas as regras próprias do tipo (se sociedade anônima, arts. 80 a 99).

7.6.3 Aspectos contábeis da cisão

Ante o exposto, cabem, para a cisão, as observações gerais feitas, no plano contábil, para a incorporação, obedecidas as especificidades da figura e de suas modalidades.

Demonstram-se a seguir os lançamentos que devem ser feitos na cindida e na receptora.

Nos livros da sociedade a ser cindida deverão ser efetuados os seguintes lançamentos para registro da operação:

a) creditar as contas ativas pelo valor das parcelas que serão transferidas para a nova sociedade, debitando, em contrapartida, a "conta – cisão" (conta especialmente criada para fins de registro da operação);

b) debitar as contas passivas pelo valor das parcelas que serão transferidas para a nova sociedade, creditando, em contrapartida, a "conta – cisão";

c) debitar a conta de "capital social" pelo valor correspondente ao patrimônio líquido transferido, creditando, em contrapartida, a conta dos sócios retirantes;

d) debitar a conta dos sócios retirantes pelo total que lhes toca na operação, creditando, em contrapartida, a "conta – cisão".

7.6.4 Exemplo contábil de cisão parcial de empresa

Apresenta-se um exemplo prático de cisão de empresas. O esquema contábil anteriormente descrito poderia ser demonstrado como segue:

BALANÇO DA SOCIEDADE A SER CINDIDA

Ativo	$	Passivo	$
Circulante		**Circulante**	
• Bancos	13.000	• Fornecedores	7.000
• Aplicações	12.000	• Salários	10.000
• Clientes	40.000	• Financiamentos	35.000
• Estoques	50.000	• Impostos	13.000
	115.000		65.000
Não Circulante	90.000	**Patrimônio líquido**	
		• Capital	100.000
		• Reservas	40.000
			140.000
Total do Ativo	205.000	Total do passivo e PL	205.000

Admitindo-se a seguinte composição do capital:

Sócio	Participação	$
Antônio	25%	35.000
Benedito	15%	21.000
Carlos	30%	42.000
Diógenes	30%	42.000
		140.000

Os sócios Antônio e Benedito resolvem, em comum acordo com os demais sócios, retirar-se da sociedade e constituir nova empresa mediante cisão de ativos correspondentes aos 40% que possuem do capital da empresa.

Segundo o protocolo, acordaram que a participação de 40% do capital social equivalente a 40% do Patrimônio Líquido do balanço levantado para essa operação seria determinada como segue:

	$
Patrimônio Líquido conforme balanço	140.000
Percentual de participação dos sócios Antônio e Benedito	40%
Valor de sua participação	56.000
Ativos a serem cindidos	
• Dinheiro em bancos	4.000
• Aplicações financeiras	12.000
• Duplicatas a receber de clientes	40.000
	56.000

Lançamentos de cisão de ativos na sociedade cindida:

Bancos		Aplicações		Clientes	
13.000		12.000		40.000	
	4.000 – **1**		12.000 – **2**		40.000 – **3**
9.000		0		0	

Capital		Reservas		Conta Cisão	
	100.000		40.000	**1** – 4.000	40.000 – **4**
4 – 40.000		**5** – 16.000		**2** – 12.000	16.000 – **5**
	60.000		24.000	**3** – 40.000	
				56.000	56.000

BALANÇO DA SOCIEDADE CINDIDA APÓS A CISÃO

	Antes	Cisão	Depois
Ativo	$		$
Circulante			
• Bancos	13.000	(4.000)	9.000
• Aplicações	12.000	(12.000)	
• Clientes	40.000	(40.000)	
• Estoques	50.000		50.000
	115.000	(56.000)	59.000
Não Circulante	90.000		90.000
Total do Ativo	205.000	(56.000)	149.000

	Antes	Cisão	Depois
Passivo	$	$	$
Circulante			
• Fornecedores	7.000		7.000
• Salários	10.000		10.000
• Financiamentos	35.000		35.000
• Impostos	13.000		13.000
	65.000		65.000
Patrimônio Líquido			
• Capital	100.000	(40.000)	60.000
• Reservas	40.000	(16.000)	24.000
	140.000	(56.000)	84.000
Total do Passivo e PL	205.000	(56.000)	149.000

Os registros contábeis nos livros da nova sociedade serão efetuados como seguem:

a) debitar a conta "sócios conta capital" ou "capital a integralizar" pelo valor da subscrição feita pelos sócios e creditar, em contrapartida, a conta de capital social;
b) debitar as contas ativas pelas parcelas recebidas na transferência e creditar, em contrapartida, a conta "cisão", criada para fins de registro de operação;
c) creditar as contas passivas (caso houvesse) pelas parcelas recebidas na transferência e debitar, em contrapartida, a conta "cisão";
d) debitar a conta "cisão" e creditar "capital a integralizar", que, no exemplo, representa o valor do Patrimônio Líquido recebido dos sócios.

Com base nos valores apresentados, os lançamentos descritos poderiam ser demonstrados da seguinte forma:

Bancos		Aplicações		Clientes	
1 – 4.000		**2** – 12.000		**3** – 40.000	

Capital			Conta Cisão	
	4 – 56.000		**1** – 4.000	
			2 – 12.000	
			3 – 40.000	**4** – 56.000
			56.000	**56.000**

A seguir, demonstra-se como seria apresentado o balanço da nova sociedade:

	$		$
Ativo		**Passivo**	
Circulante		**Circulante**	
• Bancos	4.000		
• Aplicações	12.000		
• Clientes	40.000		
		Patrimônio Líquido	
		• Capital	56.000
Total do Ativo	**56.000**	Total do Passivo e PL	**56.000**

7.6.5 Procedimento

Na cisão parcial, que seguirá o mesmo procedimento da incorporação, além das observações gerais já enunciadas, destacam-se:

- a necessidade de especificação dos direitos e obrigações que serão transferidos;
- a nomeação, pela assembleia, de peritos para avaliação da parcela do patrimônio a ser transferida (essa mesma assembleia funcionará como assembleia de constituição da nova companhia); e
- o arquivamento e a publicação dos atos respectivos pelos administradores da sociedade cindida e da que absorver parcelas de seu patrimônio.

Conforme o § 1º do art. 229 da Lei nº 6.404/76, as sociedades que absorverem parcelas da sociedade cindida a esta sucederão, na proporção dos Patrimônios Líquidos transferidos, nos direitos e obrigações não relacionados.

Na cisão com extinção, as sociedades que absorverem parcelas do patrimônio da cindida responderão solidariamente pelas obrigações da companhia extinta.

De acordo com o § 5º do art. 229 da Lei nº 6.404/76 (com redação dada pela Lei nº 9.457/97), as ações integralizadas com parcelas de patrimônio da sociedade cindida serão atribuídas a seus acionistas, em substituição às ações extintas, na proporção das que possuíam, e a atribuição em proporção diferente requer aprovação de todos os titulares, inclusive das ações sem direito a voto.

7.7 ASPECTOS ESPECIAIS DAS REESTRUTURAÇÕES

Neste tópico, apresentamos os aspectos relacionados com direito de retirada de sócios, direitos de debenturistas e de credores.

Para salvaguardar direitos de terceiros e de sócios que não tenham interesse em permanecer nas sociedades envolvidas nos processos de incorporação, fusão e cisão, a legislação societária prevê instrumentos de defesa que, entretanto, não impossibilitam a realização da reestruturação.

7.7.1 Direito da retirada

O art. 230 da Lei nº 6.404/76 determina que as ações integralizadas com parcelas de patrimônio da companhia cindida serão atribuídas a seus titulares, em substituição às extintas, na proporção das que possuíam. A atribuição em proporção diferente requer aprovação de todos os titulares, inclusive das ações sem direito a voto (*caput* do artigo com redação dada pela Lei nº 9.457/97).

O parágrafo único desse artigo prevê que o prazo para o exercício desse direito será contado da publicação da ata da assembleia que aprovar o protocolo ou justificação da operação, mas o pagamento do preço de reembolso somente será devido se a operação vier a efetivar-se.

7.7.2 Direitos dos debenturistas

A sociedade emissora de debêntures, que ainda não as tenha resgatado, depende da aprovação de seus debenturistas para realizar incorporação, fusão ou cisão. Para livrar-se desse condicionamento, deverá resgatar as debêntures ou assegurar tal resgate em prazo mínimo de seis meses, aos debenturistas que assim o desejarem. Segue texto legal, da Lei nº 6.404/76, sobre o assunto.

> Art. 231. A incorporação, fusão ou cisão da companhia emissora de debêntures em circulação dependerá da prévia aprovação dos debenturistas, reunidos em assembleia especialmente convocada com esse fim.
>
> § 1º Será dispensada a aprovação pela assembleia se for assegurado aos debenturistas que o desejarem, durante o prazo mínimo de seis meses a contar da data da publicação das atas das assembleias relativas à operação, o resgate das debêntures de que forem titulares.
>
> § 2º No caso do § 1º, a sociedade cindida e as sociedades que absorverem parcelas do seu patrimônio responderão solidariamente pelo resgate das debêntures.

7.7.3 Direitos dos credores

Na incorporação ou fusão, o art. 232 da Lei nº 6.404/76 determina que, até 60 dias depois de publicados os atos relativos à incorporação ou à fusão, o credor anterior por ela prejudicado poderá pleitear judicialmente a anulação da operação; findo o prazo, decairá do direito o credor que não tiver exercido. Esse artigo é complementado pelos seguintes parágrafos:

> § 1º A consignação da importância em pagamento prejudicará a anulação pleiteada.
>
> § 2º Sendo ilíquida a dívida, a sociedade poderá garantir-lhe a execução, suspendendo-se o processo de anulação.
>
> § 3º Ocorrendo, no prazo deste artigo, a falência da sociedade incorporadora ou da sociedade nova, qualquer credor anterior terá o direito de pedir a separação dos patrimônios, para o fim de serem os créditos pagos pelos bens das respectivas massas.

O art. 233 da Lei nº 6.404/76 determina que, na cisão com extinção da companhia cindida, as sociedades que absorverem parcelas de seu patrimônio responderão solidariamente pelas obrigações da companhia extinta. A companhia cindida que subsistir e as que absorverem parcelas de seu patrimônio responderão solidariamente pelas obrigações da primeira anteriores à cisão.

O parágrafo único desse artigo prevê que o ato de cisão parcial poderá estipular que as sociedades que absorverem parcelas do patrimônio da companhia cindida serão responsáveis apenas pelas obrigações que lhes forem transferidas, sem solidariedade entre si ou com a companhia cindida, mas, nesse caso, qualquer credor anterior poderá opor-se à estipulação, em relação a seu crédito, desde que notifique a sociedade no prazo de 90 dias a contar da data da publicação dos atos da cisão.

7.8 SUMÁRIO DO PRONUNCIAMENTO CPC 15 (R1)

Apresentamos a seguir sumário do CPC 15 (R1) Combinação de Negócios, cuja íntegra encontra-se disponível no *site*: www.cpc.org.br.

Sumário do Pronunciamento Técnico CPC 15 (R1) – Combinação de Negócios

Objetivo do Pronunciamento

1. *O objetivo do Pronunciamento é melhorar a relevância, a confiabilidade e a comparabilidade das informações que uma entidade fornece em suas demonstrações contábeis acerca de uma combinação de negócios e sobre seus efeitos. Para esse fim, este Pronunciamento estabelece princípios e exigências de como o adquirente:*

    (a) reconhece e mensura, em suas demonstrações contábeis, os ativos identificáveis adquiridos, os passivos assumidos e alguma participação de não controladores na adquirida;

    (b) reconhece e mensura o ágio por rentabilidade futura (goodwill) da combinação de negócio ou um ganho proveniente de uma compra vantajosa; e

    (c) determina as informações a serem divulgadas para capacitar os usuários das demonstrações contábeis na avaliação da natureza e dos efeitos econômicos e financeiros da combinação de negócios.

Principais Características do Pronunciamento

2. *O princípio geral do Pronunciamento é que o adquirente deve reconhecer, obrigatoriamente, os ativos adquiridos e os passivos que passa a controlar pelos seus respectivos valores justos, mensurados na data de aquisição, divulgando informações que permitam atingir o objetivo citado no item anterior.*

3. *Uma combinação de negócios deve ser contabilizada pelo método de aquisição, a menos que a combinação envolva entidades ou negócios sob controle comum (entre empresas "do mesmo grupo econômico"). Uma das partes da combinação de negócios sempre precisa ser identificada como a adquirente, a qual é a entidade que obtém o controle de outros negócios (a adquirida), mesmo no caso de genuínas fusões. A formação de empreendimentos controlados em conjunto (joint ventures) e a aquisição de um ativo ou um grupo de ativos que não constituam um negócio não são combinações de negócio e, portanto, estão fora do alcance do Pronunciamento.*

4. *O Pronunciamento estabelece princípios para o reconhecimento e a mensuração dos ativos identificáveis adquiridos, dos passivos assumidos e da participação dos não controladores na adquirida, se houver. As classificações e as designações feitas no reconhecimento desses itens devem ser feitas de acordo com os termos contratuais, as condições econômicas, as políticas contábeis do adquirente e outros fatores existentes à data de aquisição. O Pronunciamento se aplica inclusive aos casos em que a aquisi-*

ção de um controle se dá mesmo sem aquisição de ações, como no caso de a adquirida adquirir de sócios suas próprias ações e com isso um sócio que não era transformar-se em controlador.

(a) Todos os ativos identificáveis e os passivos assumidos são mensurados pelos respectivos valores justos na data da aquisição, mesmo quando não estejam reconhecidos no balanço da adquirida (como pode ocorrer com ativos intangíveis e até mesmo com passivos contingentes – afinal eles normalmente entram e influenciam no valor da negociação e não devem ficar computados no valor do goodwill). A participação dos não controladores na adquirida, se houver, é mensurada ou pelo respectivo valor justo dessa participação (valor justo das ações em poder dos não controladores) ou pela parte que couber aos não controladores no valor dos ativos líquidos da adquirida mensurados contabilmente.

5. O Pronunciamento prevê limitadas exceções aos princípios de reconhecimento e mensuração:

(a) arrendamentos e contratos de seguro devem ser classificados com base nas condições contratuais e em outros fatores do início do contrato (ou de quando as cláusulas do contrato foram alteradas) em vez de com base nos fatores e nas condições existentes na data da aquisição;

(b) serão reconhecidos somente os passivos contingentes assumidos na combinação que se constituírem em obrigações presentes e que puderem ser mensurados com confiabilidade;

(c) exige-se que alguns ativos e passivos sejam reconhecidos ou mensurados de acordo com outros Pronunciamentos em vez de pelos seus respectivos valores justos. Os ativos e passivos afetados por essa exigência são aqueles dentro do alcance dos seguintes Pronunciamentos Técnicos: CPC 32 – Tributos sobre o Lucro, CPC 33 – Benefícios a Empregados, CPC 10 – Pagamento Baseado em Ações e CPC 31 – Ativo Não Circulante Mantido para Venda e Operação Descontinuada;

(d) existem exigências específicas para a mensuração de um direito readquirido (vendido anteriormente pela adquirente à adquirida e agora retornado à primeira por força da combinação de negócios);

(e) os ativos de indenização (valores a receber por força de alguma incerteza ou contingência a ser resolvida no futuro) são reconhecidos e mensurados em bases consistentes com o item objeto da indenização, independentemente de não serem mensurados ao valor justo. Podem também existir passivos de indenização.

6. Uma vez reconhecidos e mensurados os ativos identificáveis adquiridos, os passivos assumidos e a participação dos não controladores, o Pronunciamento exige que o adquirente identifique eventual diferença entre:

(a) a soma do valor justo dos seguintes itens: (i) contraprestação transferida total; (ii) participação dos não controladores na adquirida, se houver; (iii) participação do *adquirente na adquirida imediatamente antes da data da combinação, se houver (no caso de uma combinação alcançada em fases); e*

(b) *o valor dos ativos líquidos identificáveis da adquirida medido conforme os itens anteriormente mencionados.*

A diferença positiva será reconhecida como ágio por rentabilidade futura (goodwill). Caso a diferença seja negativa, o adquirente deve, caso confirmados os valores e os cálculos, reconhecê-la como um ganho proveniente de uma compra vantajosa no resultado do período.

7. *A contraprestação transferida (em troca do controle da adquirida) em uma combinação de negócios (incluindo qualquer acréscimo ou redução por indenização contingente) deve ser mensurada ao valor justo.*

8. *Ajustes provisórios podem ser necessários durante certo tempo posterior à data da combinação de negócios, o que constitui um período de mensuração até quando se resolvam as situações de incerteza. Até que se complete esse período, os ajustes provisórios afetam os ativos, os passivos, o valor da contraprestação, o goodwill ou o ganho pela compra vantajosa, mas esse período não pode ultrapassar doze meses; a partir daí os ajustes são registrados contra o resultado.*

9. *Após a combinação ter sido completada, o adquirente normalmente mensura e contabiliza os ativos adquiridos e os passivos assumidos em uma combinação de negócios de acordo com outras normas e Pronunciamentos aplicáveis. Contudo, o Pronunciamento contém exigências específicas para direitos readquiridos, passivos contingentes, contraprestação contingente e ativos de indenização.*

10. *Os custos com a operação de aquisição são tratados diretamente como despesa do exercício e não se acrescentam ao custo dos ativos líquidos adquiridos.*

11. *Em aquisição feita em estágios (ou etapas), o adquirente reavalia sua participação anterior na adquirida pelo valor justo na data da aquisição e reconhece no resultado do período o ganho ou a perda resultante, se houver, como no caso de valores contabilizados pelo adquirente em outros resultados abrangentes.*

12. *O Pronunciamento exige que o adquirente divulgue informações que permitam aos usuários de suas demonstrações contábeis avaliarem a natureza e os efeitos financeiros e econômicos das combinações de negócios que ocorreram durante o período de reporte ou após a data de encerramento do período, mas antes de aprovada a publicação das demonstrações contábeis. Após a combinação de negócios, o adquirente deve divulgar qualquer ajuste reconhecido no período de reporte corrente e que estiver relacionado às combinações de negócios que ocorreram no período corrente ou em períodos anteriores.*

TESTES

1. **De acordo com as Leis nº 6.404/76 – Lei das S.A. – e nº 9.457/97, incorporação é a operação pela qual:**
   a) unem-se duas ou mais sociedades sem formar uma sociedade nova;
   b) unem-se duas ou mais sociedades para formar sociedade nova que lhes sucederá em todos os direitos e obrigações;
   c) a companhia transfere parcelas do seu patrimônio para uma ou mais sociedades, constituídas para fim, ou já existentes, extinguindo-se a companhia cindida, se houver versão de todo o seu patrimônio, e dividindo-se o seu capital, se parcial a versão;
   d) uma ou mais sociedades são absorvidas por outra, que lhes sucede em todos os direitos e obrigações;
   e) a companhia transfere parcelas do seu patrimônio para uma ou mais sociedades, sem extinguir a sociedade cindida.

2. **De acordo com as Leis nº 6.404/76 – Lei das S.A. – e nº 9.457/97, fusão é a operação pela qual:**
   a) unem-se duas ou mais sociedades que passam a ser controladas em conjunto, com a transferência do passivo para suas controladoras;
   b) unem-se duas ou mais sociedades para formar sociedade nova, que lhes sucederá em todos os direitos e obrigações;
   c) a companhia transfere parcelas do seu patrimônio para uma ou mais sociedades, constituídas para fim, ou já existentes, extinguindo-se a companhia cindida, se houver versão de todo o seu patrimônio, e dividindo-se o seu capital, se parcial a versão;
   d) uma ou mais sociedades são absorvidas por outra, que lhes sucede em todos os direitos e obrigações;
   e) a companhia transfere parcelas do seu ativo para uma determinada sociedade e transfere o total do seu patrimônio para outra sociedade, sem extinguir a sociedade cindida.

3. **Conforme a atual legislação societária, cisão é a operação pela qual:**
   a) uma ou mais sociedades são absorvidas por outra, que lhes sucede em todos os direitos e obrigações;
   b) as empresas de determinado grupo de capital aberto são declaradas judicialmente em recuperação judicial, permanecendo suas ações sem negociação em Bolsa de Valores, cumprindo ordens da CVM;
   c) unem-se duas ou mais sociedades que passam a ser controladas em conjunto, com a transferência do passivo para suas controladoras;
   d) unem-se duas ou mais sociedades para formar sociedade nova, que lhes sucederá em todos os direitos e obrigações;
   e) a sociedade transfere parcelas do patrimônio para uma ou mais sociedades, constituídas para esse fim ou já existentes, extinguindo-se a companhia cindida, se houver versão de todo o seu patrimônio (cisão total), ou dividindo-se seu capital, no caso de cisão parcial.

4. A operação pela qual uma ou mais sociedades são absorvidas por outra, que lhes sucede em todos os direitos e obrigações, é chamada:
   a) fusão;
   b) consórcio;
   c) incorporação;
   d) cisão;
   e) monopólio.

5. Nas operações de cisão, podem ocorrer as seguintes situações, exceto:
   a) cisão total com a criação de duas ou mais empresas novas;
   b) cisão total com versão de parte do Patrimônio Líquido para empresa nova e parte para empresa já existente;
   c) cisão parcial com versão de parte do patrimônio para empresas já existentes;
   d) cisão parcial com versão de todo o patrimônio para a mesma sociedade;
   e) cisão total com versão do patrimônio para empresas já existentes.

6. Com relação às reorganizações societárias mediante os processos de incorporações, fusões ou cisões, podemos afirmar que todas as opções abaixo são corretas, exceto:
   a) uma companhia emissora de debêntures em circulação ficará sempre obrigada à prévia autorização dos debenturistas sob pena de nulidade da incorporação, fusão ou cisão;
   b) incorporação é a operação pela qual uma ou mais sociedades são absorvidas por outra, que a sucede em todos os direitos e obrigações;
   c) cisão é a operação pela qual a companhia transfere parcelas do seu patrimônio para uma ou mais sociedades, constituídas para esse fim, ou já existentes, extinguindo-se a companhia cindida, se houver versão de todo o seu patrimônio, e dividindo-se o seu capital, se parcial a versão;
   d) interesses de natureza societária entre quotistas ou acionistas são fatores importantes a serem contemplados no processo de reorganização;
   e) fusão é a operação pela qual se unem duas ou mais sociedades para formar sociedade nova, que as sucederá em todos os direitos e obrigações.

7. O procedimento que deve ser observado no processo de fusão de sociedade é:
   a) nomeação dos peritos que avaliarão os patrimônios das sociedades deve ser feita apenas pela Assembleia Geral de Acionistas de uma das companhias fundidas;
   b) a exigência de entrega pela entidade que será fundida dos Balanços Patrimoniais e das Demonstrações de Resultado de Exercícios dos últimos cinco anos;
   c) a nomeação dos peritos que avaliarão os patrimônios das sociedades feita apenas pela Assembleia Geral de Acionistas da companhia adquirente do patrimônio;
   d) a exigência de entrega pela entidade que será fundida dos Balanços Patrimoniais e das Demonstrações das Mutações Patrimoniais dos últimos três anos;
   e) a nomeação dos peritos que avaliarão os patrimônios das sociedades envolvidas deve ser feita pela Assembleia Geral que aprovar o protocolo da operação da fusão.

8. Leia os enunciados a seguir e decida se estão ou não de acordo com a legislação societária (Leis nos 6.404/76 e 9.457/97):

   I – nos processos de incorporação, uma das preocupações legais é garantir uma participação justa dos acionistas tanto da incorporadora quando da incorporada no novo Patrimônio Líquido que surge;

   II – relação de substituição: é a relação entre os direitos de sócio existentes antes e depois da operação. Em geral, busca-se o equilíbrio patrimonial dessa relação, ou seja, os sócios devem manter o mesmo patrimônio que tinham antes da operação;

   III – incorporação, fusão ou cisão podem ser efetuadas entre sociedades de tipos iguais ou diferentes e deverão ser deliberadas na forma prevista para a alteração dos respectivos estatutos ou contratos sociais;

   IV – se a incorporação, fusão ou cisão envolverem companhia aberta deficitárias, com poucas ações negociadas em Bolsa de Valores, as sociedades que a sucederem poderão ter as características de capital fechado, se for da conveniência do controlador, para efeito de redução de custos com divulgação e auditoria.

   a) o enunciado IV não está de acordo com a legislação societária;
   b) os enunciados II e IV não estão de acordo com a legislação societária;
   c) nenhum dos enunciados está de acordo com a legislação societária;
   d) todos os enunciados estão de acordo com a legislação societária;
   e) os enunciados II e III não estão de acordo com a legislação societária.

9. As empresas A, B e C encerraram as suas atividades através de uma fusão, transferindo seu Patrimônio Líquido para a formação de uma nova empresa denominada "D". A relação de substituição foi efetuada de acordo com os valores contábeis do Patrimônio Líquido.

   Cada uma das empresas possui quatro sócios (são 12, no total) com igual participação (mesmo percentual) no capital social de cada empresa. O Patrimônio Líquido de cada empresa antes da fusão era de $:

Patrimônio Líquido	A	B	C
Capital Social	760	520	2.400
Lucros (Prejuízos) Acumulados	200	120	(80)
Reservas de Lucro	140	240	100

   Todas as empresas aumentaram seu capital social antes da fusão, utilizando os saldos de Lucros Acumulados e Reservas de Lucro. A participação individual dos sócios da antiga empresa B na nova empresa D, criada após a fusão, será o equivalente a:

   a) 5% do total da empresa D;
   b) 25% do total da empresa D;
   c) 10% do total da empresa D;
   d) 12,5% do total da empresa D;
   e) 7,5% do total da empresa D.

10. **Julgue os itens abaixo, relativos à legislação envolvendo os casos de incorporação, cisão e fusão.**

   I – na incorporação de uma sociedade anônima por outra já existente, constará de protocolo firmado pelos órgãos de administração ou pelos sócios de sociedade interessada, entre outras coisas, o valor do aumento ou redução do capital social da sociedade incorporadora;

   II – na incorporação de sociedade anônima pela sua controladora, a justificação apresentada à assembleia geral da controlada deverá conter, além de outras informações, o cálculo das relações de substituição das ações dos acionistas não controladores da controlada com base no valor do Patrimônio Líquido das ações da controladora e da controlada. Esses dois patrimônios deverão ser avaliados seguindo os mesmos critérios e na mesma data, a preços de mercado;

   III – na incorporação da controladora por sua subsidiária integral, em uma situação em que a controladora seja uma *holding* que possua em seu ativo apenas os investimentos na companhia incorporadora, a sociedade resultante da incorporação irá possuir, ao final do processo, suas próprias ações registradas no ativo em contrapartida de receita de incorporação do período;

   IV – na fusão de duas empresas Alfa e Beta sob controle comum de Celta, sem que haja participação das fusionadas, o acionista controlador de Celta e os seus minoritários com participação preponderante em Alfa ou Beta passam a ser os únicos acionistas da nova empresa, perdendo as suas participações os acionistas minoritários de Alfa e Beta cujas participações fossem não preponderantes, extinguindo-se contabilmente a parcela de Patrimônio Líquido correspondente às ações dos acionistas que perderam suas participações no processo, em contrapartida de lucros ou prejuízos acumulados;

   V – em uma operação de cisão parcial, com versão de parcelas patrimoniais para múltiplas empresas criadas, é permitido pela Lei das Sociedades Anônimas que os acionistas da empresa cindida sejam mantidos em todas as empresas resultantes do processo, com a mesma participação acionária que detinham na empresa objeto de cisão, com base em patrimônios líquidos de cada sociedade definidos no protocolo e na justificação de cisão.

   Com base na legislação atual, assinale a alternativa correta:
   a) são verdadeiros os itens I, II e III;
   b) são verdadeiros os itens II e IV;
   c) todos os itens são verdadeiros;
   d) todos os itens são falsos;
   e) são verdadeiros os itens I, II e V.

11. **Fusão, incorporação e cisão são modalidades de reorganização de sociedades, previstas em lei, que permitem às empresas, a qualquer tempo, promover as reformulações que forem apropriadas, atendendo a diversos objetivos. Acerca desse assunto, julgue os itens abaixo.**

   I – um processo de incorporação, fusão ou cisão, antes de se efetivar, requer que os órgãos da administração ou sócios das sociedades interessadas firmem um protocolo, que incluirá os critérios e as principais bases de efetivação da modalidade de reorganização a ser implementada;

II – até 30 dias após publicados os atos relativos à incorporação ou fusão, o credor por ela prejudicado poderá pleitear judicialmente a anulação da operação. Transcorrido este prazo, o credor habilitado judicialmente terá mais 60 dias para o exercício desse direito;

III – as ações integralizadas com parcelas de patrimônio da companhia cindida serão atribuídas a seus titulares, em substituição às extintas, na proporção das que possuíam; a atribuição em proporção diferente requer aprovação de todos os titulares, inclusive das ações sem direito a voto;

IV – na incorporação, fusão ou cisão, a contabilidade pode adotar o critério de avaliação dos ativos e valores de saída, na base de liquidação forçada, decaindo os princípios de contabilidade, a menos que se trate de companhia aberta, com ações negociadas em bolsa de valores.

a) estão corretos apenas os itens II e IV;
b) estão corretos apenas os itens I e III;
c) todos os itens estão corretos;
d) está correto apenas o item IV;
e) todos os itens estão incorretos.

12. A Cia. Alternativa emitiu debêntures em 2007, que ainda estavam em circulação em 2009, ano em que essa empresa passa por um processo de cisão. Com relação à integridade dos direitos dos debenturistas, pode-se afirmar que:

a) os sócios dissidentes do processo de cisão responderão pelo prazo de cinco anos pelo valor de resgate das debêntures;
b) a responsabilidade pelo resgate das debêntures somente poderá ser repassada aos acionistas ordinários que permanecerem nas novas sociedades;
c) os sócios dissidentes do processo de cisão responderão pelo prazo de dez anos pelo valor de resgate das debêntures;
d) tanto a sociedade cindida quanto aquelas que absorveram parcelas de seu patrimônio respondem solidariamente pelo resgate das debêntures;
e) apenas as novas sociedades surgidas do processo de cisão serão responsáveis pelo resgate das debêntures na proporção registrada em seus passivos.

13. É fator condicional para a efetivação das condições aprovadas, de operação de fusão se os peritos nomeados determinarem que o valor dos patrimônios líquidos vertidos para a formação do novo capital social seja:

a) inferior a 20% do capital preferencial das empresas envolvidas;
b) pelo menos, igual ao montante do capital a realizar;
c) no máximo 50% do capital ordinário anterior de cada uma das empresas;
d) inferior ao total do capital preferencial anterior de cada uma das empresas;
e) totalmente integralizado e superior a 50% do capital ordinário.

14. Na verificação de participação recíproca em operações de incorporação, o procedimento exigido pela Lei nº 6.404/76, atualizada pela Lei nº 9.457/97, será:

a) a empresa incorporada deverá alienar, no período de seis meses, a parcela de ações de quotas que não excederem o valor dos lucros e reservas;
b) somente a empresa incorporadora deverá publicar o fato em jornal de grande circulação no local onde estiver sediada, justificando a natureza e o valor da operação;

c) mencionar o fato nos relatórios e demonstração financeira de ambas as sociedades e eliminar esse tipo de participação, no prazo máximo de um ano;

d) mencionar esse fato apenas no relatório da administração, justificando a necessidade da operação e indicando as classes e valor nominal das ações envolvidas;

e) alienar, no período de seis meses, a parcela de ações ou quotas que não excederem o valor dos lucros acumulados da incorporação.

15. A companhia aberta Itaqui S.A., em setembro de 2001, incorpora sua controladora Cia. Tupinambá. Nessa operação, o valor contábil dos bens da incorporada era R$ 90 milhões; se o valor de mercado desses mesmos bens fosse de R$ 105 milhões, a diferença de R$ 15 milhões apurada entre o valor contábil e o valor de mercado deve ser registrada em uma:
    a) subconta do capital social para imediatamente ser incorporada ao Capital;
    b) conta provisão para variação do custo ou mercado, dos dois o menor;
    c) conta de Ajuste de Avaliação Patrimonial no Patrimônio Líquido;
    d) provisão contingencial de ágio em incorporação de controlada;
    e) conta de reserva de lucros a realizar.

16. Julgue os itens a seguir, quanto às reestruturações societárias de fusão, cisão e incorporação de empresas:

    I – a cisão é a operação pela qual a companhia transfere parcelas do seu patrimônio para uma ou mais sociedades, constituídas para esse fim ou já existentes, sem extinguir a companhia cindida, mesmo se houver versão de todo o se patrimônio, ou dividindo-se o seu capital, se parcial a versão;

    II – a fusão é a operação pela qual uma empresa assume todo o patrimônio de uma ou mais empresas, assumindo também o passivo fiscal e outras contingências, contabilizadas ou não;

    III – na incorporação de uma sociedade controlada, os acionistas não controladores da empresa que será extinta passam a ser acionistas da incorporadora, se não exercerem o direito de dissidência ou retirada;

    IV – caso haja o exercício do direito de retirada por parte de acionistas, as ações assim adquiridas pela incorporadora não poderão permanecer em tesouraria.

    Assinale a alternativa correta:
    a) estão corretos os itens II e IV;
    b) todos os itens estão corretos;
    c) estão corretos os itens I e II;
    d) todos os itens estão incorretos;
    e) está correto apenas o item III.

17. Os processos de reestruturações societárias representam modernas maneiras de aglutinação de forças, redução de custos administrativos e podem ser orientados por motivos estratégicos. Com relação aos atuais aspectos legais de incorporação, cisão e fusão de empresas, assinale a alternativa correta:
    a) na incorporação de uma sociedade anônima fechada por sua controladora, também fechada, os acionistas não controladores da controlada não têm o direito de retirar-se dela;

b) as ações integralizadas com parcelas de patrimônio da companhia cindida serão atribuídas a seus titulares, em substituição às extintas, na proporção das que possuíam;

c) se envolver companhia aberta, as sociedades que a sucederem, no caso de cisão total, não serão, obrigatoriamente, abertas;

d) os processos de incorporação, fusão ou cisão não podem ser efetuadas entre sociedades de tipos diferentes, mesmo que haja deliberação na forma prevista para a alteração dos respectivos estatutos;

e) no balanço base para fins de cisão de companhia aberta, a participação dos acionistas não controladores no patrimônio líquido e no lucro do exercício será destacado, respectivamente, no balanço patrimonial e na demonstração do resultado do exercício.

18. A controladora InvestSantosPlus incorporou a controlada São Jorge. Em assembleia dos acionistas, foi definido no protocolo que a relação de substituição das ações terá como parâmetro o Patrimônio Líquido ajustado a valor de mercado, conforme laudo dos peritos nomeados nessa Assembleia, como segue:

Informações básicas	Controladora	Controlada SP
Patrimônio Líquido (PL) Contábil		
Capital Social	1.000.000	400.000
Reservas	200.000	50.000
Lucros Acumulados	300.000	250.000
Total do PL a valor contábil	**1.500.000**	**700.000**
Diferença de ativos a valor de mercado conforme laudo dos peritos nomeados em assembleia	100.000	120.000
Total do PL a valor de mercado	**1.600.000**	**820.000**
Quantidade de ações que compõem o capital das empresas	**500.000**	**400.000**

Cada ação da controlada deve ser trocado por:

a) 2 ações da controladora;
b) 0,5833 ação da controladora;
c) 1,56 ação da controladora;
d) 0,640625 ação da controladora;
e) 0,5 ação da controladora.

8
CONTABILIZAÇÃO DOS TRIBUTOS SOBRE O LUCRO

O Pronunciamento Técnico CPC 32 do Comitê de Pronunciamentos Contábeis (CPC) está baseado na IAS 12, que trata de tributos. O Conselho Federal de Contabilidade (CFC) emitiu em 2018 a Resolução 2018/REVISAONBC01 que aprovou a NBC TG 32 (R4) – Tributos sobre o Lucro, que atualizou as versões anteriores relativas ao tema.

A Comissão de Valores Mobiliários (CVM) emitiu a Deliberação nº 599/09, que aprovou o Pronunciamento Técnico CPC 32 e tornou-o de aplicação obrigatória para todas as companhias abertas.

Neste capítulo, apresentaremos conceitos, objetivos e exemplos de aplicação do CPC 32.

Os pronunciamentos aplicados no Brasil anteriormente à emissão do referido pronunciamento já estavam harmonizados com as práticas internacionais. Portanto, não houve mudanças significativas nos procedimentos anteriormente adotados.

As normas em vigor relativas ao tema Contabilização dos Tributos sobre o Lucro são:

NBC TG	Nome da Norma	CPC	IASB
NBC TG 32 (R4)	Tributos sobre o Lucro	CPC 32	IAS 12

8.1 OBJETIVOS E DEFINIÇÕES

O principal objetivo dos procedimentos exigidos pelo Pronunciamento CPC 32 é adequar o registro contábil dos tributos incidentes sobre lucros de acordo com as regras tributárias aos procedimentos contábeis de acordo com as Práticas Contábeis Adotadas no Brasil (PCAB).

8.1.1 Problemas contábeis quanto ao registro dos tributos sobre lucros

Existem diferenças que podem ser significativas em algumas empresas entre o montante dos tributos que devem ser contabilizados como despesa de determinado período contábil e o montante apurado de acordo com a observância da legislação tributária do Imposto de Renda. Essa diferença é consequência do fato de o lucro contábil, na maioria das vezes, divergir do lucro real ou tributável.

Exemplo:

> Para facilitar o entendimento, considera-se, de maneira simplificada, que a carga tributária da empresa é de 34%, ou seja, 25% com o Imposto de Renda e 9% com a contribuição social. Claro que na prática nem sempre será possível tal simplificação, por diversos motivos, entre os quais se pode citar o fato de que as bases de cálculo dos dois tributos podem ser diferentes.

Resultado contábil

A Empresa de Tecidos América (ETA) encerrou suas Demonstrações Contábeis em 31-12-X0, tendo apurado um lucro do exercício, antes da provisão para o Imposto de Renda e da contribuição social, de $ 1.000. Consequentemente, o registro contábil dos encargos com os mencionados tributos seria efetuado pelo montante de $ 340, restando um lucro de $ 660 após a provisão.

Resultado fiscal

No entanto, o lucro real – ou tributável – do exercício de X0 foi de $ 800, após as exclusões permitidas e as inclusões exigidas pela legislação tributária.

Consequentemente, o montante dos tributos a serem recolhidos, com base nos aspectos fiscais, seria de $ 272, ou seja, 34% de $ 800.

Há, portanto, uma diferença de $ 68 no montante dos tributos, ou seja, $ 340 apurados pela escrituração contábil, com a observância dos princípios e normas de contabilidade, menos $ 272 apurado com a observância dos aspectos tributários. A demonstração e o controle dessa diferença são efetuados no Livro de Apuração do Lucro Real (Lalur).

Partindo do pressuposto de que ambos os valores estão corretos, o problema é como efetuar os adequados registros contábeis para observar tanto os adequados princípios, normas e procedimentos emanados da doutrina contábil, sem prejudicar a necessária observância dos aspectos e procedimentos fiscais e tributários relacionados com a apuração e recolhimento dos tributos sobre o lucro das organizações.

É oportuno ressaltar que tais diferenças entre lucro contábil e lucro tributável ocorrem em boa parte dos países, ou seja, não é um problema apenas dos contabilistas brasileiros. Internacionalmente, o assunto tem sido discutido por diversas entidades contábeis, entre as quais se cita o International Accounting Standards Committee (Iasc), ou Comitê de Normas Internacionais de Contabilidade, que divulgou o Pronunciamento NIC 12 – Impostos sobre a Renda, no qual está fundamentado o Pronunciamento CPC 32 – Tributos sobre o Lucro.

8.1.2 Definições do CPC 32 e exemplos

Os seguintes termos são definidos no Pronunciamento CPC 32 com os significados especificados. A cada termo, acrescentaremos comentários e exemplos julgados necessários.

Resultado contábil é o lucro ou prejuízo para um período antes da dedução dos tributos sobre o lucro. Representa a diferença entre todas as receitas e despesas reconhecidas no período, de acordo com as PCAB, independentemente de serem tributáveis ou dedutíveis de acordo com o Regulamento do Imposto de Renda (RIR).

Lucro tributável (prejuízo fiscal) é o lucro (prejuízo) para um período, determinado de acordo com as regras estabelecidas pelas autoridades tributárias, sobre o qual os tributos sobre o lucro são devidos (recuperáveis). Representa a diferença entre todas as receitas e despesas reconhecidas no período, de acordo com o Regulamento do Imposto de Renda (RIR).

Despesa tributária (receita tributária) é o valor total incluído na determinação do lucro ou prejuízo para o período relacionado com o tributo sobre o lucro corrente ou diferido. Será obtida pela somatória ou diferença dos tributos correntes e diferidos e apresentada da Demonstração do Resultado do Exercício.

Tributo corrente é o valor do tributo devido (recuperável) sobre o lucro tributável (prejuízo fiscal) do período. É o valor dos tributos incidentes sobre o resultado fiscal e que será apresentado no balanço patrimonial como tributos a pagar sobre lucro tributável ou tributos a recuperar sobre prejuízos fiscais.

Passivo fiscal diferido é o valor do tributo sobre o lucro devido em período futuro relacionado às diferenças temporárias tributáveis. É o tributo que a empresa deixa de pagar nesse período, mas que deverá pagar em períodos futuros sobre exclusões temporárias, tais como lucro na venda de bens do imobilizado que serão recebidos a longo prazo.

Ativo fiscal diferido é o valor do tributo sobre o lucro recuperável em período futuro relacionado a:

a) diferenças temporárias dedutíveis: é o valor dos tributos pagos nesse período sobre despesas reconhecidas contabilmente, mas que serão dedutíveis da base de cálculo dos tributos apenas em períodos futuros, tais como perdas estimadas sobre devedores duvidosos;

b) compensação futura de prejuízos fiscais não utilizados: é o valor dos tributos incidentes sobre prejuízos fiscais que poderão ser abatidos dos tributos a pagar sobre lucros futuros;

c) compensação futura de créditos fiscais não utilizados: é o valor dos tributos incidentes sobre diferenças temporárias dedutíveis de períodos anteriores que ainda não foram compensadas até este período, mas que poderão ser compensadas em períodos futuros.

Base fiscal de ativo ou passivo é o valor atribuído àquele ativo ou passivo para fins fiscais, de acordo com o Regulamento do Imposto de Renda (RIR). Por exemplo, para estoques, a regra geral fiscal é: custo de aquisição ou produção.

Diferença temporária é a diferença entre o valor contábil de ativo ou passivo no balanço e sua base fiscal. A contrapartida da diferença entre o valor contábil e a base fiscal de um ativo ou passivo está no resultado contábil. Por exemplo:

	Base contábil	Base fiscal	Diferença temporária	Resultado
Ativo				
Recebíveis de clientes	115.000	120.000	5.000	Perda estimada sobre devedores duvidosos que será dedutível quando as perdas forem efetivas
Passivo				
Provisão para garantias	3.000	0	3.000	Despesas de garantias provisionadas que serão dedutíveis quando os serviços de garantias forem prestados

As diferenças temporárias podem ser:

a) **diferença temporária tributável**, a qual é a diferença temporária que resulta em valores tributáveis para determinar o lucro tributável (prejuízo fiscal) de períodos futuros quando o valor contábil de ativo ou passivo é recuperado ou liquidado. Representada por exclusões temporárias da base de cálculo dos tributos, tais como lucro na venda de imóveis para recebimento a longo prazo;

b) **diferença temporária dedutível**, a qual é a diferença temporária que resulta em valores que são dedutíveis para determinar o lucro tributável (prejuízo fiscal) de futuros períodos quando o valor contábil do ativo ou passivo é recuperado ou liquidado. Representada por inclusões temporárias da base de cálculo dos tributos, tais como provisões para perdas com garantias e litígios trabalhistas, ou ajustes de ativos, tais como devedores incobráveis e redução ao valor recuperável de imobilizado.

8.2 ASPECTOS GERAIS

Nesta parte, utilizaremos os conceitos e critérios contábeis apresentados no CPC 32 – Tributos sobre o Lucro, com base na IAS 12, complementado por nossos comentários e exemplos.

8.2.1 Objetivo da contabilização dos tributos diferidos

O objetivo principal do pronunciamento é disciplinar e normatizar o tratamento contábil das diferenças entre o montante dos tributos calculados sobre o lucro contábil e montante dos tributos calculados sobre o lucro tributável ou real.

A contabilização de um ativo ou passivo enseja que a recuperação ou liquidação de seus valores possa produzir alterações nas futuras apurações de Imposto de Renda e contribuição social, através de sua dedutibilidade ou tributação. Assim sendo, o pronunciamento determina que a entidade reconheça, com certas exceções, esse impacto fiscal através da contabilização de um passivo ou de um ativo fiscal diferido, no período em que tais diferenças surgirem.

O ativo fiscal diferido decorrente de prejuízos fiscais de Imposto de Renda e base negativa de contribuição social deve ser reconhecido, total ou parcialmente, desde que a entidade tenha histórico de rentabilidade, acompanhada da expectativa fundamentada dessa rentabilidade por prazo que considere o limite máximo de compensação permitido pela legislação.

O imposto de renda compreende tanto o imposto do próprio país como os impostos de outros países a que a entidade estiver sujeita, sempre que baseáveis em resultados tributáveis. O Imposto de Renda compreende também os impostos que, tal como o imposto retido na fonte, são recolhidos por uma controlada, coligada ou *joint venture* sobre as distribuições feitas para a entidade.

8.2.2 Diferenças temporárias e permanentes

Diferenças temporárias são as diferenças que impactam ou podem impactar a apuração do Imposto de Renda e da contribuição social decorrente de diferenças temporárias entre a base fiscal de um ativo ou passivo e seu valor contábil no balanço patrimonial. Elas podem ser:

a) tributáveis, ou seja, que resultarão em valores a serem adicionados no cálculo do resultado tributável de períodos futuros, quando o valor contábil do ativo ou passivo for recuperado ou liquidado;

b) dedutíveis, ou seja, que resultarão em valores a serem deduzidos no cálculo do resultado tributável de períodos futuros, quando o valor contábil do ativo ou passivo for recuperado ou liquidado.

Existem também as diferenças permanentes, que são aquelas que não impactam e não podem impactar, futuramente, a apuração do Imposto de Renda e da contribuição social.

Por exemplo, a empresa pode contabilizar uma despesa efetuada no exercício contábil, para a qual não há o comprovante fiscal para a devida dedução, ou seja, mesmo que o gasto tenha sido necessário para a atividade empresarial, não será aceito pelo Fisco como dedutível.

Outro exemplo de gastos não dedutíveis é a multa paga pelas empresas em decorrência de infração fiscal.

O ajuste do lucro contábil para apuração do lucro tributável, nessas circunstâncias, não impacta a apuração dos tributos, portanto, tais diferenças não são objetos de normatização do Pronunciamento CPC 32.

Exemplo numérico

A Empresa Paulista de Aços (EPA) apurou em 31-12-X0 um lucro contábil do exercício de $ 2.000, antes da despesa com o Imposto de Renda e com a contribuição social.

Foram contabilizadas, durante o exercício, despesas efetuadas pela Diretoria, sem os devidos comprovantes fiscais, totalizando $ 100. Também foram contabilizadas despesas com diversas multas por infrações, que totalizaram, no exercício de X0, $ 150.

Portanto, o lucro real – ou tributável – foi de $ 2.250, após inclusões ao lucro contábil das despesas não dedutíveis, que foram contabilizadas. Nesse caso, as despesas do exercício de X0 com o Imposto de Renda e contribuição social devem ser contabilizadas em 31-12-X0, pelo montante de $ 765, considerando a tributação de 34% sobre o lucro, como segue:

	Contábil	Fiscal
Lucro antes das despesas não dedutíveis	2.250	2.250
Despesas não dedutíveis:		
• Despesas sem comprovação	(100)	
• Multas por infrações	(150)	
Lucro	2.000	2.250
Tributos correntes (34%)		765

Débito	$
Resultado do Exercício	
Despesa Tributária Corrente	765
Crédito	
Passivo circulante	
Imposto de Renda e Contribuição Social a pagar	765
Montante a recolher em X1, nos prazos legais, referentes aos tributos sobre o lucro do exercício de X0.	

Nesse exemplo, o lucro contábil seria de $ 1.235, que é $ 2.000 menos $ 765. Em outras palavras, contabilmente falando, as despesas do exercício de X0 com o Imposto de Renda e contribuição social equivalem ao valor de $ 765, já que não se trata de diferenças temporárias, não havendo qualquer relacionamento com a figura do Imposto de Renda diferido.

8.2.3 Base contábil e base fiscal

Base fiscal de um ativo ou passivo é o valor atribuído a um ativo ou passivo para fins tributários.

Base contábil de ativo ou passivo é o valor atribuído àquele ativo ou passivo de acordo com as PCAB. Por exemplo, para estoques, a regra geral contábil é: custo ou valor realizável líquido, dos dois o menor, enquanto a base fiscal de ativo ou passivo é o valor atribuído àquele ativo ou passivo para fins fiscais de acordo com o Regulamento do Imposto de Renda (RIR) atualizado pelo Decreto nº 9.580/18. Por exemplo, para estoques, a regra geral fiscal é: custo de aquisição ou produção.

Essas diferenças podem ser para mais ou para menos e geram diferenças temporárias tributáveis ou dedutíveis.

8.2.4 Diferenças temporárias tributáveis

Algumas diferenças temporárias surgem quando se inclui receita ou despesa no resultado contábil em um período, e no resultado tributável em período diferente. A seguir, apresentam-se exemplos de diferenças desse tipo que são diferenças temporárias tributáveis e, portanto, resultam em obrigações fiscais diferidas:

a) a depreciação considerada na determinação do resultado tributável pode ser diferente daquela que é considerada na determinação do resultado contábil.

Surge, então, uma diferença entre o valor líquido contábil do ativo e sua base fiscal, que é o custo do ativo menos as correspondentes depreciações acumuladas, permitidas pela legislação fiscal. Se essa diferença reverte-se ao longo do tempo, teremos uma diferença temporária. Uma aceleração da depreciação para fins fiscais resulta em uma obrigação fiscal diferida. Por outro lado, uma aceleração da depreciação para fins contábeis resulta em um ativo fiscal diferido;

b) receita contabilizada, mas ainda não recebida, relativa a contratos de longo prazo de construção por empreiteira ou de fornecimento de bens ou serviços, quando celebrados com o governo ou entidades do governo;

c) ganhos de capital registrados contabilmente e decorrentes de vendas de bens do ativo imobilizado, cujo recebimento e tributação dar-se-ão a longo prazo.

Exemplificando, com casos práticos de diferenças temporárias tributáveis e com a contabilização do passivo corrente e passivo diferido:

Exemplo prático 1 – Depreciação fiscal acelerada

Resultado contábil

As Indústrias de Máquinas Albertinho Ltda. (IMA) encerrou suas demonstrações contábeis em 31-12-X0, tendo apurado um lucro contábil de $ 2.000, antes da provisão para o Imposto de Renda e contribuição social. Considerando uma alíquota de 34%, a despesa tributária seria de $ 680 (34% de $ 2.000) e o lucro líquido final de $ 1.320 ($ 2.000 menos $ 680).

Resultado tributável – ou lucro real

A IMA goza de incentivos fiscais da depreciação acelerada sobre suas máquinas e equipamentos industriais, podendo deduzir do lucro contábil o montante de $ 300 para apuração do Imposto de Renda. O montante da depreciação acelerada concedida como incentivo fiscal não é contabilizado.

Como o lucro tributável é de $ 1.700, considerando a alíquota de 32%, o Imposto de Renda a recolher em curto prazo é de $ 578 (34% de $ 1.700). Esse valor corresponde ao Imposto de Renda Corrente, que é o montante do Imposto de Renda a pagar em relação ao resultado tributável do período.

	Contábil	Fiscal
Lucro antes da despesa de depreciação	2.300	2.300
• Depreciação contábil	(300)	(300)
• Depreciação incentivada		(300)
Lucro	**2.000**	**1.700**
Tributos correntes (34% de 1.700)		578
Tributos diferidos (34% de 300)		102
Despesa tributária (34% de 2.000)	**680**	**680**

Surge em cena, no entanto, a figura da Obrigação Fiscal Diferida, que é o valor do Imposto de Renda e da contribuição social a pagar em períodos futuros, em relação a diferenças temporárias tributáveis.

Isso ocorre porque o Imposto de Renda que será pago a menor sobre o lucro do exercício de X0, em decorrência da existência do incentivo fiscal não contabilizado, será futuramente recuperado pelo Fisco, visto que, em algum momento no futuro, a empresa vai contabilizar a depreciação normal sobre suas máquinas e seus equipamentos industriais, mas não poderá deduzir tal depreciação normal para fins de tributação, ou seja, irá adicionar ao lucro contábil para apuração do lucro tributável.

A explicação é simples: para fins de apuração do resultado tributável, durante todo o prazo da utilização das máquinas e dos equipamentos – 12 anos de vida útil, por exemplo –, o somatório dos montantes da depreciação normal – que é contabilizada – com o da depreciação acelerada incentivada – que não é contabilizada – não pode ultrapassar 100% do custo de aquisição dos ativos.

Em outras palavras, o incentivo fiscal é, na realidade, uma postergação da obrigação de recolher o Imposto de Renda sobre os lucros. O contribuinte recolhe um valor a menor nos primeiros anos da vigência do incentivo fiscal, mas passa a recolher um valor maior nos últimos anos, proporcionalmente ao montante do Imposto de Renda calculado sobre o lucro contábil.

Com base nesses comentários e demais informações, a contabilização em 31-12-X0 seria como segue, supondo que não haja qualquer outra exclusão ou inclusão ao lucro contábil para apuração do lucro tributável.

a) Reconhecimento do passivo corrente

Débito	**$**
Resultado do exercício – X0	578
Crédito	
Passivo circulante Tributos correntes a recolher	578
Conforme demonstrado, representa 34% do lucro tributável de $ 1.700	

b) Reconhecimento do passivo fiscal diferido – ou obrigações fiscais diferidas

Débito	$
Resultado do exercício – X0	
Tributos diferidos	102
Crédito	
Passivo Não Circulante	
Obrigações fiscais diferidas	102
Corresponde a 34% de $ 300, valor do incentivo fiscal deduzido do lucro contábil para apuração do lucro tributável – ou lucro real	

Demonstra-se a seguir que o lucro contábil após os tributos foi apurado de acordo com a rigorosa observância do princípio contábil da competência do exercício:

	$
Resultado contábil antes dos tributos	2.000
Menos: Despesa com tributos	
Tributos correntes	(578)
Tributos diferidos	(102)
Despesa tributária	**(680)**
Lucro contábil após tributos	**1.320**

Exemplo prático 2 – Contratos de prestação de serviços de construção por empreitada assinados com pessoa jurídica de direito público

A legislação tributária permite às construtoras de obras públicas a adoção do "regime de caixa" para a tributação do lucro obtido nessas obras. Em outras palavras, podem postergar, para o período do recebimento das faturas, tanto o Imposto de Renda como a contribuição social sobre o lucro contido na receita contabilizada, mas ainda não recebida relativa aos contratos de longo prazo de construção por empreiteira ou de fornecimento de bens ou serviços, quando celebrados com o governo ou entidades do governo.

Exemplo:

A Construtora Kai Kai está construindo uma ferrovia para o governo, tendo encerrado suas demonstrações contábeis em 31-12-X0, apurando um lucro contábil, antes da provisão para o Imposto de Renda e contribuição social, de $ 1.700.

Em dezembro de X0, emitiu uma fatura de $ 700, que será recebida em janeiro de X1. Essa fatura foi registrada contabilmente como receita do exercício de X0.

Supondo que o lucro dessa fatura seja de $ 200, a construtora tem a opção de postergar para X1 a tributação desse lucro, no período do efetivo recebimento.

Em resumo, o lucro tributável pode ser apurado pelo regime de caixa, mesmo que o lucro contábil seja apurado corretamente pelo regime de competência, com a contabilização de todas as receitas faturadas, incluindo as que não foram recebidas até o encerramento do exercício.

Continuando com o exemplo anterior, supondo que a construtora tenha exercido a opção do diferimento da tributação e que não haja outra exclusão ou adição ao lucro contábil, tem-se os seguintes resultados, considerando uma alíquota de 34% para os tributos sobre o lucro (25% de Imposto de Renda e 9% de contribuição social):

Resultado contábil	$
Lucro antes dos tributos	1.700
Menos: Despesa de **tributos** 34%	(578)
Lucro após **tributos**	1.122

Resultado tributável	$
Lucro contábil antes dos tributos	1.700
Exclusões temporárias	
Lucro sobre parcela não recebida em 19X1	(200)
Lucro tributável – ou real	1.500
Tributos devidos sobre o lucro tributável de 19X1 = 34% de R$ 1.500	510

Passivo fiscal diferido

O montante do tributo postergado, devido à opção pelo regime de caixa para fins fiscais, terá que ser recolhido futuramente, baseado na concretização do recebimento da fatura. Ou seja, em 31-12-X0 existia um passivo fiscal – ou passivo diferido – no valor de $ 68, que corresponde a 34% de $ 200.

Evidentemente, é a mesma diferença entre $ 578 e $ 510.

Contabilização

a) Reconhecimento do passivo corrente

Débito	
Resultado do exercício – X0	
Despesas de tributos correntes	510
Crédito	
Passivo circulante	
Tributos correntes a recolher	510
Conforme anteriormente demonstrado, representa 34% do lucro tributável de $ 1.500.	

b) Reconhecimento do Passivo Diferido – ou obrigações fiscais diferidas

Débito	$
Resultado do exercício – X0	
Despesas tributos diferidos	68
Crédito	
Passivo circulante	
Obrigações fiscais diferidas	68
Corresponde a 34% de $ 200, valor da tributação do lucro postergado para futura tributação, no exercício do recebimento da fatura.	

Demonstra-se, a seguir, que o lucro contábil, após o Imposto de Renda, foi apurado de acordo com a rigorosa observância do princípio contábil da competência do exercício:

	$
Lucro contábil antes dos tributos	1.700
Menos: Despesa com tributos	
Tributos correntes	(510)
Tributos diferidos	(68)
Despesa tributária	(678)
Lucro contábil após tributos	1.122

8.2.5 Diferenças temporárias dedutíveis

Algumas diferenças temporárias surgem quando se inclui receita ou despesa no resultado contábil em um período, e no resultado tributável em período diferente. A seguir, apresentam-se exemplos de diferenças desse tipo que são diferenças temporárias dedutíveis e, portanto, resultam em ativos fiscais diferidos:

A seguir são dados exemplos de diferenças temporárias dedutíveis que resultam em ativo fiscal diferido:

a) provisão para garantia de produtos, registrada na contabilidade no período de sua venda, mas dedutível para fins fiscais somente quando realizada;

b) provisão para gasto com manutenção e reparo de equipamentos, deduzidos, para fins fiscais, apenas quando estes forem efetivamente realizados;

c) provisão para riscos fiscais e outros litígios;

d) provisões para garantias;

e) ajustes para perdas permanentes em investimentos;

f) amortização contábil de ágio que somente será dedutível por ocasião de sua realização por alienação ou baixa;
g) valor contábil de ativo ajustado ao valor de mercado ou valor de recuperação.

Exemplos de ativos fiscais diferidos e contabilização

A Indústria Eletrônica Jônattas encerrou suas demonstrações contábeis em 31-12-X0, apurando um lucro contábil, antes da provisão para Imposto de Renda e contribuição social, de $ 1.200.

Considerando uma tributação de 34%, a provisão contábil para os tributos com o Imposto de Renda e contribuição social seria de $ 408.

Dessa maneira, o lucro contábil após a mencionada provisão seria $ 792, como segue:

	$
Lucro contábil antes dos tributos	**1.200**
Menos: Despesa de tributos	(408)
Lucro contábil após tributos	792

No entanto, a empresa constituiu em 31-12-X0 as seguintes provisões contábeis que não são aceitas pelo Fisco como dedutíveis para fins de apuração do lucro tributável ou lucro real. Como já comentado, o Fisco aceita a dedução apenas por ocasião do efetivo desembolso da despesa:

	$
Provisão para garantia, por 12 meses, de seus produtos vendidos. A provisão é calculada no momento das vendas, representando 1% do total das vendas do exercício de X0	200
Provisão para litígios fiscais e trabalhistas	150
Total das provisões contabilizadas como redutoras do lucro contábil do exercício de X0, mas não aceitas como dedutíveis para fins de apuração do lucro tributável ou real	350

Portanto, o resultado tributável (ou lucro real) seria como demonstrado a seguir:

	Contábil	Fiscal
Lucro antes da despesa de depreciação	**1.550**	**1.550**
• Despesas estimadas com garantias	(200)	
• Perdas prováveis com litígios	(150)	
Lucro	**1.200**	**1.550**
• Tributos correntes (34% de 1.550)		527
• Tributos diferidos (34% de 350)		(119)
Despesa tributária (34% de 1.200)	**408**	**408**

Ativo fiscal diferido

O montante do tributo antecipado sobre as provisões não dedutíveis em X0, que corresponde a 34% de $ 350 igual a $ 119, será aceito como dedutível do lucro tributável dos exercícios futuros. Em outras palavras, a empresa terá um ativo diferido no valor de $ 119.

Contabilização

a) Reconhecimento do passivo corrente

Débito	
Resultado do exercício – X0	
Despesa tributária corrente	527
Crédito	
Passivo circulante	
Tributos correntes a recolher	527
Conforme demonstrado, representa 34% do lucro tributável de $ 1.550.	

b) Reconhecimento do ativo fiscal diferido

Débito	$
Ativo realizável a longo prazo	
Ativo fiscal diferido	119
Crédito	
Resultado do exercício – X0	
Despesa tributária diferida	119

Demonstra-se, a seguir, que o lucro contábil, após o Imposto de Renda, foi apurado de acordo com rigorosa observância do princípio contábil da competência do exercício:

	$
Lucro contábil antes dos tributos	1.200
Menos: Tributos correntes	(527)
Mais: Tributos diferidos	119
Despesa tributária	(408)
Lucro contábil após tributos	792

8.2.6 Ativo fiscal diferido sobre prejuízos fiscais

O Regulamento do Imposto de Renda vigente não estabelece prazos para prescrição do direito à compensação dos prejuízos fiscais.

Para fins de determinação do lucro real, o lucro líquido, depois de ajustado pelas adições e exclusões, poderá ser reduzido pela compensação de prejuízos fiscais, observado o limite máximo de 30%, lembrando que os prejuízos não operacionais, apurados pelas pessoas jurídicas, somente podem ser compensados com lucros da mesma natureza, respeitado, também nesse caso, o limite de 30%. Em outras palavras, não há prazo para prescrição do direito à compensação dos prejuízos fiscais com os lucros futuros, mas essa compensação está limitada a 30% do lucro tributável.

Deve-se reconhecer o ativo fiscal diferido com relação a prejuízos fiscais à medida que seja provável que no futuro haverá lucro tributável suficiente para compensar esses prejuízos. A avaliação dessa situação é de responsabilidade da administração da entidade e requer julgamento das evidências existentes. A ocorrência de prejuízos recorrentes constitui uma dúvida sobre a recuperabilidade do ativo fiscal diferido. Precisa ser claramente entendida a vinculação entre o reconhecimento de ativo fiscal diferido e a avaliação da continuidade operacional da entidade efetuada para a aplicação de princípios contábeis aplicáveis em entidade em liquidação. Certamente, a existência de dúvidas quanto à continuidade operacional demonstra que não é procedente o lançamento contábil dos ativos fiscais diferidos. Por outro lado, apesar de não existir dúvida sobre continuidade, poderão existir circunstâncias em que não seja procedente o registro do ativo fiscal diferido.

Nesse contexto, os pressupostos utilizados para a avaliação da probabilidade de ocorrência de lucros tributáveis futuros, que envolvem providências internas da administração, são evidências mais concretas, ou melhor, administráveis do que pressupostos que envolvem terceiros ou uma situação de mercado (por exemplo, significativo aumento das vendas ou dependência de preço de *commodities*). Também, os pressupostos se tornam mais imprecisos na medida em que o período das projeções aumenta. Ao aumentar esse período, diminui a capacidade de administração em elaborar suas melhores estimativas.

A entidade, ao avaliar a probabilidade de lucro tributável futuro contra o qual possa utilizar os prejuízos fiscais, deve considerar os seguintes critérios:

a) se existem diferenças temporárias tributáveis, relativas à mesma autoridade fiscal, que resultem em valores tributáveis contra os quais esses prejuízos fiscais possam ser utilizados antes que prescrevam;

b) se for provável que terá lucros tributáveis antes de prescrever o direito à compensação dos prejuízos fiscais;

c) se os prejuízos fiscais resultam de causa identificada que provavelmente não ocorrerá novamente;

d) se há oportunidade de identificação de planejamento tributário, respeitados os princípios fundamentais de contabilidade, que possa gerar lucro tributável no período em que os prejuízos possam ser compensados. Se não for provável que não haverá lucro tributável para compensar os prejuízos fiscais, o ativo fiscal diferido não deve ser reconhecido.

Exemplo de contabilização de ativos fiscais diferidos sobre prejuízos fiscais

Determinada empresa, que não tem qualquer adição ou exclusão, apurou os seguintes resultados contábeis:

Período		Contábil	Compensação	Fiscal		
				Prejuízo	Lucro	Tributos 34%
1	Lucro	10.000			10.000	3.400
2	Prejuízo	(2.000)		(2.000)		(680)
3	Lucro	5.000	(1.500)		3.500	1.190
4	Lucro	3.000	(500)		2.500	850
	Acumulado	16.000			16.000	

Contabilização (considerando alíquota de 34%)

Período 1 – Reconhecimento dos tributos correntes

Débito	
Resultado do exercício – 1	
Despesa tributária corrente	3.400
Crédito	
Passivo circulante	
Tributos correntes a recolher	3.400
Representa 34% do lucro tributável de $ 10.000.	

Período 2 – Reconhecimento do Ativo fiscal diferido

Débito	$
Ativo realizável a longo prazo	
Ativo fiscal diferido	680
Crédito	
Resultado do exercício – X2	
Tributos diferidos	680
Representa 34% do prejuízo fiscal de $ 2.000	

Período 3 – Reconhecimento dos tributos correntes com compensação de prejuízo fiscal

Débito	
Resultado do exercício – 3	
Despesa tributária corrente	1.190
Despesa tributária diferida	510
Crédito	
Passivo circulante	
Tributos correntes a recolher	1.190
Ativo realizável a longo prazo	
Ativo fiscal diferido	510

Período 4 – Reconhecimento dos tributos correntes com compensação de prejuízo fiscal

Débito	
Resultado do exercício – 4	
Despesa tributária corrente	850
Despesa tributária diferida	170
Crédito	
Passivo circulante	
Tributos correntes a recolher	850
Ativo realizável a longo prazo	
Ativo fiscal diferido	170

Demonstração do Resultado Contábil

	Período 1	Período 2	Período 3	Período 4
Resultado contábil	10.000	(2.000)	5.000	3.000
Tributos				
• Correntes	(3.400)		(1.190)	(850)
• Diferidos		680	(510)	(170)
Resultado tributário	(3.400)	680	(1.700)	1.020
Resultado contábil	6.800	1.320	3.300	1.980
Ativo fiscal diferido				
Saldo inicial			680	170
Diferimento		680		
Apropriação			(510)	(170)
Saldo final		680	170	0
Passivo corrente	3.400		1.190	850

8.2.7 Tributos correntes e tributos diferidos

O Imposto de Renda e a contribuição social correntes, referentes aos períodos correntes e anteriores, devem ser reconhecidos como obrigação, à medida que são devidos. Se o montante já pago, referente aos períodos correntes e anteriores, exceder o montante considerado devido, o excedente, caso seja recuperável, deve ser reconhecido como ativo.

O Imposto de Renda e a contribuição social correntes, relativos ao exercício que se está reportando, devem ser reconhecidos pelo valor que, às alíquotas aplicáveis, se espera pagar ou recuperar.

A obrigação fiscal diferida deve ser reconhecida com relação a todas as diferenças temporárias tributáveis, exceto se decorrente da compra de ativo não dedutível.

Um ativo fiscal diferido deve ser reconhecido para todas as diferenças temporárias dedutíveis, quando satisfizer uma das seguintes condições:

a) haja expectativa de geração de lucro tributável no futuro, contra o qual se possa utilizar essas diferenças, demonstradas em planos e projeções da administração; ou

b) exista obrigação fiscal diferida em montante e em período de realização que possibilite a compensação do ativo fiscal diferido.

Mensuração inicial

O ativo e passivo fiscais diferidos devem ser reconhecidos às alíquotas aplicáveis ao período em que o ativo será realizado ou o passivo liquidado.

Quando se aplicam diferentes alíquotas às diversas faixas de lucro tributável, o ativo e o passivo fiscais devem ser reconhecidos às taxas médias que se espera aplicar ao lucro tributável ou ao prejuízo fiscal dos períodos em que se prevê a reversão das diferenças temporárias.

Mensurações posteriores

A entidade, periodicamente, deve reanalisar o ativo fiscal diferido não reconhecido e reconhecê-lo à medida que se tornar provável que no futuro haverá lucro tributável capaz de permitir a recuperação desse ativo. Por exemplo, com a melhoria das condições de negócios, pode ter-se tornado provável que no futuro a entidade venha a gerar lucro tributável, atendendo assim aos critérios de reconhecimento de ativo fiscal diferido.

Por outro lado, o valor contábil de um ativo fiscal diferido deve, também, ser revisto periodicamente e a entidade deve reduzi-lo ou extingui-lo à medida que não for provável que haverá lucro tributável suficiente para permitir a utilização total ou parcial do ativo fiscal diferido. Essa redução ou extinção deve ser revertida à medida que se torne novamente provável a disponibilidade de lucro tributável suficiente.

Reconhecimento de imposto corrente e diferido

A contabilização de efeitos fiscais correntes e diferidos de uma transação ou outro evento deve ser condizente e acompanhar a contabilização da própria transação ou evento, como detalhado a seguir.

Demonstração de resultado

O montante dos impostos correntes e diferidos deve ser reconhecido integralmente como despesa ou receita no resultado do período.

A maioria dos ativos e passivos fiscais diferidos surge da inclusão de despesa ou receita no lucro contábil em um período diferente daquele em que é tributável ou dedutível. A contrapartida desse diferimento deve ser reconhecida na demonstração do resultado.

O valor contábil dos passivos e ativos fiscais diferidos pode mudar, mesmo que não se altere o valor das diferenças temporárias correlatas. Isso pode ocorrer como resultado do seguinte:

a) mudanças nas alíquotas ou na legislação fiscal;

b) reconsideração da possibilidade de recuperação do ativo fiscal diferido;

c) mudança na maneira pela qual se espera recuperar um ativo.

O Imposto de Renda resultante é reconhecido na demonstração do resultado, salvo quando se relacionar com itens anteriormente debitados ou creditados no patrimônio líquido.

Lançamentos diretos no Patrimônio Líquido

Os impostos correntes e diferidos devem ser registrados diretamente no Patrimônio Líquido, quando se relacionarem a itens também registrados, no mesmo período ou em período diferente, diretamente no Patrimônio Líquido, como, por exemplo:

a) mudança no valor contábil dos instrumentos financeiros disponíveis para venda;

b) ajustes de exercícios anteriores.

Apresentação

Ativos e passivos fiscais

No balanço patrimonial, o ativo e o passivo fiscais devem ser apresentados separadamente de outros ativos e passivos, e o ativo e o passivo fiscais diferidos devem distinguir-se dos correntes.

O passivo fiscal corrente deve ser classificado no passivo circulante. O ativo ou passivo fiscal diferido deve ser classificado destacadamente no realizável ou exigível a longo prazo e transferido para o circulante no momento apropriado, mas sempre evidenciando tratar-se de item fiscal diferido.

Compensação

A entidade só deve compensar ativo e passivo fiscais se, tendo direito legal para tanto, pretender quitá-lo em bases líquidas, ou simultaneamente realizar o ativo e liquidar a obrigação.

Despesa ou Receita de Imposto de Renda e da Contribuição Social sobre o Resultado do Exercício

A despesa ou receita tributária sobre os resultados das atividades ordinárias do exercício deve ser apresentada na demonstração do resultado, em conta destacada após o resultado contábil antes do Imposto de Renda e da contribuição social, e antes de apurar o lucro líquido ou prejuízo do exercício.

A despesa ou receita tributária sobre resultados extraordinários deve ser apresentada como componente de tais resultados.

Divulgação nas demonstrações contábeis e notas explicativas

As demonstrações contábeis e/ou as notas explicativas devem conter, quando relevantes, informações evidenciando:

a) montante dos impostos correntes e diferidos registrados no resultado, patrimônio líquido, ativo e passivo;

b) natureza, fundamento e expectativa de prazo para realização de cada ativo e obrigação fiscais diferidos;

c) efeitos no ativo, passivo, resultado e patrimônio líquido decorrente de ajustes por alteração das alíquotas ou por mudança na expectativa de realização ou liquidação dos ativos ou passivos diferidos;

d) montante das diferenças temporárias e dos prejuízos fiscais não utilizados para os quais não se reconheceu contabilmente um ativo fiscal diferido, com a indicação do valor dos tributos que não se qualificam para esse reconhecimento;

e) conciliação entre o valor debitado ou creditado ao resultado do imposto de renda e contribuição social e o produto do resultado contábil antes do Imposto de Renda multiplicável pelas alíquotas aplicáveis, divulgando-se também tais alíquotas e suas bases de cálculo;

f) natureza e montante de ativos cuja base fiscal seja inferior a seu valor contábil.

Segue um exemplo de Nota Explicativa, com base em Demonstrações Contábeis de uma grande empresa de capital aberto.

Nota Explicativa às Demonstrações Contábeis da Companhia XJ – valores em milhares de reais

Imposto de Renda e Contribuição Social

a) Imposto de Renda e contribuição social correntes

A diferença entre a taxa efetiva e nominal do Imposto de Renda e contribuição social é decorrente, principalmente, da exclusão do ganho de equivalência patrimonial no cálculo das apurações fiscais. No exercício anterior, a Companhia XJ apurou prejuízo fiscal.

b) Imposto de Renda e contribuição social diferidos

O Imposto de Renda e contribuição social diferidos ativo e passivo apresentam a seguinte natureza:

	X1	X0
Ativo		
Imposto de Renda diferido		
Ajuste a valor presente	85	30
Ajuste para devedores duvidosos	400	270
Provisão para contingências trabalhistas e fiscais	500	350
Prejuízos fiscais	150	90
Outros	10	
Contribuição social diferida		
Ajuste a valor presente	30	10
Ajuste para devedores duvidosos	200	80
Base negativa	40	20
Outros	3	
Menos: Parcela classificada no realizável a longo prazo	1.200	790
Total dos tributos – ativo diferido a curto prazo	218	60
Passivo		
Imposto de Renda diferido		
Lucro auferido no exterior, mas não disponibilizado	700	900
Depreciação fiscal acelerada	300	240
Outros	30	
Total dos tributos – passivo diferido a curto prazo	1.030	1.140

O Imposto de Renda e contribuição social diferidos ativos serão compensados com lucros tributáveis em exercícios futuros.

8.3 EXEMPLO PRÁTICO

Para ilustrar os conceitos estudados neste capítulo, apresenta-se, a seguir, um exemplo envolvendo a contabilização dos tributos correntes e diferidos.

Lembramos ainda que as alíquotas e diferenças utilizadas são meramente ilustrativas.

Tributos Correntes e Tributos Diferidos

Imposto de Renda e Contribuição Social sobre Lucros

Cia. Diferida

A Cia. Diferida, ao calcular os tributos sobre lucros referentes ao período de XA, efetuou as adições e exclusões ao lucro líquido do período (antes do Imposto de Renda), conforme demonstrado no quadro a seguir.

Apenas para fins didáticos, utilizaremos alíquota de 30% para cálculo dos tributos.

Período XA

LALUR – Livro de Apuração do Lucro Real – Período XA	$
Resultado contábil antes dos tributos	8.000
Inclusões	
Despesas sem comprovantes	500
Exclusões	
Lucro na venda de imóveis a longo prazo (a receber em XC)	(1.000)
Equivalência patrimonial	(2.000)
Resultado Tributável – Lucro Real – fiscal	5.500

Cálculo dos tributos correntes e diferidos

	$	IRCS	Contabilização
Resultado contábil	8.000		
Inclusão permanente			
Despesas sem comprovantes	500		
Exclusão permanente			
– Equivalência patrimonial	(2.000)		
	6.500	1.950	D – Despesa tributária
Exclusão temporária			
– Lucro a longo prazo	(1.000)	300	C – Passivo fiscal diferido
Resultado Tributável	5.500	1.650	C – Tributos correntes

Demonstração do Resultado – Período XA	$
Resultado contábil antes dos tributos	8.000
Tributos correntes	(1.650)
Tributos diferidos	(300)
Despesas tributárias	(1.950)
Resultado contábil após os tributos	6.050

Lançamentos contábeis – Período XA

| Ativo fiscal diferido || Passivo |||| Resultado contábil ||
| ^ ^ | Tributos correntes || Passivo fiscal diferido || ^ ^ |
Débito	Crédito	Débito	Crédito	Débito	Crédito	Débito	Crédito
				SI	0		8.000
			1.650			1.650	
					300	300	
						1.950	
		SF	1.650	SF	300	SF	6.050

SI = Saldo inicial   SF = Saldo final

Período XB

No período de XB, para cálculo dos tributos, foram efetuadas as seguintes inclusões e exclusões ao lucro contábil:

LALUR – Livro de Apuração do Lucro Real – Período XB	
	$
Resultado contábil antes dos tributos	15.000
Inclusões	
Despesas sem comprovantes	1.500
Ajuste para créditos de cobrança duvidosa	400
Provisão para despesas com garantia	1.600
Exclusões	
Equivalência patrimonial	(4.000)
Receita de vendas para o governo não recebidas	(500)
Depreciação acelerada – incentivada	(1.300)
Resultado Tributável – Lucro Real – fiscal	**12.700**

Cálculo dos tributos correntes e diferidos

	$	IRCS	Contabilização
Resultado Contábil	15.000		
Inclusão permanente			
+ Despesas sem comprovantes	1.500		
Exclusão permanente			
– Equivalência Patrimonial	(4.000)		
	12.500	3.750	D – Despesa tributária
Inclusões temporárias			
+ Devedores duvidosos	400		
+ Provisão para garantias	1.600		
	2.000	600	D – Ativo fiscal diferido
Exclusões temporárias			
– Vendas para o governo	(500)		
– Depreciação incentivada	(1.300)		
	(1.800)	(540)	C – Passivo fiscal diferido
Lucro Real	12.700	3.810	C – Tributos correntes

Demonstração do Resultado – Período XB	$
Resultado contábil antes dos tributos	15.000
Tributos correntes	(3.810)
Tributos diferidos passivos	(540)
Tributos diferidos ativos	600
Despesas tributárias	(3.750)
Resultado contábil após os tributos	11.250

Lançamentos contábeis – Período XA

| Ativo fiscal diferido || Passivo |||| Resultado contábil ||
| | | Tributos correntes || Passivo fiscal diferido || | |
Débito	Crédito	Débito	Crédito	Débito	Crédito	Débito	Crédito
			SI 1.650		SI 300		15.000
		1.650	Pagamento				
			3.810			3.810	
					540	540	
600							600
						3.750	
600	SF	SF	3.810	SF	840	SF	11.250

SI = Saldo inicial   SF = Saldo final

Período XC

No período de XC, a Cia. Diferida apurou um prejuízo contábil (antes do Imposto de Renda) no valor de $ 200. Calcule o lucro real e a eventual provisão para Imposto de Renda, considerando que em XC ocorreram os seguintes eventos:

	$
Perdas com devedores baixadas contra a provisão	400
Despesas sem comprovantes	1.500
Recebimento da receita de vendas para o governo do exercício anterior	500
Recebimento da parcela referente à venda do imóvel XA	1.000
Resultado da equivalência patrimonial (receita)	500
Pagamento de despesas com garantias provisionadas em XB	1.600

Cálculo dos tributos correntes e diferidos

	$	IRCS	Contabilização
Resultado contábil	(200)		
Inclusão permanente			
+ Despesas sem comprovantes	1.500		
Exclusão permanente			
– Equivalência patrimonial	(500)		
	800	240	D – Despesa tributária
Reversões de Inclusões emporárias			
– Perdas com devedores duvidosos	(400)		
– Gastos com garantias	(1.600)		
	(2.000)	(600)	C – Ativo fiscal diferido
Reversões de exclusões temporárias			
+ Vendas para o governo	500		
+ Lucro a longo prazo	1.000		
	1.500	450	D – Passivo fiscal diferido
Resultado tributável	300	90	C – Tributos correntes

Demonstração do Resultado – Período XC	$
Resultado contábil antes dos tributos	(200)
Tributos correntes	(90)
Reversão de tributos diferidos passivos	450
Reversão de tributos diferidos ativos	(600)
Despesas tributárias	(240)
Resultado contábil após os tributos	**(440)**

Lançamentos contábeis – Período XA

Ativo fiscal diferido		Passivo					Resultado contábil	
		Tributos correntes		Passivo fiscal diferido			
Débito	Crédito	Débito	Crédito	Débito	Crédito	Débito	Crédito
600	SI	SI	3.810	SI	840	200	
		3.810	Pagamento				
			90			90	
					450		450
	600					600	
						240	
SF	0	SF	90	SF	390	440	SF

SI = Saldo inicial   SF = Saldo final

8.4 SUMÁRIO DO PRONUNCIAMENTO CPC 32

Apresentamos a seguir sumário do CPC 32 – Tributos sobre o Lucro, cuja íntegra encontra-se disponível no *site*: www.cpc.org.br.

Sumário do Pronunciamento Técnico CPC 32

Tributos sobre o Lucro

Objetivo e alcance

1. *O objetivo deste Pronunciamento Técnico é prescrever o tratamento contábil para os tributos sobre o lucro. Para fins do Pronunciamento, o termo* tributo sobre o lucro *inclui todos os impostos e contribuições nacionais e estrangeiros que são baseados em lucros tributáveis. O termo* tributo sobre o lucro *também inclui impostos, tais como os retidos na fonte, que são devidos pela própria entidade, por uma controlada, coligada ou empreendimento conjunto nas quais participe.*

Definições

2. *Diferenças temporárias: diferenças entre o valor contábil de um ativo ou passivo e sua base fiscal.*
3. *Diferenças temporárias tributáveis: diferenças temporárias que resultarão em valores tributáveis no futuro quando o valor contábil de um ativo ou passivo é recuperado ou liquidado.*
4. *Diferenças temporárias dedutíveis: diferenças temporárias que resultarão em valores dedutíveis para determinar o lucro tributável (prejuízo fiscal) de futuros períodos quando o valor contábil do ativo ou passivo é recuperado ou liquidado.*

Tributos correntes

5. Os tributos correntes relativos a períodos correntes e anteriores devem, na medida em que não estejam pagos, ser reconhecidos como passivos. Se o valor já pago com relação aos períodos atual e anterior exceder o valor devido para aqueles períodos, o excesso será reconhecido como ativo.

6. O benefício referente a um prejuízo fiscal que pode ser compensado para recuperar o tributo corrente de um período anterior deve ser reconhecido como um ativo.

7. Passivos (ativos) de tributos correntes para os períodos corrente e anterior serão medidos pelo valor esperado a ser pago para (recuperado de) as autoridades tributárias, usando as alíquotas de tributos (e legislação fiscal) que tenham sido aprovadas ou substantivamente aprovadas no final do período que está sendo reportado.

Reconhecimento de passivos fiscais diferidos

8. Um passivo fiscal diferido será reconhecido para todas as diferenças temporárias tributáveis, exceto quando o passivo fiscal diferido advenha de:
   - reconhecimento inicial de ágio derivado da expectativa de rentabilidade futura (goodwill); ou
   - reconhecimento inicial de ativo ou passivo em uma transação que: não é uma combinação de negócios; e no momento da transação, não afeta nem o lucro contábil nem o lucro tributável (prejuízo fiscal).

9. Este Pronunciamento não permite o reconhecimento de passivo fiscal diferido resultante de diferença temporária relativa ao ágio derivado da expectativa de rentabilidade futura (goodwill) porque o goodwill é medido como residual, e o reconhecimento do passivo fiscal diferido aumentaria o valor contábil do ágio a ser registrado. Passivos fiscais diferidos por diferenças temporárias tributáveis relacionadas ao ágio derivado da expectativa de rentabilidade futura (goodwill) são, entretanto, reconhecidos na medida em que eles não surjam do reconhecimento inicial do derivado da expectativa de rentabilidade futura.

Reconhecimento de ativos fiscais diferidos

10. Um ativo fiscal diferido será reconhecido para todas as diferenças temporárias dedutíveis na medida em que seja provável a existência de lucro tributável contra o qual a diferença temporária dedutível possa ser utilizada, a não ser que o ativo fiscal diferido surja do reconhecimento inicial de ativo ou passivo em uma transação que:
    - não é uma combinação de negócios; e
    - no momento da transação, não afeta nem o lucro contábil nem o lucro tributável (prejuízo fiscal).

11. Uma entidade reconhecerá um ativo fiscal diferido para todas as diferenças temporárias dedutíveis advindas dos investimentos em subsidiárias, filiais e associadas e interesses em empreendimentos conjuntos, na medida em que, e somente na medida em que, seja provável que a diferença temporária será revertida no futuro

previsível; e estará disponível lucro tributável contra o qual a diferença temporária possa ser utilizada.

12. *Se o valor contábil do ágio derivado da expectativa de rentabilidade futura (goodwill) que surgir de uma combinação de negócios for menor do que a sua base fiscal, a diferença dá margem a um ativo fiscal diferido. O ativo fiscal diferido advindo do reconhecimento inicial do ágio será reconhecido como parte da contabilização de uma combinação de negócios na medida em que é provável que esteja disponível lucro tributável contra o qual a diferença temporária dedutível poderá ser utilizada.*

13. *Ao final de cada período de apresentação de relatório, uma entidade deve reavaliar os ativos fiscais diferidos não reconhecidos. A entidade reconhece um ativo fiscal diferido não reconhecido previamente na medida em que se torna provável que lucros tributáveis futuros permitirão que o ativo fiscal diferido seja recuperado.*

14. *Um ativo fiscal diferido será reconhecido para o registro de prejuízos fiscais não usados e créditos fiscais não usados na medida em que seja provável que estejam disponíveis lucros tributáveis futuros contra os quais os prejuízos fiscais não usados e créditos fiscais não usados possam ser utilizados.*

Mensuração de ativos e passivos fiscais diferidos

15. *Os ativos e passivos fiscais diferidos devem ser mensurados pelas alíquotas que se espera que sejam aplicáveis no período quando realizado o ativo ou liquidado o passivo, com base nas alíquotas (e legislação fiscal) que tenham sido aprovadas ou substantivamente aprovadas ao final do período que está sendo reportado. A mensuração dos passivos fiscais diferidos e ativos fiscais diferidos deve refletir os efeitos fiscais que se seguem à maneira pela qual a entidade espera ao final do período que está sendo reportado, recuperar ou liquidar o valor contábil de seus ativos e passivos.*

16. *Ativos e passivos fiscais diferidos não devem ser descontados.*

Reconhecimento de despesa ou receita tributária

17. *Os tributos correntes e diferidos devem ser reconhecidos como receita ou despesa e incluídos no resultado do período, exceto quando o tributo provenha de:*
    - *transação ou evento que é reconhecido, no mesmo período ou em um diferente, fora do resultado, em outros lucros abrangentes ou diretamente no patrimônio; ou*
    - *uma combinação de negócios.*

18. *Tributo atual ou tributo diferido serão reconhecidos fora do resultado se o tributo se referir a itens que são reconhecidos no mesmo período ou em período diferente, fora do resultado. Portanto, o tributo atual e diferido que se relacionam a itens que são reconhecidos no mesmo ou em um período diferente: em outros lucros abrangentes, serão reconhecidos em outros lucros abrangentes, diretamente no patrimônio líquido, serão reconhecidos diretamente no patrimônio líquido.*

Consequências tributárias dos dividendos

19. Em algumas jurisdições, o tributo sobre lucros é devido a uma taxa mais alta ou mais baixa se parte ou todo o lucro líquido ou lucros retidos for pago como um dividendo aos acionistas da entidade. Em algumas outras jurisdições, o tributo sobre o lucro pode ser restituível ou devido se parte ou todo o lucro líquido ou lucros retidos for paga como dividendo aos acionistas da entidade. Nestas circunstâncias, ativos e passivos fiscais correntes ou diferidos são mensurados à alíquota de tributo aplicável a lucros não distribuídos.

20. Nas circunstâncias descritas, uma entidade deve divulgar a natureza dos potenciais efeitos do tributo sobre o lucro que resultariam do pagamento de dividendos aos seus acionistas. Além disso, a entidade deve divulgar os valores dos efeitos potenciais do tributo sobre o lucro facilmente determinável, e se existem quaisquer efeitos potencias do tributo sobre o lucro que não seja facilmente determinável.

Apresentação

21. Uma entidade deve compensar os ativos e os passivos fiscais diferidos somente se a entidade tem direito legalmente executável de compensá-los e a intenção de fazer tal compensação.

22. Uma entidade deve compensar os ativos e os passivos fiscais diferidos somente se a entidade tem direito legalmente executável de compensá-los, os ativos fiscais e os passivos fiscais diferidos se relacionam com tributos sobre o lucro lançados pela mesma autoridade tributária para a mesma entidade ou entidades diferentes que pretendem liquidar os passivos e os ativos fiscais correntes em bases líquidas, ou realizar simultaneamente o recebimento dos ativos e a liquidação dos passivos.

Evidenciação

23. Os principais componentes da despesa (receita) tributária devem ser divulgados separadamente.

24. Os componentes da despesa (receita) tributária podem incluir:
    - despesa (receita) tributária corrente;
    - ajustes reconhecidos no período para o tributo corrente de períodos anteriores;
    - o valor da despesa (receita) com tributo diferido relacionado com a origem e reversão de diferenças temporárias;
    - o valor da despesa (receita) com tributo diferido relacionado com as mudanças nas alíquotas do tributo ou com a imposição de novos tributos;
    - o valor dos benefícios que surgem de um prejuízo fiscal não reconhecido previamente, crédito fiscal ou diferença temporária de um período anterior que é usado para reduzir a despesa tributária corrente;
    - o valor do benefício de um prejuízo fiscal, crédito fiscal ou diferença temporária não reconhecida previamente de um período anterior que é usado para reduzir a despesa com tributo diferido;
    - a despesa com tributo diferido advinda da baixa, ou reversão de uma baixa anterior, de um ativo fiscal diferido de acordo com o item 58; e

- o valor da despesa (receita) tributária relacionado àquelas mudanças nas políticas e erros contábeis que estão incluídas em lucros ou prejuízos.

25. Também devem ser evidenciados separadamente (exemplos):
    - o tributo diferido e corrente agregado relacionado com os itens que são debitados ou creditados diretamente no patrimônio líquido e outros lucros abrangentes;
    - explicação do relacionamento entre a despesa (receita) tributária e o lucro contábil;
    - mudanças nas alíquotas aplicáveis de tributos comparadas com o período contábil anterior;
    - detalhes das diferenças temporárias dedutíveis, prejuízos fiscais não usados, e créditos fiscais não usados para os quais não foi reconhecido ativo fiscal diferido;
    - o valor agregado das diferenças temporárias associadas com investimento em subsidiárias, filiais e associadas e interesses em empreendimentos conjuntos, para os quais os passivos fiscais diferidos não foram reconhecidos;
    - com relação a cada tipo de diferença temporária e a cada tipo de prejuízos fiscais não usados e créditos fiscais não usados: valor dos ativos e passivos fiscais diferidos reconhecidos e o valor da receita ou despesa fiscal diferida;
    - se os benefícios do tributo diferido adquiridos em uma combinação de negócios não são reconhecidos na data da aquisição, mas são reconhecidos após a data da aquisição, uma descrição do evento ou mudança nas circunstâncias que causaram os benefícios do tributo diferido de ser reconhecido; e
    - o valor de um ativo fiscal diferido e a natureza da evidência que comprova o seu reconhecimento, quando a utilização do ativo fiscal diferido depende de futuros lucros tributáveis em excesso dos lucros advindos da reversão de diferenças temporárias tributáveis existentes ou a entidade tenha sofrido um prejuízo.

TESTES

1. De acordo com o CPC 32, resultado contábil é a diferença entre todas as receitas e despesas reconhecidas no período de acordo com:
    a) as Práticas Contábeis Adotadas no Brasil (PCAB) e as Práticas contábeis adotadas internacionalmente (IFRS);
    b) o Regulamento do Imposto de Renda (RIR) ajustado pelas diferenças tributárias e dedutíveis;
    c) as Práticas Contábeis Adotadas no Brasil (PCAB), independentemente de serem tributáveis ou dedutíveis de acordo com o Regulamento do Imposto de Renda (RIR);
    d) o Regulamento do Imposto de Renda (RIR) e as Práticas contábeis adotadas internacionalmente (IFRS);
    e) as Práticas contábeis adotadas internacionalmente (IFRS), independentemente de serem tributáveis ou dedutíveis temporariamente de acordo com o Regulamento do Imposto de Renda (RIR).

2. **De acordo com o CPC 32, lucro tributável (prejuízo fiscal) é o lucro (prejuízo) para um período, determinado de acordo com as regras estabelecidas pelas autoridades:**
   a) contábeis, sobre o qual os tributos sobre o lucro são devidos (recuperáveis). Representa a diferença entre todas as receitas e despesas reconhecidas no período, de acordo com as Práticas Contábeis Adotadas no Brasil (PCAB);
   b) tributárias, sobre o qual os tributos sobre o lucro são devidos (recuperáveis). Representa a diferença entre todas as receitas e despesas reconhecidas no período, de acordo com o Regulamento do Imposto de Renda (RIR);
   c) tributárias, sobre o qual os tributos sobre o lucro são devidos (recuperáveis). Representa a diferença entre todas as receitas e despesas reconhecidas no período, de acordo com as Práticas Contábeis Adotadas no Brasil (PCAB);
   d) contábeis, sobre o qual os tributos sobre o lucro são devidos (recuperáveis). Representa a diferença entre todas as receitas e despesas reconhecidas no período, de acordo com as Práticas Contábeis Internacionais (PCI);
   e) fiscais, sobre o qual os tributos sobre o lucro são devidos (recuperáveis). Representa a diferença entre todas as receitas e despesas reconhecidas no período, de acordo com as Normas Brasileiras de Contabilidade (NBC).

3. **De acordo com o CPC 32, despesa tributária (receita tributária) é o valor total incluído na determinação do lucro ou prejuízo para o período relacionado com o tributo sobre o lucro:**
   a) operacional ou não operacional. Será obtida pela somatória ou diferença dos tributos correntes e diferidos e apresentada da Demonstração do Resultado do Exercício;
   b) corrente ou diferido. Será obtida pela somatória ou diferença dos tributos correntes e diferidos e apresentada da Demonstração do Resultado Abrangente do Exercício;
   c) dedutível ou não dedutível. Será obtida pela somatória ou diferença dos tributos correntes e diferidos e apresentada no Livro de Apuração do Lucro Real;
   d) corrente ou diferido. Será obtida pela somatória ou diferença dos tributos correntes e diferidos e apresentada da Demonstração do Resultado do Exercício;
   e) corrente ou diferido. Será obtida pela somatória ou diferença dos tributos dedutíveis e não dedutíveis e apresentada da Demonstração do Resultado do Exercício.

4. **De acordo com o CPC 32, tributo corrente é o valor dos tributos incidentes sobre o resultado:**
   a) fiscal e que será apresentado no balanço patrimonial como tributos a pagar sobre lucro tributável ou tributos a recuperar sobre prejuízos fiscais;
   b) contábil e que será apresentado na demonstração do resultado como tributos a pagar sobre lucro tributável ou tributos a recuperar sobre prejuízos fiscais;
   c) fiscal e que será apresentado no balanço patrimonial como tributos a pagar sobre lucro contábil ou tributos a recuperar sobre prejuízos contábeis;
   d) tributável e que será apresentado na demonstração do resultado como tributos sobre lucro operacional ou tributos a recuperar sobre prejuízos operacionais;
   e) operacional e que será apresentado no balanço patrimonial como tributos a pagar sobre lucro operacional ou tributos a recuperar sobre prejuízos operacionais.

5. De acordo com o CPC 32, passivo fiscal diferido é o tributo que a empresa deixa de pagar neste período, mas que deverá pagar em períodos futuros sobre:
    a) inclusões permanentes;
    b) exclusões permanentes;
    c) exclusões tributáveis;
    d) inclusões temporárias;
    e) exclusões temporárias.

6. De acordo com o CPC 32, ativo fiscal diferido é o valor do tributo sobre o lucro recuperável em período futuro relacionado a diferenças:
    a) temporárias tributáveis, compensação futura de prejuízos fiscais não utilizados e compensação futura de débitos fiscais não utilizados;
    b) temporárias dedutíveis, compensação futura de prejuízos fiscais não utilizados e compensação futura de créditos fiscais não utilizados;
    c) permanentes dedutíveis, compensação futura de prejuízos fiscais não utilizados e compensação futura de débitos fiscais não utilizados;
    d) temporárias tributáveis, compensação futura de prejuízos fiscais não utilizados e compensação futura de créditos fiscais não utilizados;
    e) permanentes tributáveis, compensação futura de prejuízos fiscais não utilizados e compensação futura de créditos fiscais não utilizados.

7. De acordo com o CPC 32, base contábil de ativo ou passivo é o valor atribuído àquele ativo ou passivo de acordo com:
    a) Regulamento do Imposto sobre a Renda (RIR);
    b) Práticas Contábeis Internacionais (IFRS);
    c) Normas Internacionais de Contabilidade (IAS);
    d) Práticas Contábeis Adotadas nos EUA (USGAAP);
    e) Práticas Contábeis Adotadas no Brasil (PCAB).

8. De acordo com o CPC 32, base fiscal de ativo ou passivo é o valor atribuído àquele ativo ou passivo para fins:
    a) fiscais de acordo com o Regulamento do Imposto de Renda (RIR);
    b) contábeis de acordo com o Regulamento do Imposto de Renda (RIR);
    c) fiscais de acordo com as Práticas Contábeis Internacionais (IFRS);
    d) contábeis de acordo com as Práticas Contábeis Internacionais (IFRS);
    e) fiscais de acordo com as Práticas Contábeis Adotadas no Brasil (PCAB).

9. De acordo com o CPC 32, diferença temporária é a diferença entre o valor:
    a) fiscal de ativo ou passivo no balanço e sua base dedutível;
    b) contábil de ativo ou passivo no balanço e sua base operacional;
    c) contábil de ativo ou passivo no balanço e sua base fiscal;
    d) dedutível de ativo ou passivo no balanço e sua base tributável;
    e) tributável de ativo ou passivo no balanço e sua base dedutível.

10. De acordo com o CPC 32, diferença temporária tributável é a diferença temporária que resulta em valores:
    a) tributáveis para determinar o lucro contábil (prejuízo contábil) de períodos futuros quando o valor fiscal de ativo ou passivo é recuperado ou liquidado;
    b) tributáveis para determinar o lucro tributável (prejuízo fiscal) de períodos futuros quando o valor contábil de ativo ou passivo é recuperado ou liquidado;
    c) dedutíveis para determinar o lucro tributável (prejuízo fiscal) de períodos futuros quando o valor fiscal de ativo ou passivo é recuperado ou liquidado;
    d) dedutíveis para determinar o lucro tributável (prejuízo fiscal) de períodos futuros quando o valor contábil de ativo ou passivo é recuperado ou liquidado;
    e) tributáveis para determinar o lucro contábil (prejuízo contábil) de períodos futuros quando o valor contábil de ativo ou passivo é recuperado ou liquidado.

11. De acordo com o CPC 32, diferença temporária dedutível é a diferença temporária que resulta em valores que são:
    a) tributáveis para determinar o lucro contábil (prejuízo contábil) de períodos futuros quando o valor fiscal de ativo ou passivo é recuperado ou liquidado;
    b) tributáveis para determinar o lucro tributável (prejuízo fiscal) de períodos futuros quando o valor contábil de ativo ou passivo é recuperado ou liquidado;
    c) dedutíveis para determinar o lucro tributável (prejuízo fiscal) de períodos futuros quando o valor fiscal de ativo ou passivo é recuperado ou liquidado;
    d) dedutíveis para determinar o lucro contábil (prejuízo contábil) de períodos futuros quando o valor contábil de ativo ou passivo é recuperado ou liquidado;
    e) dedutíveis para determinar o lucro tributável (prejuízo fiscal) de futuros períodos quando o valor contábil do ativo ou passivo é recuperado ou liquidado.

12. Identifique a alternativa incorreta. Para fins de reconhecimento inicial do ativo fiscal diferido, a companhia deverá atender, cumulativamente, às seguintes condições:
    a) apresentar histórico de rentabilidade;
    b) apresentar expectativa de geração de lucros tributáveis futuros, fundamentada em estudo técnico de viabilidade, que permitam a realização do ativo fiscal diferido em um prazo máximo de dez anos;
    c) probabilidade de inexistência de rentabilidade na companhia uma vez que não obteve lucro tributável em, pelo menos, dois dos cinco últimos exercícios sociais;
    d) os lucros futuros deverão ser trazidos a valor presente com base no prazo total estimado para sua realização;
    e) o estudo técnico de viabilidade apresentando a expectativa de geração de lucros tributáveis futuros deve ser examinado pelo Conselho Fiscal, se em funcionamento, e aprovado pelos Órgãos de Administração da Companhia, devendo, ainda, ser revisado a cada exercício, ajustando-se o valor do ativo fiscal diferido sempre que houver expectativa da sua realização.

13. Na escrituração contábil das atividades de uma empresa, algumas diferenças temporárias surgem quando se inclui receita ou despesa no resultado contábil em um período, e no resultado tributável em período diferente. Apresentam-se diversos exemplos de diferenças desse tipo que são diferenças temporárias dedutíveis e, portanto, resultam em ativos fiscais diferidos, com exceção de:

a) valor contábil de ativo ajustado ao valor de mercado ou valor de recuperação;

b) provisão para gasto com manutenção e reparo de equipamentos, deduzidos, para fins fiscais, apenas quando estes forem efetivamente realizados;

c) provisão para riscos fiscais e outros litígios;

d) provisões para garantias nas vendas de produtos, que são reconhecidas na contabilidade por ocasião do faturamento mensal;

e) gastos realizados pela diretoria da empresa, necessários à sua atividade, mas para os quais não há comprovantes fiscais idôneos.

14. **A entidade, ao avaliar a probabilidade de lucro tributável futuro contra o qual possa utilizar os prejuízos fiscais, deve considerar as seguintes condições, com exceção de:**

a) se os prejuízos fiscais resultam de causa identificada que provavelmente não ocorrerá novamente;

b) se for improvável que terá lucros tributáveis antes de prescrever o direito à compensação dos prejuízos fiscais;

c) se existem diferenças temporárias tributáveis, relativas à mesma autoridade fiscal, que resultem em valores tributáveis contra os quais esses prejuízos fiscais possam ser utilizados antes que prescrevam;

d) se há oportunidade de identificação de planejamento tributário, respeitados os princípios fundamentais de contabilidade, que possa gerar lucro tributável no período em que os prejuízos possam ser compensados;

e) se forem grandes as possibilidades de ocorrer a existência de lucros tributáveis antes de prescrever o direito à compensação dos prejuízos fiscais.

15. **Não se inclui na relação das notas explicativas que as empresas devem divulgar, junto com suas demonstrações contábeis, mesmo que a empresa seja de capital aberto:**

a) natureza, fundamento e expectativa de prazo para realização de cada ativo e obrigação fiscais diferidos;

b) efeitos no ativo, passivo, resultado e Patrimônio Líquido decorrentes de ajustes por alteração das alíquotas ou por mudança na expectativa de realização ou liquidação dos ativos ou passivos diferidos;

c) montante das diferenças temporárias e dos prejuízos fiscais não utilizados para os quais não se reconheceu contabilmente um ativo fiscal diferido, com a indicação do valor dos tributos que não se qualificam para esse reconhecimento;

d) contingências fiscais de pequeno valor, para as quais houve a constituição de provisões;

e) conciliação entre o valor debitado ou creditado ao resultado do imposto de renda e contribuição social e o produto do resultado contábil antes do imposto de renda multiplicável pelas alíquotas aplicáveis, divulgando-se também tais alíquotas e suas bases de cálculo.

16. **Julgue os itens a seguir, quanto à contabilização dos efeitos tributários de uma diferença temporária no reconhecimento de uma despesa para fins contábeis e fiscais, e assinale a alternativa incorreta:**

a) o reconhecimento contábil de uma provisão para contingência trabalhista no exercício acarretará o surgimento de uma diferença temporária que será dedutível no futuro, quando do pagamento;

b) a demonstração e o controle das diferenças entre o lucro real – ou tributável – e o lucro contábil do exercício devem ser efetuados no Livro de Apuração do Lucro Real (Lalur);
c) as diferenças entre lucro contábil e lucro tributável não ocorrem na maioria dos países, ou seja, é um problema apenas dos contabilistas brasileiros e de alguns países, motivo pelo qual o assunto não tem sido discutido internacionalmente;
d) podem ocorrer diferenças significativas em algumas empresas, entre o montante dos tributos que devem ser contabilizados como despesa de determinado período contábil e o montante apurado de acordo com a observância da legislação tributária do Imposto de Renda;
e) passivo fiscal diferido: é o valor do tributo sobre o lucro devido em período futuro relacionado às diferenças temporárias tributáveis. É o tributo que a empresa deixa de pagar neste período, mas que deverá pagar em períodos futuros sobre exclusões temporárias.

17. Determinada empresa realizou as seguintes receitas e despesas:

	$
Receitas tributáveis	10.000
Receitas não tributáveis – temporárias	200
Receitas não tributáveis – permanentes	1.200
Despesas dedutíveis	7.500
Despesas não dedutíveis – temporárias	1.600
Despesas não dedutíveis – permanentes	850

Considerando as receitas e despesas realizadas pela empresa no período, seu lucro contábil, de acordo com as Práticas Contábeis adotadas no Brasil (PCAB) foi de:
a) 1.100;
b) 1.450;
c) 2.500;
d) 10.000;
e) 11.400.

18. Determinada empresa realizou as seguintes receitas e despesas:

	$
Receitas tributáveis	10.000
Receitas não tributáveis – temporárias	200
Receitas não tributáveis – permanentes	1.200
Despesas dedutíveis	7.500
Despesas não dedutíveis – temporárias	1.600
Despesas não dedutíveis – permanentes	850

Considerando as receitas e despesas realizadas pela empresa no período, seu lucro fiscal, de acordo com o Regulamento do Imposto de Renda (RIR) foi de:

a) 1.100;
b) 1.450;
c) 2.500;
d) 10.000;
e) 11.400.

19. Determinada empresa realizou as seguintes receitas e despesas:

	$
Receitas tributáveis	10.000
Receitas não tributáveis – temporárias	200
Receitas não tributáveis – permanentes	1.200
Despesas dedutíveis	7.500
Despesas não dedutíveis – temporárias	1.600
Despesas não dedutíveis – permanentes	850

Considerando que a alíquota efetiva de Imposto de Renda e Contribuição Social sobre o Lucro Líquido seja de 30%, o total de Tributos correntes a pagar foi de:

a) 330;
b) 435;
c) 3.000;
d) 3.420;
e) 750.

20. Determinada empresa realizou as seguintes receitas e despesas:

	$
Receitas tributáveis	10.000
Receitas não tributáveis – temporárias	200
Receitas não tributáveis – permanentes	1.200
Despesas dedutíveis	7.500
Despesas não dedutíveis – temporárias	1.600
Despesas não dedutíveis – permanentes	850

Considerando que a alíquota efetiva de Imposto de Renda e Contribuição social sobre o Lucro Líquido seja de 30%, o total da Despesa Tributária foi de:

a) 330;
b) 435;
c) 3.000;
d) 3.420;
e) 750.

9
JUROS SOBRE O CAPITAL PRÓPRIO

Os juros sobre o capital próprio (JCP) foram introduzidos na "Contabilidade Tributária" pela Lei nº 9.249/95 como forma de compensar a extinção da correção monetária do balanço que gerava saldo devedor dedutível para as empresas com capital de giro próprio.

De acordo com a Lei nº 9.249/95, na base de cálculo dos Juros sobre Capital Próprio devem ser considerados:

> Art. 9, § 8º Para fins de cálculo da remuneração prevista neste artigo, serão consideradas exclusivamente as seguintes contas do patrimônio líquido: (Redação dada pela Lei nº 12.973, de 2014)
>
> I – capital social (Incluído pela Lei nº 12.973, de 2014);
>
> II – reservas de capital (Incluído pela Lei nº 12.973, de 2014);
>
> III – reservas de lucros (Incluído pela Lei nº 12.973, de 2014);
>
> IV – ações em tesouraria (Incluído pela Lei nº 12.973, de 2014);
>
> V – prejuízos acumulados (Incluído pela Lei nº 12.973, de 2014).

Para fins contábeis, os juros sobre o capital próprio devem ser considerados e contabilizados como distribuição de lucros. Neste capítulo, serão apresentados os procedimentos necessários ao atendimento da legislação tributária e das normas contábeis.

As normas contábeis relativas ao tema juros sobre o capital próprio são:

NBC TG	Nome da Norma	CPC	IASB
ITG 08	Contabilização da Proposta de Pagamento de Dividendos	ICPC 08 (R1)	Não há

9.1 CUSTO DE OPORTUNIDADE DO CAPITAL PRÓPRIO

A Teoria da Contabilidade discute há bastante tempo o conceito de custo de oportunidade, que, na Ciência Econômica, de forma bastante simplificada, significa o quanto poderia ser ganho com a utilização alternativa do capital ou qualquer outro fator produtivo. Assim, o "lucro econômico" de determinada decisão de investimento poderia ser medido de maneira mais correta se, do resultado da aplicação, houvesse a dedução da parcela correspondente ao lucro que "teria sido obtido" se fosse outra a alternativa de investimento.

Esse entendimento parte do pressuposto de que, economicamente falando, para a correta mensuração econômica e contábil, todos os fatores produtivos utilizados para a exploração de determinado empreendimento precisam ser remunerados, mesmo que sejam de propriedade do dono do negócio.

Por exemplo, um empresário autônomo da Contabilidade, ao pensar em abrir o seu escritório, pode-se utilizar de um imóvel próprio, pelo qual, na maioria das vezes, não haverá pagamento de aluguel, da pessoa jurídica para a pessoa física. No entanto, o custo total para a manutenção do escritório deve incluir também o custo de oportunidade, que, no caso, seria o valor do aluguel que o mencionado contador poderia obter como receita mensal, se alugasse para outra pessoa.

A Contabilidade ainda não está desenvolvida o suficiente para incorporar nos seus procedimentos o correto tratamento quanto a tais custos de oportunidade. Já existem várias pesquisas acadêmicas em andamento. Por exemplo, nos Cursos de Mestrado e Doutorado em Contabilidade da Universidade de São Paulo discute-se muito, há mais de uma década, o conceito de Gestão Econômica (Gecon), que, entre outros fundamentos oriundos da Economia, inclui-se a discussão do conceito de custo econômico do capital próprio.

9.2 JUROS SOBRE O CAPITAL PRÓPRIO

Com relação às fontes de captação de capital para as organizações, o conceito de custo de oportunidade também é válido.

Exemplificando: um conjunto de equipamentos, totalmente informatizado ou robotizado de máquinas e equipamentos para a expansão da fábrica, pode ser adquirido a vista por $ 3.000.000, com a utilização de parte do capital próprio da empresa.

O mesmo conjunto de máquinas, se a empresa não tiver recursos próprios, pode custar $ 3.150.000, para pagamento em 60 dias, com a inclusão de 5% para os encargos financeiros cobrados pelo fornecedor ou por estabelecimento bancário.

Portanto, contabilmente falando, nada mais lógico e coerente que o registro contábil do custo do capital próprio, conforme demonstrado pelo exemplo bastante simples e corriqueiro.

Reproduz-se, a seguir, parte de um artigo publicado na *Revista de Contabilidade do CRC de São Paulo*, para ajudar no entendimento dos aspectos conceituais dessa visão econômica.[1]

"Surgiu, e já há bastante tempo, a ideia de introduzir, na mensuração do lucro das empresas, essa figura – a do juro sobre o capital próprio – com base no seguinte raciocínio: só é lucro o que a empresa produz acima do que seus sócios ganhariam aplicando seu capital no

---

[1] ABUJAMRA, Márcia Lúcia Mauad et al. Juros sobre o capital próprio. *Revista de Contabilidade do CRC – SP*, São Paulo, ano I, nº 3, p. 32-37, dez. 1997.

mercado financeiro. Até esse valor a empresa não produz genuinamente lucro. Assim, se uma empresa produz um lucro de 2% num ano sobre o Patrimônio Líquido, estará, na verdade, produzindo um prejuízo para os acionistas ou sócios, já que não estará conseguindo sequer ganhar o que eles obteriam se investissem seus recursos no mercado financeiro."

9.3 LEGISLAÇÃO APLICÁVEL E BASE DE CÁLCULO

Os juros sobre o capital próprio foram introduzidos na Contabilidade Tributária pela Lei nº 9.249/95. A partir daí, as empresas passaram a contabilizar tais "custos de oportunidade", ou seja, mais uma vez, os procedimentos contábeis, em nosso país, sofreram forte influência de uma norma fiscal.

Seguem trechos do Regulamento do Imposto de Renda (RIR) 2018 sobre a matéria:

DOS JUROS SOBRE O CAPITAL

Juros sobre o capital próprio

Art. 355. A pessoa jurídica poderá deduzir, para fins de apuração do lucro real, os juros pagos ou creditados de forma individualizada a titular, sócios ou acionistas, a título de remuneração do capital próprio, calculados sobre as contas do patrimônio líquido e limitados à variação, pro rata die, da Taxa de Juros de Longo Prazo – TJLP (Lei nº 9.249, de 1995, art. 9º, caput).

§ 1º O efetivo pagamento ou crédito dos juros fica condicionado à existência de lucros, computados antes da dedução dos juros, ou de lucros acumulados e reservas de lucros, em montante igual ou superior ao valor de duas vezes os juros a serem pagos ou creditados (Lei nº 9.249, de 1995, art. 9º, § 1º).

§ 2º Os juros ficarão sujeitos à incidência do imposto sobre a renda na forma prevista no art. 726 (Lei nº 9.249, de 1995, art. 9º, § 2º).

§ 3º O valor dos juros pagos ou creditados pela pessoa jurídica, a título de remuneração do capital próprio, poderá ser imputado ao valor dos dividendos de que trata o art. 202 da Lei nº 6.404, de 1976, sem prejuízo do disposto no § 2º (Lei nº 9.249, de 1995, art. 9º, § 7º).

§ 4º Para fins de cálculo da remuneração prevista neste artigo, serão consideradas exclusivamente as seguintes contas do patrimônio líquido (Lei nº 9.249, de 1995, art. 9º, § 8º):

I – capital social;

II – reservas de capital;

III – reservas de lucros;

IV – ações em tesouraria; e

V – prejuízos acumulados.

§ 5º Para fins de cálculo da remuneração prevista neste artigo (Lei nº 9.249, de 1995, art. 9º, § 12; e Lei nº 12.973, de 2014, art. 34):

> *I – a conta capital social, prevista no inciso I do § 4º, inclui todas as espécies de ações previstas no art. 15 da Lei nº 6.404, de 1976, ainda que classificadas em contas de passivo na escrituração comercial; e*
>
> *II – os instrumentos patrimoniais referentes às aquisições de serviços nos termos estabelecidos no art. 370 somente serão considerados depois da transferência definitiva da sua propriedade.*
>
> *§ 6º Caso a pessoa jurídica opte por adicionar, para fins de determinação do lucro real, o valor do excesso apurado na forma estabelecida no art. 242 em cada período de apuração somente por ocasião da realização por alienação ou baixa a qualquer título do bem, do direito ou do serviço adquirido, o valor total do excesso apurado no período de aquisição deverá ser excluído do patrimônio líquido, para fins de determinação da base de cálculo dos juros sobre o capital próprio (Lei nº 10.637, de 2002, art. 45, caput e § 2º).*
>
> *§ 7º O valor correspondente aos juros sobre o capital próprio reembolsado ao emprestador, nas condições de que trata o art. 7º da Lei nº 13.043, de 2014, poderá ser dedutível para fins de apuração do imposto (Lei nº 13.043, de 2014, art. 7º, § 6º).*

A partir de 1997, de acordo com a Lei nº 9.430/96, tais juros são dedutíveis também para a apuração da base de cálculo da Contribuição Social. Portanto, a base de cálculo dos juros sobre o capital próprio é o Patrimônio Líquido. De acordo com o § 2º do art. 178 da Lei nº 6.404, de 15 de dezembro de 1976:

> *III – patrimônio líquido, dividido em capital social, reservas de capital, ajustes de avaliação patrimonial, reservas de lucros, ações em tesouraria e prejuízos acumulados. (Incluído pela Lei nº 11.941, de 2009)*

Os Ajustes de Avaliação Patrimonial não devem compor a base de cálculo enquanto não forem realizados, ou seja, enquanto não forem adicionados na determinação do lucro real e da contribuição social sobre o lucro.

9.4 PROCEDIMENTOS PARA CÁLCULO

Os juros sobre o capital próprio, pagos ou creditados, deverão ser registrados como despesas financeiras. Como já mencionado, os juros são calculados sobre as contas do Patrimônio Líquido e estão limitados à variação *pro rata die* da Taxa de Juros de Longo Prazo (TJLP).

Portanto, como o cálculo é *pro rata die*, todas e quaisquer modificações no total do Patrimônio Líquido, durante o exercício, devem ser consideradas na base de cálculo.

Não será considerado o valor da reserva de reavaliação de bens ou direitos do contribuinte, a não ser que a reserva seja adicionada na determinação da base de cálculo do lucro tributável pelo Imposto de Renda e contribuição social.

O contribuinte que apura o lucro real anual não poderá incluir na base de cálculo dos juros sobre o capital próprio o lucro apurado no encerramento do próprio período-base. Em outras palavras, o lucro apurado, por exemplo, no exercício findo em 31-12-X1 passa a compor a base de cálculo somente a partir do ano-calendário seguinte.

O contribuinte que paga os tributos com base no lucro real trimestral poderá considerar, na base de cálculo dos juros sobre o capital próprio, o lucro líquido apurado nos trimestres anteriores, após a provisão para o Imposto de Renda. No caso de apuração de prejuízo contábil nos trimestres anteriores, esse valor terá que ser deduzido da determinação da base de cálculo dos juros.

9.5 LIMITES PARA A DEDUTIBILIDADE

O valor dos juros pagos ou creditados não poderá exceder, como despesa financeira dedutível, para fins de determinação do lucro real e da base de cálculo da contribuição social sobre o lucro, os limites apurados como segue, sendo que o contribuinte poderá optar pelo maior dos dois limites:

a) 50% do lucro líquido correspondente ao período-base do pagamento ou crédito dos juros, antes da provisão para o Imposto de Renda e da dedução dos referidos juros; ou

b) 50% dos saldos de lucros acumulados e reservas de lucros.

Portanto, a dedutibilidade está condicionada à existência, em montante igual ou superior a duas vezes o valor dos juros a serem pagos ou creditados durante o exercício:

- de lucros antes da dedução dos juros sobre o capital próprio; ou
- de lucros acumulados e reservas de lucros.

Como já mencionado, o contribuinte pode escolher o limite maior. Seguem exemplos para facilitar o entendimento:

a) se houver lucros acumulados e reservas de lucros no montante de $ 900 e a empresa obteve um lucro contábil, antes da provisão para o Imposto de Renda e da dedução dos referidos juros, de $ 300 no período-base, o limite para dedução dos juros será de $ 450, ou seja, 50% dos saldos de lucros acumulados e reservas de lucros;

b) se houver lucros acumulados e reservas de lucros no montante de $ 700 e a empresa obteve um lucro contábil, antes da provisão para o Imposto de Renda e da dedução dos referidos juros, de $ 800 no período-base, o limite para dedução dos juros será de $ 400, ou seja, 50% do lucro do período-base, antes da provisão para o Imposto de Renda e da dedução dos juros sobre o capital próprio;

c) se houver lucros acumulados e reservas de lucros no montante de $ 200 e a empresa obteve um prejuízo contábil, antes da provisão para o Imposto de Renda e da dedução dos referidos juros, de $ 150 no período-base, o limite para dedução dos juros será de $ 100, ou seja, 50% dos lucros acumulados e reservas de lucros;

d) se não houver saldos de lucros acumulados e reservas de lucros, e a empresa obteve um lucro contábil, antes da provisão para o Imposto de Renda e da dedução dos referidos juros, de $ 60 no período-base, o limite para dedução dos juros será de $ 30, ou seja, 50% do lucro do período-base, antes da provisão para o Imposto de Renda e da dedução dos juros sobre o capital próprio; lucros acumulados e reservas de lucros;

e) se não houver lucros acumulados e reservas de lucros, e a empresa obteve um prejuízo contábil, antes da provisão para o Imposto de Renda e da dedução dos referidos juros, de $ 150, não poderá, para fins fiscais, contabilizar e deduzir qualquer valor da base de cálculo do resultado tributável ou para acréscimo do prejuízo fiscal.

Resumo dos exemplos anteriores:

	A	B	C	D	E
Lucros Acumulados e Reservas de Lucros	900	700	200	0	0
Limite	450	350	100	0	0
Lucro (prejuízo) contábil, antes da provisão para o Imposto de Renda e da dedução dos referidos juros	300	800	(150)	60	(150)
Limite	150	400	0	30	0
Juros sobre o capital próprio	450	400	100	30	0

9.6 CASO PRÁTICO DE CÁLCULO E CONTABILIZAÇÃO DOS JUROS SOBRE O CAPITAL PRÓPRIO

Apresentaremos a seguir caso prático de cálculo e contabilização dos JCP na empresa pagadora e na empresa beneficiária.

9.6.1 Cálculo e contabilização na empresa pagadora

Supondo que no exercício de 20X1 a taxa anual dos juros de longo prazo foi de 15% e que o valor do Patrimônio Líquido do ano, em média, da Comércio e Indústria Rio Sapucaí S.A. foi o seguinte:

Capital social integralizado	3.400
Reservas de capital	400
Ajustes de avaliação patrimonial	800
Lucros acumulados	1.200
Total do Patrimônio Líquido	**5.800**

Supondo ainda que a empresa obteve um lucro contábil, antes da provisão para o Imposto de Renda e da dedução dos referidos juros, de $ 900 no exercício de 20X1, e que os ajustes de avaliação patrimonial não foram adicionados na determinação da base de cálculo do lucro tributável pelo Imposto de Renda e contribuição social sobre o lucro líquido.

A base de cálculo seria, então, de $ 5.000, após a exclusão do saldo dos ajustes de avaliação patrimonial, o que multiplicado por 15% resultaria no montante de $ 750.

Há necessidade, no entanto, de verificar o limite estabelecido pela legislação tributária, como segue:

a) 50% dos lucros acumulados = $ 1.200 × 50% = $ 600;

b) 50% do lucro contábil, antes da provisão para o Imposto de Renda e da dedução dos referidos juros no exercício de 20X1 = $ 900 × 50% = $ 450.

Como o contribuinte tem a opção pela escolha do maior dos dois limites, poderá contabilizar como despesas financeiras o valor de $ 600, em 31-12-20X1, como segue:

Débito	$
Despesas financeiras	600
Crédito	
Passivo circulante	
Juros sobre capital próprio a pagar	510
Imposto de Renda Retido na Fonte a Recolher (1)	90
(1) De acordo com a legislação pertinente, os juros estão sujeitos à incidência do Imposto de Renda na fonte, à alíquota de 15%, na data do pagamento ou crédito ao beneficiário. O imposto retido na fonte deverá ser recolhido até o terceiro dia útil da semana subsequente à do pagamento ou crédito dos juros.	

O contribuinte tem a opção de utilizar os juros sobre o capital próprio para aumento do seu capital social, ao invés de pagar ou creditar tais juros aos sócios ou acionistas. Se for essa a escolha do contribuinte, haverá necessidade de um lançamento contábil adicional, como segue:

Débito	$
Passivo circulante	
Juros sobre capital próprio a pagar	510
Crédito	
Passivo circulante	
Reserva para aumento de capital	510

9.6.2 Cálculo e contabilização na empresa beneficiária

Diversas organizações empresariais participam do capital de outras empresas, quer seja em coligadas, controladas ou sob a forma de *joint ventures*. Tais investidoras podem, portanto, receber juros calculados sobre o capital próprio das investidas.

a) Nas investidoras tributadas com base no lucro real, os juros auferidos deverão ser registrados como receitas financeiras e incluídos na base de cálculo do lucro real, para efeito de pagamento do Imposto de Renda e da contribuição social.

Supondo, por exemplo, que a investidora Organizações Cruzeiro do Sul S.A. possui 30% das ações da investida Comércio e Indústria Rio Sapucaí S.A. Nessas circunstâncias, em 31-12-20X1, a investidora deveria contabilizar como receitas financeiras, tributáveis, sua participação de $ 180 nos juros calculados e contabilizados pela investida.

O lançamento contábil em 31-12-20X1, na investidora Organizações Cruzeiro do Sul S.A. seria, supondo que a investida não irá capitalizar tais juros, mas pagar aos beneficiários:

Débito	$
Ativo circulante	
Juros sobre capital próprio a receber – Investida Comércio e Indústria Rio Sapucaí S.A.	153
Imposto de Renda a compensar (1)	27
Crédito	
Receitas financeiras	
Juros sobre capital próprio – Investida Comércio e Indústria Rio Sapucaí S.A.	180
(1) De acordo com o art. 51 da Lei nº 9.430/96, o imposto retido na fonte será considerado como antecipação do devido na declaração de rendimentos, no caso de beneficiários pessoas jurídicas tributadas com base no lucro real, presumido ou arbitrado.	

b) Caso a investidora seja tributada com base no lucro presumido ou arbitrado, os juros auferidos deverão ser adicionados ao lucro presumido ou arbitrado, para a determinação da base de cálculo do Imposto de Renda e da contribuição social.

9.7 CONTABILIZAÇÃO DOS JUROS SOBRE O CAPITAL PRÓPRIO (JCP)

A Interpretação Técnica Geral (ITG) 08 – Contabilização da Proposta de Pagamento de Dividendos emitida pelo Conselho Federal de Contabilidade (CFC) determina a contabilização dos JCP como parte do dividendo mínimo obrigatório, como segue:

ITG – Interpretação Técnica Geral 08

10. Os juros sobre o capital próprio (JCP) são instituto criado pela legislação tributária, incorporado ao ordenamento societário brasileiro por força da Lei nº 9.249/95. É prática usual das sociedades distribuirem-nos aos seus acionistas e imputarem-nos ao dividendo obrigatório, nos termos da legislação vigente.

11. Assim, o tratamento contábil dado aos JCP deve, por analogia, seguir o tratamento dado ao dividendo obrigatório. O valor de tributo retido na fonte que a companhia, por obrigação da legislação tributária, deva reter e recolher não pode ser considerado quando se imputam os JCP ao dividendo obrigatório.

Exemplo de contabilização na empresa pagadora:

Débito	$
Patrimônio líquido	
Lucros acumulados	600

Crédito	
Passivo circulante	
Juros sobre capital próprio a pagar	510
Imposto de Renda Retido na Fonte a Recolher	90

Contabilização na empresa beneficiária dos JCP:

II – Os juros recebidos a título de remuneração do capital próprio devem ser contabilizados da seguinte forma:

a) débito: Ativo Circulante – Juros sobre Capital Próprio a Receber

crédito: Ativo não Circulante – Investimentos, quando avaliados pelo método da equivalência patrimonial e desde que os juros sobre o capital próprio estejam ainda integrando o patrimônio líquido da empresa investida ou nos casos em que os juros recebidos já estiverem compreendidos no valor pago pela aquisição do investimento.

Exemplo sequencial ao apresentado anteriormente

A investidora Organizações Cruzeiro do Sul S.A., em 31-12-20X1, registrará sua participação de $ 300 nos juros calculados e contabilizados pela investida da seguinte maneira, supondo ainda que a investida não irá capitalizar tais juros, mas pagar aos beneficiários:

Débito	$
Ativo circulante	
Juros sobre capital próprio a receber – Investida Comércio e Indústria Rio das Mortes S.A.	153
Imposto de Renda a compensar	27

Crédito	
Ativo não circulante	
Investimentos permanentes em participações societárias avaliadas pela equivalência patrimonial – Investida Comércio e Indústria Rio das Mortes S.A.	180

b) como receita, nos demais casos.

Exemplo sequencial ao apresentado anteriormente

Caso a investidora Organizações Cruzeiro do Sul S.A. não avaliasse o investimento pelo método da equivalência patrimonial, em 31-12-20X1, registraria sua participação de $ 300 nos juros calculados e contabilizados pela investida da seguinte maneira, supondo ainda que a investida não irá capitalizar tais juros, mas pagar aos beneficiários:

Débito	$
Ativo circulante	
Juros sobre capital próprio a receber – Investida Comércio e Indústria Rio das Mortes S.A.	153
Imposto de Renda a compensar	27
Crédito	
Resultado – Receitas financeiras	
Juros sobre o capital próprio – Investida Comércio e Indústria Rio das Mortes S.A.	180

Conciliação entre o procedimento contábil e a legislação tributária

Para conciliar os procedimentos determinados pelas normas contábeis e pela legislação tributária, a empresa deverá adotar os seguintes procedimentos:

1. contabilizar os juros sobre o capital próprio como despesa ou receita financeira, conforme exemplificado anteriormente;
2. reverter a despesa ou receita financeira, em linha imediatamente anterior à última linha da Demonstração do Resultado; e
3. lançar a contrapartida da reversão anterior como ajuste da conta Resultados Acumulados.

Exemplo da contabilização:

	Empresa pagadora
Demonstração do Resultado do Exercício	
Lucro antes dos JCP	900
Despesa financeira – JCP	(600)
Lucro antes do IRCS	300
Despesa de IRCS – apurada no Lalur	(70)
Subtotal	**230**
Reversão dos JCP	600
Lucro Líquido do Exercício	**830**

	Empresa pagadora
Demonstração de Lucros ou Prejuízos Acumulados	
Saldo inicial	**1.200**
Lucro Líquido do Exercício	830
JCP	(600)
Saldo à disposição dos acionistas	**1.830**

TESTES

1. **Com relação aos juros sobre capital próprio, é correto afirmar que:**
   a) nas empresas que apuram o lucro real anual, as reservas de capital podem ser incluídas na base de cálculo dos juros sobre o capital próprio;
   b) os juros sobre capital próprio deverão ser registrados contabilmente no ativo circulante, como despesas pagas antecipadamente;
   c) os juros são calculados sobre as contas do Patrimônio Líquido, não havendo qualquer limite para o seu cálculo e contabilização;
   d) nas empresas que apuram o lucro real anual, o lucro apurado no exercício não pode ser incluído na base de cálculo dos juros sobre capital próprio;
   e) os juros sobre o capital próprio deverão ser registrados como receitas financeiras somente após o seu efetivo pagamento.

2. **Sobre a contabilização e dedutibilidade dos juros sobre o capital próprio é correto afirmar que:**
   a) nas companhias de capital aberto, os juros pagos ou creditados devem ser contabilizados na conta Despesas Financeiras, no Resultado do Exercício;
   b) de acordo com a legislação do Imposto de Renda, a pessoa jurídica não pode deduzir, para efeito de apuração do lucro real, os juros pagos ou creditados a título de remuneração do capital próprio;
   c) se houver, em determinada empresa, lucros acumulados e reservas de lucros no montante de $ 1.000.000 e a empresa obtiver um lucro contábil, antes da provisão para o Imposto de Renda e da dedução dos referidos juros, de $ 1.200.000 no período-base, o limite para dedução dos juros será de $ 500.000, ou seja, 50% dos saldos de lucros acumulados e reservas de lucros;
   d) os juros sobre o capital próprio recebidos de controladas devem ser registrados em contrapartida à conta de Receitas Financeiras Recebidas de Investimentos em Controladas;
   e) a dedutibilidade dos juros pagos ou creditados, para fins fiscais, está condicionada à existência em montante igual ou superior a duas vezes o valor dos juros durante o exercício de lucros antes da dedução dos juros sobre o capital próprio ou de lucros acumulados e reservas de lucros.

3. **Os juros sobre o capital próprio (JCP) foram introduzidos na contabilidade tributária pela Lei nº 9.249/95 como forma de compensar a extinção da correção monetária do balanço que gerava saldo devedor dedutível para as empresas com capital de giro próprio. A respeito do assunto, assinale a afirmativa incorreta:**
   a) os juros sobre o capital próprio devem ser considerados como despesa financeira do período;
   b) os juros sobre o capital próprio recebidos de controladas devem ser registrados em contrapartida à conta de investimentos em controladas;
   c) os juros sobre o capital próprio devem ser considerados como redutores de conta específica do patrimônio líquido;
   d) os juros sobre o capital próprio pagos ou creditados somente poderão ser imputados ao dividendo mínimo pelo seu valor líquido do Imposto de Renda na fonte;
   e) os juros sobre o capital próprio são aceitos como dedutíveis da base de cálculo do Imposto de Renda e da contribuição social, se forem calculados e contabilizados de acordo com as normas tributárias.

4. **Leia atentamente as informações a seguir e decida, com base no atual Regulamento do Imposto de Renda e demais legislação fiscal e tributária, se são verdadeiras ou falsas.**

   I – a pessoa jurídica poderá deduzir, para efeitos de apuração do lucro real, os juros pagos ou creditados individualmente a titular, sócios ou acionistas, a título de remuneração do capital próprio, calculados sobre as contas do patrimônio líquido e limitados à variação, *pro rata die*, da Taxa de Juros de Longo Prazo (TJLP);

   II – o efetivo pagamento ou crédito dos juros não está condicionado à existência de lucros, computados antes da dedução dos juros, ou de lucros acumulados e reservas de lucros;

   III – tais juros não são dedutíveis também para a apuração da base de cálculo da Contribuição Social.

   a) apenas a informação I é verdadeira;
   b) todas as informações são falsas;
   c) as informações I e II são verdadeiras;
   d) as informações II e III são verdadeiras;
   e) todas as informações são verdadeiras.

5. **Com relação à apuração do lucro real anual ou lucro real trimestral, leia atentamente as informações a seguir e decida, com base no atual Regulamento do Imposto de Renda e demais legislações fiscal e tributária, se são verdadeiras ou falsas.**

   I – o contribuinte que apura o lucro real anual não poderá incluir na base de cálculo dos juros sobre o capital próprio, o lucro apurado no encerramento do próprio período-base;

   II – o contribuinte que paga os tributos com base no lucro real trimestral poderá considerar, na base de cálculo dos juros sobre o capital próprio, o lucro líquido apurado nos trimestres anteriores, após a provisão para o Imposto de Renda;

   III – no caso de apuração de prejuízo contábil nos trimestres anteriores, os juros sobre o capital próprio já calculados e contabilizados, não deverão ser deduzidos da determinação da base de cálculo dos juros.

   a) apenas a informação I é verdadeira;
   b) todas as informações são falsas;
   c) apenas as informações I e II são falsas;
   d) todas as informações são verdadeiras;
   e) apenas as informações I e II são verdadeiras.

6. **Determinada empresa de capital fechado apresentou os seguintes saldos:**

Capital social integralizado	2.000.000
Reservas de capital	240.000
Lucros acumulados	200.000
Lucro contábil do período antes do IRCS	490.000

   Supondo que no exercício de 20XA a taxa anual dos juros de longo prazo foi de 22% o valor dedutível dos juros sobre o capital próprio é de:
   a) 100.000;
   b) 245.000;
   c) 440.000;
   d) 484.000;
   e) 536.800.

10

AJUSTES DE AVALIAÇÃO PATRIMONIAL

O grupo de Ajustes de Avaliação Patrimonial foi criado pela Lei nº 11.941/09 com o objetivo de receber determinados ajustes de ativos e passivos ao seu valor justo.

Os Ajustes de Avaliação Patrimonial são parte integrante da Demonstração do Resultado Abrangente no subgrupo Outros Resultados Abrangentes.

Neste capítulo, apresentaremos exemplos de ajustes que poderão ser apropriados a esse grupo e o momento em que serão considerados realizados.

As normas contábeis relativas ao tema Ajustes de Avaliação Patrimonial são:

NBC TG	Nome da Norma	CPC	IASB
NBC TG 02 (R3)	Efeitos das Mudanças nas Taxas de Câmbio e Conversão de Demonstrações Contábeis	CPC 02 (R2)	IAS 21
NBC TG 37 (R5)	Adoção Inicial das Normas Internacionais de Contabilidade	CPC 37 (R1)	IFRS 1
NBC TG 15 (R4)	Combinação de Negócios	CPC 15 (R1)	IFRS 3
NBC TG 46 (R2)	Mensuração do Valor Justo	CPC 46	IFRS 13
NBC TG 48	Instrumentos Financeiros	CPC 48	IFRS 9
ITG 10	Interpretação sobre a Aplicação Inicial ao Ativo Imobilizado e à Propriedade para Investimento	ICPC 10	Não há

10.1 CONCEITO, OBJETIVO E DISPOSITIVOS LEGAIS E TÉCNICOS

O grupo de contas denominado Ajustes de Avaliação Patrimonial foi criado pela Lei nº 11.941/09 que alterou o texto da Lei nº 6.404/76 como segue:

Patrimônio Líquido

Art. 182, § 3º Serão classificadas como ajustes de avaliação patrimonial, enquanto não computadas no resultado do exercício em obediência ao regime de competência, as con-

trapartidas de aumentos ou diminuições de valor atribuídos a elementos do ativo e do passivo, em decorrência da sua avaliação a valor justo, nos casos previstos nesta Lei ou, em normas expedidas pela Comissão de Valores Mobiliários, com base na competência conferida pelo § 3º do art. 177 desta Lei. (Redação dada pela Lei nº 11.941, de 2009)

Como visto, o texto legal é sucinto e não define exatamente o que pode ou deve ser ajustado ao valor justo. Ao longo deste livro, encontramos em vários pronunciamentos do CPC, homologados pela CVM e pelo CFC, exemplos de ativos que devem ser avaliados ao valor justo em contrapartida desse grupo.

O ajuste da avaliação patrimonial é um ajuste do valor apresentado no balanço patrimonial, por um ativo ou passivo, em relação ao seu valor justo. Essa correção busca expressar a realidade patrimonial de uma empresa; e como é um ajuste o valor da conta pode ser para mais ou para menos, gerando saldo patrimonial positivo ou negativo.

O ajuste da avaliação patrimonial não é reserva de lucros, pois não passou pelo resultado, nem reserva de capital, pois não veio de sócios.

A Lei nº 6.404/76 define valor justo como:

Critérios de Avaliação do Ativo

Art. 183. § 1º Para efeitos do disposto neste artigo, considera-se valor justo: (Redação dada pela Lei nº 11.941, de 2009)

a) das matérias-primas e dos bens em almoxarifado, o preço pelo qual possam ser repostos, mediante compra no mercado;

b) dos bens ou direitos destinados à venda, o preço líquido de realização mediante venda no mercado, deduzidos os impostos e demais despesas necessárias para a venda, e a margem de lucro;

c) dos investimentos, o valor líquido pelo qual possam ser alienados a terceiros;

d) dos instrumentos financeiros, o valor que pode se obter em um mercado ativo, decorrente de transação não compulsória realizada entre partes independentes; e, na ausência de um mercado ativo para um determinado instrumento financeiro: (Incluída pela Lei nº 11.638, de 2007)

1. o valor que se pode obter em um mercado ativo com a negociação de outro instrumento financeiro de natureza, prazo e risco similares; (Incluído pela Lei nº 11.638, de 2007)

2. o valor presente líquido dos fluxos de caixa futuros para instrumentos financeiros de natureza, prazo e risco similares; ou (Incluído pela Lei nº 11.638, de 2007)

3. o valor obtido por meio de modelos matemático-estatísticos de precificação de instrumentos financeiros. (Incluído pela Lei nº 11.638, de 2007)

Conforme observado no texto legal, o conceito de valor justo se aplica a vários itens patrimoniais, tais como estoques de matéria-prima, mercadorias e produtos, investimentos destinados à venda e instrumentos financeiros. Entretanto, nem todos ativos e passivos ajustados ao valor justo terão como contrapartida o grupo de Ajustes de Avaliação Patrimonial.

10.2 APLICAÇÕES PRÁTICAS DE AJUSTES DE AVALIAÇÃO PATRIMONIAL

Analisando os pronunciamentos técnicos emitidos pelo CPC e homologados pela CVM e pelo CFC, encontramos os seguintes ajustes que serão classificados neste grupo:

Ajustes de Avaliação Patrimonial

Contrapartida de avaliações de determinados ativos/passivos:

CPC 13 – Adoção inicial da Lei nº 11.638/07

Reserva de Reavaliação não estornada

CPC 02 – Efeitos das mudanças nas taxas de câmbio e conversão de demonstrações contábeis

Ajustes de conversão em função da variação cambial de investimentos societários no exterior

CPC 48 – Instrumentos Financeiros

Instrumentos financeiros avaliados pelo valor justo por meio de outros resultados abrangentes (VJORA)

ICPC 10 – Esclarecimentos Sobre os Pronunciamentos Técnicos; CPC 27 – Ativo Imobilizado e CPC 28 – Propriedade para Investimento

Recomposição de custo do imobilizado (*deemed cost*)

CPC 15 (R1) – Combinação de Negócios

Avaliação a valor de mercado de ativos e passivos a decorrentes de combinação de negócios

10.2.1 Reserva de Reavaliação não estornada

O Pronunciamento CPC 13 – Adoção Inicial da Lei nº 11.638/07 e da Medida Provisória nº 449/08 convertida na Lei nº 11.941/09 – possibilitou às empresas manterem a Reserva de Reavaliação, extinta pela Lei nº 11.638/07, como segue:

Reserva de reavaliação

1. A Lei nº 11.638/07 eliminou a possibilidade de reavaliação espontânea de bens. Assim, os saldos existentes nas reservas de reavaliação constituídas antes da vigência dessa Lei, inclusive as reavaliações reflexas de controladas e coligadas, devem:

(a) ser mantidos até sua efetiva realização; ou

(b) ser estornados até o término do exercício social de 2008.

O CPC não determinou explicitamente que a Reserva de Reavaliação não estornada seja classificada no grupo de Ajustes de Avaliação Patrimonial, mas temos observado que as empresas que mantiveram essa reserva têm optado por sua classificação nesse grupo.

A realização da Reserva para Reavaliação não estornada será apropriada aos Resultados Acumulados proporcionalmente à realização dos respectivos ativos imobilizados por meio da depreciação, alienação ou baixa.

Os §§ 31 a 42 do CPC 27 – Ativo Imobilizado determinam os procedimentos que devem ser adotados no caso de reavaliação dos bens do Imobilizado, quando permitida por lei, que são semelhantes aos adotados anteriormente no Brasil. Atualmente no Brasil, a reavaliação de bens tangíveis e intangíveis não é permitida devido às disposições contidas na Lei nº 11.638/07, que alterou a Lei nº 6.404/76.

10.2.2 Variação cambial de investimentos no exterior

O Pronunciamento CPC 02 (R2) – Efeitos das Mudanças nas Taxas de Câmbio e Conversão de Demonstrações Contábeis determina os critérios de classificações das variações cambiais como segue:

> *CPC 02 (R2) Parágrafo 32:*
>
> *As variações cambiais advindas de itens monetários que fazem parte do investimento líquido em entidade no exterior da entidade que reporta a informação (ver item 15) devem ser reconhecidas no resultado nas demonstrações contábeis separadas da entidade que reporta a informação ou nas demonstrações contábeis individuais da entidade no exterior, conforme apropriado. Nas demonstrações contábeis que incluem a entidade no exterior e a entidade que reporta a informação (por exemplo: demonstrações contábeis individuais com avaliação das investidas por equivalência patrimonial, ou demonstrações contábeis consolidadas quando a entidade no exterior é uma controlada), tais variações cambiais devem ser reconhecidas, inicialmente, em outros resultados abrangentes em conta específica do patrimônio líquido, e devem ser transferidas do patrimônio líquido para a demonstração do resultado quando da baixa do investimento líquido, de acordo com o item 48.*

Para ilustrar o procedimento contábil, reproduzimos o exemplo apresentado no Capítulo 5 deste livro:

Variação cambial de investimentos no exterior

Ao final de cada período contábil, a investidora deverá atualizar o saldo do investimento no exterior de acordo com a taxa de câmbio vigente no final do período e apropriar a variação cambial diretamente no Patrimônio Líquido, no grupo de Ajustes de Avaliação Patrimonial.

Exemplo:

As taxas cambiais utilizadas neste capítulo são meramente ilustrativas.

Determinada empresa investidora investiu US$ 100.000 em 10-01-20XA em outra empresa sediada nos Estados Unidos da América (EUA). Na data do investimento, o US$ estava cotado em R$ 1,75. Na data de encerramento do período contábil, 31-01-20XA, o US$ estava cotado em R$ 1,82. A conta Investimento apresentará a seguinte movimentação:

Data	Histórico	US$	Taxa	R$	Contrapartida
10-01-20XA	Investimento no exterior	100.000	1,75	175.000	Caixa, bancos
31-01-20XA	Variação cambial			7.000	Patrimônio Líquido (PL) – Ajuste de Avaliação Patrimonial
31-01-20XA	Saldo final	100.000	1,82	182.000	

A variação cambial será mantida no PL da investidora até a baixa do investimento, quando deverá ser apropriada no resultado do exercício, conforme determinado no § 48 do CPC 2 (R2), como segue:

> *Baixa total ou parcial de entidade no exterior*
>
> *48. Na baixa de entidade no exterior, o montante acumulado de variações cambiais relacionadas a essa entidade no exterior, reconhecido em outros resultados abrangentes e registrado em conta específica do patrimônio líquido, deve ser transferido do patrimônio líquido para a demonstração do resultado (como ajuste de reclassificação) quando o ganho ou a perda na baixa for reconhecido (a esse respeito ver NBC TG 26 – Apresentação das Demonstrações Contábeis).*

10.2.3 Ajuste de instrumentos financeiros avaliados ao Valor Justo por Meio de Outros Resultados Abrangentes (VJORA)

O Pronunciamento CPC 48 – Instrumentos Financeiros determina os critérios de apropriação dos ganhos e perdas decorrentes do ajuste ao valor justo dos instrumentos financeiros classificados como Valor Justo por Meio de Outros Resultados Abrangentes (VJORA), de acordo com o modelo de negócios da entidade.

> *Avaliação de instrumentos financeiros disponíveis para venda*
>
> *VJORA – Valor Justo por Meio de Outros Resultados Abrangentes*
>
> *5.7 Ganhos e perdas*
>
> *5.7.1 O ganho ou a perda em ativo financeiro ou passivo financeiro que é mensurado ao valor justo deve ser reconhecido no resultado, exceto se:*
>
> *(a) for parte de relação de proteção (ver itens 6.5.8 a 6.5.14 e, se aplicável, itens 89 a 94 da NBC TG 38 para a contabilização de cobertura de valor justo para uma cobertura de carteira de risco de taxa de juros);*
>
> *(b) for investimento em instrumento patrimonial e a entidade tiver escolhido apresentar ganhos e perdas nesse investimento em outros resultados abrangentes, de acordo com o item 5.7.5;*
>
> *(c) for passivo financeiro designado como ao valor justo, por meio do resultado, e a entidade é requerida a apresentar os efeitos das alterações no risco de crédito do passivo em outros resultados abrangentes, de acordo com o item 5.7.7; ou*

(d) for ativo financeiro mensurado ao valor justo por meio de outros resultados abrangentes, de acordo com o item 4.1.2A, e a entidade for obrigada a reconhecer algumas alterações no valor justo em outros resultados abrangentes, de acordo com o item 5.7.10.

O ganho ou perda sobre instrumentos financeiros classificados como VJORA deve ser apropriado como Ajuste de Avaliação Patrimonial e reclassificado para o Resultado do Exercício em que o respectivo ativo financeiro seja baixado ou reclassificado para o grupo de Valor Justo por Meio do Resultado (VJR).

No Capítulo 1 deste livro, apresentamos exemplo de classificação, avaliação e contabilização de instrumentos financeiros que reproduzimos a seguir:

Combinando o texto legal (Lei nº 6.404/76) e o texto técnico (NBC TG 48), temos a seguinte classificação e avaliação:

TÍTULOS E VALORES MOBILIÁRIOS
Ativos e Passivos financeiros

	Valor justo por meio do resultado (VJR)	Valor justo por meio de outros resultados abrangentes (VJORA)	Custo amortizado (CA)
Modelo de Negócios	Objetivo não é manter ativos para receber fluxos de caixa contratuais. Obter fluxos de caixa contratuais é secundário ao objetivo do modelo	• Receber fluxos de caixa contratuais e de venda do instrumento é inerente ao objetivo do modelo de negócios • Vendas mais frequentes e com volume maior fluxos de caixa contratuais	Manter ativos para receber fluxos de caixa contratuais. Vendas são secundárias ao objetivo do modelo As vendas não são frequentes ou em alto volume
CONCEITO	TVM adquiridos com o propósito de serem negociados	TVM que não se enquadrem como para negociação nem como mantidos até o vencimento	TVM para os quais haja intenção ou obrigatoriedade e capacidade financeira para sua manutenção em carteira até o vencimento
EXEMPLOS	Ações de companhias abertas adquiridas para serem negociadas no curto prazo	Ações de companhias abertas adquiridas para serem negociadas quando o mercado estiver favorável ou surgir necessidade de realização financeira	Aplicações em Certificados de Depósitos Bancários com a intenção de mantê-los até o vencimento
	Valor justo por meio do resultado (VJR)	Valor justo por meio de outros resultados abrangentes (VJORA)	Custo amortizado (CA)
APROPRIAÇÃO DO AJUSTE	Resultado do período – ganho ou perda	PL – Outros Resultados Abrangentes – ganho ou perda	Não há ajuste

Para melhor entendimento dos critérios de avaliação e classificação, apresentamos o seguinte exemplo:

Determinada empresa aplicou recursos em três debêntures emitidas por outra empresa com as seguintes condições:

Valor de emissão atualizado na data da negociação	$ 1.000
Rendimento mensal pago anualmente	3%
Data da aplicação	01-01-20X1
Data de vencimento	31-12-20X5
As debêntures são negociáveis no mercado financeiro	

Classificação contábil

Debênture	Intenção da administração de acordo com o modelo de negócio da entidade	Classificação contábil
A	Colocar a debênture na sua carteira de papéis negociáveis	Destinada à negociação
B	Negociar quando o mercado estiver favorável ou necessitar de recursos financeiros	Disponível para venda
C	Oferecer o instrumento como caução para participar de concorrência pública	Mantida até o vencimento

Considerando as informações anteriores, os instrumentos financeiros apresentarão os seguintes resultados:

Data	Debênture / Classificação	A — Destinada à negociação — Valor Justo por Meio do Resultado (VJR)	B — Disponível para venda — Valor Justo por Meio de Outros Resultados Abrangentes (VJORA)	C — Mantida até o vencimento — Custo Amortizado (CA)
01-01-20X1	Valor aplicado	10.000	10.000	10.000
31-01-20X1	Rendimento incorrido	300	300	300
31-01-20X1	Valor contábil atualizado	10.300	10.300	10.300
31-01-20X1	Valor justo (mercado)	10.350	10.350	10.350
31-01-20X1	Ajuste ao valor justo	50	50	–
31-01-20X1	Saldo contábil	10.350	10.350	10.300
28-02-20X1	Rendimento incorrido	309	309	309
28-02-20X1	Valor contábil atualizado	10.659	10.659	10.609
28-02-20X1	Valor justo (mercado)	10.550	10.550	10.550
28-02-20X1	Ajuste ao valor justo	(109)	(109)	
28-02-20X1	Ajuste ao valor recuperável			(59)

Data	Debênture Classificação	A Destinada à negociação	B Disponível para venda	C Mantida até o vencimento
28-02-20X1	Saldo contábil	10.550	10.550	10.550
	Resultado do Período			
31-01-20X1	Receita financeira	300	300	300
31-01-20X1	Ajuste ao valor justo	50		
31-01-20X1	**Resultado do período**	**350**	**300**	**300**
28-02-20X1	Receita financeira	309	309	309
28-02-20X1	Ajuste ao valor justo	(109)		
28-02-20X1	Ajuste ao valor realizável			(59)
28-02-20X1	**Resultado do período**	**200**	**309**	**250**
	Patrimônio Líquido			
	Ajuste de Avaliação Patrimonial			
31-01-20X1	Ajuste ao valor justo		50	
28-02-20X1	Ajuste ao valor justo		(109)	
28-02-20X1	Saldo		(59)	
28-02-20X1	Saldo		(59)	
	Resultado abrangente	**550**	**550**	**550**

O ajuste ao valor justo dos instrumentos financeiros avaliados ao valor justo por meio de outros resultados abrangentes (VJORA) será baixado para o resultado do período no momento da realização desses instrumentos ou sua reclassificação para outro grupo.

10.2.4 Recomposição de custo do imobilizado (*deemed cost*)

Os Pronunciamentos ICPC 10 – Interpretação sobre a Aplicação Inicial ao Ativo Imobilizado e à Propriedade para Investimento dos Pronunciamentos Técnicos CPCs 27, 28, 37 e 43; CPC 27 – Ativo Imobilizado e CPC 28 – Propriedade para Investimento – Ajuste ao valor justo do Imobilizado, possibilitou que as empresas atualizem o imobilizado ao valor justo no momento da aplicação inicial dos Pronunciamentos CPC 27 e CPC 28, como segue:

> 12. *Pode existir ativo com valor contábil substancialmente depreciado, ou mesmo igual a zero, e que continua em operação e gerando benefícios econômicos para a entidade, o que pode acarretar, em certas circunstâncias, que o seu consumo não seja adequadamente*

confrontado com tais benefícios, o que deformaria os resultados vindouros. Por outro lado, pode ocorrer que o custo de manutenção seja tal que já represente adequadamente o confronto dos custos com os benefícios. Assim, a entidade pode adotar a opção de atribuir um valor justo inicial ao ativo imobilizado nos termos desta Interpretação e fazer o eventual ajuste nas contas do ativo imobilizado tendo por contrapartida a conta do patrimônio líquido denominada de Ajustes de Avaliação Patrimonial; e estabelecer a estimativa do prazo de vida útil remanescente quando do ajuste desses saldos de abertura na aplicação inicial dos Pronunciamentos CPC 27, 37 e 43. Esse procedimento irá influenciar o prazo a ser depreciado a partir da adoção do CPC 27.

16. *Assim, esta Interpretação conclui no sentido de que os ajustes, decorrentes da adoção do custo atribuído contido nesta Interpretação, sejam tratados contabilmente como ajuste direto ao patrimônio líquido, tanto os positivos quanto os negativos, com efeito retroativo para fins de apresentação das demonstrações contábeis comparativas.*

Essa recomposição de custo do imobilizado (*deemed cost*) nada mais é que uma reavaliação especial que as empresas podem fazer no imobilizado unicamente no momento de aplicação inicial dos Pronunciamentos CPC 27 e 28.

A realização desse ajuste será apropriada na conta de Resultados Acumulados proporcionalmente à realização dos ativos imobilizados por meio da depreciação, alienação ou baixa.

Sobre esses ajustes, devem ser apropriados os correspondentes tributos diferidos, conforme CPC 32 – Tributos sobre o Lucro.

Apresentamos a seguir exemplo de contabilização desse ajuste:

	Itens do imobilizado				
	A	B	C	D	E
Custo histórico	1.000	1.000	1.000	1.000	1.000
Depreciação acumulada	(300)	(900)	(800)	(750)	(50)
Valor contábil em 01-01-2010	700	100	200	250	950
Recomposição de custo – Ajuste ao valor justo em 01-01-2010	–	600	500	450	(250)
Valor justo	700	700	700	700	700
PL – Ajuste de Avaliação Patrimonial	–	600	500	450	(250)

10.2.5 Avaliação a valor de mercado de ativos e passivos decorrentes de combinação de negócios

O Pronunciamento CPC 15 (R1) – Combinação de Negócios e a CVM determinam que devem ser avaliados a valor de mercado ativos e passivos decorrentes de combinação de negócios em que ocorra transferência de controle.

No Capítulo 7 deste livro apresentamos exemplo que reproduzimos a seguir:

Exemplo – Incorporação de empresa com relação de troca de ações pelo valor do Patrimônio Líquido avaliado a valor de mercado

Informações básicas:

Sociedade Beta incorpora Sociedade Alfa.

Não há participação de Beta em Alfa, consequentemente, haverá troca de controle.

A relação de troca de ações de Alfa por ações de Beta será determinada pelo valor patrimonial contábil avaliado a valor de mercado.

Balanços patrimoniais antes da incorporação

	Alfa	Beta		Alfa	Beta
Ativo			**Passivo**		
Circulante	1.700	6.720	Circulante	2.300	3.300
Imobilizado	1.800	2.880	**Patrimônio Líquido**		
			Capital	900	5.000
			Reservas	300	1.300
				1.200	**6.300**
Total do ativo	**3.500**	**9.600**	**Total do passivo e PL**	**3.500**	**9.600**

O valor a ser incorporado ao capital de Beta pela incorporação de Alfa será determinado com base no valor de mercado do Patrimônio Líquido de ambas as empresas, conforme laudo de peritos nomeados em assembleia que aprovar o protocolo de incorporação.

Para simplificar, consideramos que apenas o imobilizado apresentou diferença entre o valor de custo e o valor de mercado.

Balanços patrimoniais avaliados a valor de mercado

	Alfa valor contábil	Ajuste ao valor de mercado	Alfa valor de mercado	Beta valor contábil	Ajuste ao valor de mercado	Beta valor de mercado	Alfa e Beta valor de mercado
Ativo							
Circulante	1.700		1.700	6.720		6.720	8.420
Imobilizado	1.800	510	2.310	2.880	1.490	4.370	6.680
Total do ativo	**3.500**	**510**	**4.010**	**9.600**	**1.490**	**11.090**	**15.100**
Passivo							
Circulante	2.300		2.300	3.300		3.300	5.600
Patrimônio Líquido	1.200	510	1.710	6.300	1.490	7.790	9.500

Determinação dos percentuais de participação no Patrimônio Líquido de Beta após a incorporação de Alfa:

Patrimônio Líquido	Alfa	Beta	Alfa e Beta
• Valor contábil	1.200	6.300	7.500
% de participação pelo valor contábil	16	84	100
• Valor de mercado	1.710	7.790	9.500
% de participação pelo valor de mercado	18	82	100

Determinação do aumento de capital que ocorrerá em Beta com a consequente emissão de ações que serão entregues aos sócios de Alfa em troca de suas ações de Alfa que serão extintas:

Capital de Beta	%	$
Capital dos atuais sócios de Beta	82	5.000
Aumento de capital dos sócios de Alfa	18	1.098
Total	**100**	**6.098**

O Patrimônio Líquido de Alfa que será incorporado ao Patrimônio Líquido de Beta terá a seguinte distribuição:

Aumento de capital de Beta	$
Patrimônio Líquido incorporado	1.200
Parcela destinada a aumento de capital	1.098
Parcela destinada à constituição de reserva de ágio	102

A parcela destinada a aumento de capital deve ser, no máximo, igual ao Patrimônio Líquido incorporado.

Balanço patrimonial de Beta após a incorporação

	Alfa	Beta antes da incorporação	Beta após a incorporação
Ativo			
Circulante	1.700	6.720	8.420
Imobilizado	1.800	2.880	4.680
Total do ativo	**3.500**	**9.600**	**13.100**
Passivo			
Circulante	2.300	3.300	5.600

	Alfa	Beta antes da incorporação	Beta após a incorporação
Patrimônio Líquido			
• Capital	900	5.000	6.098
• Reservas	300	1.300	1.300
• Reserva de ágio			102
	1.200	6.300	7.500
Total do passivo e PL	3.500	9.600	13.100

A NBC TG 15 (R3) – Combinação de Negócios determina que na incorporação de empresa não controlada os ativos e passivos devem ser avaliados e incorporados a valor de mercado.

Para atendimento da norma contábil, o ativo imobilizado de Alfa seria incorporado pelo valor de mercado. Nesse caso, haveria a constituição de Ajuste de Avaliação Patrimonial no Patrimônio Líquido da empresa incorporadora.

A constituição do Ajuste de Avaliação Patrimonial não afetaria o cálculo do aumento de capital.

O balanço patrimonial da incorporadora ficaria composto dos seguintes itens:

	Alfa	Beta antes da incorporação	Beta após a incorporação
Ativo			
Circulante	1.700	6.720	8.420
Imobilizado	2.310	2.880	5.190
Total do ativo	4.010	9.600	13.610
Passivo			
Circulante	2.300	3.300	5.600
Patrimônio Líquido			
• Capital	900	5.000	6.098
• Reservas	300	1.300	1.300
• Reserva de ágio			102
Ajuste de avaliação patrimonial			510
	1.200	6.300	8.010
Total do passivo e PL	3.500	9.600	13.610

O Ajuste de Avaliação Patrimonial será transferido para resultados acumulados à medida que o imobilizado incorporado seja realizado por depreciação, baixa ou alienação.

TESTES

1. A atual legislação societária define o valor justo das matérias-primas e dos bens em almoxarifado como o:
    a) preço pelo qual possam ser realizados, mediante venda no mercado;
    b) custo de aquisição atualizado monetariamente;
    c) custo de aquisição ou valor de reposição, dos dois o menor;
    d) preço pelo qual possam ser repostos, mediante compra no mercado;
    e) custo de aquisição ou valor de reposição, dos dois o maior.

2. A atual legislação societária define o valor justo dos bens ou direitos destinados à venda como o preço líquido de realização mediante:
    a) venda no mercado, deduzidos os impostos e demais despesas necessárias para a venda, e a margem de lucro;
    b) compra no mercado, deduzidos os impostos e somadas demais despesas necessárias para a compra;
    c) venda no mercado, acrescidos os impostos e demais despesas necessárias para a venda, e a margem de lucro;
    d) compra no mercado, acrescidos os impostos e demais despesas necessárias para a compra;
    e) venda no mercado, deduzidos os impostos e demais despesas necessárias para a venda.

3. A atual legislação societária define o valor justo dos investimentos como o:
    a) valor líquido pelo qual possam ser adquiridos de terceiros;
    b) custo líquido atualizado monetariamente;
    c) valor líquido pelo qual possam ser alienados a terceiros;
    d) custo de aquisição ou valor de reposição, dos dois o menor;
    e) custo de aquisição ou valor patrimonial, dos dois o maior.

4. A atual legislação societária define o valor justo dos instrumentos financeiros como o valor que pode se pode obter em um mercado ativo, decorrente de transação:
    a) de compra e venda realizada entre partes relacionadas;
    b) não compulsória realizada entre partes independentes;
    c) não compulsória realizada entre partes relacionadas;
    d) compulsória realizada entre partes relacionadas;
    e) de compra e venda realizada entre instituições financeiras.

5. O conceito de recomposição de custo do imobilizado (*deemed cost*) deve ser entendido como sendo nada mais do que uma:
    a) correção monetária especial que as empresas podem fazer no imobilizado anualmente;
    b) reavaliação especial que as empresas podem fazer no imobilizado a cada quatro anos;
    c) correção especial que as empresas devem fazer no imobilizado sempre que aplicar os Pronunciamentos CPC 27 e 28;
    d) reavaliação especial que as empresas devem fazer no imobilizado unicamente no momento de aplicação do teste de valor recuperável;
    e) reavaliação especial que as empresas podem fazer no imobilizado unicamente no momento de aplicação inicial dos Pronunciamentos CPC 27 e 28.

6. Serão classificadas como ajustes de avaliação patrimonial, enquanto não computadas no resultado do exercício em obediência ao regime de competência, as contrapartidas de aumento ou diminuição de valor atribuído a elementos do ativo e do passivo, em decorrência da sua avaliação a valor:
   a) justo, nos casos previstos em Lei ou em normas expedidas pela Comissão de Valores Mobiliários;
   b) de mercado, nos casos previstos em Lei ou em normas expedidas pela Receita Federal;
   c) de reposição, nos casos previstos pela Receita Federal ou pela Comissão de Valores Mobiliários;
   d) justo, nos casos previstos em pronunciamentos do CPC e pela Receita Federal;
   e) corrigido monetariamente, nos casos previstos em Lei ou em pronunciamentos do CPC.

7. O ajuste da avaliação patrimonial:
   a) pode ser classificado como reserva de capital, pois veio de sócios;
   b) pode ser classificado como reserva de lucros, pois transitará pelo resultado quando for realizado;
   c) não é reserva de lucros, pois não passou pelo resultado, nem reserva de capital, pois não veio de sócios;
   d) não é resultado, pois equivale a reserva de capital;
   e) não é reserva de capital, pois veio do resultado.

8. Deverá ser apropriado como ajuste de avaliação patrimonial a contrapartida do ajuste ao valor justo dos instrumentos financeiros classificados como:
   a) avaliados ao Valor Justo por meio do Resultado (VJR);
   b) avaliados ao Valor Justo por meio de Outros Resultados Abrangentes (VJORA);
   c) avaliados ao Custo Amortizado (CA);
   d) equivalentes de caixa;
   e) investimentos e participações societárias.

9. Deverá ser apropriada como ajuste de avaliação patrimonial a contrapartida do ajuste de investimentos em participações societárias no exterior decorrentes de:
   a) equivalência patrimonial sobre lucros;
   b) recebimento de dividendos;
   c) provisão para passivo a descoberto;
   d) conversão de moeda funcional;
   e) variação cambial.

10. De acordo com a Interpretação Técnica ICPC 10 – Interpretação sobre a Aplicação Inicial ao Ativo Imobilizado e à Propriedade para Investimento dos Pronunciamentos Técnicos CPCs 27, 28, 37 e 43, deverá ser apropriada como ajuste de avaliação patrimonial a contrapartida do ajuste de ativo imobilizado decorrente de ajuste:
    a) ao valor recuperável;
    b) de vida útil;
    c) de valor depreciável;
    d) por recomposição de custo;
    e) de valor residual.

RESPOSTAS DOS TESTES

	Capítulos									
	1	2	3	4	5	6	7	8	9	10
1	A	C	D	C	C	A	D	D	D	D
2	C	E	B	A	E	D	B	D	E	A
3	D	D	C	B	B	C	E	D	C	C
4	E	A	C	D	B	B	C	A	A	B
5	D	B	B	E	C	D	D	E	E	E
6	E	E	A	B	E	B	A	B	B	A
7	B	A	C	D	B	E	E	E		C
8		C	B	A	A	A	A	A		B
9		B	E	B	C	C	A	C		E
10		A	A	C	A	B	E	B		D
11		B	D		D	E	B	E		
12		A	B		B	A	D	C		
13		C	D		D	B	B	E		
14		D	B		B	E	C	B		
15		B	C		C	C	C	D		
16		C	B			B	E	C		
17		D	E			B	B	B		
18		E	B			A	D	C		

	Capítulos									
	1	2	3	4	5	6	7	8	9	10
19		B	A					E		
20		A	E					A		
21		C	B							
22		A	C							
23		D	A							
24		B	B							
25		E	A							
26		D	D							
27		A								
28		C								
29		B								
30		D								

BIBLIOGRAFIA

No decorrer do presente livro, evitamos fazer referências bibliográficas para permitir ao leitor uma leitura mais fácil e rápida.

Fazemos agora a indicação de um conjunto de livros aos quais provavelmente devemos crédito por muitas das ideias aqui contidas. Recomendamos a leitura desses livros para o leitor que deseja maior aprofundamento na matéria.

Além da bibliografia citada, utilizamos o conhecimento acumulado no desenvolvimento de nossas carreiras profissionais em empresas de auditoria e consultoria, como a PwC, e em diversas empresas em que prestamos serviços como consultores, além da Universidade Mackenzie, onde lecionamos há muitos anos.

Sugerimos que os leitores consultem os *sites*:

- Comitê de Pronunciamentos Contábeis (CPC): www.cpc.org.br
- Conselho Federal de Contabilidade (CFC): www.cfc.org.br
- International Accounting Standards Board (IASB): www.ifrs.org

Neles se encontram disponíveis todos os pronunciamentos do CPC, NBC TG do CFC e IFRS do IASB citados neste livro.

ABUJAMRA, Márcia Lúcia Mauad *et al*. Juros sobre o capital próprio. *Revista de Contabilidade do CRC – SP*, São Paulo, ano I, n. 3, p. 32-37, dez. 1997.

ALMEIDA, Marcelo Cavalcanti. *Consolidação de demonstrações financeiras*. São Paulo: Atlas, 1997.

CONSELHO REGIONAL DE CONTABILIDADE DO ESTADO DE SÃO PAULO. *Curso de atualização contábil*. São Paulo: Atlas, 1989. v. 2.

CONSELHO REGIONAL DE CONTABILIDADE DO ESTADO DE SÃO PAULO. *Curso sobre temas contábeis*. São Paulo: Atlas, 1991.

FIPECAFI – Fundação Instituto de Pesquisas Contábeis, Atuariais e Financeiras, USP. *Manual de contabilidade das sociedades por ações*. 7. ed. São Paulo: Atlas, 2009.

FIPECAFI/ARTHUR ANDERSEN. *Normas e práticas contábeis no Brasil*. 2. ed. São Paulo: Atlas, 1994.

IBRACON – Instituto Brasileiro de Contadores. *Princípios contábeis*. 2. ed. São Paulo: Atlas, 1994.

IUDÍCIBUS, Sérgio de. *Teoria da contabilidade*. 3. ed. São Paulo: Atlas, 1993.

LATORRACA, Nilton. *Direito tributário*: imposto de renda das empresas. São Paulo: Atlas, 1993.

LIMA, Luiz Murilo Strube. *IFRS*: entendendo e aplicando as normas internacionais de contabilidade. São Paulo: Atlas, 2010.

MOURAD, Nabil Ahmad; PARASKEVOPOULOS, Alexandre. *IFRS*: Normas Internacionais de Contabilidade para Instrumentos Financeiros IAS 32, IAS 39 E IFRS 7. São Paulo: Atlas, 2010.

NEIVA, Raimundo Alelaf. *Valor de mercado de empresa*. São Paulo: Atlas, 1991.

NEVES, Silvério das; VICECONTI, Paulo Eduardo V. *Contabilidade avançada e análise das demonstrações financeiras*. 5. ed. São Paulo: Frase, 1995.

OLIVEIRA, Alexandre Martins Silva de et al. *Contabilidade internacional*. São Paulo: Atlas, 2008.

PEREZ JUNIOR, José Hernandez. *Elaboração e análise de demonstrações financeiras*. 3. ed. São Paulo: Atlas, 2009.

PEREZ JUNIOR, José Hernandez. *Auditoria de demonstrações contábeis*. 3. ed. São Paulo: Atlas, 2004.

PEREZ JUNIOR, José Hernandez. *Conversão de demonstrações contábeis*. 7. ed. São Paulo: Atlas, 2009.

PEREZ JUNIOR, José Hernandez et al. *Controladoria de gestão*: teoria e prática. 2. ed. São Paulo: Atlas, 1997.

SCHMIDT, Paulo; SANTOS, José Luiz dos; FERNANDES, Luciane Alves. *Contabilidade internacional avançada*. 3. ed. São Paulo: Atlas, 2010.

ÍNDICE REMISSIVO

A

Ações, 22
- bonificadas, 166
- ordinárias, 32
  - e preferenciais, proporção entre, 32
- preferenciais, 32

Agência Nacional de Energia Elétrica (ANEEL), 2

Agência Nacional de Saúde Suplementar (ANS), 2

Agência Nacional de Transportes Terrestres (ANTT), 2

Ágio
- ajuste do, 52
- fundamento do, 48
- na aquisição, 46

Ajuste(s)
- ao valor
  - da equivalência patrimonial, 168
  - justo, 25
- de avaliação patrimonial, 329, 331
- para perdas devido a passivo a descoberto, 65

Alienação da participação societária, 25

Alteração na porcentagem de participação, 60
- com ganho ou perda de capital, 63
- sem ganho ou perda de capital, 61

Aplicações financeiras, 11

Apropriação
- de despesas pagas antecipadamente, 184
- dos ajustes de tradução, 163

Apuração
- de lucro pela investida, 42
- de prejuízo pela investida, 45
- do resultado, 184
- dos saldos
  - dos ativos monetários, 185
  - em moeda estrangeira e em reais, 180

Aquisição de participação societária, 41

Aspectos contábeis, 246

Ativo(s), 10
- circulante, 11
- controlados em conjunto, 147
- financeiros, 12, 13

avaliados, 14
   ao custo amortizado (CA), 16
fiscal diferido, 283, 293
   sobre prejuízos fiscais, 293
monetários, 172
não circulante
   investimentos, 11
   realizável a longo prazo, 11
não monetários, 172

Avaliação
   a valor de mercado de ativos e passivos decorrentes de combinação de negócios, 337
   de aplicações financeiras, 18
   de investimentos em participações societárias, 29

B

Balanço(s), 245
   patrimonial, 175, 186

Banco Central/Conselho Monetário Nacional (CMN), 2

Base
   contábil, 286
   fiscal, 283, 286

C

Cálculo e contabilização
   de ágio e ganho na aquisição, 51
   de ágio e *goodwill*, 48
   do ajuste, 66
   dos juros sobre o capital próprio, 322
   na empresa beneficiária, 323
   na empresa pagadora, 322

Capital social, 180

Capitalização de reservas, 44

Cisão, 263
   de empresas, 231
   parcial, 265

Classificação
   contábil, 15, 22
   de acordo com o modelo de negócio, 15

Coligada, 34, 37, 57

Comissão de Valores Mobiliários (CVM), 2

Comitê de Pronunciamentos Contábeis (CPC) – Pronunciamento Técnico
   CPC 01, 52, 191
   CPC 02, 157, 158, 165, 189, 194, 197
   CPC 05, 201, 202, 211
   CPC 08, 10, 12
   CPC 09, 53, 54, 55, 57, 76
   CPC 14, 9
   CPC 15, 48, 73, 231, 271, 337
   CPC 18, 29, 30, 34, 39, 73, 139, 142, 151
   CPC 19, 139, 140, 142, 145, 156
   CPC 27, 337, 341, 342
   CPC 28, 337, 341, 342
   CPC 32, 283, 285, 305, 310, 311
   CPC 35, 34, 76
   CPC 36, 34, 74, 91, 92, 93, 97, 126
   CPC 38, 9, 153
   CPC 39, 9
   CPC 40, 9
   CPC 48, 26, 27, 39

Conselho Federal de Contabilidade (CFC), 2

Consolidação, 93, 298
   da demonstração de lucros ou prejuízos acumulados (DLPA), 113

da demonstração do resultado do exercício (DRE), 109

das contas da incorporadora, 248

das demonstrações contábeis, 91

das sociedades controladas em conjunto, 121

do ativo, 114

do passivo, 117

do patrimônio líquido, 118

proporcional, 143

Consórcio de sociedades, 207

Constituição de reservas de lucros, 43
  a realizar, 68

Contabilização, 23
  da conta de investimentos no exterior, 166
  dos juros sobre o capital próprio, 324
  dos tributos
    diferidos, 284
    sobre o lucro, 281

Contas a pagar, 183

Controlada(s), 34, 35, 53, 93
  excluídas da consolidação, 120

Controladora, 34, 35, 93

Controle, 142
  conjunto, 34, 36, 143
  de investida, 34, 35, 93
  integral, 36
  isolado, 36

Cotas bonificadas, 166

Créditos de empresas coligadas ou controladas e de acionistas e diretores, 210

Critérios de avaliação, 22, 240

Custo
  amortizado (CA), 13, 334
  de oportunidade do capital próprio, 317

D

Data-base
  da reestruturação societária, 240
  e período de abrangência das demonstrações contábeis para consolidação, 121

Dedutibilidade, limites para a, 321

Demonstrações
  contábeis consolidadas, 34, 93, 94, 95, 120, 126
    aspectos gerais da, 119
    auditoria do processo de consolidação, 123
    critérios para consolidação, 123
    data-base e período de abrangência das, 121
    do ponto de vista administrativo e gerencial, 95
    obrigatoriedade da elaboração e publicação, 123
    para finalidade societária e fiscal, 94
    para os investidores ou credores, 94
    procedimentos para eliminações de saldos, 124
    publicação das, 125
  contábeis
    da coligada ou controlada, 168
    elaboração e integração das, 107
  do fluxo de caixa, 186
  do resultado do exercício, 175, 298
  separadas, 34, 143

Depreciação, 181
  fiscal acelerada, 287

Deságio
  fundamento do, 48

na aquisição, 46

Despesa(s)
de imposto de renda e da contribuição social sobre o resultado do exercício, 298
operacionais, 183
pagas antecipadamente, 184
tributária, 283

Diferença(s)
permanentes, 285
temporária, 284, 285
dedutível, 284, 291
tributável, 284, 287

Direito(s)
da retirada, 269
de destituição, 93
de proteção, 93
dos credores, 270
dos debenturistas, 270

Dividendos recebidos, 167

Divulgação de políticas de transações com partes relacionadas, 218

E

Eliminação de resultados não realizados, 52

Empreendedor, 143

Empreendimento controlado em conjunto, 35, 143, 148

Empréstimos e recebíveis, 11

Entidade
de investimento, 93
no exterior, 159
relacionada com o estado, 204

Equivalência patrimonial, 68

Estado, 204

Estoque, 181
de ouro, 18, 19

F

Formação do capital, 244

Fusão, 231, 259

G

Ganhos na conversão, 174

Grupo
controlador, 36
de sociedades, 121, 209
econômico, 93, 159

H

Hiperinflação, 173

Holding, 206
familiar, 206
mista, 206
pura, 206
vantagens da constituição de uma, 206

I

Imobilizado, 180

Incorporação, 231, 243
de controlada, 245
exemplos de, 248

Influência significativa, 35, 143

Instrumentos financeiros, 11, 22

Integralizações de capital, 166

Investidor

conjunto, 35
em empreendimento controlado em conjunto, 143

Investimentos, 11
   em coligadas e controladas no exterior, 157
   líquido, 159
   mantidos até o vencimento, 11
   no exterior, 164

Itens
   monetários, 159, 173
   não monetários, 174

J

Joint ventures, 35, 92, 139, 142, 143, 209
   exemplo de constituição de uma, 148
   modalidades de, 144
   processo para formação das, 143

Juros sobre o capital próprio, 317, 318

L

Lançamentos
   contábeis, 246
   diretos no patrimônio líquido, 298

Lei
   nº 6.404/76, 12, 20, 92, 95, 330
   nº 9.249/95, 319
   nº 11.638/07, 92, 97
   nº 11.941/09, 39

Lucro(s)
   não realizados (LNR), 53, 57, 98
      exigência de eliminação de, 98
      procedimentos para apuração de, 60
      tributos diferidos sobre, 103
   tributável, 283

M

Membros próximos da família, 203

Mercados primário e secundário, 34

Método(s)
   da equivalência patrimonial (MEP), 30, 35, 39, 40
      aspectos fiscais do, 71
   da taxa
      corrente ou de fechamento, 170
      histórica, 172, 178
         técnica de conversão no, 175
   de conversão, 159, 161
   de custo, 40
      histórico (MCH), 39
   de equivalência patrimonial, 143
   monetário, 172, 178
   não monetário, 172, 178
   para conversão das demonstrações contábeis em moeda estrangeira para o real, 169

Modelo de negócios, 14

Moeda
   de apresentação, 159
   de relatório, 162
   estrangeira, 159
   funcional, 159, 162
   local, 162

Mutações do patrimônio líquido, 175

N

Negócio em conjunto, 35, 139

Normas internacionais de contabilidade IAS 39 e IAS 32, 9

O

Operacionalização, 244

Operações controladas em conjunto, 145

P

Países
 com hiperinflação, 173
 "moeda forte", 172

Parte relacionada, 202

Participação(ões)
 de não controlador, 93
 societárias, 31, 34, 35
  avaliadas pelo método da equivalência, 72
  avaliadas pelo método do custo histórico, 71
  conforme legislação societária, 38
  critérios de avaliação de, 39
  notas explicativas sobre, 70
  operações básicas envolvendo, 40

Passivo(s)
 de controladas, 210
 de subsidiárias da controladora, 210
 financeiro(s), 12, 13
  avaliados, 14
 fiscal diferido, 283
 monetários, 172

Perdas
 na conversão, 174, 187
 prováveis, 178

Pessoal-chave da administração, 204

Poder, 94

Prejuízo fiscal, 283

Problemas contábeis quanto ao registro dos tributos sobre lucros, 281

Procedimento de incorporação, 244

Pronunciamento NBC TG 48, 12

Proposta de distribuição de dividendos pela investida, 43

Prova dos ganhos, 187

Provisões para perdas constituídas, 120

R

Recebimento(s)
 de ações bonificadas, 68
 de dividendos, 24, 44

Receitas
 e despesas, 211
 tributária, 283

Recomposição de custo do imobilizado (*deemed cost*), 336

Recursos em títulos e valores mobiliários, 9

Reestruturações, 269
 societárias, 231

Relação de substituição, 239

Remuneração dos administradores, 223

Reserva de reavaliação não estornada, 331

Resultado contábil, 283

S

Seleção da taxa de câmbio, 177

Sociedade(s)
 coligadas, 37
 controladas, 35
  em conjunto, 209

controladoras, 204
de responsabilidade limitada, 31
limitada, 31
por cotas de responsabilidade limitada, 31

Superintendência de Seguros Privados (SUSEP), 2

T

Taxa(s)
    corrente, 170, 174
    de câmbio, 158
        à vista, 159
    de fechamento, 158
    histórica, 174
    média no período, 174

Técnica de conversão no método da taxa histórica, 175

Títulos
    de crédito, 10
    e valores mobiliários, 13, 17

Tomador de decisões, 94

Transações
    com acionistas e pessoal-chave da administração, 222
    entre partes relacionadas, 201, 203

Tributos
    correntes, 283, 297
    diferidos, 297

U

Uniformidade de critérios contábeis, 69, 168

V

Valor(es)
    de mercado, 34
    de reembolso das ações dos acionistas dissidentes, 241
    de subscrição/integralização, 33
    justo, 159
        por meio de outros resultados abrangentes (VJORA), 13, 333, 334
        por meio do resultado (VJR), 13, 334
    mobiliários, 11
    nominal da ação, 33
    patrimonial da ação, 33

Variação(ões)
    cambial, 158
        de investimentos no exterior, 166, 332
    patrimoniais posteriores, 241

Vendas e duplicatas a receber, 183